Das große Buch der Hauspflanzen

David Longman

Das große Buch der Hauspflanzen

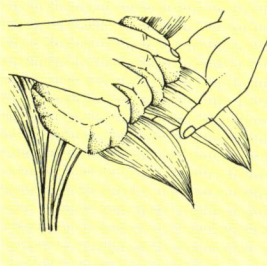

HINWEIS:
Das Inhaltsverzeichnis listet die lateinischen Pflanzennamen alphabetisch auf. Die deutschen Namensbezeichnungen lassen sich schnell im »Register« (Seite 195/196) nachschlagen.

Hibiscus rosa-sinensis

Platycerium alcicorne

Achtung: Insektizide und Pestizide können Gift enthalten! Beachten Sie daher immer die Gebrauchsanweisungen und die Regeln auf Seite 13. Wählen Sie immer den ungefährlichsten Weg.

CIP-Titelaufnahme der Deutschen Bibliothek

Longman, David:
Das große Buch der Hauspflanzen / David Longman. [Aus d. Engl. übertr. von: Angelika Feilhauer u. Cornell Erhardt]. – 8. Aufl. – München : mvg-Verl., 1990
Einheitssacht.: The care of house plants ‹dt.›
ISBN 3-478-05675-6

Aus dem Englischen übertragen von:
Angelika Feilhauer und Cornell Erhardt.

8. Auflage 1990
© mvg – Moderne Verlagsgesellschaft mbH, München
Printed in Italy by Rotolito Lombarda, Milan
ISBN 3-478-05675-6

Inhalt

Azalea indica

Ficus radicans variegata und *Pilea cadierii*

Cyclamen persicum

Einleitung

Die Grundlagen der Zimmerpflanzenhaltung

In den Regalen der Buchläden oder Bibliotheken finden sich unter den Gartenbüchern immer auch verschiedene Titel über Zimmerpflanzen. Wozu also noch ein weiteres Buch? Eine kurze Erläuterung über die Absicht dieses Buches wird Ihnen die Frage beantworten. In erster Linie liefert es zu jeder einzelnen Pflanze klare und detaillierte Informationen. Auf Abbildungen zeigen wir, wie sie aussieht, wir erzählen etwas von ihrer Geschichte und sagen Ihnen, woran Sie im Blumenladen oder im Gartencenter eine gesunde Pflanze erkennen. Sie erfahren, wie groß sie wird, wie schnell sie wächst, ob und wann sie blüht und wieviel Licht, Wärme, Wasser, Luftfeuchtigkeit und Dünger sie braucht. Wir informieren Sie, wann die Pflanze umgetopft oder geschnitten werden muß, wie sie vermehrt wird, wie hoch ihre Lebenserwartung ist, mit welchen anderen Pflanzen sie zusammen am besten gedeiht, und wie einfach oder schwierig ihre Haltung ist. Einfache Schritt-für-Schritt-Zeichnungen illustrieren die wesentlichen Aspekte der täglichen Pflege und Haltung, und in einem weiteren Farbteil ist ausführlich dargestellt, welche Probleme auftreten können und was sich dagegen tun läßt. Alle Anleitungen sind leicht verständlich und so präzis und ausführlich wie möglich.

Pflanzen zu Hause

Zimmerpflanzen findet man heute nicht mehr nur in großen Arrangements in Hotels, Banken und Büros. Auch auf Küchenfensterbänken, auf Badezimmerregalen, auf Aktenschränken und in Wartezimmern werden sorgsam kleine, seltsame Pflanzen liebevoll gehegt. Sie leisten einen Beitrag zu unserer Lebensqualität, und dafür müssen wir dankbar sein.

Für Ihre Beliebtheit gibt es wahrscheinlich viele Gründe. Wir Städter leben in einer hektischen Welt aus Plastik, Mülleimern und Konservenunterhaltung im Fernsehen. Pflanzen verkörpern Stabilität: Sie leben und wachsen nach eigenen Gesetzen, und wir haben kaum Möglichkeiten, sie irgendwie anzutreiben, abgesehen davon, daß wir ihre Grundbedürfnisse befriedigen. Sie sind eine Art lebendes Inventar, ein Schmuck, der einen Raum freundlicher und gemütlicher erscheinen läßt. Es ist ein Erfolgserlebnis, wenn sich ein neues Blatt entwickelt, oder eine Pflanze zum erstenmal blüht. Für viele Menschen sind Pflanzen ein wertvoller Besitz, der oft mit schönen Erinnerungen an einen Freund, einen Ort oder einen Steckling, der mit Erfolg großgezogen wurde, verbunden ist.

Die Zimmerpflanzenzucht ist zweifellos keine neue Freizeitbeschäftigung. Wenn wir in der

Stäbe braucht man zum Stützen großer Pflanzen, den Pinsel zum Reinigen samtiger Blätter. Handspaten und Gabel sind nützlich, doch altes Besteck ist ein guter Ersatz.

Stützstäbe

Pinsel

Grabegabel

Übertopf

Handspaten

Saatschale

Drahtschere

Bast

Zerstäuber

Scherben für Drainage

Drahtring

Gartenschere   Scharfes Messer

Rasierklinge   Schere

Große oder kletternde Pflanzen brauchen Stützen. Die Stengel können mit Ringen, Bast oder Draht an Stäben oder Gittern befestigt werden. Knoten dürfen nicht so fest sitzen, daß sie die Stengel abschnüren.

Schnittwerkzeuge. Messer, Scheren und Gartenscheren müssen stets scharf sein, denn ein unsauberer Schnitt schädigt die Pflanze. Nehmen Sie für feine Schnitte eine Rasierklinge und für holzige Stengel eine Gartenschere oder ein Messer. Zum Entfernen verwelkter Blüten und beschädigter Blätter ist eine normale Schere nützlich.

Geschichte stöbern, stellen wir fest, daß die Chinesen schon vor 5000 Jahren in ihren Palästen Pflanzen in dekorativen Töpfen zogen. Flachreliefs aus dem 14. Jahrhundert v. u. Z. belegen, daß die Ägypter Pflanzen hielten. Die Hängenden Gärten der Semiramis in Babylon bestanden aus Pflanzen, die in Töpfen auf Terrassen wuchsen, und es gibt Beweise dafür, daß auch im alten Griechenland und im Römischen Reich Pflanzen im Haus gehalten wurden, und selbst im Mittelalter findet man sie. Dieser Brauch wurde durch die Klöster stark gefördert, obwohl man einschränkend sagen muß, daß dort vor allem seltene Kräuter und Pflanzen, die man für Medizin brauchte, gezogen wurden.

Verschiedene Pflanzen brauchen verschiedene Erden, um gut zu gedeihen.

Moosstäbe stützen große Pflanzen, und Luftwurzeln können aus ihnen zusätzlich Wasser aufnehmen.

Die lange Tülle der Gießkanne reicht durch die Blätter bis zur Erde und erleichtert auch das Gießen von Ampeln und Pflanzen, die auf hohen Regalen stehen.

Scharfer Sand

Erde

Gießkanne

Insektizid

Pflanzendünger

Töpfe

Bewurzelungsmittel

Blattglanz

Untersetzer

Holzkohle

Moosstab

Schwamm

Manche Pflanzen sind anfällig für Schädlinge und Krankheiten und müssen gespritzt werden. Fast alle Pflanzen profitieren während der Wachstumsperiode von Düngergaben. Bewurzelungsmittel enthalten Hormone, die das Wurzelwachstum bei Stecklingen anregen. Pflanzensprays müssen an einem sicheren Platz aufbewahrt werden.

Blätter sollten sauber sein, damit die Pflanzen Licht absorbieren können. Blattglanz wirkt staubabweisend, vor der Anwendung sollte man jedoch prüfen, ob es für die vorgesehene Pflanze geeignet ist. Manchen Pflanzen kann es schaden.

Behälter. Die Anzucht von Samen und Stecklingen erfolgt in Saatschalen. Anschließend werden die Pflanzen in kleine Töpfe und später in größere Töpfe gepflanzt. Übertöpfe sorgen für ein hübsches Aussehen und Luftfeuchtigkeit. Untersetzer schützen die Möbel und werden benutzt, wenn man von unten wässern muß.

Ziegelstücke und Geschirrscherben werden zur Drainage auf den Boden von Töpfen und Schalen gelegt. Holzkohlenstücke verhindern, daß das Wasser fault. Verwenden Sie Holzkohle für Ampeln, Schalen ohne Abzugslöcher, und wenn Sie Stecklinge ins Wasser stellen.

Das 19. Jahrhundert war die Blütezeit der Pflanzensammlung und Züchtung. Damals hatte man den Bau von geheizten Gewächshäusern und Wintergärten bereits gut entwickelt. Adel und Begüterte wetteiferten untereinander darum, mit exotischen und seltenen Pflanzen ihre Gäste zu beeindrucken. Züchter wie die Engländer Veitch und Sander schickten Männer in die ganze Welt, die neue Gattungen und Sorten suchten. Der Transportkoffer, den Nataniel Ward 1834 erfand, war dabei sehr hilfreich. Im Grunde war er ein transportables Gewächshaus, das den Pflanzen während der Verschiffung eine geschützte Umgebung bot.

Mit der sich verändernden Welt des 20. Jahrhunderts wurden die großen privaten Sammlungen zerstört oder aufgelöst. Moden und Gebräuche wandelten sich, und in den zwanziger und dreißiger Jahren zwischen den Kriegen verschwanden viele Pflanzen. Dennoch ging die Zimmerpflanzenhaltung nicht vollkommen verloren, denn in vielen Gesellschaftsschichten hatte sie bereits einen festen Platz. In den späten fünfziger und sechziger Jahren schwang das Modependel dann erneut um, und in zunehmender Zahl kamen die Pflanzen wieder in die Heime und später auch in Büros, Banken, Restaurants und Hotels, und neuerdings werden sie überall akzeptiert.

Was ist eine Zimmerpflanze?

Unter Zimmerpflanzen verstehen wir heute Gewächse, die wir wegen ihrer attraktiven Blätter oder Blüten oder beidem im Haus halten. Sie müssen nicht nur überleben können, sondern sich den Bedingungen, in denen wir leben und arbeiten, anpassen, wobei diese sich ständig ändern und nicht in erster Linie auf das Wohl der Pflanzen ausgerichtet sind.

Eine Pflanze braucht vor allem viel Tageslicht (das durch besondere Glühbirnen oder Röhren künstlich erzeugt oder ergänzt werden kann). Die meisten Pflanzen nehmen jedoch im Hochsommer Mittagssonne übel, weil sie ihre Blätter verbrennen kann. Je grüner Pflanzen sind, um so wahrscheinlicher ist es, daß sie auch mit weniger Licht auskommen. Bunte und leuchtend gefärbte Pflanzen müssen so hell wie möglich stehen. Alle mögen eine gute Belüftung, ohne jedoch im Zug zu stehen, und deshalb sollte man sie nicht in ein geschlossenes Zimmer stellen, das nie benutzt wird. Sie vertragen keine zu großen Temperaturschwankungen, obwohl dies heute bei einer Zentralheizung, die nachts abgeschaltet wird, kaum zu vermeiden ist. Einige Pflanzen vertragen Zentralheizung besser als andere, Luftfeuchtigkeit vermissen im Haus jedoch alle. Luftbefeuchter auf den Heizkörpern helfen, und nach Möglichkeit sollte man die Töpfe auf nasse Kiesel stellen oder sie in einen Übertopf mit feuchtem Moos oder Torf setzen.

Alle Pflanzen brauchen, ob sie nun im Haus oder im Freien wachsen, von Zeit zu Zeit Wasser. Man muß die Wasserbedürfnisse jeder Pflanze kennen und darf nicht öfter als notwendig gießen. Die meisten Pflanzen (außer Farnen und einigen anderen) überstehen Trockenperioden recht gut, und die häufigste Todesursache bei Pflanzen ist zu viel Wasser. Wenn Sie eine Pflanze einmal zu reichlich gegossen haben, stellen Sie sie in einen luftigen Raum und lassen sie austrocknen. Versuchen Sie den Prozeß nicht dadurch zu beschleunigen, daß Sie die Pflanze wärmer stellen.

Blütenpflanzen sollte man, mit einigen Ausnahmen, im Haus wie Gäste behandeln und nach der Blüte fortwerfen, wie etwa die Aschenblume, oder man bringt sie ins Gewächshaus und pflegt sie dort bis zur nächsten Saison, wie etwa die Azalee. Einige echte Zimmerpflanzen blühen und haben außerdem attraktive Blätter.

Wie Pflanzen gepflegt werden

Als erstes ist da das Umtopfen, das notwendig ist, damit die Wurzeln gesund bleiben. Zunächst muß man feststellen, ob eine Pflanze zu groß geworden ist, das heißt, ob ihr Wurzelballen nur noch aus einer wirren Masse Wurzeln und wenig Erde besteht. Manchmal kann man das einer Pflanze ansehen: Sie wirkt kopflastig und wächst im Frühjahr nicht, und mitunter kommen sogar die Wurzeln aus dem Abzugsloch. Am besten nimmt man jedoch die Pflanze aus dem Topf, indem man den oberen Topfrand vorsichtig auf einer harten Fläche aufklopft und ihn dann etwas vorschiebt, um die Wurzeln zu untersuchen. Vor dem Umtopfen werden Pflanzen stets gut gegossen, und anschließend muß das überschüssige Wasser abfließen können. Nach dem Umtopfen sollte dann zwei oder drei Tage nicht gewässert werden. Dadurch bahnen sich die Wurzeln auf der Suche nach Feuchtigkeit ihren Weg in die neue Erde. Man darf auch keine Pflanze nach dem Umtopfen in die Sonne stellen, oder man muß sie zumindest mit Papier schützen.

In manchen Fällen können einige, vor allem schnellwachsende, Pflanzen nicht genügend Nährstoffe aus der Erde des Topfes aufnehmen, andere sind so groß geworden, daß man sie nicht mehr umtopfen kann. Hier wird eine Düngung notwendig. Am einfachsten ist es, wenn man einen handelsüblichen Flüssigdünger ins Gießwasser gibt. Sie können auch Blattdünger verwenden, wenn Sie die Pflanzen besprühen. Nehmen Sie aber nie mehr Dünger als in der Gebrauchsanweisung steht; in vielen Fällen ist weniger sogar besser!

Die meisten Pflanzen brauchen einen regelmäßigen Schnitt. Bei einigen ist dies lediglich eine Frage der Hygiene und des Aussehens, indem man verwelkte und faulende Blätter und Blüten entfernt. Ein umfangreicherer Schnitt wird aus zwei Gründen durchgeführt: Zunächst sollten Pflanzen eine ordentliche Form behalten. Im Haus (und auch im Garten) wachsen sie oft unschön und entwickeln mißgebildete Stengel.

Diese können abgeschnitten werden. Unkontrolliert wachsende Pflanzen schneidet man zurück, damit sie wieder eine hübsche Form bekommen, und um einen kompakteren Wuchs anzuregen. Ein zweiter Grund für den Schnitt ist, Pflanzen zum Blühen zu bringen. Durch Entfernen der Wachstumsspitzen fördert man auf Kosten der Blätter die Entwicklung von Knospen und Blüten. Hält man die Pflanzen in zu kleinen Töpfen, erzielt man manchmal das gleiche Ergebnis. Für den Schnitt wird stets eine scharfe Schere oder eine Gartenschere verwendet, und Sie sollten ruhig unbekümmert vorgehen. Blutende Schnittstellen werden mit Paraffin verschlossen.

Die richtige Erde auswählen

Für einige Pflanzen ist die Verwendung der richtigen Erde lebenswichtig, während andere überhaupt keine Ansprüche stellen. Verwenden Sie aber nie Gartenerde, denn sie enthält Unkrautsamen, vielleicht auch Schädlinge, und wahrscheinlich hat sie eine schlechte Drainage. Am besten kauft man Blumenerde. Früher war die Herstellung von Blumenerden eine geheimnisumwobene Kunst. Alte Gärtner hüteten ihr Geheimnis für spezielle Erdmischungen zur Zucht von diesem oder jenem sorgsam, und manche tun es heute noch. In alten Gartenbüchern findet man meist für jede Pflanze eine andere Erde.

Es gibt Lehmerden, Torferden und lehmlose Erden, andere Pflanzen wieder brauchen Erde ohne Kalk, die als Heideerde im Handel ist. Manche Pflanzen, wie etwa Bromelien, brauchen einen leichten, durchlässigen Boden. Hier nimmt man gewöhnlich Torferde, die mit Sumpfmoos etwas lockerer gemacht wird.

Schädlinge und Krankheiten

Wenn eine Pflanze gut gedeiht, ist ein Befall durch Schädlinge oder Krankheiten besonders ärgerlich. Es gibt dafür verschiedene Gründe, und nicht alle sind verständlich. Meist sind Schädlinge oder Krankheiten ansteckend und wandern von einer Pflanze zur anderen, vom Garten ins Haus oder von einer neuen Pflanze in die bestehende Sammlung. In anderen Fällen sind sie latent vorhanden und entwickeln sich in der warmen, trockenen Zimmerluft oder durch eine falsche Pflege. Im Zweifelsfalle sollte man während der Sommermonate alle zwei oder drei Wochen vorsorglich mit einem in Wasser gelösten Fungizid und einem Drucksprayer spritzen.

Viele Schädlinge und Krankheiten können dadurch vermieden werden, daß man nur gesunde Pflanzen kauft und sie unter den richtigen Bedingungen hält. Vorbeugen ist immer besser als heilen. Wenn jedoch Probleme auftauchen, sollte man sie anhand des Abschnitts »Kranke Pflanzen« bestimmen, damit man die geeigneten Gegenmaßnahmen treffen kann.

Die meisten Chemikalien werden falsch angewendet zur Gefahr. Wählen Sie immer den si-

Es gibt viele tropische Pflanzen, die wegen ihrer grünen Blätter gehalten werden. Eine große Zahl gehört zu den Gattungen *Ficus* und *Philodendron*.

Rechts: Ficus diversifolia (deltoidea), die Mistelfeige. Diese Verwandte des Gummibaums hat ungewöhnliche Blätter und entwickelt kleine Früchte. Wie die meisten grünblättrigen Pflanzen kann sie auch an dunkleren Plätzen stehen. Die ledrigen Blätter vertragen trockene Luft und sogar Rauch und Abgase.

Zimmerpflanzen mit bunten Blättern brauchen meist mehr Licht als ihre grünen Gegenstücke. Stehen sie in dunklen Ecken, werden ihre Blätter bald grün.

Rechts: Eine Varietät von Croton pictum. Alle Croton-Arten brauchen viel Sonne.

Einige Blütenpflanzen sind das ganze Jahr über erhältlich. Andere kommen saisonbedingt auf den Markt.

Rechts: Cyclamen persicum wird zur Weihnachtszeit gern gekauft. Wie viele Blütenpflanzen muß es kühl stehen, um reichlich Blüten zu entwickeln.

Farne waren früher einmal schon sehr beliebt und erleben im Moment ein großes Comeback. Man kann sie sehr gut mit Blütenpflanzen zusammensetzen oder als Blickfang in ein Badezimmer stellen.

Rechts: Ein Wedel von Adiantum, dem beliebten Frauenhaarfarn. Da jedes Blättchen nur wenige Zellen dick ist, welken die Farne in trockener Luft schnell.

Kletternde Pflanzen können an Moosstäben, Drähten, Stöcken und Schnur gezogen werden. Ohne Stützen werden aus Kletterpflanzen Hängepflanzen, von denen sich viele für Ampeln eignen.

Rechts: Ficus pumila, die Kletterfeige.

chersten Weg: Derris und Pyrethrum sind am ungefährlichsten, weil ihre Wirkstoffe aus Pflanzen gewonnen werden. In kleineren Mengen auftretende Schädlinge können manchmal von Hand vernichtet werden, und Schild- oder Wolläuse lassen sich mit Spiritus abwischen. Eine erhöhte Luftfeuchtigkeit verhindert oft, daß Spinnmilben wieder auftreten.

Vermehrung

Niemand kann sich ein Gärtner nennen, wenn er nicht etwas von der Kunst der Vermehrung versteht. Es gibt hier zahlreiche Möglichkeiten, und manche sind besser und erfolgversprechender als andere. Die geeignete Methode ist von Pflanze zu Pflanze verschieden, und man kann sie häufig an der Wuchsform einer Pflanze erkennen.

Die Aussaat ist wohl die Methode, die am häufigsten von den Berufsgärtnern angewendet wird; von Hybriden (Pflanzen, die durch Kreuzung verschiedener Arten oder Sorten entstanden sind) abgesehen, ist es meist auch der billigste Weg. Man zieht zum Beispiel die meisten Palmen und alle einjährigen Pflanzen aus Samen, und heute sind auf dem Hobbymarkt mehr und mehr Samen für Zimmerpflanzen erhältlich.

Manche Pflanzen lassen sich jedoch durch Samen nicht sortenecht vermehren, was bedeutet, daß sie nicht die charakteristischen Eigenschaften ihrer Eltern haben. Sie müssen durch einen Teil der Mutterpflanze vermehrt werden, und in diesem Fall sind Stecklinge am gebräuchlichsten, wobei man wiederum am häufigsten Kopfstecklinge verwendet. Sie bestehen aus einem Stengelstück mit ein oder zwei Blättern und einem Wachstumspunkt. Wenn ein solcher Steckling an der Basis einer Pflanze wächst, nennt man ihn grundständigen Triebsteckling. Bei manchen Pflanzen ist es möglich, einen Stengel in 5 cm lange Abschnitte zu schneiden, und vorausgesetzt sie haben ein Auge oder eine ›schlafende‹ Knospe, bewurzelt sich der Stengel, und die Knospe geht auf. Bei dieser Vermehrungsart ist der Stengel normalerweise recht holzig und wird als Stammstück bezeichnet. Aus einem einzigen Stengel können auf diese Weise mehrere neue Pflanzen gezogen werden. Viele Pflanzen vermehrt man durch Augenstecklinge, für die man ein kleines Stück Stengel mit einem Blatt und einem Auge verwendet.

Für wieder andere Pflanzen eignen sich Blattstecklinge mit einem Stielstück besser. Stiel und ein Teil des Blattes werden in die Erde gesteckt, und an der Blattbasis entwickelt sich dann eine kleine Pflanze. In anderen Fällen muß ein Blatt in Stücke geschnitten werden, oder man legt es flach auf feuchten Sand und schneidet die Adern mit einem scharfen Messer ein. Auf den verschiedenen Blattabschnitten entwickeln sich kleine Pflanzen.

Manche Pflanzen können in zwei, drei oder manchmal vier Teile geteilt werden, indem man

Vorsicht vor Insektiziden!

Bei dem Gebrauch von Insektiziden sollten Sie folgende Regeln beachten:
Bewahren Sie Chemikalien und Spritzgeräte an einem trockenen und frostfreien Platz auf.
Sie müssen außerhalb der Reichweite von Nahrungsmitteln, Kindern und Haustieren stehen.
Befolgen Sie bei der Zubereitung von Spritzmitteln die Anweisungen des Herstellers.
Mischen Sie nie mehr als Sie brauchen.
Spritzen Sie ihre Pflanzen im Freien.
Spritzen Sie abends, wenn die Bienen nicht mehr fliegen. Malathion und einige andere Chemikalien sind bienengefährlich. Waschen Sie die Geräte nach dem Spritzen gründlich von innen und außen.
Reinigen Sie die leeren Chemikalienflaschen, und schütten Sie das Waschwasser außer Reichweite von Anbaufrüchten und Wasserquellen in den Boden.
Werfen Sie leere Flaschen, Pakete und alte Spritzgeräte in den Hausmüll.
Waschen Sie sich nach jedem Spritzen die Hände gründlich mit heißem Wasser und Seife.
Gießen Sie Chemikalien nie in andere Flaschen um, vor allem nicht in Flaschen, in denen normalerweise Getränke sind.
Konzentrieren Sie Spritzmittel weder zu stark noch zu schwach.
Mischen Sie verschiedene Chemikalien nicht.
Spritzen Sie nicht bei Wind.
Atmen Sie das Spritzmittel nicht ein.
Spritzmittel dürfen nicht auf Wäsche oder Fischteiche gelangen. Derris ist für Fische gefährlich.
Gießen Sie die Chemikalien oder das Wasser, in dem Sie Spritzgeräte oder Flaschen ausgewaschen haben, nicht ins Spülbecken oder in einen Abfluß.
Gelangen Insektizide in Mund oder Augen, müssen Sie sie sofort auswaschen und anschließend sofort einen Arzt aufsuchen.

Blumenerde auf Lehmbasis

Standarderde
7 Teile sterilisierter Lehm
3 Teile Torf
2 Teile grober, gewaschener Sand
Grunddünger
2 Teile Huf- oder Hornmehl
2 Teile Calciumphosphat
1 Teil Kaliumsulfat

Lehmerde Nr. 1 Auf 50 l Standarderde kommen 160 g Grunddünger und 30 g gemahlener Kalk.
Lehmerde Nr. 2 Auf 50 l Standarderde kommen 480 g Grunddünger und 60 g gemahlener Kalk.
Lehmerde Nr. 3 Auf 50 l Standarderde kommen 480 g Grunddünger und 90 g gemahlener Kalk.

13

Stengel und Wurzeln vorsichtig auseinanderzieht; mitunter hilft dabei ein beherzter Schnitt mit einem scharfen Messer. Diese einfache Vermehrungsart nennt man Teilung. Bei Knollenpflanzen können die Knollen zerschnitten werden, wobei jedes Stück ein Auge (Triebknospe) haben muß. Andere Pflanzen wieder entwickeln von sich aus Jungpflanzen, die abgeworfen werden bzw. abgetrennt werden können. Beim Abmoosen läßt man den oberen Teil einer Pflanze Wurzeln schlagen, während er noch auf dem alten Stengel wächst. Einige Pflanzen lassen sich einfacher vermehren, indem man einen Stengel in einen Topf absenkt, der neben der Mutterpflanze steht. Schließlich kann man manche Pflanzen, insbesondere Bromelien, vermehren, wenn man Bodentriebe (Kindel) oder Wurzelschößlinge, die sich an der Basis der Pflanzen entwickeln, abnimmt.

Geeignete Werkzeuge machen die Vermehrug einfacher und effektiver. Man braucht ein scharfes Messer, Bewurzelungshormon, Schwefel, Paraffin oder ein anderes Mittel, um Wunden an den Spenderpflanzen zu schließen, eine Erde aus je einem Teil Sand und Torf bzw. Lehm, und kleine Glasscheiben oder Kunststoff, um Töpfe und Schalen abzudecken. Denken Sie daran, daß Abdeckungen jeden Tag entfernt werden müssen, damit Luft an die Sämlinge kommt, und sie nicht an der Umfallkrankheit eingehen. Ein Vermehrungskasten ist nützlich, aber recht teuer. Er besteht aus einer Schale mit eingebauter, elektrischer Bodenheizung, die die Anzuchterde erwärmt. Darauf sitzt eine Abdeckhaube aus Kunststoff, die die Feuchtigkeit hält. Er ist vor allem für Stecklinge hilfreich, die sich nur schwer bewurzeln. Viele Pflanzen ziehen auch in Wasser Wurzeln, eine Methode, die oft zu Experimenten einlädt.

Pflanzen in Wasser ziehen

Vor einiger Zeit wurde eine neue Methode der Zimmerpflanzenhaltung eingeführt: Hydrokultur oder die ständige Haltung von Pflanzen in Wasser. Das Problem dieser Methode liegt darin, die Aufnahme der Nährlösung ins Wurzelsystem zu steuern. Nun ist jedoch ein Verfahren entwickelt worden, bei dem die Nährstoffe durch Ionenaustausch freigesetzt werden. Sie befinden sich in Form von Granulaten am Boden des Behälters, und chemische Zusätze zum Leitungswasser (kein Regenwasser oder enthärtetes Wasser verwenden) reagieren mit diesen. Dadurch werden die Nährstoffe freigesetzt, wenn die Pflanze sie braucht. Die Pflanzen können so weder zu viel gegossen (die häufigste Todesursache bei in Erde gezogenen Pflanzen) noch zu viel oder zu wenig gedüngt werden. Außerdem kann man sie für einige Zeit sich selbst überlassen. Bei dieser Methode lassen sich Pflanzen aus Stecklingen ziehen, oder man setzt große Pflanzen aus Erde in Wasser um, doch dieser Prozeß dauert mindestens sechs Wochen, und

man muß die Erde restlos von den Wurzeln entfernen und das Wachstum neuer Wasserwurzeln unterstützen. Die Pflanzen kommen in speziellen Einsätzen in die Töpfe, und die Hohlräume werden mit Blähton (Lecaton) aufgefüllt.

Aber wie alle Methoden hat auch diese Nachteile. Zunächst sind nicht alle Pflanzen für diese Art der Kultivierung geeignet. Die meisten Blütenpflanzen können so nicht gehalten werden. Außerdem kann im Winter die Wassertemperatur schneller fallen als die der Erde. In ungeheizten Gebäuden können die Wurzeln der Pflanzen daher bei einem Kälteeinbruch geschädigt werden. Ferner ist es schwierig, eine größere Anzahl von Pflanzen in einen Kübel oder eine Schale zu setzen, und man muß darauf achten, daß alle Einsätze die gleiche Größe haben, anderenfalls kann es Probleme mit dem Wasserstand geben. Aber davon einmal abgesehen, ist es eine interessante Möglichkeit Pflanzen zu halten, die viele Vorteile hat. Besonders für jene, die gern das Gießen vergessen oder ihre Pflanzen länger allein lassen müssen, kann sie nützlich sein. Sie eignet sich auch gut für warme Büros.

Töpfe, Schalen und andere Behälter

Die Töpfe der Hydrokultur-Pflanzen sind wegen des Wassers sehr schwer. Will man die Pflanzen nicht auf den Boden stellen, verwendet man daher, vor allem für Ampeln, besser Erde. Bei Grünpflanzen setzt man nur jeweils eine Art in eine Ampel, möglichst in einen Kunststoffbehälter mit einem Untersatz. Makrameeampeln sind attraktive Blickfänge. Man bekommt sie für einzelne Pflanzen aber auch für zwei oder mehr Töpfe. Ob Pflanzen für Ampeln geeignet sind, erkennt man leicht an ihrer Wuchsform. Denken Sie auch daran, daß alle Kletterpflanzen als Hängepflanzen gehalten werden können.

Wenn Sie Pflanzen in einer besonders trockenen Luft ziehen, müssen Sie berücksichtigen, daß sie Feuchtigkeit abgeben und ein eigenes feuchtes Mikroklima erzeugen. Die beste Möglichkeit, diese Feuchtigkeit zu erhalten, ist ein Flaschengarten. Der alte Glasballon, den man früher zum Transport von Chemikalien verwendete, eignet sich als Behälter gut, aber er ist zerbrechlich und hat einen engen Hals, durch den die Pflanzen nur mit selbstgebastelten Spezialwerkzeugen ins Innere gebracht werden können. Heute bekommt man Glasballons, deren Öffnungen so groß sind, daß man die Hand hindurchstecken kann. Dadurch werden das Pflanzen und die Pflege sehr erleichtert. Pflanzen für einen Flaschengarten müssen sorgfältig ausgesucht werden, und sie dürfen nicht zu schnell wachsen (Efeu eignet sich nicht), anderenfalls wird der Garten von ein oder zwei Pflanzen beherrscht, die bald alle anderen ersticken. Geeignete Arten sind zum Beispiel *Chamaedorea*, *Cryptanthus*, *Fittonia* und die kleinen Kindel von *Vriesea*.

Um die Luftfeuchtigkeit um die Pflanzen herum zu erhöhen, kann man diese auch in Grup-

Vermehrung

Samen z.B. *Solanum*

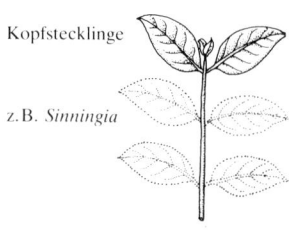

Kopfstecklinge

z.B. *Sinningia*

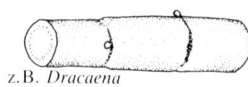

Stammstücke

z.B. *Dracaena*

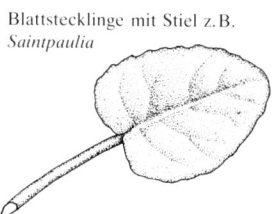

Blattstecklinge mit Stiel z.B. *Saintpaulia*

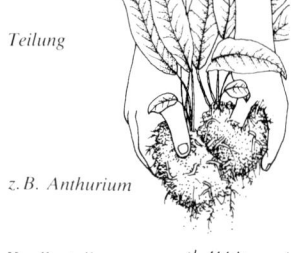

Teilung

z.B. *Anthurium*

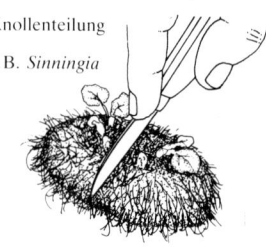

Knollenteilung

z.B. *Sinningia*

Grundständige Triebstecklinge

z.B. *Aglaonema*

Augenstecklinge

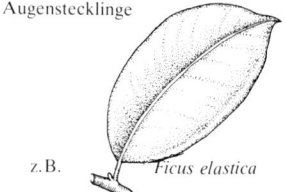

z.B. *Ficus elastica*

14

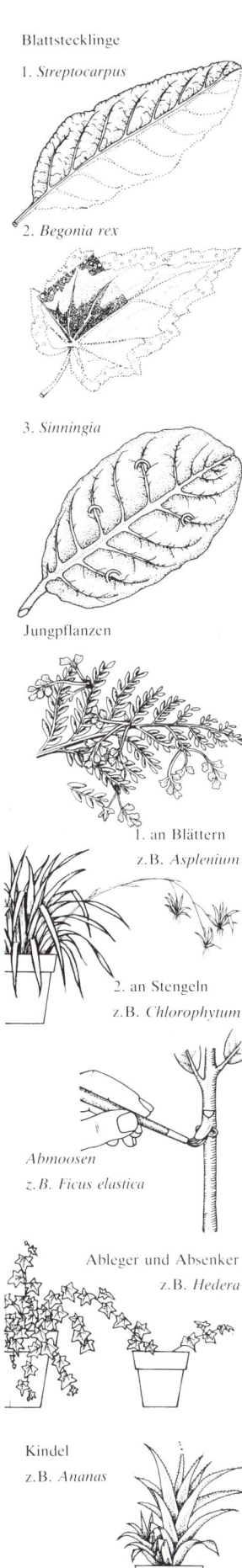

Blattstecklinge

1. *Streptocarpus*

2. *Begonia rex*

3. *Sinningia*

Jungpflanzen

1. an Blättern
z.B. *Asplenium*

2. an Stengeln
z.B. *Chlorophytum*

Abmoosen
z.B. *Ficus elastica*

Ableger und Absenker
z.B. *Hedera*

Kindel
z.B. *Ananas*

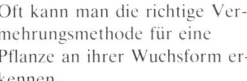

Oft kann man die richtige Vermehrungsmethode für eine Pflanze an ihrer Wuchsform erkennen.

Rechts: Saxifraga sarmentosa entwickelt an den Enden von Ausläufern Jungpflanzen, die bewurzelt werden können.

Rechts: Diese Vriesea läßt sich wie alle Bromelien leichter durch Kindel als durch Samen vermehren.
Pflanzen nehmen Nährstoffe auf unterschiedliche Weisen auf.

Links: Dionaea muscipula, die Venusfliegenfalle, ist eine insektenfressende Pflanze.

Unten: Hier wächst ein Drachenbaum in Hydrokultur. Er wird durch eine Nährlösung im Wasser versorgt.

pen setzen. Gemischte Pflanzenschalen sind immer ein hübscher Anblick. Sie können durch Blütenpflanzen, die man vorübergehend dazusetzt, belebt werden. Der Pflanzbehälter muß dicht sein oder einen ausreichenden Untersetzer haben, damit die Stellfläche geschützt ist. Wenn eine Schale keine Abzugslöcher hat, kommt auf den Boden eine dicke Drainageschicht (Steine, Ziegelstücke usw. zusammen mit etwas Holzkohle, die das Faulen des Wassers verhindert). Die ausgewählten Pflanzen müssen sich nicht nur vom ästhetischen Standpunkt gesehen eignen und eine Vielzahl von Blattformen und -farben und Wuchsformen (aufrecht, kletternd, kriechend, bodendeckend) haben; auch ihre Wasseransprüche müssen ähnlich sein. Zur Veranschaulichung: Ein Kaktus braucht ausgesprochen wenig Wasser und kann nicht mit Zyperngras zusammengepflanzt werden, dessen Wurzeln am besten ständig im Wasser stehen.

Beim Pflanzen muß man darauf achten, daß alle Gewächse fest sitzen und, falls notwendig, Stützen erhalten. Die Oberfläche der Erde kann mit Moos, hübschen Steinen, Borke oder Treibholz bedeckt werden.

Alle diese Dinge gelten auch, wenn man mehrere Pflanzen zusammen in große Behälter setzt. Vielleicht möchten Sie mit Pflanzgruppen experimentieren, wenn Sie Einzelpflanzen mit Erfolg gezogen haben. Wahrscheinlich werden Sie unter den Pflanzen bald feste Favoriten haben. Und nun viel Erfolg bei Ihren Bemühungen.

Wie und wann Pflanzen gegossen werden

Durch zu viel Gießen gehen mehr Pflanzen ein als aus anderen Gründen. Die besonderen Wasserbedürfnisse der einzelnen Pflanzen werden auf den folgenden Seiten angegeben, doch einige allgemeine Regeln gelten für alle Pflanzen.

Prüfen Sie vor jedem Gießen mit den Fingern die Erde. Sie sollte trocken und krümelig sein. Drücken Sie einen Finger in die Erde, um festzustellen, ob sie unter der Oberfläche noch feucht ist. Farne und einige andere Pflanzen mögen viel Wasser, und ihre Erde sollte sich stets feucht anfühlen.

Im Winter brauchen Pflanzen weniger Wasser, und im Frühjahr und Sommer mehr, vor allem, wenn es heiß ist.

Die meisten Pflanzen werden von oben gegossen, doch bei einigen faulen die Blätter, wenn Wasser darauf kommt, und deshalb wässert man sie von unten.

Wenn man von oben gießt, füllt man den Topf bis zum Rand mit Wasser. Das Wasser rinnt durch die Erde, und der Überschuß sammelt sich im Untersetzer. Wasser, das nach 15 Minuten noch nicht wieder aufgesogen ist, wird ausgeleert. Der Topf sollte nie im Wasser stehen.

Wenn Sie von unten wässern, gießen Sie einfach Wasser in den Untersetzer und warten, bis die Erde es aufgesogen hat. Es ist noch wirksamer, wenn man den Topf in ein Wasserbad stellt, so daß der Wasserspiegel gerade unterhalb vom Rand liegt. Nach 15 Minuten nimmt man den Topf heraus und läßt überschüssiges Wasser abfließen.

Nicht ›wenig aber oft‹ gießen. Pflanzen mögen einen kräftigen Guß nach trockeneren Perioden, in denen Luft in die Erde gelangen konnte. So können die Wurzeln atmen und Wasser aufnehmen.

Adiantum capillus veneris

Frauenhaarfarn

Der Frauenhaarfarn ist wohl der zierlichste und zarteste Farn in diesem Buch. Früher nahm man sein feines Blattwerk gern für Hochzeitsbuketts, und die Floristen verwendeten es auch oft für Grabkränze. In letzter Zeit ist der Farn jedoch ein wenig in Ungnade gefallen, weil er nach dem Schneiden schnell vertrocknet und die Blätter abwirft.

Adiantum gehören zu der etwa 200 Mitglieder zählenden Familie der *Polypodiaceae*, die in tropischen und gemäßigten Klimazonen beheimatet ist. Mit etwas Sorgfalt kann man diese Pflanzen leicht im Haus halten, einen häufigen Standortwechsel vertragen sie jedoch nicht. Sie gedeihen besser, wenn sie sich an einen Platz gewöhnen und dort bleiben können. Sie müssen stets feucht gehalten werden, brauchen aber eine gute Drainage, und in Räumen mit Zentralheizung sollte man sie täglich – am besten mit Regenwasser – besprühen. Vertrocknen die Blätter dennoch einmal, so ist das kein Grund zur Verzweiflung: Schneiden Sie sie ab, und besprühen Sie die Pflanze weiter. Es entwickeln sich bald neue Wedel.

Bei uns sind zwei Varietäten üblich: *A. capillus veneris* und *A. cuneatum (raddiatum)*. *A. cuneatum* ist nicht ganz so zart wie ersterer, aber leichter zu pflegen.

Beim Kauf sollten Sie sich eine buschige Pflanze mit vielen jungen Wedeln aussuchen.

Links: Die Sporen sitzen an der Unterseite der Wedel und sind nach dem Reifen braun.

Rechts: Adiantum capillus veneris, der gewöhnliche Frauenhaarfarn. Wegen seines zarten Blattwerks ist er der beliebteste Zimmerfarn.

Unten: Adiantum cuneatum gehört zu den robustesten Varietäten.

Größe: In 12-cm-Töpfen können die Pflanzen bis zu 60 cm Durchmesser erreichen, die Höhe beträgt vom Topfrand gemessen 30 bis 40 cm.

Wachstum: Sie wachsen recht kräftig und können in einer Wachstumsperiode ihre Größe leicht verdoppeln.

Blütezeit: Farne blühen nicht.

Duft: Keiner.

Licht: Sie mögen pralle Sonne nicht, stehen jedoch an einem Nordfenster gut. Im Gewächshaus gedeihen sie gut unter den Stellagen.

Temperatur: Sie sind recht anspruchslos, und die meisten im Handel befindlichen Varietäten können im Sommer draußen stehen. Wenn sie das ganze Jahr über wachsen sollen, darf die Temperatur nicht unter 10 °C sinken. Temperaturen über 21 °C vertragen sie nur bei hoher Luftfeuchtigkeit.

Gießen: Die Pflanzen stets feucht halten, die Töpfe sollten jedoch nicht im Wasser stehen. Im Sommer 2mal pro Woche – möglichst mit Regenwasser – gießen. Im Winter etwas trockener halten, aber nicht austrocknen lassen. Es sollte reichen, wenn 1mal in der Woche gegossen wird. Einige Varietäten (bei uns selten erhältlich) verlieren im Winter die Blätter. Auch sie dürfen nicht vollständig austrocknen.

Düngen: Während des Sommers alle 2 Wochen die Hälfte der empfohlenen Menge Flüssigdünger ins Gießwasser geben.

Luftfeuchtigkeit: Die Pflanzen brauchen eine hohe Luftfeuchtigkeit. Sie werden auf einen Untersetzer mit nassen Kieseln oder in einen größeren Behälter mit feuchtem Moos oder Torf gesetzt. Bei Zentralheizung muß man täglich mit Regenwasser sprühen.

Säubern: Durch das tägliche Besprühen bleiben die Blätter sauber.

Luft: Durch Gas und Zigarrenrauch können Immissionsschäden verursacht werden.

Erde: Am besten ist eine gute Torferde. Sie kann aus gleichen Teilen Weißtorf, Lehm und Silbersand selbst hergestellt werden. Etwas Grunddünger hinzufügen.

Umtopfen: Die Pflanzen stehen besser in etwas zu kleinen Töpfen. Wenn sie aber zu groß werden, topft man sie im Frühjahr um. Man darf die Erde nicht zu fest andrücken. denn Farne brauchen um die Wurzeln herum etwas Luft.

Schnitt: Es werden nur beschädigte und welke Wedel entfernt. Trocknet eine Pflanze einmal aus, und welken die Wedel, schneidet man sie ab und übersprüht die verbliebenen Stoppeln 2mal täglich. Bald entwickeln sich neue Wedel.

Vermehrung: Alte Pflanzen können im Frühsommer geteilt werden, aber oft braucht eine geteilte Pflanze lange, bis sie wieder zu Kräften kommt. Man zieht neue Pflanzen besser aus Sporen, die an den Unterseiten der Wedel sitzen. Sie werden zu Frühjahrsbeginn bei 21 °C ausgesät, die Wärme kommt am besten von unten. Ein einfacher Vermehrungskasten eignet sich hier gut.

Lebenserwartung: Haben sich die Pflanzen einmal im Haus eingewöhnt, gehen sie nur noch durch schlechte Pflege und Trockenheit ein.

Pflanzgruppen: Sie können recht gut mit anderen Gewächsen zusammengepflanzt werden, gedeihen aber besser als Einzelpflanzen oder in Gesellschaft von anderen Farnen.

Schwierigkeitsgrad: Die Pflanzen sind recht einfach zu halten, wechseln jedoch nicht gerne den Standort. Wenn man einen guten Platz gefunden hat, sollte man sie nicht mehr verstellen.

Luftfeuchtigkeit

Zwei Möglichkeiten, um für Luftfeuchtigkeit zu sorgen: Topf in einen Behälter mit feuchtem Torf stellen

oder

auf einen Untersetzer mit Wasser und Kieseln oder Schotter. Der Topfboden darf nicht im Wasser stehen.

Wurzelteilung

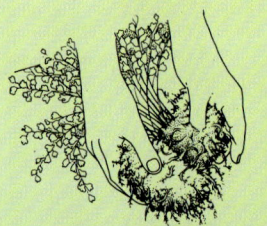

Große, alte Pflanzen im Frühsommer teilen.

1 In 2 Töpfe kommt eine Drainageschicht und Erde.

3 Wurzeln und Stengel vorsichtig auseinanderziehen.

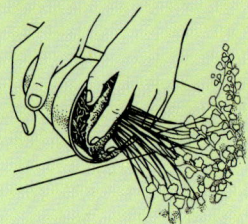

2 Pflanze aus dem Topf nehmen. Behutsam alte Erde entfernen.

4 Beide Teile wie gewohnt neu eintopfen.

Kranke Pflanzen

1 *Blätter welken und Ränder werden braun:* Gießen und sprühen. Blätter vertrocknen auch durch Gas, Rauch oder zu wenig Luftfeuchtigkeit.

2 *Blätter fallen ab:* Zu trocken. Pflanze abschneiden, täglich gießen und sprühen, bis neue Wedel kommen.

3 *Wedel sind im Sommer dünn und verkümmert:* Düngen.

4 *Blätter sind blaß:* Zu viel Sonne. An ein Nordfenster stellen.

5 *Blätter rollen sich, sind aber nicht trocken:* Zu kalt und naß. Wärmer stellen. Erst gießen, wenn die Erde sich trocken anfühlt.

Aus Sporen ziehen

1 Sporen wachsen an den Wedelunterseiten. Die Aussaat erfolgt im Frühjahr.

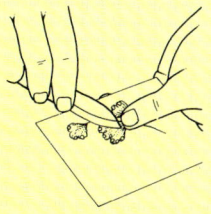

2 Kleinen Wedel abschneiden und Sporen auf Folie oder Papier abschaben.

3 In einen Vermehrungskasten oder eine Saatschale kommt eine Drainage und und sterilisierte Aussaaterde. Gut gießen und Sporen gleichmäßig verstreuen.

4 Glasscheibe auflegen. Warm halten (21 °C) und dunkel stellen. Die Wärme sollte von unten kommen.

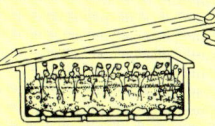

5 Glas täglich umdrehen, um Fäulnis vorzubeugen. Erde nicht austrocknen lassen. Dunkel halten, bis nach 4–12 Wochen Triebe kommen.

6 Hell stellen und Glasscheibe entfernen.

7 Sind die Pflanzen groß genug, auf 2,5 cm ausdünnen. Dabei die schwächeren herausziehen.

8 Gedeihen die Pflänzchen kräftig, je 2 oder 3 in Töpfchen mit Torferde setzen.

Umtopfen

1 Im Frühjahr umtopfen, wenn die Pflanzen zu groß aussehen. Vorher gut gießen.

2 In einen etwas größeren Topf kommt eine Drainageschicht und feuchte Torferde.

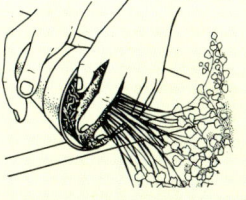

3 Topf so halten, daß Pflanze zwischen den Fingern und Erde unter der Handfläche liegt. Topfrand aufklopfen. Pflanze kommt mit Erde heraus.

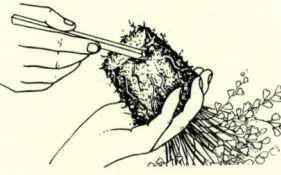

4 Alte Erde behutsam mit Stab von den Wurzeln entfernen. Wurzeln nicht verletzen.

5 Wurzelballen auf die Erde im neuen Topf setzen.

6 Topf mit neuer Erde füllen. Wurzeln müssen bedeckt sein. Erde nicht zu fest andrücken. 2 Tage nicht gießen und schattig stellen, damit Wurzeln in die neue Erde wachsen.

Gießen

1 Erde mit den Fingern prüfen. Ist sie locker und krümelig, sofort gießen.

2 Von oben – möglichst mit Regenwasser – gießen. Nach 15 Minuten restliches Wasser aus dem Untersetzer leeren.

Sprühen

Täglich mit Zerstäuber und Regenwasser besprühen. Sprühabstand 15 cm.

Aechmea fasciata

Lanzenrosette

Aechmea gehören zu einer großen Familie mit über 1400 Arten, den Bromelien- oder Ananasgewächsen. Die meisten Bromelien sind Epiphyten, das heißt, sie leben in der Natur auf anderen Pflanzen, gewöhnlich Bäumen, die ihnen als Stütze dienen. Sie wachsen in Aushöhlungen der Rinde und nehmen Wasser und Nährstoffe aus verrottendem Pflanzenmaterial auf, die sich dort sammeln. Im Haus kann man sie ganz normal in Erde pflanzen oder als Hängeschmuck an einem Stück Borke befestigen, wenn man sie gut wässert.

A. fasciata (manchmal auch als *Aechmea* oder *Billbergia rhodocyanea* geführt) kommt aus Rio de Janeiro, wo sie 1826 entdeckt wurde. Die grünen Blätter stehen in einer Rosette und haben einen weißen, kalkartigen Überzug. Dieser sollte nicht abgewischt werden, denn er bildet einen hübschen Kontrast zu dem Rosa des Blütenkolbens, der sich in der Pflanzenmitte entwickelt. Die eigentlichen Blüten sitzen an der Spitze des Kolbens und sind lila. Es gibt auch einige Varietäten, die eine grüne und gelbgrüne Bänderung auf den Blättern haben.

A. fasciata hat insofern alle charakteristischen Eigenschaften der Bromelien, als jede Rosette nur einmal blüht, wobei sie nacheinander kleine Blüten entwickelt, die recht lange halten. Sind die Blüten verwelkt, welkt auch die Rosette langsam, bis sie abstirbt. Gleichzeitig bildet sie aber mindestens zwei, wenn nicht drei »Babyrosetten«, um sich selbst zu ersetzen. Schließlich kann man die alte Rosette abschneiden und die »Babys« einzeln eintopfen. Es kann ein Jahr und länger dauern, bis die neuen Pflanzen blühen.

A. fulgens, eine andere Art, die als Zimmerpflanze im Handel ist, hat hellgrüne Blätter und einen roten Blütenstiel. Die Blüten sind ebenfalls lila, stehen aber in größeren Abständen nebeneinander.

Kaufen Sie eine Pflanze, deren Blütenkolben gerade aus der Rosette kommt. Achten Sie darauf, daß an der Basis der Rosette und am Kolben keine faulenden Stellen sind.

Links: Aechmea fulgens discolor. Die geöffneten Blüten sind lila. Später entwickeln sich Beeren, die lange halten.

Rechts: Die Rosette von *Aechmea fasciata* bildet eine Zisterne, in der sich Wasser sammelt.

Vermehrung durch Kindel

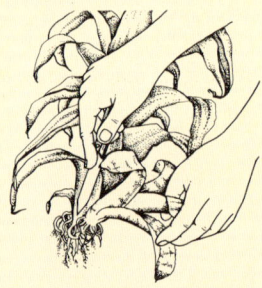

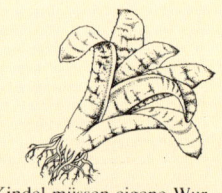

Größe: Eine gesunde Pflanze kann bis zu 60 cm breit werden und 30 cm lange Blätter haben.
Wachstum: Junge Rosetten, die von der Mutterpflanze abgetrennt wurden, brauchen 2 Jahre, bis sie blühen.
Blütezeit: Meist im Sommer, obwohl einzelne Rosetten auch zu anderen Zeiten blühen. Angeblich fördert ein Apfelkerngehäuse, das man in die Mitte der Pflanze legt, die Blüte.
Duft: Keiner.
Licht: Sehr unkompliziert. Sie vertragen sowohl Schatten als auch Sonne.
Temperatur: Normale Zimmertemperatur, jedoch nicht weniger als 12 °C und nicht mehr als 27 °C.
Gießen: Recht feucht halten, vor allem während der Blüte. Etwa 2mal pro Woche gießen. In der Rosette sollten 2,5 cm Wasser stehen, die man alle 3 Wochen erneuert. Regenwasser ist am besten. In der Natur sammelt sich der Regen auf den Blättern und läuft in die Rosette hinunter.
Düngen: Nicht notwendig.
Luftfeuchtigkeit: Keine besonderen Ansprüche.
Säubern: Nicht notwendig. Kein Blattglanz benutzen.

Luft: Sehr tolerant.
Erde: Jede kalkfreie, durchlässige Erde.
Umtopfen: Junge Rosetten werden nach dem Abtrennen von der Mutterpflanze in kleine Töpfe gesetzt und vor der Blüte noch einmal umgetopft. Der Topf dient nur dazu, die Pflanzen aufrecht zu halten, und sie können ebenso gut an einem Stück Borke befestigt werden.
Schnitt: Nicht notwendig. Es werden nur die verwelkten Blütenkolben herausgeschnitten.
Vermehrung: Die meisten im Handel befindlichen Pflanzen sind aus Samen gezogen, doch das ist eine Arbeit für den Fachmann. Zu Hause setzt man die Kindel in Töpfe, wenn die Blätter der Mutterpflanze vollkommen verwelkt sind.
Lebenserwartung: Die Rosetten gehen nach der Blüte langsam ein. Jede Rosette wird 2 bis 3 Jahre alt, je nachdem, wann sie zur Blüte kommt.
Pflanzgruppen: Am besten wirken die Pflanzen einzeln in Keramiktöpfen, sie können jedoch auch mit verschiedenen Grünpflanzen wie *Philodendron, Ficus, Maranta* usw. zusammengesetzt werden.
Schwierigkeitsgrad: Sehr unkomplizierte Pflanzen.

1 Mit Abnehmen von Kindeln warten, bis Mutterpflanze abgestorben ist. Kindel sollten halb so groß wie die Mutterpflanze sein.

2 In einen kleinen Topf kommt eine Drainageschicht und feuchte Torferde.

3 Kindel und Wurzeln mit scharfem Messer abtrennen.

4 Kindel müssen eigene Wurzeln haben, sonst wachsen sie nicht.

5 Kindel in den neuen Topf setzen. Erde andrücken und gut gießen.

Kranke Pflanzen

1 *Rosette und Blütenkolben faulen:* Zu naß und zu kalt. Rosette leeren und Erde austrocknen lassen, bis sich die Pflanze erholt hat. Wärmer und luftiger stellen.

2 *Blätter welken:* Zu warm und trocken. Erde wässern und prüfen, ob die Zisterne gefüllt ist. Möglichst mit Regenwasser besprühen.

3 *Blätter verformt und mit grünen Insekten verklebt:* Blattläuse. Mit Pyrethrum oder systemischem Insektizid spritzen.

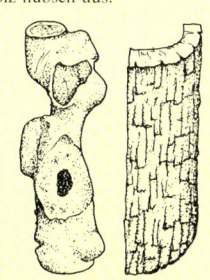

4 *Pflanzen welken und sterben nach der Blüte ab:* Das tun alle Aechmea. Neue Pflanzen aus Kindeln ziehen.

5 *Der Blütenkolben vertrocknet und wird schmutzigrosa:* Zu kalt. Wärmer stellen. Der Kolben zeigt diese Symptome aber auch nach 7–8wöchiger Blüte.

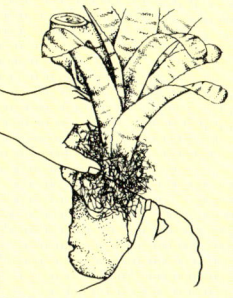

Bromelien auf Borke befestigen

Aechmea sehen auf Borke oder Holz hübsch aus.

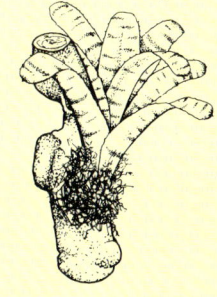

1 Ein geeignetes Stück Borke, einen Ast oder ein schönes Stück Holz aussuchen.

4 Wurzeln in feuchtes Sphagnum packen und mit isoliertem Draht umwickeln.

2 Ist keine natürliche Höhlung da, wird für die Pflanze ein flaches Loch ausgestemmt.

5 Sphagnum und Wurzeln fest auf Holz oder Borke drücken und mit Draht befestigen.

3 Wurzelballen der Pflanze mit Erde aus dem Topf nehmen.

6 Borke so aufhängen, daß die Pflanze nach oben wächst. Wurzelballen wässern und Zisterne gefüllt halten. Regelmäßig besprühen.

Umtopfen

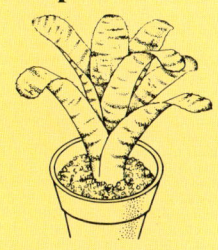

1 Junge Rosetten umtopfen, wenn sie zu groß werden. Blühende Pflanzen brauchen nicht mehr umgetopft zu werden.

2 In einen etwas größeren Topf kommt eine Drainageschicht und kalkfreie Erde. Pflanze gut gießen.

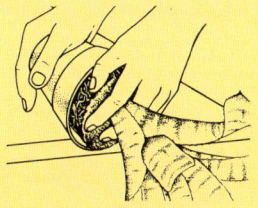

3 Topf so halten, daß Pflanze zwischen den Fingern und Erde unter der Handfläche liegt. Topfrand aufklopfen. Pflanze kommt mit Erde heraus.

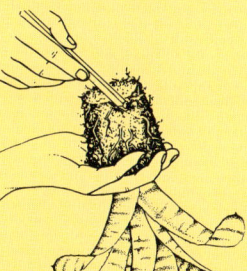

4 Alte Erde behutsam mit Stab von den Wurzeln entfernen. Wurzeln nicht verletzten.

5 Wurzelballen auf die Erde im neuen Topf setzen.

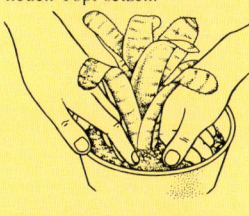

6 Topf mit neuer Erde füllen. Wurzeln müssen bedeckt sein. Erde nicht zu fest andrücken. 2 Tage nicht gießen und schattig stellen, damit Wurzeln in die neue Erde wachsen.

Gießen und Blütenstiel entfernen

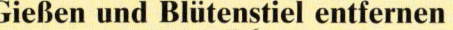

Etwa 2,5 cm Wasser – möglichst Regenwasser – in der Zisterne stehen lassen. Alle 3 Wochen ausleeren und neu füllen.

Sind die Blüten verwelkt, Stiel mit einer Gartenschere abschneiden.

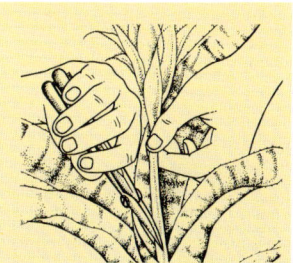

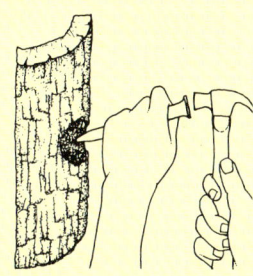

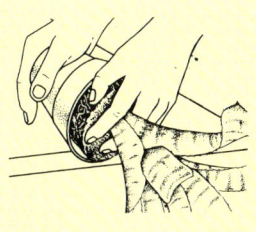

Aglaonema trewbii

Kolbenfaden

Aglaonema gehören zur Familie Aronstabgewächse (*Araceae*), und es gibt etwa 15 bekannte Arten. Ihr Name setzt sich aus den beiden griechischen Worten aglaos, glänzend und nema, Faden zusammen. Fast alle Arten kommen aus Südostasien, und die drei hier behandelten sind in Malaysia beheimatet. Sie wurden Ende des 19. Jahrhunderts – in der Blütezeit der Pflanzensammlerei – entdeckt.

Aglaonema sind gute Zimmerpflanzen und sollten öfter gehalten werden. Sie werden nicht häßlich und machen kaum Schwierigkeiten, wenn man von gelben Blättern absieht, die die Pflanzen im Sommer durch zu wenig Düngung und im Winter durch zu große Kälte bekommen. Sie eignen sich auch gut für die Hydrokultur. Obwohl es möglich ist, Pflanzen aus Erde in Wasser umzusetzen, sind Pflanzen, die von Anfang an in Wasser gezogen wurden, doch schöner.

A. trewbii ›Silver Queen‹ eignet sich wohl am besten für die Zimmerhaltung. Die etwa 12 bis 15 cm langen grünen Blätter haben eine silbergrüne Zeichnung. Die Blätter von *A. pseudobracteatum* sind etwas größer und ebenfalls grün, haben aber oben und unten eine goldene Zeichnung. Die Blätter von *A. pictum* stehen aufrechter als die der anderen beiden Arten. Sie sind grün und haben kleine beige Flecken, als ob jemand Farbe daraufgespritzt hätte.

Aglaonema-Arten sind ein gutes Beispiel für Pflanzen mit bunten Blättern, die mit wenig Licht auskommen, und bieten daher eine Abwechslung zu *Philodendron*, *Ficus* und anderen grünblättrigen Pflanzen, die normalerweise bei schlechten Lichtverhältnissen gehalten werden. Die heutigen Züchtungen vertragen auch die trockene Luft der meisten Räume recht gut.

Beim Kauf sollten Sie eine junge Pflanze aussuchen, deren Blätter fast aufrecht stehen und keinerlei Anzeichen von Welke aufweisen.

Größe: Die Pflanzen werden nicht sehr groß – ungefähr 25 cm – und wachsen buschig.
Wachstum: Gesunde Pflanzen entwickeln in einem Jahr 5 bis 6 neue Blätter.
Blütezeit: Die weißen oder gelben Blüten sind recht unscheinbar und erscheinen während der Sommermonate als grüner Blütenkolben. *A. trewbii* entwickelt später dunkelrote Beeren.
Duft: Keiner.
Licht: Sie gedeihen fast überall und vertragen auch eine durchschnittliche Menge Sonne.
Temperatur: Sie tolerieren weitgehend niedrige Temperaturen bis zu 10 °C, wenn sie recht trocken stehen, aber Temperaturen um 15 °C sind besser. Im Sommer vertragen sie bis zu 24 °C, vorausgesetzt die Luftfeuchtigkeit ist hoch genug.
Gießen: Im Sommer sollte die Erde feucht gehalten werden (2mal pro Woche gießen). Im Winter müssen die Pflanzen viel trockener stehen. Höchstens 1mal in der Woche gießen. Sie eignen sich gut für Hydrokultur.
Düngen: Im Sommer wird alle 14 Tage Flüssigdünger ins Gießwasser gegeben.
Luftfeuchtigkeit: Im Sommer mögen die Pflanzen eine mittlere Luftfeuchtigkeit und sollten 2mal pro Woche besprüht oder auf einen Untersetzer mit nassen Kieseln gestellt werden. Im Winter kann die Luft trockener sein.
Säubern: Von Hand mit lauwarmem Wasser säubern. Kein Blattglanz verwenden.

Luft: Durch Gasfeuer oder Ölheizung kann es zu Immissionsschäden kommen. Sie haben gute Lüftung gern, eisige Zugluft aber nicht.
Erde: Lehmerde ist am besten.
Umtopfen: Jedes Frühjahr wird umgetopft. Die Erde nicht zu fest andrücken, denn *Aglaonema* mögen kein festes Erdreich.
Schnitt: Nicht nötig, beschädigte Blätter werden jedoch entfernt.
Vermehrung: Durch Teilung. Am besten nimmt man junge Triebe mit Blättern und Wurzeln. Sie werden im späten Frühjahr abgetrennt – April oder Mai – und bei mindestens 21 °C gehalten, bis sie gut wachsen. Vermehrung durch Kopfstecklinge ist auch möglich dauert aber länger. Man sollte einen Vermehrungskasten verwenden (24 °C). Am längsten dauert die Anzucht aus Samen. Man sät im Frühjahr bei 27 °C aus und verwendet später nur die besten Pflänzchen, denn diese sind von sehr unterschiedlicher Qualität.
Lebenserwartung: Nach 2 bis 3 Jahren werden die Pflanzen kraftlos, und man sollte neue aus Stecklingen ziehen.
Pflanzgruppen: Sie lassen sich gut mit den meisten Zimmerpflanzen zusammensetzen, z.B. mit *Ficus*, *Cordyline*, *Philodendron*, *Fatshedera* usw. Ihre etwas ungewöhnliche Blatt- und Wuchsform eignet sich gut für Kübel und Blumenständer.
Schwierigkeitsgrad: Unkomplizierte Pflanzen.

Rechts: Aglaonema trewbii ›Silver Queen‹ ist die Sorte, die man am häufigsten bekommt und die wohl die schönste Zeichnung hat. Man findet sie oft in Hydrokultur. Sie ist eine hübsche Pflanze, um diese Methode auszuprobieren.

Oben links: Aglaonema pseudobracteatum ist die einzige Varietät, die eine goldene Zeichnung auf den Blättern hat.

Mitte links: Aglaonema roebelinii hat eine feine Silberzeichnung und anmutige junge Blätter.

Links: Manchmal bekommt man auch andere Arten oder Hybriden. Alle vertragen trotz der bunten Blätter Schatten gut. Deshalb nimmt man sie, um Pflanzschalen mit Grünpflanzen in dunklen Ecken zu beleben.

Wurzelteilung

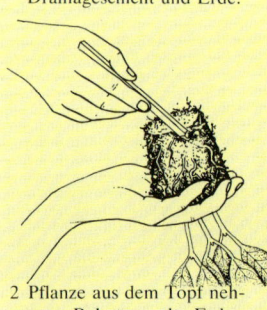

Im Frühjahr junge Triebe mit Blättern und Wurzeln abtrennen.

1 In zwei Töpfe kommt eine Drainageschicht und Erde.

2 Pflanze aus dem Topf nehmen. Behutsam alte Erde entfernen.

3 Wurzeln und Stengel vorsichtig auseinanderziehen.

4 Beide Teile eintopfen und warm halten (21 °C), bis sie wieder wachsen.

Blätter säubern

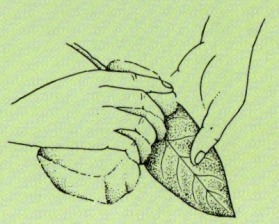

Staub mit einem weichen Tuch oder Schwamm und lauwarmem Wasser von den Blättern abwischen. Blatt mit der anderen Hand stützen. Kein Blattglanz verwenden.

Kranke Pflanzen

1 *Pflanze ist kraftlos:* Kalte Zugluft. Geschützter stellen.

2 *Neue Blätter klein:* Düngen.

3 *Blätter blaß:* Zu wenig Licht oder Dünger. Entweder heller stellen und düngen.

4 *Blätter sind gelb:* Zu naß und trocken. Wärmer und luftiger stellen. Austrocknen lassen, bis Pflanze sich erholt hat.

5 *Blätter trocken und brüchig:* Zu warm und trocken. Luftiger stellen und regelmäßig gießen. Sprühen.

6 *Weiße wollige Flecken auf den Blättern und in Blattachseln:* Wolläuse. Mit Watte und Spiritus abwischen bzw. mit Malathion oder systemischem Insektizid spritzen.

7 *Bätter vor allem an den Adern gesprenkelt; braune schuppige Insekten auf Stengeln und Blattunterseiten:* Schildläuse. Mit Watte und Spiritus abwischen oder mit systemischem Insektizid spritzen.

8 *Blätter braungefleckt:* Immissionsschäden. In bessere Luft stellen.

Grundständige Triebstecklinge

Aglaonema brauchen eigentlich einen Vermehrungskasten, aber die Blätter sind für die meisten Kästen zu groß. Man nimmt einen normalen Topf und zieht eine Plastiktüte darüber. Den Topf auf oder nahe an eine Wärmequelle (Heizung) stellen, so daß die Temperatur konstant ist und von unten kommt.

1 In einen Topf kommt eine Drainage und eine Mischung aus Torf und scharfem Sand (1:1).

2 Eine Pflanze mit mehreren gesunden Stengeln und Blättern nehmen und einen mit einem scharfen Messer über der Erde abschneiden.

3 Schnittstelle in Bewurzelungsmittel tauchen. Überschuß abschütteln.

4 Ein Loch in die Erde drücken. Es sollte so tief sein, daß der Stengel bis zum ersten Blattpaar in der Erde ist.

5 Das Stecklingsende muß am Boden des Lochs und das Blattpaar gerade über der Erde sitzen.

6 Gut gießen, einen Drahtbogen einsetzen und eine Plastiktüte überziehen. Täglich 5 Minuten abnehmen, um Fäule vorzubeugen. Erde nicht austrocknen lassen. Warm halten (24 °C).

7 Tüte nach 3 Wochen abnehmen. Pflanze in Lehmerde umtopfen, sobald sie gut wächst.

Umtopfen

1 Im Frühjahr, wenn Pflanze kopflastig wird, umtopfen. Vorher gut gießen.

2 In einen etwas größeren Topf kommt eine Drainageschicht und feuchte Lehmerde Nr. 2.

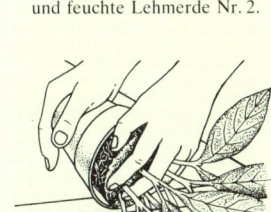

3 Topf so halten, daß Pflanze zwischen den Fingern und Erde unter der Handfläche liegt. Topfrand aufklopfen. Pflanze kommt mit Erde heraus.

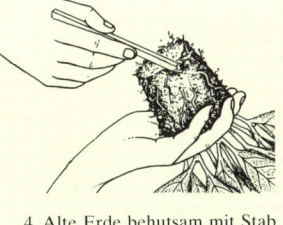

4 Alte Erde behutsam mit Stab von den Wurzeln entfernen. Wurzeln nicht verletzen.

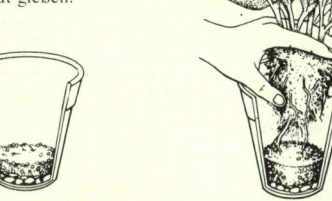

5 Wurzelballen auf die Erde im neuen Topf setzen.

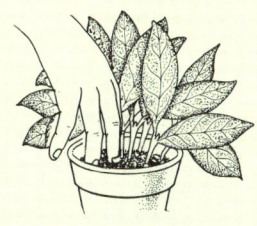

6 Topf mit neuer Erde füllen. Wurzeln müssen bedeckt sein. Erde nicht zu fest andrücken. 2 Tage nicht gießen und schattig stellen, damit Wurzeln in die neue Erde wachsen.

Ananas

Die Ananas ist eine sehr gute Zimmerpflanze, vor allem die Sorten mit bunten Blättern wirken immer hell und freundlich. Sie gehört zur Familie der Bromelien- oder Ananasgewächse und kommt aus Brasilien. Europa erreichte sie erstmals Ende des 17. Jahrhunderts. Etwa 30 Jahre später trug sie dann in England Früchte und wurde von da an regelmäßig unter Glas neben Weintrauben und Orangen als Delikatesse für die Reichen angebaut. Gartenbücher des 19. Jahrhunderts geben detaillierte Zuchtanweisungen, aber zu Ende der sechziger Jahre des letzten Jahrhunderts begann der kommerzielle Freilandanbau auf den Azoren, und die private Zucht ging zurück. Heute hält man die Ananas als Schmuckpflanze, und falls sie eine kleine Frucht entwickelt, so ist diese ein zusätzlicher Blickfang. Die Blüten sind klein und unscheinbar, doch müssen sie an der Pflanze bleiben, wenn sich eine Frucht bilden soll.

Im Gegensatz zu anderen Bromelien wächst die Ananas auf dem Boden und nimmt Wasser und Nährstoffe auf normalem Wege auf. Man sollte die Pflanze vorsichtig anfassen, denn sie hat scharfe Dornen, die leicht die Kleider zerreißen oder Verletzungen verursachen können.

Im Haus werden drei Sorten gehalten: *A. comosus* hat schmale, grüne Blätter und fruchtet leicht. Die Blätter von *A. comosus* ›Variegatus‹ sind kleiner, breiter und charakteristisch gestreift und bilden eine vollständige Rosette. Diese Varietät trägt selten Früchte. *A. bracteatus* ›Striatus‹ schließlich ist sehr viel größer und hat bunte Blätter. Sie entwickelt oft zum Teil rosafarbene Früchte, die einen hübschen Kontrast zu den gelbgrünen Blättern bilden.

Beim Kauf einer Pflanze sollte man auf kräftig gefärbte Blätter achten, die keine braunen Spitzen haben sollten. Eine große Pflanze mit Kindeln hat bereits geblüht und tut es nicht wieder, obwohl natürlich die Kindel später abgetrennt und einzeln eingepflanzt werden können.

Oben: Die leuchtenden Blätter von *A. comosus* ›Variegatus‹.

Links: Der Fruchtstand von *A. bracteatus* ›Striatus‹, der sich rosarot färbt.

Rechts: *A. comosus* braucht Wärme, um zu fruchten. Aus dem oberen Teil einer Frucht kann eine neue Pflanze gezogen werden.

Größe: *A. comosus* ist eine kleine Pflanze mit 25 bis 30 cm Durchmesser. *A. bracteatus* ›Striatus‹ wird größer und manchmal bis zu 1 m breit.

Wachstum: Junge Pflanzen verdoppeln innerhalb eines Jahres ihre Größe.

Blütezeit: Die Blüten sind klein und unscheinbar, doch die Früchte sind sehr schön. Gewöhnlich kommen sie im Frühjahr.

Duft: Keiner, außer die Pflanzen tragen eine Frucht.

Licht: Um eine schöne Färbung der Blätter zu gewährleisten, ist volle Sonne nötig.

Temperatur: Die Pflanzen sollten – vor allem im Winter – warm stehen. 18 bis 21 °C sind ideal. Sollen die Pflanzen klein bleiben, hält man sie in zu kleinen Töpfen und senkt die Temperatur auf 10 °C. Höchsttemperatur 24 °C.

Gießen: Im Sommer sollten die Pflanzen je nach Wärme 1- bis 2mal pro Woche gegossen werden. Vor dem Wässern läßt man die Erde austrocknen. Im Winter trockener halten und nicht öfter als 1mal in der Woche gießen.

Düngen: Während der Fruchtbildung 1mal pro Woche Flüssigdünger ins Gießwasser geben.

Luftfeuchtigkeit: Im Sommer 2mal, im Winter 1mal pro Woche sprühen.

Säubern: Handschuhe anziehen und Blätter von Hand abwischen. Kein Blattglanz verwenden.

Luft: Anspruchslos, doch vor kalter Zugluft zu schützen.

Erde: Eine gute Lehmerde verwenden, Nr. 2 ist sehr geeignet.

Umtopfen: Pflanzen werden, bevor sie voll entwickelt sind, 2mal umgetopft. Das erstemal 3 Monate nachdem man sie von der Mutterpflanze abgetrennt hat, das zweitemal 1 Jahr später. Immer Handschuhe tragen: Die nadelscharfen Blätter sind gefährlich. Der Topf sollte nicht zu groß und die Drainage gut sein. Erde nicht zu fest andrücken.

Schnitt: Nicht nötig. Es werden nur beschädigte und verwelkte Blätter entfernt.

Vermehrung: Am einfachsten durch Kindel. Wenn diese warm stehen (24 °C), wachsen sie schneller. Manchmal kann man neue Pflanzen aus frischen Ananas ziehen. Dazu müssen aber noch alle Blätter vorhanden sein, und die Methode ist langwieriger. Auch die Anzucht aus Samen ist möglich.

Lebenserwartung: Wie bei allen Bromelien geht die Rosette nach Blüte und Fruchtentwicklung ein. Sie hat dann 2 oder 3 neue Kindel gebildet. Von Austrieb bis zum Absterben einer Rosette vergehen 2 Jahre.

Pflanzgruppen: Sie wirken in Pflanzschalen gut, da sich ihre bunten Blätter von den meisten Zimmerpflanzen abheben. Gut als Mittelpunkte von Arrangements geeignet.

Schwierigkeitsgrad: Unkomplizierte Pflanzen.

Vermehrung

1 Frische Ananas mit vollem Blattschopf nehmen. Innere Blätter werden manchmal von den Anbauern entfernt.

2 In einen Topf kommt eine Drainage und eine Mischung aus Sand und Torf (1:1). Der Oberteil muß in den Topf passen.

3 Blätter mit etwa 1 cm Frucht abschneiden.

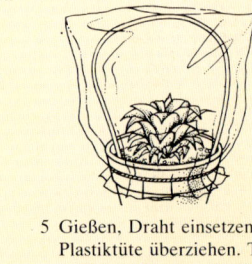

4 In den Topf setzen und Erde andrücken, so daß Blätter aufrecht stehen und die Frucht bedeckt ist.

5 Gießen, Draht einsetzen und Plastiktüte überziehen. Tüte täglich 5 Minuten abnehmen und Erde nicht austrocknen lassen. Warm (24 °C) stellen.

6 Wachsen in der Mitte neue Blätter, Tüte entfernen.

Kranke Pflanzen

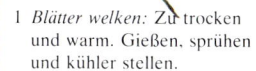

1 *Blätter welken:* Zu trocken und warm. Gießen, sprühen und kühler stellen.

2 *Blätter blaßfarben:* Zu wenig Licht. Heller stellen.

3 *Blätter vor allem an den Adern gelb gesprenkelt; braune schuppige Insekten an Stengeln und Blattunterseiten:* Schildläuse. Mit Watte und Spiritus abwischen oder mit systemischem Insektizid spritzen.

4 *Blattspitzen trocken und braun:* Luft zu trocken. Sprühen und für feuchte Luft sorgen.

5 *Langsames Wachstum, keine Blüten:* Düngen.

6 *Untere Blätter vertrocknen und rollen sich:* Zugluft. Geschützter stellen.

7 *Fäule an der Basis:* Zu kalt und naß. Wärmer und luftiger stellen. Austrocknen lassen, bis Pflanze sich erholt hat. Bei fortgeschrittener Fäule geht sie ein.

8 *Pflanzen welken und sterben nach der Blüte ab:* Das tun alle Ananas. Neue Pflanzen aus Kindeln ziehen.

Vermehrung durch Kindel

1 Mit Abnehmen von Kindeln warten, bis Mutterpflanze abgestorben ist. Kindel sollten halb so groß wie die Mutterpflanze sein.

2 In einen Topf kommt eine Drainageschicht und feuchte Erde.

3 Kindel und Wurzeln mit scharfem Messer abtrennen. Handschuhe anziehen, die Blätter sind gezähnt.

4 Kindel müssen eigene Wurzeln haben, sonst wachsen sie nicht.

5 Gut gießen, Draht einsetzen und Plastiktüte überziehen. Tüte täglich 5 Minuten abnehmen und Erde nicht austrocknen lassen. Bei 24 °C halten. Tüte nach 3 Wochen entfernen.

Umtopfen

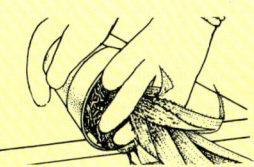

1 Jungpflanzen 3 Monate nach Abtrennen und noch einmal 1 Jahr später umtopfen. Gut gießen und Handschuhe tragen.

2 In einen etwas größeren Topf kommt eine Drainageschicht und feuchte Lehmerde Nr. 2.

3 Topf so halten, daß Pflanze zwischen den Fingern und Erde unter der Handfläche liegt. Topfrand aufklopfen. Pflanze mit Erde herausnehmen.

4 Alte Erde behutsam mit Stab von den Wurzeln entfernen. Wurzeln nicht verletzen.

5 Wurzelballen auf die Erde im neuen Topf setzen.

6 Topf mit neuer Erde füllen. Wurzeln müssen bedeckt sein. Erde nicht zu fest andrücken. 2 Tage nicht gießen und schattig stellen, damit Wurzeln in die neue Erde wachsen.

Säubern und Sprühen

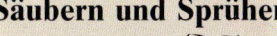

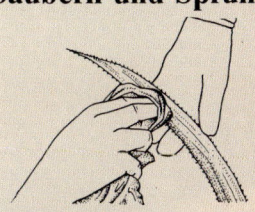

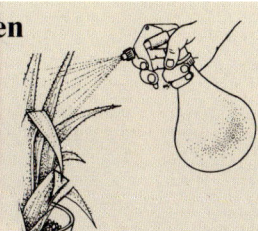

Blätter mit einem weichen Tuch oder Schwamm und lauwarmem Wasser abwischen. Blätter mit der anderen Hand stützen. Handschuhe anziehen. Kein Blattglanz verwenden.

Im Sommer 2mal die Woche, im Winter 1mal die Woche besprühen. Sprühabstand 15 cm.

Blätter stutzen

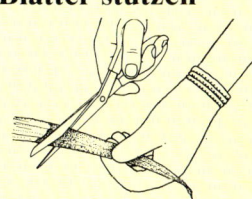

Sind die Blattspitzen braun und trocken, oberhalb des gesunden Gewebes mit einer scharfen Schere abschneiden. Handschuhe anziehen!

23

Anthurium scherzerianum

Flamingoblume, Blütenschweif, Teufelszunge

Anthurium gehört zur Familie der Aronstabgewächse *(Araceae)*, aus der auch viele andere unserer Zimmerpflanzen stammen. Die Flamingoblume ist schwieriger zu halten, aber wenn man ihr die nötige Sorgfalt widmet, wird man reichlich dafür belohnt. Die Pflanze braucht eine gleichbleibend hohe Temperatur und eine hohe Luftfeuchtigkeit.

Es gibt etwa 500 Arten von *Anthurium*, die hauptsächlich aus Kolumbien, also aus dem tropischen Südamerika kommen. Der Name setzt sich aus den griechischen Worten athos, Blume und oura, Schwanz zusammen – und wenn Sie die Abbildungen anschauen, ist Ihnen sicher klar, warum die Pflanze so heißt.

Als Zimmerpflanzen werden gewöhnlich drei Sorten gehalten. Am beliebtesten ist *A. scherzerianum*, eine recht unordentlich aussehende Pflanze mit schmalen Blättern, die in allen Richtungen aus der Mitte der Pflanze wachsen. Die Hauptattraktion der Pflanzen sind die meist roten, mitunter auch rosafarbenen, weißen oder gefleckten Blüten. Sie kommen wie ein roter Speer aus der Pflanzenmitte, und wenn die Pflanzen einmal blühen, entwickeln sie immer neue Blüten. Diese sind manchmal so schwer, daß man sie mit versteckten Stäbchen stützen muß.

Die anderen beiden Sorten eignen sich nur für den Experten und müssen wärmer stehen. Die Blüten von *A. andreanum* sind größer als die von *A. scherzerianum* und haben in der Mitte einen geraden Blütenkolben. Sie halten als Schnittblumen lang und eignen sich ausgezeichnet für Blumengestecke. *A. crystallinum* wird wegen seiner herzförmigen, tief samtiggrünen Blätter gezogen, die silbrig geädert sind. Wie *A. andreanum* ist es eine schwierige Pflanze. Ein kleiner Pluspunkt ist, daß *Anthurium*-Arten gut in Hydrokultur gedeihen.

Die Pflanzen werden gewöhnlich blühend verkauft. Achten Sie darauf, daß Knospen vorhanden und die Blätter glänzend und fest sind. Kraftlose Blätter bedeuten, daß diese feuchtigkeitsliebende Pflanze ausgetrocknet ist.

Das auffällige Blattwerk von *Anthurium crystallinum*.

Rechts: A. scherzerianum.

Unten: Blüten von *A. andreanum* (links) und *A. scherzerianum* (rechts).

Größe: *A. scherzerianum* wird höchstens 22 bis 25 cm hoch und 40 cm breit. Die anderen Sorten können bis zu 50 cm breit und 60 cm hoch werden.

Wachstum: Im Haus sehr gering. Man sollte zufrieden sein, wenn die Pflanzen nicht eingehen.

Blütezeit: Während des ganzen Jahres, im Sommer aber reichlicher.

Duft: Keiner.

Licht: Ein heller Platz ist lebensnotwendig. Dennoch vor praller Sonne schützen.

Temperatur: Vor allem im Winter ist eine gleichbleibende Temperatur notwendig. Temperaturstürze in der Nacht mögen sie nicht. *A. scherzerianum* braucht mindestens 15 °C, die anderen beiden brauchen 21 °C. Höchsttemperatur bei ausreichend Luftfeuchtigkeit 29 °C.

Gießen: Im Sommer mindestens 2mal pro Woche gut gießen. Im Winter trockener halten (nur 1mal in der Woche gießen). Regenwasser ist am besten.

Düngen: Im Sommer während Wachstumsperiode und Blüte, alle 14 Tage Flüssigdünger ins Gießwasser geben.

Luftfeuchtigkeit: Hohe Luftfeuchtigkeit ist lebensnotwendig. Den Topf auf nasse Kiesel oder in einen Übertopf mit feuchtem Moos oder Torf setzen. Täglich mit Regenwasser besprühen.

Säubern: Blätter von Hand abwischen. Alle 2 Monate 1mal kann Blattglanz verwendet werden.

Luft: Recht unempfindlich, doch bei kalter Zugluft können die Pflanzen eingehen.

Erde: Die richtige Mischung ist wichtig: auf 3 Teile Lehm 1 Teil geschnittenes Sumpfmoos geben.

Umtopfen: Gewöhnlich wird alle 2 Jahre umgetopft. Der Wurzelhals muß über der Erde liegen. Beim Wachsen schiebt sich die Pflanze leicht nach oben. Die freiliegenden Wurzeln werden dann mit Moos bedeckt.

Schnitt: Nicht notwendig.

Vermehrung: Dies ist Expertenarbeit, aber man kann im Januar oder Februar eine Teilung versuchen. Anschließend sollten die Pflanzen warm (21 °C) stehen. Die Samenanzucht ist bei 24 °C möglich.

Lebenserwartung: Unter den richtigen Bedingungen unbegrenzt, sonst kein Jahr.

Pflanzgruppen: Außer im Gewächshaus, wo man sie mit Croton und einigen Orchideen zusammenpflanzen kann, hält man Anthurium besser als Einzelpflanzen.

Schwierigkeitsgrad: Sie gedeihen nur unter geeigneten Bedingungen.

Umtopfen

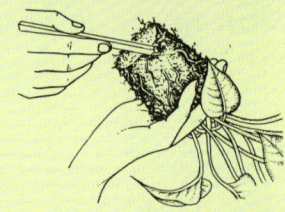

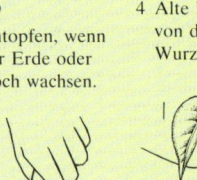

1 Im Frühjahr umtopfen, wenn Wurzeln aus der Erde oder dem Drainageloch wachsen. Gut gießen.

4 Alte Erde behutsam mit Stab von den Wurzeln entfernen. Wurzeln nicht verletzen.

2 In einen etwas größeren Topf kommt eine Drainage und Erde. 3 Teile Torferde und 1 Teil Sphagnum nehmen.

5 Wurzelballen auf die Erde im neuen Topf setzen.

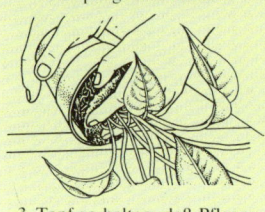

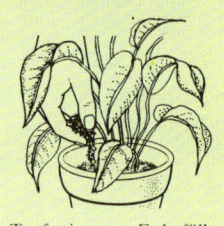

3 Topf so halten, daß Pflanze zwischen den Fingern und Erde unter der Handfläche liegt. Topfrand aufklopfen. Pflanze kommt mit Erde heraus.

6 Topf mit neuer Erde füllen. Wurzeln müssen bedeckt sein. Erde gut andrücken. 2 Tage nicht gießen und schattig stellen, damit Wurzeln in die neue Erde wachsen.

1 *Blätter werden im Winter gelb und hängen:* Zu naß und kalt. Wärmer und luftiger stellen. Austrocknen lassen, bis Pflanze sich erholt hat. Andere mögliche Ursache: plötzlicher Temperatursturz.

2 *Blätter dünn und papierartig, evtl. gelb:* Zu trocken. Für feuchte Luft sorgen und gießen.

3 *Blätter hängen kraftlos:* Zugluft. Geschützter stellen.

4 *Wurzeln liegen an Stengeln frei:* Umtopfen nötig. Bis dahin mit Moos bedecken.

5 *Neue Blätter klein, keine Blüten:* Düngen.

6 *Blätter haben braune Flecken:* Pilzerkrankung. Fungizid anwenden.

7 *Weiße wollige Flecken unter Blättern und in Blattachseln:* Wolläuse. Mit Watte und Spiritus abwischen bzw. mit Malathion oder systemischem Insektizid spritzen.

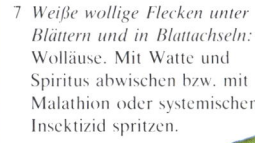

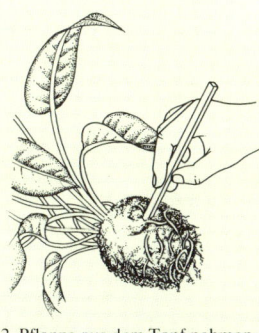
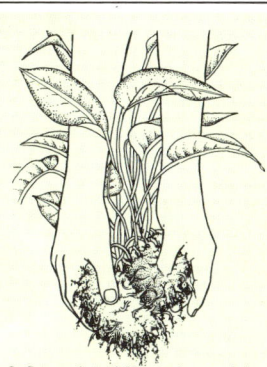

Gießen

1 Erde mit Fingern prüfen. Ist sie locker und krümelig. braucht die Pflanze Wasser.

2 Von oben – möglichst mit Regenwasser – gießen. Nach 15 Minuten restliches Wasser aus dem Untersetzer leeren.

Luftfeuchtigkeit

Topf auf einen Untersetzer mit Kieseln und Wasser stellen. Der Topfboden darf nicht im Wasser stehen.

Topf in einen Behälter mit feuchtem Torf stellen.

Blätter säubern

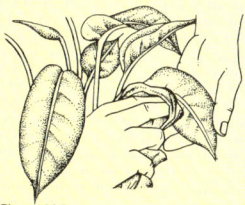

Blätter mit weichem Tuch oder Schwamm und lauwarmem Wasser abwischen. Blätter mit der anderen Hand stützen. Blattglanz nicht öfter als alle 2 Monate verwenden.

Sprühen

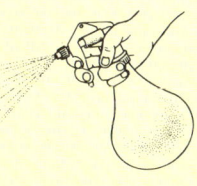

Täglich mit Zerstäuber besprühen. Möglichst Regenwasser nehmen. Sprühabstand 15 cm.

Wurzelteilung

1 In 2 Töpfe kommt eine Drainageschicht und Erde

3 Stengel und Wurzeln vorsichtig auseinanderziehen.

2 Pflanze aus dem Topf nehmen und alte Erde behutsam entfernen.

4 Beide Teile wie gewohnt eintopfen.

Aphelandra squarrosa

Glanzkölbchen, Aphelandre

Diese imposante Pflanze hat feste, schön geformte Blätter, deren Adern sich durch cremefarbene Streifen hervorheben. Die leuchtend gelben Blüten wachsen aus den grüngelben Hochblättern, die zu einem dichten, pyramidenförmigen Kopf geformt sind.

Aphelandren gehören zur Familie *Acanthaceae* und sind hauptsächlich in den Tropen beheimatet. Dort gibt es etwa 60 Arten. Der Name kommt aus dem Griechischen und setzt sich aus den Worten einfach und männlich zusammen (*Aphelandren* sind einfächrig), beides charakteristische Eigenschaften der Blüten. Als Zimmerpflanze ist normalerweise nur *A. squarrosa* erhältlich, und sie wurde wohl erstmals von einem Belgier gesammelt, denn eine Sorte ist nach einer belgischen Königin (›Louisae‹) und eine andere nach einem belgischen König (›Leopoldii‹) benannt.

Gewöhnlich wird *A. squarrosa* ›Louisae‹ gezogen. *A. squarrosa* ›Dania‹ ist eine verbesserte Züchtung mit einem kompakteren Wuchs und kürzeren Blättern. Außerdem gibt es eine Sorte, deren Blätter statt cremefarben silbern gestreift sind, aber sie blüht nicht so gut wie die anderen.

Die Pflanzen werden meist kurz vor oder während der Blüte gekauft und nach der Blüte weggeworfen. Mit ein wenig Sorgfalt kann man sie jedoch länger halten, wieder zum Blühen bringen und aus alten Pflanzen neue ziehen. Die Pflanzen dürfen aber nie austrocknen – andernfalls verlieren sie einige, wenn nicht alle Blätter.

Beim Kauf sollten Sie Pflanzen aussuchen, deren Blätter fest und glänzend sind und keine braunen Stellen haben. Pflanzen mit kraftlos hängenden Blättern sind wahrscheinlich ausgetrocknet oder haben Frost abbekommen. Man sollte sie nicht kaufen.

Links: Die Blütenähre der Aphelandra öffnet sich oft erst nach einigen Wochen.

Rechts: Die schönen Blätter und die Blüte von *Aphelandra squarrosa* ›Louisae‹. Junge Pflanzen können aus den Trieben unterhalb der Blüten gezogen werden.

Unten: Einige Hybriden haben silbrige Blätter.

Größe: In der ersten Blüte sind die Pflanzen etwa 30 cm hoch und 18 bis 20 cm breit. Im zweiten Jahr werden sie doppelt so groß und entwickeln 4 bis 5 Triebe.

Wachstum: Sie wachsen recht schnell. Im März geschnittene Stecklinge blühen im Spätsommer.

Blütezeit: Über den ganzen Sommer, je nachdem, wann die Stecklinge geschnitten werden.

Duft: Keiner.

Licht: Sie mögen viel Licht, sollten aber nicht in die Sonne gestellt werden, weil ihre Blätter leicht verbrennen.

Temperatur: 15 °C sind gut, etwas höhere Temperaturen schaden auch nicht. Nach der Blüte bei 12 °C halten. Höchsttemperatur 24°C, doch muß die Luftfeuchtigkeit hoch sein.

Gießen: Während die Pflanzen wachsen, müssen sie gut gegossen werden (mindestens 2mal pro Woche). Wenn sie austrocknen, werfen sie die Blätter ab. Nach der Blüte höchstens 1mal in der Woche gießen und eine Ruhepause von 4 bis 6 Wochen gewähren. Wenn die Pflanzen wieder wachsen sollen, wird erneut 2mal pro Woche gegossen.

Düngen: Sobald die Blütenähre erscheint, wird alle 14 Tage Flüssigdünger ins Gießwasser gegeben.

Luftfeuchtigkeit: Diese Dschungelpflanzen mögen eine hohe Luftfeuchtigkeit. Jeden Tag besprühen und auf einen Untersetzer mit nassen Kieseln oder in Torf stellen. Während der Blüte wird die Luftfeuchtigkeit durch Entfernen der Kiesel oder des Torfs verringert. Dadurch halten die Blüten länger.

Säubern: Durch das Sprühen bleiben die Blätter sauber. Alle 2 Monate kann Blattglanz verwendet werden.

Luft: Nur für Zugluft empfindlich.

Erde: Lehmerde ist gut geeignet.

Umtopfen: Stecklinge werden vor der Blüte 1- oder 2mal umgetopft, ältere Pflanzen nach der Ruhepause. Möglichst viel verbrauchte Erde entfernen.

Schnitt: Nach der Blüte wird die Blütenähre abgeschnitten. Die Triebe, die die Pflanzen im Frühjahr entwickeln, reduziert man auf 3 oder 4.

Vermehrung: Im Frühjahr abgeschnittene Triebe als Stecklinge verwenden. In Bewurzelungsmittel tauchen und in Erde aus scharfem Sand und Lehm setzen, Temperatur 24°C.

Lebenserwartung: Manche halten die Pflanzen nur 1 Jahr, aber sie sollten auch noch ein zweites Jahr blühen. Dann zieht man aus Stecklingen neue Pflanzen.

Pflanzgruppen: Sie können mit allen Grünpflanzen wie *Ficus*, *Hedera*, *Philodendron* oder *Bromelien* zusammengesetzt werden. Nach der Blüte aber wieder entfernen.

Schwierigkeitsgrad: Mittel – nicht so schwierig wie viele glauben.

Umtopfen

1 Frühjahr umtopfen, wenn Pflanze kopflastig ist, nur kleine Blätter entwickelt, und Wurzeln aus dem Abzugsloch wachsen.

2 In einen etwas größeren Topf kommt eine Drainageschicht und feuchte Lehmerde Nr. 3. Pflanze gut gießen.

3 Topf so halten, daß Pflanze zwischen den Fingern und Erde unter der Handfläche liegt. Topfrand aufklopfen. Pflanze kommt mit Erde heraus.

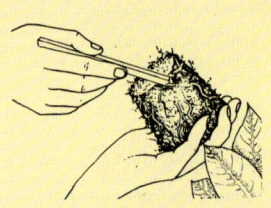

4 Alte Erde behutsam mit Stab von den Wurzeln entfernen. Wurzeln nicht verletzen.

5 Wurzelballen auf die Erde im neuen Topf setzen.

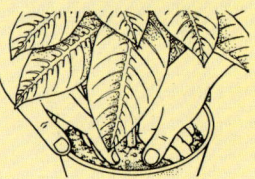

6 Topf mit neuer Erde füllen. Wurzeln müssen bedeckt sein. Erde gut andrücken. 7 Tage nicht gießen und schattig stellen, damit Wurzeln in die neue Erde wachsen.

Kranke Pflanzen

1 *Blätter fallen ab:* Zu warm und trocken. Wässern, sprühen und luftiger stellen.

2 *Blätter hängen kraftlos:* Zugluft. Geschützt stellen.

3 *Fäule an der Basis:* Zu naß und kalt. Wärmer stellen und austrocknen lassen, bis Pflanze sich erholt hat.

4 *Neue Blätter klein, keine Blüten:* Düngen.

5 *Blätter haben braune Flecken:* Zu viel Sonne. Aus der Sonne nehmen.

6 *Blätter werden braun:* Immissionsschäden. In bessere Luft stellen.

7 *Weiße wollige Flecken an Blättern und Blattachseln:* Wollläuse. Mit Watte und Spiritus abwischen bzw. mit systemischem Insektizid oder Malathion spritzen.

8 *Blätter vor allem an den Adern gelbgesprenkelt; braune schuppige Insekten an Stengeln und Blattunterseiten:* Schildläuse. Mit Watte und Spiritus abwischen oder mit systemischem Insektizid spritzen.

9 *Blätter verformt und mit grünen Insekten verklebt:* Blattläuse. Mit Pyrethrum oder systemischem Insektizid spritzen.

10 *Blätter sind gelb und fallen ab, Gespinste an den Unterseiten:* Spinnmilben. Mit Malathion, systemischem Insektizid oder Derris spritzen: Luftfeuchtigkeit erhöhen.

Kopfstecklinge

1 Im Frühjahr entwickelt die Pflanze neue Triebe, die als Stecklinge geeignet sind. In einen kleinen Topf kommt eine Drainageschicht und eine Mischung aus Lehmerde und scharfem Sand.

2 Einen Trieb mit mindestens 2 gesunden Blattpaaren und einem Wachstumspunkt nehmen. Trieb unterhalb des zweiten Blattpaares abschneiden, Länge 8–10 cm.

3 Stengel direkt unterhalb eines Blattes abschneiden.

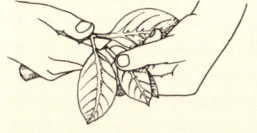

4 Das untere Blattpaar entfernen.

5 Schnittstelle in Bewurzelungsmittel tauchen. Überschuß abschütteln.

6 Ein Loch in die Erde drücken. Steckling hineinstecken. Das Ende muß am Boden des Loches und die Blätter gerade über der Erde sitzen.

7 Gut gießen, einen Drahtbogen einsetzen und Plastiktüte überziehen. Täglich 5 Minuten abnehmen, um Fäule vorzubeugen. Erde nicht austrocknen lassen. Warm halten (24 °C). Tüte nach 3 Wochen entfernen. Wenn Stecklinge gut wachsen, in normale Erde umtopfen.

Welke Blüten entfernen

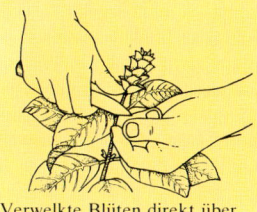

Verwelkte Blüten direkt über dem oberen Blattpaar abschneiden.

Luftfeuchtigkeit

Es gibt 3 Möglichkeiten, um Luftfeuchtigkeit zu erzeugen:

1 Den Topf auf einen Untersetzer mit Kieseln und Wasser stellen. Der Topfboden darf nicht im Wasser stehen.

2 Täglich besprühen.

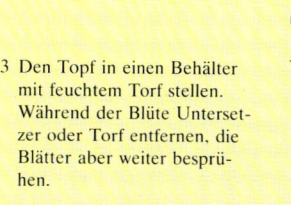

3 Den Topf in einen Behälter mit feuchtem Torf stellen. Während der Blüte Untersetzer oder Torf entfernen, die Blätter aber weiter besprühen.

27

Aralia japonica (Fatsia japonica)

Zimmeraralie

Die Aralien bilden eine kleine Gruppe von Pflanzen, die sich gut als Hausbewohner eignen. Sie gehören zur Familie der Araliaceae, und ihre Gattung von etwa 20 Arten winterharter oder beinahe winterharter Pflanzen kommt aus Asien, Amerika und Australien.

Wir beschäftigen uns mit zwei Arten. Die erste ist Aralia japonica, auch als *Aralia sieboldii* und *Fatsia japonica* bekannt. Es handelt sich hier um eine sehr widerstandsfähige Pflanze, die in wärmeren gemäßigten Klimazonen auch im Freien gezogen werden kann und besonders gut für Terrassen und Dachgärten in der Stadt geeignet ist. Die Blätter sind hellgrün und fast wie Finger geteilt. Wie der Name vermuten läßt, kommt sie aus Japan, und sie wurde erstmals 1838 eingeführt. Es gibt eine bunte Form, deren Blattspitzen cremefarben sind.

Die zweite Varietät ist *A. elegantissima*, die Fingeraralie, auch unter dem fast unaussprechlichen Namen *Dizygotheca elegantissima* geführt. Sie ist nicht ganz so widerstandsfähig wie *A. japonica*, ihre bronzefarbenen Blätter bilden jedoch einen schönen Kontrast zu anderen Pflanzen. Botanisch gesehen ist interessant, daß die Pflanze oft drei verschiedene Blattformen aufweist. Gerade über der Erde befinden sich die Keimblätter, die jungen Blätter darüber sind spitz und gezähnt, und dann kommen die erwachsenen Blätter, die wie die anderer Aralien aussehen. Die Pflanze ist auf den Neuen Hebriden im Südpazifik beheimatet.

Beim Kauf von Aralien sollten Sie darauf achten, daß die Blätter kräftig gefärbt sind und glänzen. Wählen Sie Pflanzen mit einem schönen Wuchs und keine, die die Blätter abwerfen. A. japonica muß vor dem Auspflanzen ins Freie eventuell abgehärtet werden, indem man sie zwei oder drei Tage im Topf nach draußen stellt.

Oben: Ein Exemplar von *Aralia elegantissima* im Jungstadium.

Aralia japonica ist fast winterhart und wächst in Stadtgärten oft draußen. Sie ist auch als Zimmerpflanze einfach.

Links: Die bunte Sorte.

Rechts: Aralia (oder *Fatsia*) *japonica.*

Blätter säubern

Blätter mit weichem Tuch oder Schwamm und lauwarmem Wasser abwischen. Blätter mit der anderen Hand stützen. *A. elegantissima* wird täglich mit weichem Wasser besprüht.

Luftfeuchtigkeit

Bei *A. elegantissima* täglich mit weichem Wasser sprühen, damit die Luft feucht ist, und die Blätter sauber sind.

Schnitt

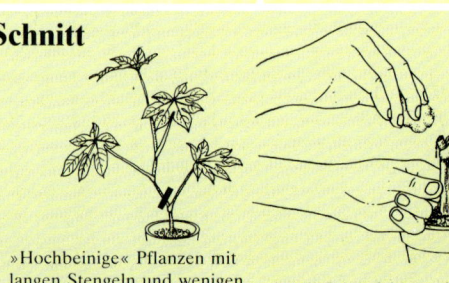

1 »Hochbeinige« Pflanzen mit langen Stengeln und wenigen Blättern müssen zurückgeschnitten werden.

3 Mit Schwefel bepudern.

2 Nach dem Umtopfen Stengel über einer Knospe oder einem Blattstengel abschneiden.

4 Die neu wachsenden Triebe bilden eine kräftige, kompaktere Pflanze.

Größe: Im Haus wird *A. japonica* etwa 1 m, *A. elegantissima* 1,20 m groß. Der Durchmesser beträgt etwa 45 bzw. 30 cm. Wenn *A. japonica* im Freien wächst, kann sie bis zu 2 m hoch und fast ebenso breit werden.

Wachstum: Rasch. Die Pflanzen können in einem Jahr leicht ihre Größe verdoppeln.

Blütezeit: *A. japonica* blüht nur im Freien oder als alte Pflanze im Wintergarten. Im Herbst und zu Winteranfang trägt sie dann riesige weiße Blütentrauben. *A. elegantissima* wird kaum blühen.

Duft: Keiner.

Licht: Die Pflanzen überleben auch ohne natürliches Licht an recht dunklen Plätzen. *A. japonica* ›Variegata‹ und *A. elegantissima* brauchen mehr Licht, doch keine Sonne.

Temperatur: *A. japonica* wächst an jedem kühlen Platz. 10 bis 12 °C sind ideal, aber sie verträgt auch ein Absinken bis nahe an den Gefrierpunkt. Temperaturen über 18 °C mag sie nicht. *A. elegantissima* braucht im Winter 15 °C und im Sommer maximal 21 °C.

Gießen: Während des Sommers immer feucht halten und mindestens 2mal wöchentlich gießen. Im Winter trockener halten und nur 1mal pro Woche gießen, die Erde aber nie vollkommen austrocknen lassen.

Düngen: Während der Wachstumsperiode alle 14 Tage Flüssigdünger ins Gießwasser geben.

Luftfeuchtigkeit: Beide Pflanzen sollten täglich mit weichem Wasser besprüht werden. Für *A. elegantissima* ist das lebenswichtig.

Säubern: Nur die Blätter von *A. japonica* sind für einen Schwamm groß genug. *A. elegantissima* bleibt durch das Sprühen sauber. *A. japonica* kann alle 2 Monate mit Blattglanz behandelt werden, *A. elegantissima* verträgt ihn nicht.

Luft: Beide Pflanzen sind anspruchslos. *A. japonica* mag eine gute Lüftung.

Erde: Eine gute Lehmerde wie Nr. 2.

Umtopfen: Man topft im Sommer zu Beginn der Wachstumsperiode um. Der Topf darf nicht zu groß sein.

Schnitt: »Hochbeinige« Pflanzen oder schlecht gewachsene Triebe werden nach dem Umtopfen zurückgeschnitten.

Vermehrung: Beide Pflanzen können im Frühjahr aus Samen oder aus Stecklingen gezogen werden. *A. japonica* ›Variegata‹ läßt sich nur aus Stecklingen ziehen. Bei *A. elegantissima* muß die Temperatur 21 °C betragen, bei *A. japonica* 13 °C.

Lebenserwartung: Mindestens 3 bis 4 Jahre.

Pflanzgruppen: *A. japonica* gedeiht am besten als Einzelpflanze. *A. elegantissima* eignet sich besser für Mischpflanzungen z.B. mit *Philodendron*, *Ficus* und *Hedera*, denn hier ist die Luftfeuchtigkeit höher.

Schwierigkeitsgrad: *A. japonica* gehört als einfache Pflanze auf die Liste jedes Anfängers, *A. elegantissima* erfordert etwas mehr Aufmerksamkeit.

Kranke Pflanzen

Aralia japonica

1 *Stengel lang und schwächlich, Blätter in großen Abständen:* Zu warm, schlecht gelüftet. Kühler und luftiger stellen.

2 *Blätter blaß:* Düngen.

3 *Blätter hängen:* Zu trocken oder naß. Erde prüfen und entweder wässern oder austrocknen lassen.

4 *Pflanze kraftlos, junge Blätter werden schwarz:* Frost. Die Pflanze geht ein.

A. elegantissima

1 *Blätter trocken und brüchig:* Zu warm und trocken. Kühler stellen, gießen und sprühen.

2 *Blätter hängen:* Erde durchnäßt. Austrocknen lassen. Dann seltener wässern.

3 *Blätter fallen ab:* Zu kalt oder warm, zu wenig Luftfeuchtigkeit. Temperatur prüfen. Sprühen und für feuchte Luft sorgen.

4 *Langsames Wachstum, kleine Blätter:* Düngen.

5 *Blätter verformt, mit grünen Tieren verklebt:* Blattläuse. Pyrethrum oder systemisches Insektizid anwenden.

Umtopfen

1 Im Frühjahr zu Beginn der Wachstumsperiode umtopfen, wenn der Topf zu klein geworden ist. Gut gießen.

2 In einen etwas größeren Topf kommt eine Drainageschicht und feuchte Lehmerde Nr. 2.

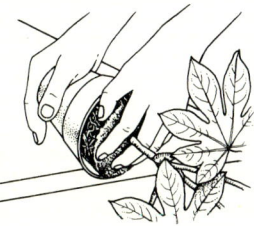

3 Topf so halten, daß Pflanze zwischen den Fingern und Erde unter der Handfläche liegt. Topfrand aufklopfen. Pflanze kommt mit Erde heraus.

4 Alte Erde behutsam mit Stab von den Wurzeln entfernen. Wurzeln nicht verletzen.

5 Wurzelballen auf die Erde im neuen Topf setzen.

6 Topf mit neuer Erde füllen. Wurzeln müssen bedeckt sein. Erde gut andrücken. 2 Tage nicht gießen und schattig stellen, damit Wurzeln in die neue Erde wachsen.

Aus Samen ziehen

1 In einen Vermehrungskasten oder eine Saatschale kommt eine Drainage und sterilisierte Aussaaterde. Samen gleichmäßig verteilen. Mit Erdschicht (= Samendicke) bedecken. Gut gießen.

2 Glas auflegen und dunkel stellen oder mit dunklem Tuch abdecken. Glas täglich umdrehen. Erde darf nicht austrocknen. Warm halten.

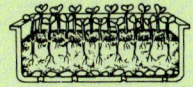

3 Wenn die Samen keimen, hell stellen und Glasscheibe entfernen.

4 Sind die Sämlinge groß genug, auf 2,5 cm Abstand ausdünnen. Dabei schwächere Pflanzen herausziehen.

5 Gedeihen die Pflänzchen kräftig, einzeln in kleine Töpfe setzen.

Kopfstecklinge

A. elegantissima kann durch Kopfstecklinge vermehrt werden.
Am besten ist dazu ein Vermehrungskasten. Ansonsten zieht man eine Plastiktüte über. Erforderliche Temperatur 21 °C.

1 In einen Topf kommt eine Drainage und eine Mischung aus Torf und scharfem Sand (1:1).

2 Einen Trieb mit mindestens 2 gesunden Blattpaaren und einem Wachstumspunkt nehmen. Trieb unterhalb des zweiten Blattpaares dicht am Hauptstamm abschneiden. Länge 8–10 cm.

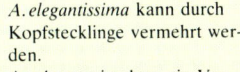

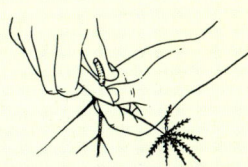

3 Stengel direkt unterhalb eines Blattes abschneiden.

4 Das untere Blattpaar entfernen.

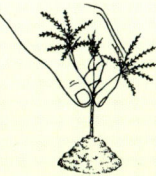

5 Die Schnittfläche in Bewurzelungsmittel tauchen. Überschuß abschütteln.

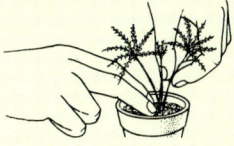

6 Am Topfrand kleine Löcher in die Erde machen. Stecklinge einsetzen. Das Stengelende muß am Boden des Lochs, das untere Blattpaar gerade über der Erde sitzen.

7 Gut gießen, einen Drahtbogen einsetzen und Plastiktüte überziehen. Täglich 5 Minuten abnehmen und Erde nicht austrocknen lassen. Warm halten (24 °C). Tüte nach 3 Wochen abnehmen. Pflanzen in Lehmerde setzen, wenn sie gut wachsen.

29

Araucaria excelsa (Araucaria heterophylla)

Zimmertanne

Rechts: Ein junges Exemplar von *Araucaria excelsa.*

Links: Die Spitze mit quirlig angeordneten Zweigen.

Unten: Die jungen Nadeln sind fahlgrün und vertiefen mit dem Alter ihre Färbung.

Araucaria excelsa ist ein immergrüner Nadelbaum und einer der wenigen Nadelbäume, die als Zimmerpflanzen gehalten werden können. Diese wirklich hübsche und außergewöhnliche Pflanze wird in ihrer natürlichen Umgebung bis zu 60 m hoch. Glücklicherweise wächst sie jedoch langsam und erreicht im Zimmer bestenfalls 1,50 m. Die Zimmertanne hat zedern-ähnliche Zweige, die waagrecht abstehen, etwa so wie bei der Libanonzeder, und sie eignet sich gut als Tisch-Weihnachtsbaum. Man darf sie jedoch nicht mit elektrischen Kerzen schmücken: Ihre zarten Nadeln können sonst verbrennen.

Unabhängig von der Größe steht sie am besten allein. Auf diese Weise kommt ihr auch eine bessere Luftzirkulation zugute. Zimmertannen eignen sich nicht für Räume mit Zentralheizung, vor allem dann nicht, wenn die Temperatur über 21 °C liegt, aber sie stehen in hellen, ungeheizten Räumen oder Wintergärten gut. Bei zu hohen Temperaturen werden sie schwächlich und leicht von Wolläusen befallen. Diese kleinen Sauginsekten können sogar 2 m große Pflanzen eingehen lassen.

A. excelsa hat eine wohlbekannte Verwandte, die oft in alten, gepflegten Gärten zu finden ist. Es ist *A. araucana*, die Chilenische Araucarie, die aus den Bergen Chiles stammt. Beide Arten teilen die typische Eigenschaft, im Alter die Nadeln der unteren Zweige abzuwerfen. Die Nadeln von *A. excelsa* sind heller und weicher als die ihrer stechenden Verwandten.

Zimmertannen erfreuen sich zunehmender Beliebtheit, sind aber manchmal schwer zu bekommen. Beim Kauf sollten Sie eine Pflanze mit intensiv gefärbten, biegsamen Zweigen aussuchen, deren untere Zweige die Nadeln noch nicht abwerfen. Normalerweise kauft man eine 30 cm große Tanne, manchmal bekommt man jedoch auch Sämlinge. Pflanzen über 1,20 m sind sehr teuer.

Größe: Mit 30 cm gekaufte Pflanzen werden etwa 1,50 m groß.

Wachstum: Sehr langsam, etwa 15 cm pro Jahr.

Blütezeit: Die Tannen blühen nicht.

Duft: Keiner.

Licht: Sie mögen Südfenster, müssen im Sommer aber vor der Mittagssonne geschützt werden. Sie vertragen auch Schatten, wenn man sie ab und zu etwas heller stellt.

Temperatur: Sie sind fast winterhart und können in wärmeren Gebieten im Freien wachsen. Mindesttemperatur im Winter etwa 5 °C, Höchsttemperatur im Sommer etwa 13 °C.

Gießen: Während des Sommers 2mal wöchentlich gießen, im Winter die Erde gerade feucht halten und höchstens 1mal pro Woche wässern. Immer kalkfreies Wasser verwenden.

Düngen: Im Sommer alle 14 Tage Flüssigdünger ins Gießwasser geben. Die Hälfte der empfohlenen Menge nehmen.

Luftfeuchtigkeit: Im Sommer sollte man sie mindestens 2mal pro Woche mit kalkfreiem Wasser besprühen, im Winter 1mal, falls sie in geheizten Räumen stehen.

Säubern: Nicht notwendig. Sprühen reicht zum Sauberhalten der Nadeln aus. Kein Blattglanz verwenden.

Luft: Zimmertannen sind widerstandsfähig, vertragen jedoch kalte Zugluft von offenen Fenstern und schlechte Lüftung nicht.

Erde: Man verwendet eine recht reiche Erde wie etwa Lehmerde Nr. 2.

Umtopfen: Im Jungstadium jedes Jahr. Bei über 1 m Größe im Topf lassen und nur die obere Erdschicht erneuern.

Schnitt: Nicht notwendig, nur die unteren Zweige abschneiden, wenn sie die Nadeln abwerfen und häßlich werden. Den Vegetationspunkt an der Spitze darf man nicht entfernen.

Vermehrung: Normalerweise im Herbst oder Frühjahr bei 10 bis 13 °C aus Samen. Es ist auch möglich, Stammstücke in einem Vermehrungskasten bei 18 °C und hoher Luftfeuchtigkeit bewurzeln zu lassen.

Lebenserwartung: Bei Pflege fast unbegrenzt. In der Natur können sie ja bis zu 60 m hoch werden.

Pflanzgruppen: Am besten stehen Zimmertannen allein. Dennoch sehen ältere Pflanzen, die ihre unteren Zweige nicht mehr haben, hübscher aus, wenn um sie herum jüngere Exemplare der gleichen Art gepflanzt werden.

Schwierigkeitsgrad: Gering, ein wenig Pflege und Aufmerksamkeit vorausgesetzt. Die Wintertemperatur darf nicht zu hoch sein.

Umtopfen

1 Jungpflanzen jedes zweite Jahr umtopfen. Zuerst gut gießen.

2 In einen etwas größeren Topf kommt eine Drainageschicht und feuchte Lehmerde Nr. 2.

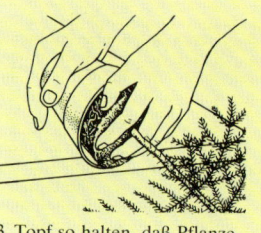

3 Topf so halten, daß Pflanze zwischen den Fingern und Erde unter der Handfläche liegt. Topfrand aufklopfen. Pflanze kommt mit Erde heraus.

4 Alte Erde behutsam mit Stab von den Wurzeln entfernen. Wurzeln nicht verletzen.

5 Wurzelballen auf die Erde im neuen Topf setzen.

6 Topf mit neuer Erde füllen. Wurzeln müssen bedeckt sein. Erde gut andrücken. 2 Tage nicht gießen und schattig stellen, damit Wurzeln in die neue Erde wachsen.

Kranke Pflanzen

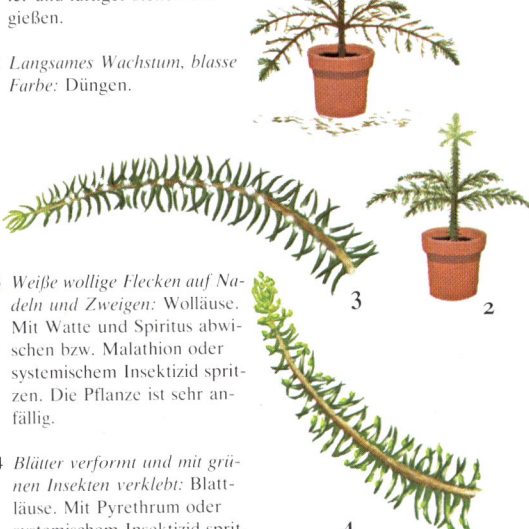

1 *Trockene gelbe Nadeln. Nadeln fallen ab:* Zu warm und trocken, schlechte Lüftung. Kühler und luftiger stellen und gießen.

2 *Langsames Wachstum, blasse Farbe:* Düngen.

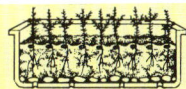

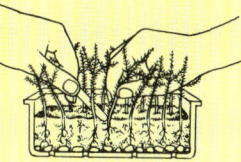

3 *Weiße wollige Flecken auf Nadeln und Zweigen:* Wolläuse. Mit Watte und Spiritus abwischen bzw. Malathion oder systemischem Insektizid spritzen. Die Pflanze ist sehr anfällig.

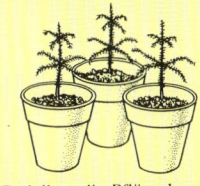

4 *Blätter verformt und mit grünen Insekten verklebt:* Blattläuse. Mit Pyrethrum oder systemischem Insektizid spritzen.

Obere Erdschicht erneuern

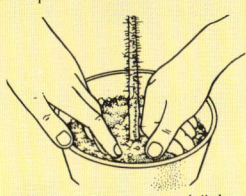

1 Ist die Pflanze über 1 m, nicht mehr umtopfen. Gießen und die oberen 2,5 cm Erde erneuern. Wurzeln nicht verletzen.

2 Topf mit neuer Erde füllen.

3 Erde rundum gut andrücken. Die Wurzeln müssen bedeckt sein.

4 2 Tage nicht gießen. Schattig stellen, damit die Wurzeln in die neue Erde wachsen.

Schnitt

1 Ältere Pflanzen verlieren die Nadeln an den unteren Zweigen, die dann kahl und häßlich aussehen.

2 Kahle Zweige dicht am Stamm sauber abschneiden. Schnittfläche mit Schwefel einpudern, um Pilzerkrankungen vorzubeugen.

3 Wenn Saft austritt, mit in Vaseline getauchte Watte betupfen, um das »Bluten« zu stoppen.

Aus Samen ziehen

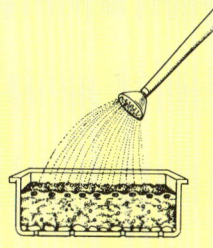

3 Wenn die Samen keimen, hell stellen und Glasscheibe entfernen.

1 In einen Vermehrungskasten oder eine Saatschale kommt eine Drainage und sterilisierte Aussaaterde. Samen gleichmäßig verteilen. Mit Erdschicht (nicht dicker als die Samen selbst) bedecken. Gut gießen.

4 Sind die Sämlinge groß genug, auf 2,5 cm Abstand ausdünnen. Dabei schwächere Pflanzen herausziehen.

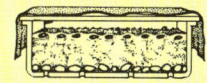

2 Glasscheibe auflegen und dunkel stellen oder mit einem dunklen Tuch abdecken. Glas täglich umdrehen. Erde nicht austrocknen lassen. Warm halten (10 bis 13 °C).

5 Gedeihen die Pflänzchen kräftig, einzeln in kleine Töpfe setzen.

Sprühen

Blätter reinigen, indem man mit lauwarmem Wasser und Zerstäuber sprüht. Sprühabstand 15 cm.

Asparagus plumosus

Zierspargel

Die meisten Menschen halten *Asparagus* für einen Farn, doch das ist falsch. Obwohl er farnähnlich ist, erinnern seine Blätter an Nadeln und werden von den Botanikern als Scheinblätter bezeichnet. Die Gattung umfaßt etwa 100 Arten und gehört zur Familie der Liliengewächse. Es sind hübsche Zimmerpflanzen, man kann sie leichter als echte Farne halten, und besonders gut eignen sie sich für Ampeln. Sie kommen aus Südafrika und wurden erstmals Ende des 19. Jahrhunderts kultiviert.

Gewöhnlich finden sich verschiedene Varietäten von Asparagus im Handel. *A. plumosus* hat, wie sein Verwandter, der eßbare Spargel *A. officinalis*, weiche, fedrige Ranken, die man gern in Blumenarrangements verwendet. Die Pflanze wächst aufrecht und ist im Jungstadium sehr dünn und zart. Vollere Exemplare eignen sich besser, und meist bekommt man den kleinen, dichten *A. plumosus* ›Nanus‹.

A. sprengeri (densiflorus) ist im Zimmer am einfachsten zu halten. Er wächst buschig, und die Ranken fallen natürlich, daher eignet er sich gut für Fensterkästen und Ampeln. Sein Blattwerk ist stachelig. *A. sprengeri* ›Meyerii‹ sieht ähnlich aus, doch die Scheinblätter sind weich, stehen dicht zusammen, und die Ranken wirken fast wie Flaschenbürsten. Die Pflanze wächst sehr langsam, ist aber in ihrer Alterform sehr schön.

A. falcatus schließlich ist eine sehr widerstandsfähige Pflanze mit aufrechten Sprossen und weit auseinanderstehenden Scheinblättern. Er hätte größere Beachtung verdient.

Beim Kauf sollten Sie darauf achten, daß der Zierspargel buschig ist, eine schöne Farbe hat und nach Möglichkeit neue Triebe entwickelt. Pflanzen mit gelbem Blattwerk sollte man nicht nehmen.

Oben: Die bambusähnlichen Blätter von *Asparagus falcatus*. Vorsicht, diese Art hat Dornen.

Unten: Asparagus meyerii wächst langsam. Hier kommt eine junge, blasse Ranke.

Oben: Asparagus sprengeri ist eine einfache, buschige Pflanze.

Rechts: A. plumosus hat von allen Arten die zartesten Ranken. Man kann ihn anstelle der schwierigen Farne ziehen.

Größe: Die Pflanzen werden gewöhnlich in 8- oder 12-cm-Töpfen gehalten, in denen die Ranken bis zu 45 cm Länge erreichen, oder in Ampeln mit 30 cm Durchmesser.

Wachstum: Gut gewässert bilden 1 Jahr alte Pflanzen während der Wachstumsperiode 12 neue Triebe und mehr.

Blütezeit: Sie haben unscheinbare, weiße Blüten, entwickeln jedoch sehr hübsche, rote Beeren.

Duft: Keiner.

Licht: Sie kommen im Haus mit recht schattigen Plätzen aus. *A. sprengeri* sollte im Sommer draußen stehen, denn so wird die Färbung seines Blattwerks intensiver.

Temperatur: Im Winter reichen recht niedrige Temperaturen bis zu 8 °C aus. Im Sommer sind 12 bis 15 °C notwendig. Über 21 °C vertragen die Pflanzen nur, wenn die Lüftung gut ist.

Gießen: Im Sommer 2- bis 3mal pro Woche gießen, und die Pflanzen nie austrocknen lassen. Im Winter 1mal pro Woche gießen, bei geringen Temperaturen seltener.

Düngen: Im Sommer alle 14 Tage die Hälfte der empfohlenen Menge Flüssigdünger ins Gießwasser geben.

Luftfeuchtigkeit: Wie die meisten Pflanzen mögen sie Übersprühen und gedeihen zusammen mit anderen Pflanzen in Schalen gut, weil hier die Feuchtigkeit um das Blattwerk herum größer ist.

Säubern: Tägliches Sprühen reicht aus. Blattglanz ist ungeeignet.

Luft: Sie akzeptieren fast alle Bedingungen.

Erde: Entweder Lehm- oder Torferde, jedoch nicht zu viel Dünger, z.B. Lehmerde Nr. 1.

Umtopfen: Sie stehen gern in kleinen Töpfen, deshalb wartet man mit dem Umtopfen, bis die Wurzeln aus dem Abzugsloch wachsen. Tontöpfe eignen sich besser als Kunststofftöpfe.

Schnitt: Man schneidet lediglich alte oder verwelkte Ranken heraus. Ist eine Pflanze einmal ausgetrocknet, werden alle Ranken abgeschnitten, die Pflanze wird ins Wasserbad gestellt und so zu neuem Wachstum angeregt.

Vermehrung: Am besten durch Aussaat im April. Alte Pflanzen können auch in 5 bis 6 kleine Pflanzen geteilt werden, aber diese wachsen mitunter schlecht.

Lebenserwartung: Nach 3 oder 4 Jahren verlieren die Pflanzen an Kraft und sehen erschöpft aus. Nun sollte man neue Pflanzen aus Samen ziehen. Alte Pflanzen leben weiter, auch wenn sie nicht mehr schön sind.

Pflanzgruppen: Sie gedeihen gut in Mischpflanzungen, wo ihr Blattwerk einen hübschen Kontrast zu anderen Pflanzen bildet, vor allem zu solchen mit breiten Blättern. Besonders für Schalen, Kübel und Fensterkästen im Haus geeignet.

Schwierigkeitsgrad: Einfache Pflanzen für Anfänger, vorausgesetzt, sie trocknen nicht aus.

Vertrocknete Pflanzen neu treiben lassen

  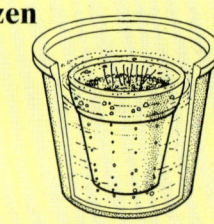 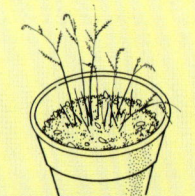

1 Eine wuchernde oder ausgetrocknete Pflanze kann sich vielleicht wieder erholen.

2 Alle Ranken über der Erde mit einer scharfen Schere abschneiden.

3 Topf ins Wasserbad stellen, bis keine Luftblasen mehr aufsteigen. Herausnehmen und Wasser ablaufen lassen.

4 Kühl stellen, bis sich neue Triebe entwickeln.

Sprühen

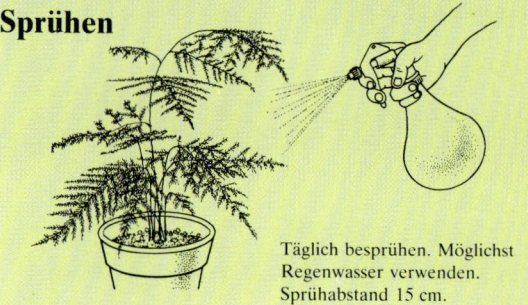

Täglich besprühen. Möglichst Regenwasser verwenden. Sprühabstand 15 cm.

Kranke Pflanzen

1 *Blätter gelb, Nadeln fallen ab:* Zu trocken oder zu warm und/oder zu wenig Dünger und Licht. Erde und Standort prüfen. Evtl. düngen.

2 *Blätter vor allem an den Adern gelb gesprenkelt; braune schuppige Insekten an Stengeln und Blattunterseiten:* Schildläuse. Mit Watte und Spiritus abwischen oder mit systemischem Insektizid spritzen.

3 *Blättchen werden gelb und fallen ab: Gespinste an den Unterseiten:* Spinnmilben. Mit Derris, Malathion oder systemischem Insektizid spritzen. Luftfeuchtigkeit erhöhen.

4 *Pflanze steht draußen, Blättchen fallen ab:* Zu kalt, Frost. Ranken abschneiden. Pflanze bei 13 °C halten. Sie treibt neu aus.

Aus Samen ziehen

Asparagus im Frühjahr aussäen.

1 In einen Vermehrungskasten oder eine Saatschale kommt eine Drainage und sterilisierte Aussaaterde. Samen gleichmäßig verteilen. Mit Erdschicht (= Samendicke) bedecken. Gut gießen.

2 Glasscheibe auflegen und dunkel stellen oder mit dunklem Tuch abdecken. Glas täglich umdrehen. Erde nicht austrocknen lassen. Warm halten (16 °C).

3 Wenn die Samen keimen, hell stellen und Glasscheibe entfernen.

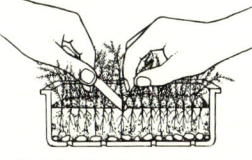

4 Sind die Sämlinge groß genug, auf 2,5 cm Abstand ausdünnen. Dabei die schwächeren Pflanzen herausziehen.

5 Gedeihen die Pflänzchen kräftig, einzeln in kleine Töpfe setzen.

Umtopfen

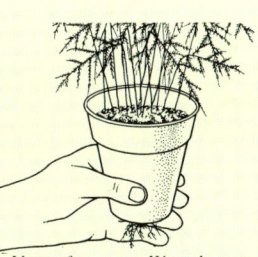
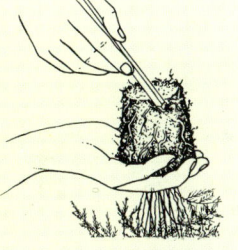

1 Umtopfen, wenn Wurzeln aus dem Abzugsloch wachsen oder keine neuen Ranken mehr kommen. Gut gießen.

4 Alte Erde behutsam mit Stab von den Wurzeln entfernen. Wurzeln nicht verletzen.

2 In einen etwas größeren Topf kommt eine Drainage und feuchte Lehmerde Nr. 1.

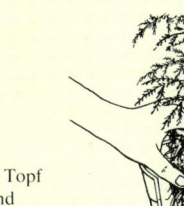

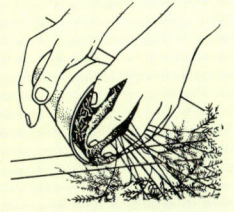

3 Topf so halten, daß Pflanze zwischen den Fingern und Erde unter der Handfläche liegt. Topfrand aufklopfen. Pflanze kommt mit Erde heraus.

5 Wurzelballen auf die Erde im neuen Topf setzen.

6 Topf mit neuer Erde füllen. Wurzeln müssen bedeckt sein.

7 Erde gut andrücken. 2 Tage nicht gießen und schattig stellen, damit Wurzeln in die neue Erde wachsen.

Gießen

1 Erde mit den Fingern prüfen. Ist sie locker und krümelig, braucht die Pflanze Wasser.

2 Von oben – möglichst mit Regenwasser – gießen. Nach 15 Minuten restliches Wasser aus dem Untersetzer leeren.

Wurzelteilung

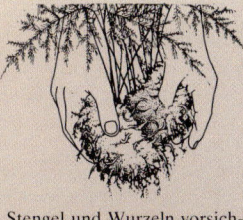

1 In 2 Töpfe kommt eine Drainage und Erde.

3 Stengel und Wurzeln vorsichtig auseinanderziehen.

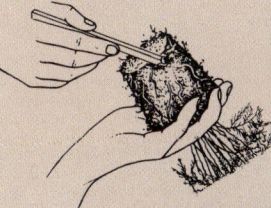

2 Pflanze aus dem Topf nehmen. Alte Erde behutsam entfernen.

4 Beide Teile wie gewohnt eintopfen.

Aspidistra elatior

Schusterpalme, Metzgerpalme, Schildblume, Sternschild

Die *Aspidistra* war früher schon der einzige Lichtblick in den alten Konzerthallen, und sie wird auch heute noch mit dunklen, heruntergekommenen Räumen in Verbindung gebracht. Gut gepflegt ist sie jedoch eine gefällige, schöne Zimmerpflanze.

Aspidistra gehört zur Familie *Liliaceae;* es sind vier Arten bekannt, die aus China, Japan und dem Himalaya kommen. Die einzige kultivierte Art ist *A. elatior* (oder *lunida*), die erstmals 1822 in China gefunden wurde. Es gibt eine bunte Varietät, eine in der Natur auftretende Mutation, zu der es jedoch nur kommt, wenn die Pflanze in magerer Erde wächst und zu wenig Platz hat. Sie braucht mehr Licht als ihr grünes Gegenstück. Die *Aspidistra* hat eine violette, fleischige, becherförmige Blüte, die auf dem Boden aufliegt und fast ungestielt ist, sich aber selten entwickelt. Sie hält nur etwa einen Tag.

Aspidistra wächst langsam, ist jedoch extrem widerstandsfähig, sie verträgt Vernachlässigung, ja sogar falsche Behandlung, wie auch Abgase, Tabakrauch und abrupte Temperaturänderungen. Man kann sie sogar in den Ferien allein ohne Pflege zurücklassen. Die Blätter dürfen jedoch nicht mit Blattglanz besprüht werden. Obwohl diese Mittel für Pflanzen mit dicken, ledrigen Blättern gedacht sind, verträgt die Schusterpalme sie seltsamerweise nicht.

Am besten gedeihen *Aspidistra* ohne Nachbarn, und daher sollten Sie Pflanzen nach Form und Anmut der Blätter aussuchen. Von Pflanzen mit gespaltenen Blättern oder gestutzten Rändern ist abzuraten. Pflanzen mit blassen, gesprenkelten Blättern leiden möglicherweise unter Spinnmilbenbefall.

Wurzelteilung

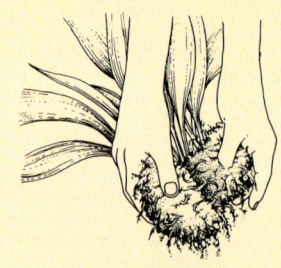

Große, alte Pflanzen im Frühjahr teilen.

1 In 2 Töpfe kommt eine Drainageschicht und Erde.

3 Stengel und Wurzeln vorsichtig auseinanderziehen.

Größe: Die Blätter sind, je nach Varietät, 30 bis 45 cm lang. In einem 12-cm-Topf können sich viele Blätter entwickeln, da die Pflanzen kleine Töpfe bevorzugen.
Wachstum: 4 oder 5 Blätter pro Jahr.
Blütezeit: Blüten entwickeln sich unregelmäßig, gewöhnlich aber während der Sommermonate.
Duft: Keiner.
Licht: Die Pflanzen können auch dunkel stehen. In voller Sonne trocknen die Blätter aus.
Temperatur: Am besten sind 12 bis 15 °C. Sie überstehen auch sehr viel niedrigere Temperaturen, müssen aber frostfrei gehalten werden.
Gießen: Im Sommer gut (2mal pro Woche), im Winter nicht öfter als 1mal pro Woche gießen.
Düngen: Die Pflanzen werden leicht überdüngt. Im Sommer fügt man alle 1 bis 2 Monate Flüssigdünger ins Gießwasser, die bunte Varietät wird aber überhaupt nicht gedüngt. Wenn sich die Blätter spalten, düngt man für den Rest der Saison nicht mehr.
Luftfeuchtigkeit: Sie mögen es, wenn man sie 1mal pro Woche mit weichem Wasser besprüht, vertragen aber auch trockene Luft.

Säubern: Staubige Blätter werden mit einem Schwamm und weichem Wasser gereinigt. Kein Blattglanz verwenden.
Luft: Sie überleben in jeder Luft, in der Menschen atmen können.
Erde: Zum Umtopfen nimmt man Lehmerde Nr. 2, bunte Pflanzen setzt man jedoch in Aussaaterde.
Umtopfen: Sollte nicht öfter als alle 2 bis 3 Jahre erfolgen. Ansonsten wird Umtopfen nötig, wenn eine Pflanze ihren Topf sprengt. Als Mitglied der Lilienfamilie hat die *Aspidistra* Rhizome. Sie müssen beim Umtopfen vollkommen mit Erde bedeckt werden und dürfen nicht herausstehen.
Schnitt: Nicht notwendig.
Vermehrung: Im Frühjahr durch Teilung alter Pflanzen.
Lebenserwartung: Eine der langlebigsten Zimmerpflanzen.
Pflanzgruppen: Normalerweise hält man Schusterpalmen als Einzelpflanzen. Sie eignen sich aber auch für Arrangements mit feuchtigkeitsliebenden Gewächsen.
Schwierigkeitsgrad: Die einfachsten aller Zimmerpflanzen.

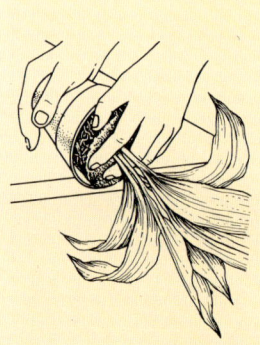

2 Pflanze aus dem Topf nehmen und behutsam Erde entfernen.

4 Beide Teile wie gewohnt eintopfen.

Kranke Pflanzen

1 *Blätter haben braune verbrannte Stellen:* Zu viel Sonne. Aus der Sonne stellen.

2 *Blätter spalten sich:* Zu viel Dünger. Bis Saisonende nicht mehr düngen. In der nächsten Wachstumsperiode mit der halben Menge beginnen.

3 *Blätter vor allem an den Adern gelb gesprenkelt; braune schuppige Insekten an Stengeln und Blattunterseiten:* Schildläuse. Mit Watte und Spiritus abwischen oder mit systemischem Insektizid spritzen.

4 *Blätter verfärbt, Gespinste an den Unterseiten:* Spinnmilben. Mit Malathion, Derris oder systemischem Insektizid spritzen.

5 *Weiße wollige Flecken unter den Blättern:* Wolläuse. Mit Watte und Spiritus abwischen bzw. mit Malathion oder systemischem Insektizid spritzen.

Gießen

1 Erde mit den Fingern prüfen. Ist sie locker und krümelig, braucht die Pflanze Wasser.

2 Von oben – möglichst mit Regenwasser – gießen. Nach 15 Minuten restliches Wasser aus dem Untersetzer leeren.

Säubern und Sprühen

Staub mit weichem Tuch oder Schwamm und lauwarmem Wasser abwischen. Blätter mit der anderen Hand stützen.

Kein Blattglanz verwenden.

Aspidistra vertragen trockene Luft, dennoch sollten sie 1mal wöchentlich mit weichem Wasser besprüht werden.

Umtopfen

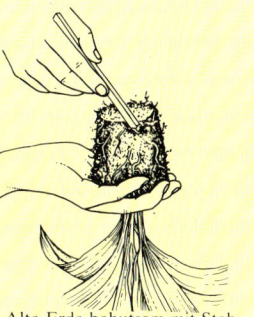

1 Nur alle 2–3 Jahre umtopfen. Zu kleine Töpfe können die starken Wurzeln aber sprengen. Gut gießen.

2 In einen etwas größeren Topf kommt eine Drainageschicht und Lehmerde Nr. 2.

4 Alte Erde behutsam mit Stab von den Wurzeln entfernen. Wurzeln nicht verletzen.

6 Topf mit neuer Erde füllen. Wurzeln müssen bedeckt sein.

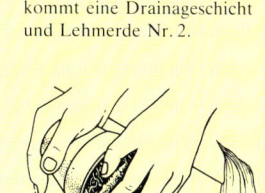
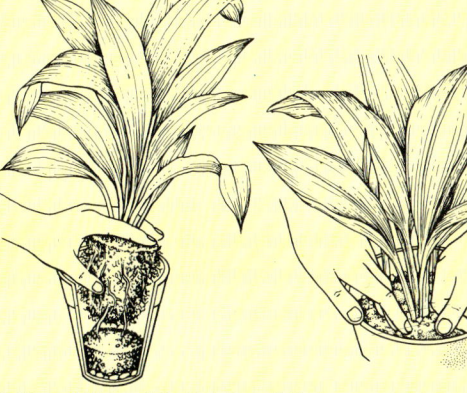

3 Topf so halten, daß Pflanze zwischen den Fingern und Erde unter der Handfläche liegt. Topfrand aufklopfen. Pflanze kommt mit Erde heraus.

5 Wurzelballen auf die Erde im neuen Topf setzen.

7 Erde gut andrücken. 2 Tage nicht gießen und schattig stellen, damit Wurzeln in die neue Erde wachsen.

35

Asplenium nidus-avis

Nestfarn

Asplenium bilden eine große Familie von Farnen *(Aspleniaceae)* mit beinahe 700 Arten, die man fast überall auf der Welt, vom tropischen Afrika bis zum gemäßigten Neuseeland, findet. Der Name kommt aus dem Griechischen und bedeutet soviel wie »Milzarznei«, da früher die Pflanzen für Kräuterheilmittel verwendet wurden.

Es gibt zwei Sorten, die als Zimmerpflanzen hübsch und interessant sind und sich besonders für Flaschen- und Farngärten und die feuchte Umgebung eines Badezimmers eignen. Bei der ersten handelt es sich um *Asplenium nidus-avis*, den Nestfarn. Sein deutscher Name rührt von der Anordnung der Blätter her. Sie sind hellgrün, ledrig und haben in der Mitte eine braune, hervorstehende Mittelrippe, die an der Basis und Rückseite der Blätter besonders stark ausgeprägt ist. Der Nestfarn ist ein Epiphyt und kommt aus Nordaustralien, wo seine Blätter bis zu 1,50 m lang werden.

Die andere Sorte, die sich für das Zimmer eignet, ist *A. bulbiferum*, nicht ganz so attraktiv, aber ebenso interessant. Er ist in Neuseeland und den Vorgebirgen Indiens beheimatet. An den Wedeln erwachsener Pflanzen entwickeln sich Jungpflanzen, die man leicht abnehmen und in sandige Erde pflanzen kann, wo sie schnell wachsen.

Wie alle Farne braucht auch *Asplenium* einen feuchten, halbschattigen Standort. *A. nidus-avis* sieht dort besonders hübsch aus, wo Licht durch seine hellgrünen Blätter scheinen kann. Kaufen Sie Pflanzen, deren Blattwerk frisch wirkt, und nehmen Sie keine Pflanzen mit mißgebildeten Blättern oder braunen Spitzen.

Asplenium bulbiferum bildet an den Wedeln Jungpflanzen (oben). Diese attraktive Pflanze (unten) verträgt auch niedrige Temperaturen.

Asplenium nidus-avis (oben und rechts) entwickelt in der Mitte junge Wedel. In der Natur lebt er als Epiphyt auf Bäumen und sammelt in der Mitte Wasser und Nährstoffe.

Größe: Die Wedel werden bis zu 60 cm lang und 20 cm breit, obwohl die meisten im Handel befindlichen Pflanzen nur halb so groß sind. In kleinen Töpfen wachsen die Pflanzen nicht so stark.

Wachstum: Recht schnell. Sie können in einer Saison ihre maximale Größe erreichen.

Blütezeit: Keine.

Duft: Keiner.

Licht: Sie mögen Halbschatten. *A. nidus-avis* verträgt volle Sonne, doch die Blätter werden blaß und verlieren ihren Glanz.

Temperatur: Recht duldsam. Im Winter ist eine Durchschnittstemperatur von 15 °C ideal. *A. bulbiferum* ist fast winterhart und verträgt bis zu 1 °C. Im Sommer sollte *A. nidus-avis* bei 21 bis 24 °C, *A. bulbiferum* bei nicht mehr als 18 °C gehalten werden.

Gießen: Immer feucht halten, außer die Temperatur fällt im Winter unter 10 °C. Wahrscheinlich muß man 1- oder 2mal pro Woche gießen. Bei geringeren Temperaturen trocken halten und nur etwa alle 7 bis 10 Tage wässern.

Düngen: In den Sommermonaten wird die Hälfte der empfohlenen Menge Flüssigdünger ins Gießwasser gegeben.

Luftfeuchtigkeit: Beide Arten brauchen eine hohe Luftfeuchtigkeit. Einzeln stehende Pflanzen setzt man auf einen Untersetzer mit nassen Kieseln.

Säubern: Es reicht aus, das Blattwerk – möglichst täglich – mit kalkfreiem Wasser zu besprühen. Farne nie mit Blattglanz behandeln! Bei *A. nidus-avis* färben sich dadurch die Blätter schwarz.

Luft: Außer kalter Zugluft im Winter vertragen die Pflanzen sehr viel. Sie wechseln aber nicht gern ihren Standort.

Erde: Torferde ist für Farne am besten.

Umtopfen: 1mal pro Jahr, vorzugsweise im Frühjahr. Die Erde im Topf nicht zu fest andrücken.

Schnitt: Es werden lediglich beschädigte oder vertrocknete Wedel entfernt.

Vermehrung: *A. nidus-avis* wird durch die Sporen an den Wedelunterseiten vermehrt. Das ist aber Spezialistenarbeit. Bei *A. bulbiferum* wachsen an den Wedelrändern Jungpflanzen, die – am besten im Frühjahr – leicht abgenommen und in eine Mischung aus scharfem Sand und Torf gepflanzt werden können.

Lebenserwartung: Die Pflanzen sind langlebig, doch nach einigen Jahren sehen sie verbraucht aus, und man sollte neue Pflanzen ziehen.

Pflanzgruppen: *A. nidus-avis* eignet sich gut für gemischte Kübel und Schalen, wo er die Feuchtigkeit der anderen Pflanzen genießt. Die hellgrünen, wie Federbälle geformten Blätter bilden einen ausgezeichneten Kontrast zu anderen Pflanzen. *A. bulbiferum* steht besser allein.

Schwierigkeitsgrad: Beide Pflanzen sind nicht schwierig zu halten, doch *A. bulbiferum* ist die einfachere.

Luftfeuchtigkeit

2 Möglichkeiten, um für Luftfeuchtigkeit zu sorgen:

1 Topf in einen Untersetzer mit Kieseln und Wasser stellen. Der Topfboden darf nicht im Wasser stehen.

2 Topf in einen Behälter mit feuchtem Torf setzen.

Sprühen

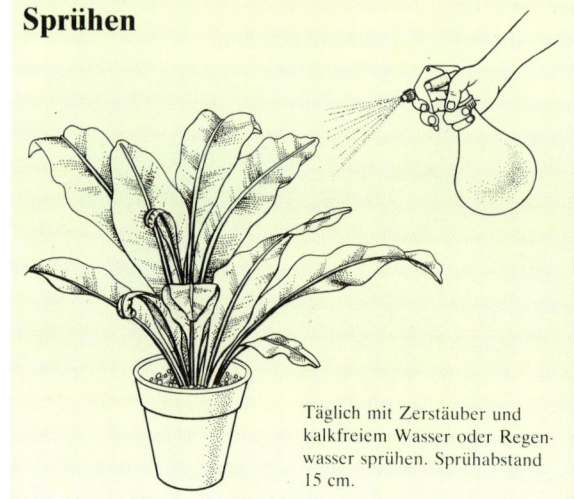

Täglich mit Zerstäuber und kalkfreiem Wasser oder Regenwasser sprühen. Sprühabstand 15 cm.

Kranke Pflanzen

1 *Blätter blaß:* Zu viel Sonne. Aus der Sonne nehmen. Oder eine Düngung ist nötig.

2 *Blätter bekommen an den Spitzen beginnend braune Flecken:* Zu kalt. Wärmer und vor Zugluft geschützt stellen.

3 *Blattränder schwarz, Blätter welk:* Zu warm. Kühler stellen und für feuchte Luft sorgen.

4 *Blätter matt und kraftlos:* Zu trocken oder schlecht belüftet. Erde prüfen und luftiger stellen.

5 *Blätter vor allem an den Adern gelb gesprenkelt; braune, schuppige Insekten an Stengeln und Blattunterseiten:* Schildläuse. Mit Watte und Spiritus abwischen oder mit systemischem Insektizid spritzen.

Farngärten anlegen

Asplenium gedeihen gut zusammen mit anderen Farnen in einem großen Behälter.

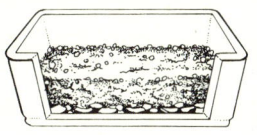

1 In einen Behälter kommt eine Drainage und eine Schicht feuchte Torferde. Ist kein Abzugsloch da, etwas Sphagnum und Holzkohle hinzufügen. Das Sphagnum saugt überschüssiges Wasser auf, Holzkohle verhindert, daß das Wasser fault.

2 Pflanzen aus Töpfen klopfen und alte Erde entfernen.

3 Farn in den Behälter setzen. Wurzeln mit Erde bedecken.

4 Weitere Pflanzen einsetzen. Platz zum Wachsen lassen.

5 Um Pflanzen Erde auffüllen, damit sie aufrecht stehen. Nicht zu fest andrücken.

6 2 Tage nicht gießen und schattig stellen.

Umtopfen

1 Im Frühjahr umtopfen, wenn die Pflanze kopflastig ist und nur kleine Blätter entwickelt. Zuerst gut gießen.

2 In einen etwas größeren Topf kommt eine Drainageschicht und feuchte Lehmerde.

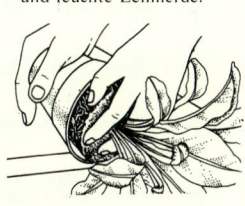

3 Topf so halten, daß Pflanze zwischen den Fingern und Erde unter der Handfläche liegt. Topfrand aufklopfen. Pflanze kommt mit Erde heraus.

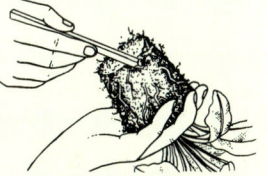

4 Alte Erde behutsam mit Stab von den Wurzeln entfernen. Wurzeln nicht verletzen.

5 Wurzelballen auf die Erde im neuen Topf setzen.

6 Topf mit neuer Erde füllen. Wurzeln müssen bedeckt sein. Erde nicht zu fest andrücken. 2 Tage nicht gießen und schattig stellen, damit Wurzeln in die neue Erde wachsen.

Vermehrung durch Jungpflanzen

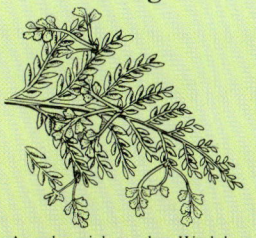

1 Aus den sich an den Wedeln von *A. bulbiferum* entwickelnden Jungpflanzen kann man neue Pflanzen ziehen.

2 In ein Töpfchen kommt eine Drainage und eine Mischung aus scharfem Sand und Torf (1:1). Mit einem Stab Löcher in die Erde drücken.

3 Eine gut entwickelte junge Pflanze abnehmen und in den neuen Topf setzen. Erde rundherum vorsichtig andrücken.

Azalea indica (Rhododendron simsii)

Azalee

Azaleen sind wohl die anspruchsvollsten unter den Pflanzen, die im Winter blühen und im Zimmer gehalten werden können. Die Pflanzen, die wir zur Weihnachtszeit kaufen, werden gewöhnlich als *Azalea indica* bezeichnet, obwohl ihr richtiger Name *Rhododendron simsii* ist. Sie stammen aus China und wurden erstmals 1808 kultiviert. Wie alle Azaleen gehören sie zur Gattung Rhododendron, die etwa 500 bekannte Arten umfaßt und in Europa, Asien, Nordamerika und Australien beheimatet ist. Bei sorgfältiger Pflege kann man sie für einige Zeit im Haus halten, aber sie brauchen viel Luftfeuchtigkeit und werfen bald ihre Blätter ab, wenn sie nicht mindestens einmal am Tag mit kalkfreiem Wasser besprüht werden.

Die meisten Pflanzen werden in Gegenden mit reicher Torferde gezogen, was ihren Ansprüchen entspricht. Normalerweise blühen sie im Frühjahr, doch werden sie bei uns an Weihnachten und zu Jahresbeginn zur Blüte gebracht. Da sie nicht winterhart sind, kann man sie, falls Frostgefahr besteht, nicht ständig im Garten halten. Dennoch muß man sie im Sommer ins Freie pflanzen, wenn man sie nicht nach einer Saison wegwerfen will. Die Pflanzen wachsen sehr langsam. Größere Pflanzen können in alle mögliche Formen gestutzt werden: Pyramiden, Hochstämmchen und Halbstämmchen findet man im Handel häufig.

Die andere für die Zimmerhaltung geeignete Sorte ist *A. japonica* oder *Rhododendron obtusum*. Ihr Wuchs ist nicht sehr kompakt und die Anzahl der Blätter gering, doch hat sie wunderschöne, zarte Blüten in weichen Pastelltönen und ist widerstandsfähiger als *A. indica*. Sie blüht nicht so willig wie letztere, und man bekommt sie normalerweise erst, wenn sich ihre Blütezeit nähert, also ab Anfang Februar. Manche Sorten sind winterhart und können auch in kälteren Gegenden im Freien gezogen werden.

Achten Sie beim Kauf auf einen gleichmäßigen Wuchs und viele Knospen, die sich gerade zu öffnen beginnen. Die Pflanzen dürfen keine Blätter abwerfen.

Größe: Im Handel befindliche Pflanzen haben gewöhnlich eine Krone von 12 bis 40 cm und einen 8 bis 30 cm langen Stamm. Es gibt auch wesentlich größere Pflanzen, die meist als Hochstamm oder Pyramide gezogen sind.
Wachstum: Sehr langsam, die kleinsten angebotenen Pflanzen sind mindestens 2 Jahre alt.
Blütezeit: Normalerweise April/Mai, doch sie können auch bereits im Herbst zur Blüte gebracht werden.
Duft: Zimmerazaleen duften nicht.
Licht: Hell, aber nicht sonnig stellen.
Temperatur: Im Winter sind 13 °C ideal. In wärmeren Räumen trocknen Azaleen leicht aus, und die Blüten welken schnell.
Gießen: Während der Blüte brauchen sie viel kalkfreies Wasser, meist jeden zweiten Tag. Sie dürfen nie austrocknen und sollten mindestens 2mal pro Woche überprüft werden. Zu trockene Pflanzen stellt man in ein lauwarmes Wasserbad, bis keine Luftblasen mehr aufsteigen.
Düngen: Im Sommer während Blüte und Wachstum alle 2 Wochen Flüssigdünger ins Gießwasser geben. Kalkfreies Wasser verwenden.
Luftfeuchtigkeit: Mindestens 1mal am Tag mit kalkfreiem Wasser besprühen und den Topf auf nasse Kiesel stellen.

Säubern: Bei Azaleen müssen oft die verwelkten und abgeworfenen Blätter entfernt werden. Kein Blattglanz verwenden.
Luft: Für kurze Zeit tolerieren sie fast alles. Zugluft ist aber schlecht.
Erde: Eine handelsübliche Torferde oder eine Mischung aus gleichen Teilen Torf, Lauberde und scharfem Sand und etwas Dünger.
Umtopfen: Nach der Ruheperiode im Sommer. Es ist jedoch besser, wenn die Pflanzen etwas zu kleine Töpfe haben und regelmäßig gedüngt werden. Tontöpfe sind besser als Kunststofftöpfe.
Schnitt: Nur nötig, um die Form zu erhalten. Zwischen den Knospen entfernt man dünne Stengel und grüne Triebe.
Vermehrung: Durch Kopfstecklinge, aber das ist Expertenarbeit.
Lebenserwartung: Viele Jahre, wenn man die Pflanzen im Sommer ins Freie setzt.
Pflanzgruppen: Kleine Azaleen wirken in gemischten Schalen gut, größere Pflanzen stehen besser allein.
Schwierigkeitsgrad: In ungeheizten Gewächshäusern einfach zu ziehen, im Haus ist die Haltung über eine längere Zeit schwierig, weil es zu warm ist und Luftfeuchtigkeit fehlt. Möglichst ins Gewächshaus bringen, sobald die Blüten verwelken.

Auspflanzen

1 Nach der Blüte verwelkte Blüten auszwicken. Pflanze kühl, aber frostfrei stellen. 1mal pro Woche gießen.

2 Anfang Juni im Garten ein Loch graben. Platz muß vor der Mittagssonne geschützt sein. Topf und Pflanze müssen in das Loch passen. Einsetzen und Topf mit Erde bedecken.

4 Anfang September Pflanze und Topf ausgraben. Wenn Wurzeln unten herauswachsen, umtopfen. Sonst obere Erde erneuern.

5 Verwelkte Blätter und Zweige entfernen.

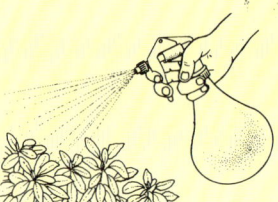

3 Jeden zweiten Tag gießen und bei Hitze besprühen.

6 Kühl stellen, bis sich neue Blütenknospen öffnen.

Kranke Pflanzen

1 *Blätter vertrocknen und fallen ab:* Zu warm und trocken. Mit kalkfreiem Wasser sprühen. Kühler stellen und regelmäßig gießen.

2 *Blüten fallen ab:* Erde zu naß, oder Pflanze stand nach dem Gießen im Zug. An einem zugfreien Platz austrocknen lassen, bis die Pflanze sich erholt hat. Später weniger gießen.

3 *Gelbe Blätter mit Gespinsten an den Unterseiten:* Spinnmilben. Mit Malathion, systemischem Insektizid oder Derris spritzen. Luftfeuchtigkeit erhöhen.

4 *Weiße Gangminen und Flecken auf den Blättern:* Blattminierfliege. Mit Malathion spritzen.

5 *Neue Blätter klein, keine Blüten:* Düngen.

Umtopfen

1 Pflanze untersuchen, wenn sie im Herbst ins Haus kommt. Ist sie kopflastig oder wachsen Wurzeln aus dem Abzugsloch, topft man sie um.

2 In einen etwas größeren Topf aus Ton kommt eine Drainage und kalkfreie Torferde.

3 Topf so halten, daß Pflanze zwischen den Fingern und Erde unter der Handfläche liegt. Topfrand aufklopfen. Pflanze kommt mit Erde heraus.

4 Alte Erde behutsam mit Stab von den Wurzeln entfernen. Wurzeln nicht verletzen.

5 Wurzelballen auf die Erde im neuen Topf setzen.

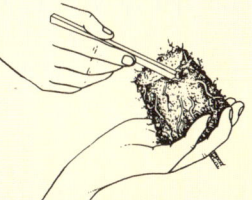

6 Topf mit neuer Erde füllen. Alle Wurzeln müssen bedeckt werden.

7 Erde gut andrücken. 2 Tage nicht gießen und schattig stellen, damit Wurzeln in die neue Erde wachsen.

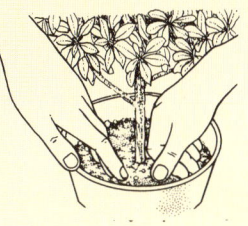

Gießen

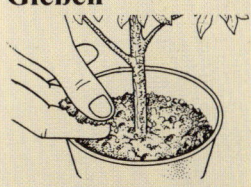

1 Erde prüfen. Ist sie locker und krümelig, gießen.

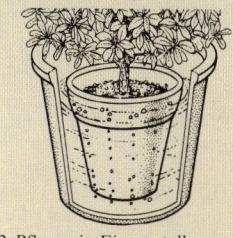

2 Pflanze in Eimer stellen und diesen bis zum Topfrand mit Wasser füllen. Nach 15 Minuten herausnehmen und Wasser ablaufen lassen.

Schnitt

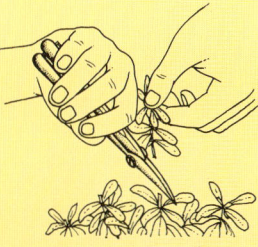

1 Eine wuchernde Pflanze braucht einen Formschnitt.

2 Mit der Gartenschere schräg über einer Knospe oder einem Seitentrieb schneiden.

3 Die Pflanze wird nun buschiger und gleichmäßiger wachsen.

4 Erzieht man eine Pflanze als Bäumchen, werden alle unten am Stamm erscheinenden Seitentriebe entfernt.

Begonia rex und B. masoniana

Blattbegonien

Begonia gehört zur Familie der *Begoniaceae*, und die Gattung umfaßt um die 1000 Arten, aus denen man eine Vielzahl von Hybriden gezüchtet hat. Sie sind in den meisten tropischen und subtropischen Ländern beheimatet und nach dem französischen Hobby-Botaniker Michél Begon benannt, einem ehemaligen Gouverneur von Kanada.

Die Gattung wird in drei Hauptgruppen unterteilt: Knollenbegonien, Begonien mit Rhizomen und Begonien mit Wurzeln. *B. rex*, die Rex- oder Königsbegonie hat ein Rhizom. Sie wurde 1858 aus Assam eingeführt und James Veitch, ein berühmter englischer Züchter des 19. Jahrhunderts, hat viele Varietäten entwickelt. Daß auch in Deutschland vermutlich viele Züchtungen entstanden, zeigen Namen wie ›König Heinrich‹ und ›Isolde‹.

Rexbegonien werden nur wegen ihrer schön gefärbten und geformten Blätter gezogen, die fast alle bunt sind und eine üppige Scheckung haben. *B. masoniana*, ebenfalls mit einem Rhizom, heißt auch ›Iron Cross‹ (Eisernes Kreuz), weil die schwarze Zeichnung auf den grünen Blättern stark an die Form der deutschen Kriegsauszeichnung erinnert. Sie kam Ende der vierziger Jahre dieses Jahrhunderts aus Malaysia und wurde nach Maurice Mason, einem bekannten Sammler, benannt. *B. masoniana* ist etwas zarter als *B. rex*, braucht aber die gleiche Pflege. Beide sind gute Zimmerpflanzen, können aber auch im Gewächshaus unter den Stellagen stehen, da sie selbst an schattigen Plätzen gut gedeihen.

Kaufen Sie Begonien mit unbeschädigten Blättern und jungen Trieben, und achten Sie darauf, daß Stengel und Blätter weder Fäule noch braune Flecken aufweisen. Wählen Sie eine Pflanze nach ihren Blättern aus, denn die Zeichnung bleibt bei der Vermehrung durch Blattstecklinge und Teilung erhalten.

Oben, rechts und unten: Blattzeichnungen von *Begonia rex* sind sehr unterschiedlich. Gesunde Blätter glänzen.

Oben: Die Blätter von *Begonia masoniana* ›Iron Cross‹ sind behaart. Man darf sie nicht säubern.

Größe: Im Zimmer werden die Pflanzen nicht höher als 30 cm und nicht breiter als 45 cm. *B. masoniana* wird nur knapp 25 cm hoch.

Wachstum: Im Zimmer etwa 5 bis 6 neue Blätter pro Jahr.

Blütezeit: Sommer. Die Pflanzen entwickeln kleine blaßrosa Blüten, die aber so bald wie möglich ausgezwickt werden, um das Blattwachstum zu fördern.

Duft: Schwach, und nur, wenn Blüten aufblühen.

Licht: Hell, aber nicht in die Sonne stellen. Einen Fensterplatz können sie nur an Nordfenstern bekommen.

Temperatur: Im Winter mindestens 13 °C, im Sommer 15 °C. *B. masoniana* mag im Winter etwas höhere Temperaturen und sollte bei mindestens 16 °C gehalten werden. Wenn die Luft nicht zu trocken ist, können die Pflanzen in gemäßigten Zonen kaum zu warm stehen.

Gießen: Im Sommer 2mal pro Woche mit kalkfreiem Wasser; im Winter die Erde gerade feucht halten und ungefähr alle 10 Tage gießen. Es darf kein Wasser auf die Blätter kommen.

Düngen: Von April bis September alle 2 Wochen Flüssigdünger ins Gießwasser geben.

Luftfeuchtigkeit: Bei warmem Wetter feucht halten, indem man sprüht oder den Topf auf nasse Kiesel oder in Torf setzt. Bei kühlem Wetter kann zuviel Feuchtigkeit Stengelfäule verursachen.

Säubern: Nicht notwendig. Kein Blattglanz verwenden.

Luft: Die Pflanzen mögen Lüftung (aber keine Zugluft) und verkümmern ohne Luftzufuhr. Gas ist für sie tödlich.

Erde: Sie mögen leichte, lockere Erden. Geeignet sind handelsübliche Torferde oder eine Erde aus 2 Teilen Lehm, 2 Teilen Torf, 1 Teil Lauberde und 1 Teil scharfem Sand.

Umtopfen: Sie gedeihen gut in kleinen Töpfen, falls notwendig, wird aber im Frühjahr in einen etwas größeren Topf umgesetzt. Dabei nicht die zarten Blätter beschädigen.

Schnitt: Nicht notwendig.

Vermehrung: Im späten Frühjahr Blattstecklinge nach Möglichkeit bei 21 °C in einen Vermehrungskasten setzen.

Lebenserwartung: Die Pflanzen sind leicht verletzbar, werden im Zimmer knorrig und halten selten länger als 2 Jahre. Im Gewächshaus leben sie länger.

Pflanzgruppen: Sie gedeihen mit den meisten anderen Pflanzen zusammen, *Peperomia*, *Hedera* und kleine Palmen wie *Chamaedora* passen besonders gut dazu.

Schwierigkeitsgrad: Recht einfache Pflanzen, wenn sie Aufmerksamkeit und richtige Pflege bekommen. Vor Sonne und Zugluft schützen. Vorsicht beim Umstellen, denn die Blätter sind äußerst zart.

Vermehrung durch Blattstecklinge 1

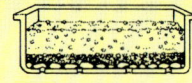

1 In einen Vermehrungskasten oder eine Saatschale kommt eine Drainage, Erde und 1 cm scharfer Sand.

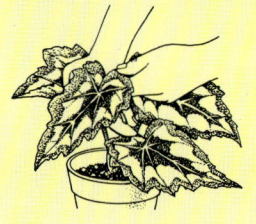

2 Ein gesundes Blatt am Stengelansatz abschneiden.

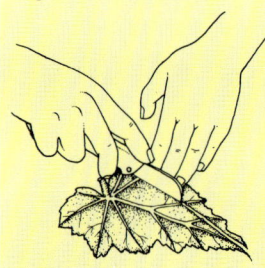

3 Blatt auf eine harte Fläche legen und ringsum den Rand entfernen.

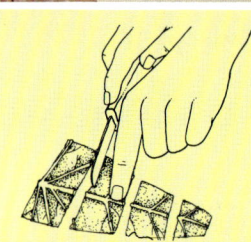

4 Blatt in 5-cm-Quadrate schneiden. In jedem Quadrat muß ein Stück Mittelrippe sein.

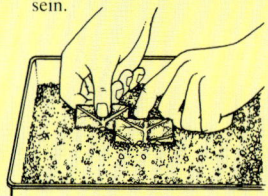

5 Jedes Stück halb in den Sand stecken. Der Teil, der dem Blattstiel am nächsten war, muß im Sand sein.

6 Gut gießen und warm halten (21 °C). Mit Folie abdecken. Diese täglich 5 Minuten entfernen. Aus den Quadraten wachsen neue Pflänzchen.

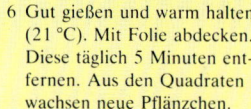

7 Haben die Pflänzchen 2 oder 3 neue Blätter, aus der Erde nehmen und altes Blattstück entfernen. Einzeln in kleine Töpfe setzen.

Kranke Pflanzen

1 *Blätter rollen sich, Ränder vertrocknen:* Zu warm und trocken. Gießen und kühler stellen.

2 *Blätter fallen im Winter ab:* Zu kalt. Wärmer stellen.

3 *Pflanze kraftlos, Blätter hängen:* Immissionsschäden durch Gas. Pflanze kann eingehen. In bessere Luft stellen.

4 *Junge Blätter:* Düngen.

5 *Blätter matt, Gespinste an den Unterseiten:* Spinnmilben. Mit Derris, Malathion oder systemischem Insektizid spritzen.

6 *Stengelbasen und Wurzelhals faulen:* Zu naß. Austrocknen lassen, bis Pflanze sich erholt hat. Seltener gießen.

7 *Blätter verfärbt, Schwellungen an den Wurzeln:* Älchen. Kein Gegenmittel. Pflanze vernichten.

8 *Blätter und Blüten haben graubraune mehlige Flecken:* Grauschimmel. Trockener und luftiger stellen und mit Fungizid auf Benomylbasis spritzen.

9 *Blätter und Blüten haben weiße mehlige Flecken:* Mehltau. Trockener und luftiger stellen und mit Fungizid auf Benomylbasis spritzen.

10 *Blätter verformt mit gelben Ringen und Flecken:* Viruserkrankung. Kein Gegenmittel. Pflanze sofort vernichten.

11 *Wurzeln werden schwarz und faulen:* Schwarzbeinigkeit. Mit Fungizid auf Benomylbasis spritzen. Ursache Überwässerung.

 **I**
 **2**
 **3**
 **4**
5
6
7
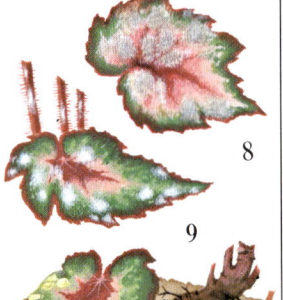 **8**
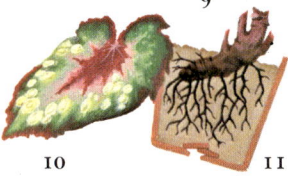 **9**
10   **11**

Umtopfen

1 Im Frühjahr umtopfen, wenn Pflanze kopflastig ist, nur kleine Blätter entwickelt, und Wurzeln aus dem Abzugsloch wachsen.

2 In einen etwas größeren Topf kommt eine Drainage und feuchte Torferde.

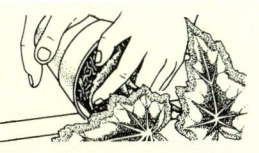

3 Topf so halten, daß Pflanze zwischen den Fingern und Erde unter der Handfläche liegt. Topfrand aufklopfen. Pflanze kommt mit Erde heraus.

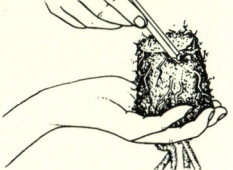

4 Alte Erde behutsam mit Stab von den Wurzeln entfernen. Wurzeln nicht verletzen.

5 Wurzelballen auf die Erde im neuen Topf setzen.

6 Topf mit neuer Erde füllen. Wurzeln müssen bedeckt sein. Erde gut andrücken. 2 Tage nicht gießen und schattig stellen, damit Wurzeln in die neue Erde wachsen.

Vermehrung durch Blattstecklinge 2

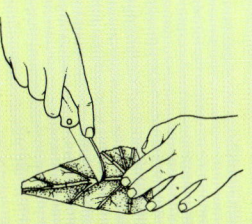

1 Auch ganze Blätter kann man als Blattstecklinge nehmen. Umgekehrt auf harte Fläche legen und dicke Rippen unter Verzweigungen einschneiden.

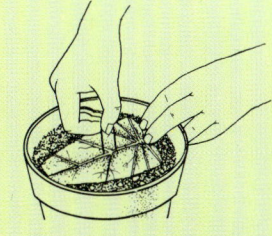

2 Blatt behutsam mit Oberseite nach unten auf den Sand legen und mit Draht feststecken. Rippen müssen fest aufliegen.

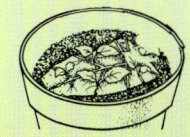

3 Gut gießen und warm halten (21 °C). Mit Glas oder Folie abdecken. Erde nicht trocken werden lassen. Aus den Adern wachsen neue Pflänzchen.

4 Haben die Pflänzchen 2 oder 3 neue Blätter, aus dem Sand nehmen und altes Blatt entfernen. Einzeln in kleine Töpfe setzen.

Blüten entfernen

Kleine Blüten, die im Sommer erscheinen, auszwicken, um Blattwachstum anzuregen.

Luftfeuchtigkeit

Topf auf einen Untersetzer mit Kieseln und Wasser stellen. Der Topfboden darf nicht im Wasser stehen.

Blütenbegonien

Die Mehrzahl der blühenden Begonien hat Knollen oder Wurzeln. Seit langem erfreuen uns zur Weihnachtszeit die Varietäten ›Glorie de Lorraine‹ und ihre Nachfolger. Es sind hübsche Pflanzen, die etwa 40 cm hoch werden und zahllose kleine, rosafarbene Blüten haben, die von einem Kranz glänzender, grüner Blätter umgeben sind. Während der letzten Jahre sind die Schwabenland-Hybriden auf den Markt gekommen. Sie blühen praktisch das ganze Jahr über und sind ausgezeichnete Zimmerpflanzen.

Viele der Knollenbegonien *(Begonia tuberhybrida)* können nur im Sommer im Freien gepflanzt werden, doch die Semperflorens-Sorten eignen sich gut fürs Zimmer, obwohl man auch sie im Sommer ins Freiland pflanzt. Sie haben einen kompakten Wuchs und blühen den ganzen Sommer.

Schließlich sind da die Strauchbegonien, die heute meist von Sammlern gehalten werden. Sie haben große, herzförmige Blätter und entwickeln im Sommer große, hellrosa Blütenstände. *B. haageana* hat grüne, haarige Blätter, die an der Unterseite violett sind. *B. coccinea* ›President Carnot‹ hat silbrig gefleckte Blätter und *B. metallica* kleinere Blätter mit silbernen Härchen. Die Pflanzen sehen hübsch aus, doch weil sie schwierig zu halten sind, bekommt man sie selten. Die Strauchbegonien werden daher unter Interessierten als Stecklinge weitergereicht. Sie können in Wasser meist erfolgreich bewurzelt werden.

Begonien sind aufgrund ihrer sukkulenten Stengel mit einem hohen Wassergehalt sehr anfällig für Pilzerkrankungen. Wenn man ›Lorraine‹ und ›Schwabenland‹ ein zweites Jahr hält, sollte man sie vor der Blüte regelmäßig mit einem Fungizid auf Benomylbasis spritzen. Am besten zieht man stets neue Stecklinge an, um die Opfer von Pilzerkrankungen zu ersetzen.

Die Schwabenland-Hybriden bekommt man das ganze Jahr über in vielen Farben.

Alle Pflanzenteile sind fleischig und leicht verletzbar. Daher vorsichtig sein, um Verletzungen und Fäule vorzubeugen.

Größe: Die Pflanzen werden zwischen 5 und 45 cm groß, einige Strauchbegonien sogar bis zu 2 m. Sie brauchen, wenn sie größer werden, Stützen.

Wachstum: Alle Sorten wachsen schnell! Sowohl aus Stecklingen als auch aus Samen gezogene Pflanzen kommen meist noch in der gleichen Saison zur Blüte.

Blütezeit: Einmal groß genug, blühen sie meist ununterbrochen. Strauchbegonien blühen gewöhnlich im Sommer.

Duft: Keiner.

Licht: Sie brauchen reichlich Licht, jedoch keine pralle Sonne. Wenn man bei Sonne Wasser auf die Blätter gießt, können sie verbrennen.

Temperatur: Im Winter sind mindestens 15 °C am besten, im Sommer 18 °C. Temperaturen über 21 °C mögen die Pflanzen nicht.

Gießen: Im Sommer 1- bis 2mal pro Woche wässern, im Winter aber sparsam gießen, da sie bei kühlen Temperaturen leicht faulen. Alle 10 Tage reicht wahrscheinlich aus.

Düngen: Während der Blüte 1mal pro Monat Flüssigdünger ins Gießwasser geben.

Luftfeuchtigkeit: Sie vertragen normale Zimmerluft, stehen aber gern auf nassen Kieseln. 1mal wöchentlich besprühen, jedoch nicht während der Blüte, weil die Blüten sonst Flecken bekommen und faulen.

Säubern: Nicht notwendig. Außerdem sind die Blätter auch zu spröde, pelzig und sukkulent.

Luft: Sie mögen geschlossene Räume mit stehender Luft nicht. Dadurch entstehen sehr schnell Pilzerkrankungen. Gas kann Immissionsschäden verursachen.

Erde: Lehmerde Nr. 2.

Umtopfen: Wenn die Pflanzen blühen, nur noch 1mal umtopfen. Vorsicht, denn die meisten Arten haben zarte, sukkulente Stengel.

Schnitt: Wenn die Pflanzen wuchern, werden sie auf 4 cm über dem Topf zurückgeschnitten. Sie treiben neu aus.

Vermehrung: Meist im Frühjahr aus Samen, obwohl im Frühjahr und Sommer leicht Blatt- und Kopfstecklinge bewurzelt werden können. Stecklinge bei 21 °C halten.

Lebenserwartung: 1 Jahr ist ein gutes Durchschnittsalter, obwohl viele länger leben. *B. semperflorens* wird als Einjahrspflanze gehalten.

Pflanzgruppen: Kleinere Pflanzen kann man für gemischte Schalen verwenden. Größere Sorten wie Schwabenland oder Knollenbegonien mit großen Blüten stehen besser allein.

Schwierigkeitsgrad: Bei ausreichender Lüftung recht einfach zu halten.

Umtopfen

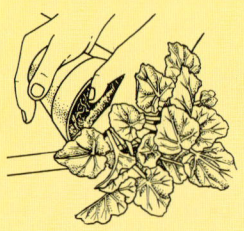
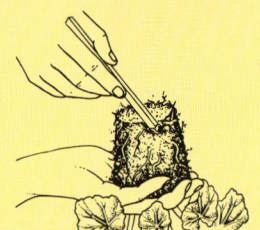

1 Vorsicht, fast alle Begonien haben zarte sukkulente Stengel. Blühende Pflanzen nur noch 1mal umtopfen.

2 In einen etwas größeren Topf kommt eine Drainage und feuchte Lehmerde Nr. 2. Pflanze gut gießen.

3 Topf so halten, daß Pflanze zwischen den Fingern und Erde unter der Handfläche liegt. Topfrand aufklopfen. Pflanze kommt mit Erde heraus.

4 Alte Erde behutsam mit Stab von den Wurzeln entfernen. Wurzeln nicht verletzen.

5 Wurzelballen auf die Erde im neuen Topf setzen.

6 Topf mit neuer Erde füllen. Wurzeln müssen bedeckt sein. Erde nicht zu fest andrücken. 2 Tage nicht gießen und schattig stellen, damit Würzeln in die neue Erde wachsen.

1 *Neue Blätter klein, keine Blüten:* Düngen.

2 *Blätter trocken und hängen:* Zu warm und trocken. Gießen und kühler stellen.

3 *Blätter gelb und kraftlos:* Zu kalt und naß. Austrocknen lassen, bis Pflanze sich erholt hat und dann wärmer stellen.

4 *Blätter werden schwarz und bekommen blasenartige Flecken:* Bakterienwelke. Mit einem systemischen Fungizid spritzen.

5 *Blätter haben weiche, weiße Flecken:* Mehltau. Mit systemischem Fungizid spritzen.

6 *Blätter haben schwarze Flecken und faulen:* Botrytis. Zu naß und schlechte Lüftung. Pflanze trockener und luftiger stellen und mit Fungizid auf Benomylbasis spritzen.

7 *Gelbe Ringe und Flecken auf Blättern:* Viruserkrankung. Kein Gegenmittel, Pflanze vernichten.

8 *Stengelbasen faulen:* Überwässert. Austrocknen lassen, bis Pflanze sich erholt hat. Dann seltener gießen.

9 *Fäule an Blättern, Blüten und Knospen:* Durch Sprühen verursacht. Nicht mehr sprühen.

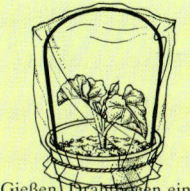

Kopfstecklinge

1 Junge Triebe im Frühjahr als Kopfstecklinge schneiden. In einen kleinen Topf kommt eine Drainage und eine Mischung aus scharfem Sand und Lehmerde.

5 Die Schnittflächen in Bewurzelungsmittel tauchen. Überschuß abschütteln.

3 Stengel direkt unterhalb eines Blattes abschneiden.

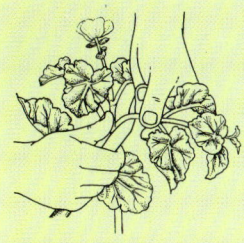

2 Einen Trieb mit mindestens 2 gesunden Blattpaaren und einem Wachstumspunkt nehmen. Trieb unterhalb des zweiten Blattpaares abschneiden. Länge etwa 8–10 cm.

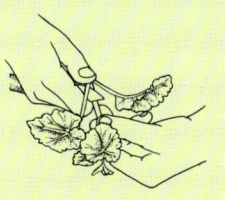

4 Das untere Blattpaar entfernen.

6 Ein Loch in die Erde drücken. Steckling hineinstecken. Das Ende muß am Boden des Loches und die Blätter gerade über der Erde sitzen.

7 Gießen. Drahtbogen einsetzen und Plastiktüte überziehen. Täglich 5 Minuten abnehmen. Erde nicht austrocknen lassen. Temperatur

21 °C. Tüte nach 3 Wochen entfernen. Wenn Steckling gut wächst, in normale Erde umtopfen.

Aus Samen ziehen

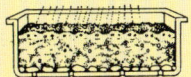

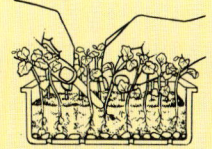

1 In einen Vermehrungskasten oder eine Saatschale kommt eine Drainage und sterilisierte Aussaaterde. Samen gleichmäßig verteilen. Mit Erdschicht (nicht dicker als die Samen selbst) bedecken. Gut gießen.

2 Glasscheibe auflegen und dunkel stellen oder mit dunklem Tuch abdecken. Glas täglich umdrehen. Erde nicht austrocknen lassen. Warm halten (21 °C).

3 Wenn die Samen keimen, hell stellen und Glasscheibe entfernen.

4 Sind die Sämlinge groß genug, auf 2,5 cm Abstand ausdünnen. Dabei die schwächeren Pflanzen herausziehen.

5 Gedeihen die Pflänzchen kräftig, einzeln in kleine Töpfe setzen.

Beloperone guttata

Spornbüchschen, Hopfenschwänzchen, Zimmerhopfen, Garnelenblume

Beloperone ist einer von 60 tropischen immergrünen Sträuchern aus Zentralamerika, die zur Familie der Acanthaceae gehören. Der Name leitet sich von den griechischen Worten belos, Pfeil und perone, Spitze ab, und verweist auf die Pfeilform, die die Blätter haben, wenn sie aus den Stengeln wachsen. Nur eine Art wird gewöhnlich als Zimmerpflanze gehalten. Es ist *B. guttata*, die in Mexiko beheimatet ist und von dort aus erst 1936 eingeführt wurde. Sie mag es hell, verträgt auch volle Sonne und steht gern mit anderen Pflanzen zusammen. Während der Sommermonate blüht sie fast ununterbrochen, im Winter ist sie hingegen blütenlos und nicht besonders interessant. Sie profitiert von einer Ruheperiode in einem kühlen Zimmer. Mitunter verliert sie dann auch Blätter, doch das ist kein Anlaß zur Besorgnis.

Die Brakteen sind gewöhnlich braunrot, nur eine Sorte hat gelbe Brakteen, doch sie ist selten und schwer zu bekommen. Manchmal sieht man »hochbeinige« Pflanzen mit blassen, weit auseinanderstehenden Blättern und gelben Blüten. Dabei handelt es sich aber nicht um die gelbblühende Varietät *(B. lutea)*, sondern zum schlecht gezogene Pflanzen. Aufgrund unzureichender Lichtverhältnisse konnten sie keine braunroten Brakteen entwickeln. *Pachystachys lutea* (s. S. 136) sieht der Beloperone sehr ähnlich.

Kaufen Sie Pflanzen mit kräftig gefärbten Brakteen und einem kompakten Wuchs. Achten Sie darauf, daß keine Brakteen schwarz sind, die Blätter nicht welken oder abgeworfen werden, und an den Pflanzen kein Mehltau zu sehen ist. Manchmal sind sie auch unter dem Namen *Drejerella guttata* im Handel.

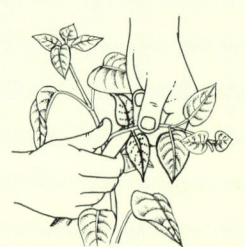

Oben: Beloperone guttata mit gelben Blüten.

Links: Die eigentliche Blüte ist weiß und kommt aus den farbigen Brakteen. Die Brakteenform hat der Pflanze auch den Namen Garnelenpflanze eingetragen.

Rechts: Eine schöngewachsene, kompakte Pflanze.

Größe: Am besten sind Pflanzen mit 12 bis 15 cm Höhe und 10 bis 12 cm Durchmesser. Zu große Pflanzen sehen häßlich aus.
Wachstum: 8 bis 10 cm pro Jahr. Kleinere Pflanzen blühen besser.
Blütezeit: Während des ganzen Sommers.
Duft: Keiner.
Licht: Die Pflanzen brauchen im Sommer viel Licht und auch volle Sonne, damit sich die Brakteen kräftig färben. Während der Ruheperiode im Winter nicht ans Fenster stellen.
Temperatur: Im Sommer normale Raumtemperatur, nicht über 24 °C. Im Winter besser kühl stellen, 7 °C reichen aus.
Gießen: Im Sommer stehen sie gern feucht, aber eine gute Drainage ist wichtig. 1- bis 2mal wöchentlich gießen. Im Winter die Erde gerade feucht halten, aber nicht austrocknen lassen. Etwa alle 2 Wochen gießen.
Düngen: Im Sommer wird alle 3 Wochen Flüssigdünger ins Gießwasser gegeben.
Luftfeuchtigkeit: Die Pflanzen stehen gern auf nassen Kieseln oder in einem Gefäß mit feuchtem Moos. Während der Blüte nie besprühen, weil sonst die Brakteen faulen.
Säubern: Nicht notwendig, es werden nur verwelkte Brakteen entfernt. Kein Blattglanz verwenden.
Luft: Sie vertragen fast alle Bedingungen, wollen aber eine gute Lüftung haben.
Erde: Lehmerde wie etwa Nr. 2.
Umtopfen: Ältere Pflanzen müssen jedes Jahr umgetopft werden, weniger, weil sie einen größeren Topf brauchen, sondern wegen der frischen Erde. Die Drainage muß gut sein.

Schnitt: Im Frühjahr auf eine ordentliche Wuchsform zurechtstutzen. Falls die Pflanze jedoch stark wuchert, wird sie auf 3 bis 5 cm zurückgeschnitten.
Vermehrung: Im Frühjahr kann man Stecklinge von 8 bis 10 cm Länge nehmen und in scharfen Sand, mit etwas Torf gemischt, pflanzen. Man setzt sie in einen Vermehrungskasten oder stülpt eine Plastiktüte darüber und hält sie bei 18 bis 21 °C, bis sie bewurzelt sind. Dann kommen sie in 10-cm-Töpfe, und während des Wachstums zwickt man die Vegetationspunkte aus, damit die Pflanzen buschig werden.
Lebenserwartung: Sie halten lange, aber wie viele kleine strauchige Pflanzen, sollte man sie jedes zweite Jahr durch Stecklinge ersetzen.
Pflanzgruppen: Sie mögen die Gesellschaft anderer Pflanzen und eignen sich gut für gemischte Schalen, vorausgesetzt sie haben genug Licht, damit die Brakteen nicht blaß werden.
Schwierigkeitsgrad: Geeignet für diejenigen, die schon erste Erfahrungen mit Zimmerpflanzen gemacht haben. Die Pflanzen erfordern einige Kenntnisse, damit sie gut gedeihen.

Kopfstecklinge

1 8–10 cm lange Kopfstecklinge im Frühjahr schneiden. In einen kleinen Topf kommt eine Drainage und eine Mischung aus scharfem Sand und etwas Torf.

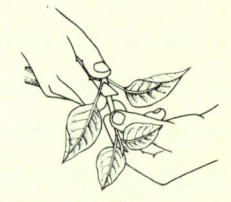

4 Das untere Blattpaar entfernen.

2 Einen Trieb mit mindestens 2 gesunden Blattpaaren und einem Wachstumspunkt unterhalb des zweiten Blattpaares dicht am Hauptstengel abschneiden.

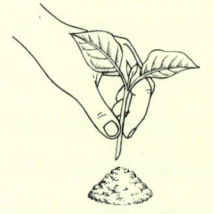

5 Die Schnittfläche in Bewurzelungsmittel tauchen. Überschuß abschütteln.

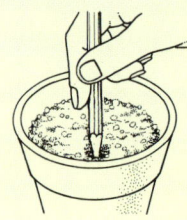

3 Stengel direkt unterhalb von einem Blatt abschneiden.

6 Am Topfrand kleine Löcher in die Erde drücken.

Kranke Pflanzen

1 *Brakteen werden schwarz:* Durch Sprühen verursacht. Schwarze Brakteen auszwicken.

2 *Blätter gelb:* Zu naß. Austrocknen lassen, bis Pflanze sich erholt hat. Dann seltener gießen.

3 *Blätter fallen ab:* Zu trocken oder, im Winter, zu kalt. Erde prüfen und ggf. gießen. Ist sie feucht, Pflanze wärmer stellen.

4 *Blätter blaß:* Düngen.

5 *Brakteen blaß:* Zu dunkel. Heller stellen, aber nicht in die Sonne.

6 *Gelbe Blätter mit Gespinsten an den Unterseiten:* Spinnmilben. Mit Derris, Malathion oder systemischem Insektizid spritzen. Luftfeuchtigkeit erhöhen.

7 *Blätter verformt und mit grünen Insekten verklebt:* Blattläuse. Mit Pyrethrum oder systemischem Insektizid spritzen.

8 *Pflanze aufgeschossen:* Zu heiß. Kühler stellen.

7 Das Ende des Stecklings muß am Lochboden, die Blätter gerade über der Erde sein.

8 Gießen, Drahtbogen einsetzen und Plastiktüte überziehen. Täglich 5 Minuten abnehmen, um Fäule vorzubeugen. Erde nicht austrocknen lassen. Temperatur 18 °C.

9 Tüte nach 3 Wochen entfernen. Wenn Steckling gut wächst, in normale Erde umtopfen.

Schnitt

1 Schlecht gewachsene Pflanzen im Frühjahr vor der Blüte zurückschneiden.

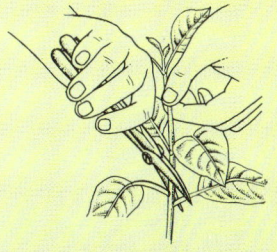

2 Schnitt direkt über einem Blattstiel machen.

3 Eine Pflanze mit schöner Wuchsform, Blüten und Brakteen.

Welke Brakteen entfernen

Welke Brakteen mit Daumen und Zeigefinger ausknipsen.

Umtopfen

1 Ältere Pflanzen im Frühjahr umtopfen. Rinnt das Wasser durch die Erde hindurch, ist diese verbraucht.

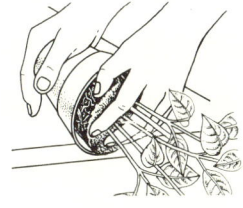

2 In einen neuen Topf gleicher Größe kommt eine Drainage und feuchte Lehmerde Nr. 2.

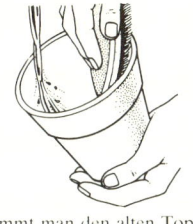

3 Nimmt man den alten Topf, muß dieser gut gereinigt werden.

4 Topf so halten, daß Pflanze zwischen den Fingern und Erde unter der Handfläche liegt. Topfrand aufklopfen. Pflanze kommt mit Erde heraus.

5 Alte Erde behutsam mit Stab von den Wurzeln entfernen. Wurzeln nicht verletzen.

6 Wurzelballen auf die Erde im neuen Topf setzen.

7 Topf mit neuer Erde füllen. Alle Wurzeln müssen bedeckt werden.

8 Erde um Stengel gut andrücken. 2 Tage nicht gießen und schattig stellen, damit Wurzeln in die neue Erde wachsen.

Drillingsblume, Bougainvillea

Der Name *Bougainvillea* beschwört Erinnerungen an romantische Erzählungen und warme Mittelmeergärten herauf. In kühleren Gegenden steht diese wunderschöne Pflanze am besten im Wintergarten oder auf einer Glasveranda. Wenn sie richtig erzogen und geschnitten wird und genug Sonne bekommt, damit das Holz reifen kann und die Blüte gefördert wird, kann man sie auch erfolgreich in kleinen Töpfen ziehen.

Die *Bougainvillea* ist nach dem französischen Admiral Louis Antoine de Bougainville benannt, und die Gattung umfaßt sieben oder acht Sträucher und kleine Bäume, von denen uns zwei Arten interessieren. Sie kommen aus Brasilien, gehören zur Familie der *Nytaginaceae* und wurden Mitte des 19. Jahrhunderts eingeführt.

Die bekanntere Art ist *B. glabra* mit leuchtend violetten Brakteen und kleinen gelben Blüten. Sie blüht während des ganzen Sommers üppig. Bei der zweiten Art handelt es sich um *B. spectabilis* und ihre Hybriden ›Mrs. Butt‹ mit hellrosa Brakteen und ›Kittie Campell‹, deren Brakteen orangefarben und (wie die Blätter) länger sind, doch nicht so zahlreich wie bei *B. glabra*.

In gemäßigten Zonen kann man *B. glabra* an geschützten Stellen ins Freiland pflanzen, man sollte aber den Stamm im Winter mit Kunststoffolie oder Stroh gut schützen. *B. spectabilis* ist heikler.

Die Pflanzen werden meist blühend und als Kranz gezogen verkauft. Achten Sie darauf, daß sie glänzende, tiefgrüne Blätter haben. Pflanzen in Tontöpfen leiden weniger unter zu reichlichem Gießen und Gelbwerden der Blätter.

Links: Die eigentlichen Blüten von *Bougainvillea* sind klein und gelb. Um sie herum befinden sich die farbenprächtigen Brakteen.

Rechts: Bougainvillea glabra braucht volle Sonne, um gut zu blühen.

Unten: Bougainvillea ›Mrs. Butt‹ hat orange Brakteen, die lila werden.

Erziehen

1 Einen biegsamen Stab oder Draht an einer Topfseite in die Erde stecken (Tiefe = 2/3 der Topfhöhe).

2 Zu einem Reifen biegen und gegenüber in die Erde stekken.

3 Stengel behutsam um den Reifen winden. Stengel und Blätter nicht verletzen.

4 Falls nötig, unten eine Schnur befestigen und fortlaufend um Stengel und Reifen winden.

5 Die Pflanze wächst weiter um den Reifen und kann als Kranz erzogen oder hin und her geführt werden.

Größe: In einem Gewächshausbeet können die Pflanzen 3 bis 4 Meter hoch und unter dem Dach entlang gezogen werden. Im Topf erzieht man sie besser an Drähten oder Stökken. In 12-cm-Töpfen erreichen sie gewöhnlich 40 bis 50 cm Größe.

Wachstum: Selbst im Topf wachsen sie früh in der Saison 30 bis 45 cm.

Blütezeit: Sommer. Obwohl die Blüten schubweise kommen, sind gewöhnlich immer einige geöffnet.

Duft: Keiner.

Licht: Sie brauchen sehr viel Licht. Ist es zu dunkel, verlieren sie ihre Blätter und blühen im folgenden Sommer gar nicht.

Temperatur: Während der Ruheperiode im Winter vertragen sie sehr niedrige Temperaturen (5 bis 7 °C). Dann verlieren sie ihre Blätter bis zum Neuaustrieb im folgenden Frühjahr. Im Sommer liegt die Höchsttemperatur bei 21 °C.

Gießen: Im Sommer feucht halten und mindestens 3mal pro Woche gießen. Die Drainage muß gut sein. Im Winter – vor allem bei niedrigen Temperaturen – fast trocken halten. 1mal wöchentlich wässern reicht dann wahrscheinlich. Die Pflanzen mögen Kalk und bevorzugen deshalb »hartes« Leitungswasser.

Düngen: Alle 2 Wochen die Hälfte der empfohlenen Menge Flüssigdünger ins Gießwasser geben.

Luftfeuchtigkeit: Vor der Blüte alle paar Tage übersprühen, während der Blüte jedoch nicht. Den Topf auf nasse Kiesel stellen.

Säubern: Nicht notwendig. Kein Blattglanz verwenden.

Luft: Vorübergehend vertragen sie jede Zimmerluft, möchten aber eine gute Lüftung haben.

Erde: Reiche Erde, wie Lehmerde Nr. 3.

Umtopfen: Vollentwickelte Pflanzen sollten jedes Frühjahr umgetopft werden, um die verbrauchte Erde zu ersetzen, aber der neue Topf darf nicht oder nur wenig größer sein, da sie in kleinen Töpfen besser blühen.

Schnitt: Wuchernde Triebe zurückschneiden, aber nicht zu stark, da die Pflanzen an dem vorjährigen, von der Sonne gereiften Holz Blüten entwickeln.

Vermehrung: Das ist eine Arbeit für den Fachmann. Junge Stecklinge können im Frühjahr bei 21 bis 24 °C und hoher Luftfeuchtigkeit bewurzelt werden.

Lebenserwartung: Im Gewächshausbeet 20 bis 30 Jahre. Im Topf etwa 5 Jahre, dann verholzt die Pflanze zu stark und blüht nicht mehr.

Pflanzgruppen: Am besten als Einzelpflanzen zu halten.

Schwierigkeitsgrad: Die Haltung im Gewächshaus ist einfacher, aber ein sonnenreiches Fensterbrett ist auch geeignet.

Kranke Pflanzen

1 *Verkümmerter Wuchs:* Schlechte Drainage, Erde verklebt. In einen neuen Topf mit guter Drainage umtopfen.

2 *Keine Blüten:* Zu dunkel und stickig oder zu naß. Heller und luftiger stellen. Falls naß, austrocknen lassen. Alte Pflanzen mit verholzten Stämmen blühen im Zimmer nicht mehr.

3 *Blätter fallen ab:* Im Winter: Während der Ruhezeit normal. Wärmer stellen. Im Sommer: Zu dunkel. Heller und luftiger stellen.

4 *Blätter und Blüten trocknen und fallen ab; nur Brakteen bleiben:* Zu warm und trocken. Gießen und sprühen.

5 *Neue Blätter klein:* Düngen.

6 *Blätter gelb:* Zu naß. Schauen, ob Drainage gut ist. Erde trocknen lassen. Später weniger gießen.

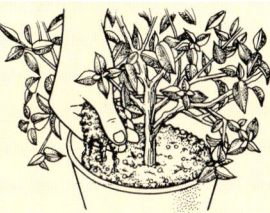

7 *Blätter haben weiche weiße Flecken:* Mehltau. Zu feucht durch Sprühen und schlechte Lüftung. Luftiger stellen.

8 *Weiße wollige Flecken auf den Blättern:* Wolläuse. Mit Watte und Spiritus abwischen bzw. mit Malathion oder systemischem Insektizid spritzen.

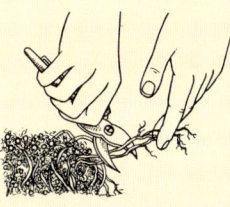

9 *Blätter gelb, Gespinste an den Unterseiten:* Spinnmilben. Mit Derris, Malathion oder systemischem Insektizid spritzen.

10 *Blätter vor allem an den Adern gelb gesprenkelt; braune schuppige Insekten an Blättern und Stengeln:* Schildläuse. Mit Watte und Spiritus abwischen oder mit systemischem Insektizid spritzen.

Schnitt

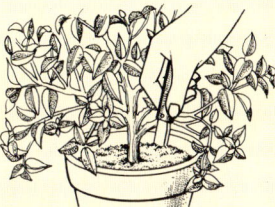

Bougainvillea im Februar schneiden, um die Größe zu beschränken und sie buschiger werden zu lassen. Neue Triebe auf 5–7 cm zurückschneiden. Neue Triebe sind immer dünner und weniger verholzt als alte Stengel. Schwächliche dünne Seitentriebe wegschneiden, die anderen auf ein Blatt über dem Hauptstamm stutzen. Immer einen sauberen Schnitt oberhalb eines Blattes oder einer Blattknospe machen.

Umtopfen

1 Im Frühjahr umtopfen, um die verbrauchte Erde zu erneuern. Für Pflanzen, die zu groß sind und deren Wurzeln aus dem Abzugsloch wachsen, größeren Topf nehmen. Gut gießen.

2 In den Topf kommt eine Drainageschicht und Lehmerde Nr. 3. Alten Topf ggf. reinigen.

3 Erde mit einem Messer am Topfrand lockern.

4 Pflanze herausnehmen. Stengelende festhalten und den oberen Teil stützen.

5 Pflanze auf den Tisch legen und alte Erde mit einem Stab entfernen. Wurzeln nicht verletzen.

6 Ist der Wurzelballen zu groß, die längeren Wurzeln mit der Gartenschere abschneiden.

7 Wurzelballen auf die Erde im neuen Topf setzen. Topf mit neuer Erde füllen.

8 Erde gut andrücken. 2 Tage nicht gießen und schattig stellen, damit Wurzeln in die neue Erde wachsen.

Gießen

1 Erde mit Fingern prüfen. Ist sie locker und krümelig, braucht die Pflanze Wasser.

2 Von oben – möglichst mit Regenwasser – gießen. Nach 15 Minuten restliches Wasser aus dem Untersetzer leeren.

Caladium bicolor

Buntwurz, Kaladie

Dies ist ein Mitglied der Familie Aronstabgewächse, von denen viele nur wegen ihrer schönen Blätter gezogen werden. Die Blätter von *Caladium* sind schild- oder pfeilförmig, fast papierdünn und in weißen, rosa, roten und grünen Schattierungen gefärbt. Die Adern sind meist besonders auffällig, und manchmal haben die Blätter einen blaßgrünen Rand. Im Spätsommer entwickelt sich eine recht unscheinbare Blüte.

Varietäten von *Caladium bicolor* haben auffällige Färbungen, die meist an den Adern am tiefsten sind. Es sind zarte Mitglieder der Aronstabfamilie, und sie entwickeln manchmal eine Blütenspatha (rechts).

Die Pflanze kommt aus Brasilien, und ihr Name leitet sich von dem indianischen Wort kelady ab. Es gibt etwa 16 bekannte Arten, *C. bicolor* und seine Hybriden sind jedoch am leichtesten erhältlich.

Da die Pflanzen eine hohe Luftfeuchtigkeit brauchen und nur schwer mehrere Jahre gehalten werden können, sollte man sie nicht als Dauerpflanzen betrachten. Sie haben Rhizome, die im Frühjahr bei hohen Temperaturen austreiben. Zu Sommerende zieht die Pflanze ein, und die Rhizome müssen sorgfältig überwintert werden. Es ist deshalb sinnvoll, wenn man die Pflanzen im späten Frühjahr oder Frühsommer kauft, damit man sich möglichst lang an ihnen freuen kann.

Wählen Sie Caladium nach den Blättern aus. Achten Sie darauf, daß keiner der langen Stengel abgebrochen ist, und die Pflanzen nicht von Blattläusen befallen sind. Für den Nachhauseweg müssen die Pflanzen gut eingepackt werden, damit sie vor Zugluft geschützt sind.

Größe: Gewöhnlich setzt man die Pflanzen in 12-cm-Töpfe, wo sie 45 cm groß werden und einen Durchmesser von 30 cm erreichen.

Wachstum: Pro Saison entwickeln sie 10 bis 12 Blätter.

Blütezeit: Zu Sommerende erscheint eine unscheinbare, grüne Blüte.

Duft: Keiner.

Licht: Um die Färbung der Blätter zu erhalten, brauchen die Pflanzen viel Licht, sie sollten aber in der Mittagshitze nicht direkt in der Sonne stehen, weil die papierartigen Blätter dann verbrennen.

Temperatur: Während des Sommers mindestens 15 bis 18 °C, zum Überwintern der Rhizome sind mindestens 13 °C erforderlich. Die maximale Sommertemperatur liegt bei 24 °C, vorausgesetzt die Luftfeuchtigkeit ist hoch.

Gießen: Gut gießen, während der Wachstumsperiode etwa 2- bis 3mal pro Woche. Wenn keine neuen Blätter mehr kommen, wird das Gießen langsam auf 1mal wöchentlich reduziert. Im Winter hält man die Erde gerade feucht und gießt etwa alle 2 Wochen.

Düngen: Während der Wachstumsperiode wird alle 3 Wochen die Hälfte der empfohlenen Menge Flüssigdünger ins Gießwasser gegeben.

Luftfeuchtigkeit: Die Pflanzen mögen eine hohe Luftfeuchtigkeit und die Gesellschaft anderer Gewächse, doch zu viel Sprühen tut ihnen nicht gut.

Säubern: Die papierdünnen Blätter lassen sich nicht abwischen. Verwelkte Blätter werden entfernt. Kein Blattglanz benutzen.

Luft: Vor Zugluft schützen.

Erde: Eine reiche Torferde, wie etwa Lehmerde Nr. 2 mit etwas Torf.

Umtopfen: Sind die Rhizome einmal eingepflanzt, sollte man sie in der folgenden Wachstumsperiode nicht mehr stören.

Schnitt: Nicht notwendig.

Vermehrung: Der Fachmann nimmt Samen, aber am einfachsten teilt man die überwinterten Rhizome. Manchmal entwickelt der Buntwurz kleine Jungpflanzen, die einzeln eingetopft werden können. Wenn die Rhizome im Frühjahr zu treiben beginnen, muß die Temperatur bei mindestens 21 °C gehalten werden.

Lebenserwartung: Beim Laien einen Sommer, beim Fachmann mehrere Jahre.

Pflanzgruppen: Sie lieben die Feuchtigkeit anderer Pflanzen, vorausgesetzt sie bekommen viel Licht, und die Drainage ist gut. Trotzdem verdienen sie wegen ihrer Blätter einen Ehrenplatz, am besten unterhalb der Augenhöhe, damit die Oberseiten der Blätter sichtbar sind.

Schwierigkeitsgrad: Nicht leicht zu überwintern. Wenn die Blätter im Herbst abgestorben sind, müssen die Rhizome leicht feucht und recht warm gehalten werden. Der Laie sollte die Pflanzen einjährig ziehen. Im Gewächshaus stehen sie besser, weil dort für eine hohe Luftfeuchtigkeit gesorgt werden kann.

Überwintern und Umtopfen

1 Wenn zu Sommerende die Blätter verwelken und keine neuen mehr nachwachsen, immer weniger gießen. Im Winter Erde gerade feucht halten. Alle 2 Wochen wässern. Mindesttemperatur 13 °C.

2 Im Frühjahr 3 Teile Lehmerde und 1 Teil Torf mischen. In einen neuen Topf kommt eine Drainageschicht und Erde.

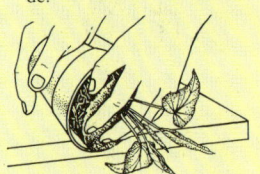

3 Pflanze gut gießen. Topf so halten, daß sie zwischen den Fingern und Erde unter der Handfläche liegt. Topfrand aufklopfen. Pflanze kommt mit Erde heraus.

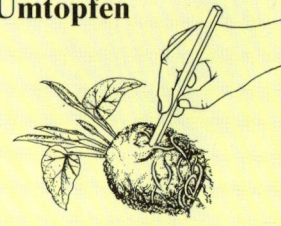

4 Alte Erde behutsam mit Stab von den Wurzeln entfernen. Wurzeln nicht verletzen.

5 Wurzelballen auf die Erde im neuen Topf setzen.

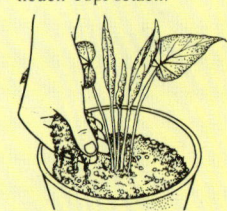

6 Topf mit neuer Erde füllen. Wurzeln müssen bedeckt sein. 2 Tage nicht gießen und schattig stellen, damit Wurzeln in die neue Erde wachsen.

Kranke Pflanzen

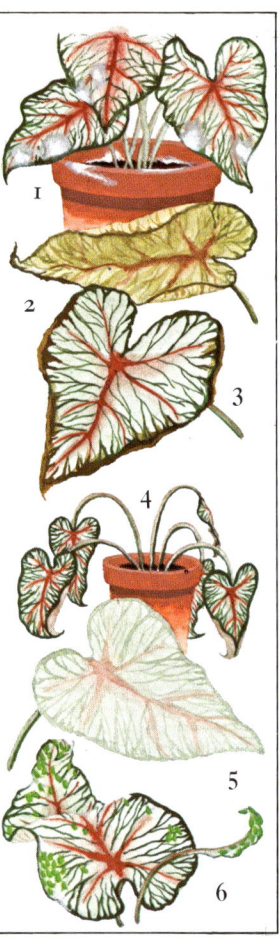

1 *Schimmel an Blättern und Topf:* Überwässert und kalte Zugluft. Austrocknen lassen und an zugfreien Platz stellen. Seltener gießen.

2 *Blätter welken:* Zu warm und trocken oder Zugluft. Erde prüfen. Gießen, Sprühen und Luftfeuchtigkeit erhöhen. An zugfreien Platz stellen.

3 *Blätter braun, Ränder trocken:* Etwas zu kalt. Temperatur auf mindestens 15 °C erhöhen.

4 *Blätter hängen, rollen sich und sterben ab. Kein Wachstum:* Zu kalt. Wärmer stellen.

5 *Blätter sind blaß:* Nicht genug Licht. Heller stellen, aber nicht in die pralle Sonne.

6 *Blätter und Triebe verformt und mit grünen Insekten verklebt:* Blattläuse. Mit Pyrethrum oder systemischem Insektizid spritzen.

Rhizome teilen

Caladium-Rhizome kann man im Frühjahr, bevor sie treiben, teilen. Sie brauchen mindestens 21 °C und hohe Luftfeuchtigkeit. Ohne einen Vermehrungskasten werden sie kaum wachsen.

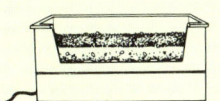

1 In einen Vermehrungskasten kommt eine Drainageschicht, Erde und 2,5 cm scharfer Sand.

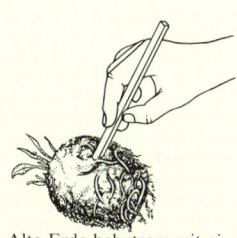

3 Alte Erde behutsam mit einem Stab von den Wurzeln entfernen.

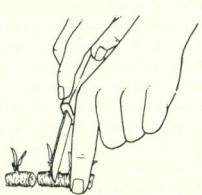

4 Rhizom auf eine harte Fäche legen und mehrmals durchschneiden. Jeder Teil braucht mindestens 1 Blatt.

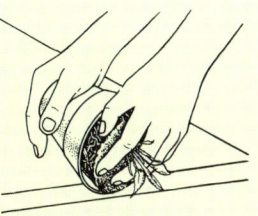

2 Pflanze aus dem Topf nehmen.

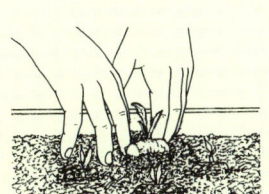

5 Die Teile in den Sand drükken. Gut gießen und abdekken. Feucht halten und Abdeckung täglich 5 Minuten abnehmen. Wenn die Pflanzen wachsen, in kleine Töpfe setzen.

Welke Blätter entfernen

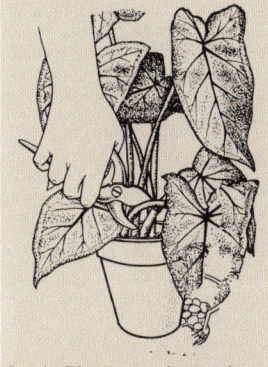

Ist ein Blatt vertrocknet, mit einer scharfen Schere am Stengelansatz abschneiden.

Gießen

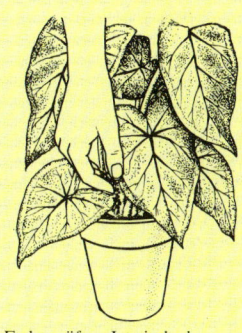

Erde prüfen. Ist sie locker und krümelig, gießen.

Caladium muß gut gewässert werden, während des Wachstums etwa 2- bis 3mal wöchentlich. Beginnen die Blätter abzusterben, Gießen nach und nach reduzieren.

Luftfeuchtigkeit

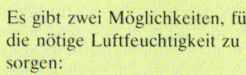

Es gibt zwei Möglichkeiten, für die nötige Luftfeuchtigkeit zu sorgen:

Topf in einen Behälter mit feuchtem Torf stellen.

Topf auf einen Untersetzer mit Kieseln und Wasser stellen. Der Topfboden darf nicht im Wasser stehen.

Nicht die zarten Blätter besprühen und kein Blattglanz verwenden.

Campanula isophylla

Glockenblume

Campanula isophylla gehört zu einer Gruppe von Pflanzen, die eher in der Kräuterrabatte oder im Steingarten zu Hause sind, wo uns zum Beispiel Marienglockenblume und Rundblättrige Glockenblume erfreuen. Die Familie der Campanulaceae umfaßt etwa 250 Arten, von denen die meisten von den Nordküsten des Mittelmeers stammen, obwohl einige auch in nördlicheren Ländern wild wachsen. C. isophylla wächst im Norden Italiens als Sommerblume.

Sie ist als Kriech- oder Hängepflanze bestens für Ampeln geeignet. Wenn man sie stützt und die Vegetationspunkte sorgfältig auszwickt, kann man sie aber auch aufrecht erziehen. Es gibt weiße und blaue Sorten, wobei die erstgenannten kräftiger wachsen.

Die Pflanze ist über und über mit glockenförmigen Blüten bedeckt, denen sie auch ihren Namen verdankt. Wenn man die welken Blüten stets entfernt, blüht die Pflanze den ganzen Sommer.

Bei unserer begrenzten Auswahl an hängenden Zimmerpflanzen ist sie eine willkommene Ergänzung, man bekommt sie jedoch nur im Juli und August, wenn sie in voller Blüte verkauft wird. Zu dieser Zeit ist sie gewöhnlich recht teuer, aber einmal gekaufte Pflanzen können leicht vermehrt werden. Achten Sie beim Kauf auf eine schöne Wuchsform, viele Knospen und zahlreiche neue Triebe. Wuchernde Pflanzen mit gelben Blättern sollten Sie nicht nehmen.

Campanula isophylla ist eine beliebte Kriechpflanze, die im Sommer blüht. Oben: Campanula isophylla ›Alba‹ mit weißen Blüten. Links und rechts: Die blaue Art ist ebenso blühwillig. Verwelkte Blüten immer entfernen, dann blüht die Pflanze den ganzen Sommer. Sie ist auch gut für Ampeln geeignet.

Größe: 5 oder 6 Stecklinge in einem 12-cm-Topf wachsen zu einer ansehnlichen Pflanze heran.

Wachstum: In einem Sommer 30 bis 40 cm. Im Frühjahr muß man die Pflanzen zurückschneiden, damit sie kompakt bleiben.

Blütezeit: Wenn man die welken Blüten entfernt, blühen die Pflanzen den ganzen Spätsommer hindurch.

Duft: Keiner.

Licht: Sie sollten möglichst viel Licht bekommen. Sie lieben ein helles Fensterbrett und während des Sommers einen Platz im Freien. Im Hochsommer sollten sie aber nicht an einem Südfenster in die pralle Sonne gestellt werden.

Temperatur: Sie vertragen kühle Temperaturen unter 16 °C. Im Sommer können sie draußen stehen, und im Winter kann die Temperatur bis auf 8 °C absinken, solange nur sparsam gegossen wird.

Gießen: Während der Wachstumsperiode, je nach Standort, häufig gießen. Steht eine Pflanze an einem warmen Fenster, mindestens 1mal am Tag, an Nordfenstern alle 2 bis 3 Tage wässern. Im Winter wird die Erde gerade feucht gehalten und abhängig von der Temperatur alle 7 bis 10 Tage gegossen. Da die Pflanzen Kalk mögen, bevorzugen sie Leitungswasser.

Düngen: Während des Wachstums alle 14 Tage Flüssigdünger ins Gießwasser geben.

Luftfeuchtigkeit: Sie mögen feuchte Luft und wöchentliches Sprühen, während der Blüte wird jedoch nicht gesprüht.

Säubern: Nicht notwendig, aber welke Blüten und Blätter müssen entfernt werden. Kein Blattglanz benutzen.

Luft: Fast alle Bedingungen werden toleriert.

Erde: Eine gute Lehmerde mit etwas Dünger, z.B. Nr. 1.

Umtopfen: Bewurzelte Stecklinge werden in der ersten Saison nicht noch einmal umgetopft. Auch ältere Pflanzen brauchen keinen größeren Topf, doch sollte zu Saisonbeginn etwas Erde ausgetauscht werden.

Schnitt: Im Spätwinter bis auf ein Blattpaar über der Erde abschneiden. Falls die Pflanze kompakt und aufrecht wachsen soll, werden während des Wachstums die Triebspitzen ausgezwickt.

Vermehrung: Die abgeschnittenen Triebe können als Stecklinge verwendet werden. Man kürzt sie auf 8 bis 10 cm, setzt 5 bis 6 Kopfstecklinge in einen 12-cm-Topf und stellt sie in einen Vermehrungskasten oder stülpt eine Plastiktüte über, bis sie wachsen.

Lebenserwartung: Im Winter zurückgeschnittene Pflanzen treiben im Frühjahr neu aus. Da ältere Pflanzen verholzen, sollte man seinen Bestand alle 2 bis 3 Jahre durch Stecklinge erneuern.

Pflanzgruppen: Sie stehen gut in gemischten Schalen mit 25 bis 30 cm Durchmesser, vorausgesetzt sie bekommen genug Licht. Für größere Arrangements eignen sie sich nicht.

Schwierigkeitsgrad: Einfache Pflanzen, die während der Blüte wirklich schön sind.

Schnitt

1 Die langen kriechenden Triebe werden mit der Zeit holzig. Um kräftiges neues Wachstum anzuregen, Pflanze im Spätwinter stark zurückschneiden.

2 Auf ein Blattpaar über der Erde zurückstutzen, direkt oberhalb eines Blattansatzes. Abgeschnittene Teile als Stecklinge verwenden.

Erde erneuern

1 Ältere Pflanzen sollten in ihrem Topf bleiben, doch man erneuert im Frühjahr die oberen 2,5 cm Erde. Zuvor gießen. Die Wurzeln nicht verletzen.

2 Topf mit neuer Erde füllen.

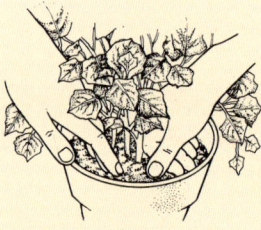

3 Erde rundum gut andrücken. Die Wurzeln müssen bedeckt sein.

4 2 Tage nicht gießen und schattig stellen, damit Wurzeln in die neue Erde wachsen.

Kranke Pflanzen

1 *Blätter gelb:* Zu wenig Licht oder Dünger. Heller stellen. Regelmäßig düngen.

2 *Blätter gelb und fallen ab, Gespinste an den Unterseiten:* Spinnmilben. Mit Malathion, systemischem Insektizid oder Derris spritzen. Luftfeuchtigkeit erhöhen.

3 *Pflanze aufgeschossen, keine Blüten:* Zu warm und stickig. Kühler und luftiger stellen.

4 *Blätter gelb, trocken und welk; Blüten sterben ab:* Zu trocken. Regelmäßig gießen.

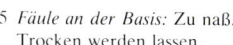

5 *Fäule an der Basis:* Zu naß. Trocken werden lassen.

6 *Keine neuen Triebe, Blätter sterben ab:* Zu kalt. Wärmer stellen.

7 *Blüten faulen und öffnen sich nicht:* Zu naß und kalt. Wärmer stellen und austrocknen lassen, bis Pflanze sich erholt hat.

8 *Blätter werden schwarz:* Frost im Frühjahr oder Herbst.

Buschig erziehen

1 Eine Pflanze wächst buschiger, wenn die Vegetationspunkte des Haupttriebs ausgeknipst werden.

2 Eine gut geschnittene Pflanze.

Welke Blüten entfernen

Welke Blüten mit Daumen und Zeigefinger auszwicken.

Gießen

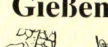

1 Erde mit Fingern prüfen. Ist sie locker und krümelig, braucht die Pflanze Wasser.

2 Von oben – möglichst mit Regenwasser – gießen. Nach 15 Minuten restliches Wasser aus dem Untersetzer leeren.

Kopfstecklinge

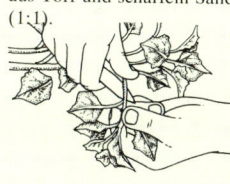

1 In einen Topf kommt eine Drainage und eine Mischung aus Torf und scharfem Sand (1:1).

2 Einen Trieb mit mindestens 2 gesunden Blattpaaren und einem Wachstumspunkt nehmen. Trieb unterhalb des zweiten Blattpaares abschneiden, Länge 8–10 cm.

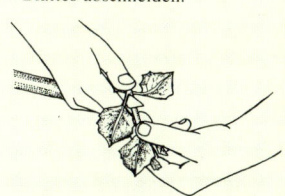

3 Stengel direkt unterhalb eines Blattes abschneiden.

4 Das untere Blattpaar entfernen.

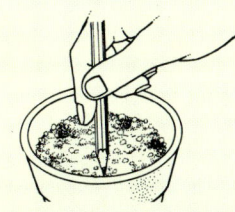

5 Schnittfläche in Bewurzelungsmittel tauchen. Überschuß abschütteln.

6 Mit einem Stift ein Loch in die Erde drücken.

7 Das Ende des Stecklings muß am Lochboden, die Blätter gerade über der Erde sein. Gut gießen. Temperatur 13–16 °C.

8 Wenn der Steckling gut wächst, in einen kleinen Topf mit Lehmerde Nr. 1 setzen.

Capsicum annuum

Spanischer Pfeffer, Zierpaprika

Diese einjährige Pflanze aus dem tropischen Amerika ist wegen ihrer leuchtend gefärbten Früchte beliebt, die im Herbst zusätzliche Farbe ins Zimmer bringen. Sie gehört zu den Solanaceae. Der Name leitet sich von dem griechischen Wort kaptein, beißen her und bezieht sich auf den scharfen Geschmack der eßbaren Frucht. Zierpaprika ist eng mit der Pflanze verwandt, die kommerziell zur Erzeugung von Chilli angebaut wird, und aus deren getrockneten Früchten Cayennepfeffer und Paprika hergestellt werden.

Außer im Gewächshaus ist die Pflanze schwer zu ziehen, deshalb sollte man im Herbst Pflanzen kaufen, die bereits Früchte tragen. Es sind verschiedene Sorten im Handel, die alle Züchtungen von *C. annuum* sind: ›Christmas Greeting‹ hat grüne, gelbe, violette oder rote Früchte, die Früchte von ›Fiesta‹ sind spitz und gehen beim Reifen von Gelb über Orange in Rot über, und ›Rising Sun‹ hat rote Früchte wie Tomaten. Alle Varietäten sind einjährig und müssen am Ende ihrer Saison fortgeworfen werden, gewöhnlich um Weihnachten. Etwa zu dieser Zeit kommt eine ähnliche Pflanze in den Handel. Es ist *Solanum pseudocapsicastrum*, die im Gegensatz zu Capsicum mehrjährig ist, also mehrere Jahre gehalten werden kann.

Sie müssen sich immer sicher sein, welche der beiden Pflanzen Sie kaufen, denn die Früchte von Capsicum kann man essen, während die von *Solanum pseudocapsicastrum* hochgiftig sind.

Suchen Sie buschige Pflanzen mit vielen Früchten aus. Sie sollten ein hellgrünes Blattwerk haben und keine Blätter abwerfen.

Capsicum annuum-Hybriden tragen während der Herbstmonate leuchtend gefärbte Früchte. *Rechts:* Die Früchte reifen von Gelb über Orange bis Rot. Vorübergehend beleben sie Arrangements aus Grünpflanzen, wie unten jungen Cinerarien.

Größe: Am besten gedeihen die Pflanzen in 10-cm-Töpfen und werden vom Topfrand gemessen 20 bis 25 cm hoch.

Wachstum: In einer Saison wachsen sie heran, blühen und tragen Früchte.

Blütezeit: Die kleinen weißen oder grünweißen Blüten erscheinen im Frühsommer, sind aber recht unscheinbar. Die Früchte entwickeln sich im Spätsommer oder Frühherbst und färben sich schnell, so daß die Pflanzen bald sehr attraktiv werden.

Duft: Keiner.

Licht: Sie brauchen viel Licht und täglich einige Stunden Morgensonne.

Temperatur: Normale Zimmertemperatur, nicht unter 10 °C und nicht über 21 °C.

Gießen: Gut gewässert halten und normalerweise 2mal pro Woche, bei großer Wärme jedoch fast täglich gießen. Stehen sie in praller Sonne, darf man sie nicht austrocknen lassen. Wenn sich Früchte gebildet haben, gießt man nur noch 2- bis 3mal pro Woche.

Düngen: Während des Wachstums 1mal in der Woche Flüssigdünger ins Gießwasser geben. Sobald sich Früchte entwickeln, Düngen einstellen.

Luftfeuchtigkeit: Die Pflanzen profitieren davon, wenn man sie 1mal wöchentlich übersprüht. Dies fördert auch den Fruchtansatz.

Säubern: Nicht notwendig. Kein Blattglanz verwenden.

Luft: Sie tolerieren die meisten Bedingungen, vorausgesetzt, es ist für Lüftung gesorgt.

Erde: Lehmerde Nr. 1.

Umtopfen: Aus Samen gezogene Pflanzen werden nach dem Sämlingsstadium noch einmal umgetopft.

Schnitt: Nicht während des Wachstums. Falls eine Pflanze aufgrund von Trockenheit ihre Blätter verliert, kann man jedoch die Stengel abschneiden und die Früchte in Trockenarrangements für Weihnachten verwenden.

Vermehrung: Im Frühjahr im Vermehrungskasten oder unter Glas aussäen. Erforderliche Temperatur 18 °C. Man überläßt diese Arbeit aber besser dem Fachmann.

Lebenserwartung: Da einjährig, eine Saison.

Pflanzgruppen: Man kann die Pflanzen verwenden, um gemischte Schalen vorübergehend zu beleben. Außerdem können sie im Spätsommer und Herbst in Blumenkästen vors Fenster gesetzt werden.

Schwierigkeitsgrad: Unter den richtigen Bedingungen nicht schwierig zu ziehen. Besteht aber kein größerer Bedarf, sollte man die Pflanzen im Spätsommer kaufen.

Aus Samen ziehen

Capsicum-Samen brauchen keine hohen Temperaturen, keimen aber nur schwer. Ein Vermehrungskasten ist am erfolgversprechensten.

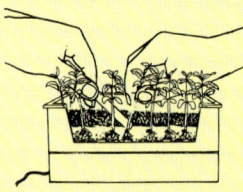

3 Wenn die Samen keimen, hell stellen und die Glasscheibe entfernen.

1 Aussaat erfolgt im Frühjahr. In einen Vermehrungskasten oder eine Saatschale kommt eine Drainage und sterilisierte Aussaaterde. Samen gleichmäßig verteilen. Mit Erdschicht (= Samendicke) bedecken. Gut gießen.

4 Sind die Sämlinge groß genug, auf 2,5 cm Abstand ausdünnen. Dabei die schwächeren Pflanzen herausziehen.

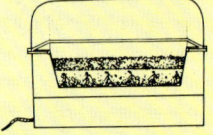

2 Glasscheibe auflegen und dunkel stellen oder mit einem dunklen Tuch abdecken. Glas täglich umdrehen. Erde nicht austrocknen lassen. Temperatur 18 °C.

5 Gedeihen die Pflanzen kräftig, einzeln in kleine Töpfe setzen.

Kranke Pflanzen

1 *Die meisten Blätter fallen ab:* Zu warm oder Erde zu naß. Erde prüfen und ggf. austrocknen lassen, bis Pflanze sich erholt hat. Sonst kühler stellen.

2 *Blätter gelb:* Zu trocken. Regelmäßig gießen.

3 *Kein Wachstum:* Zu kalt. Wärmer stellen.

4 *Blätter verformt und mit grünen Insekten verklebt:* Blattläuse. Mit Pyrethrum oder systemischem Insektizid spritzen.

5 *Blätter blaß, keine Blüten und Früchte:* Düngen.

6 *Pflanze aufgeschossen:* Zu warm. Kühler stellen.

7 *Blätter gelb, Gespinste an den Unterseiten:* Spinnmilben. Mit Derris, Malathion oder systemischem Insektizid spritzen. Luftfeuchtigkeit erhöhen.

8 *Kleine Fliegen an der Pflanze:* Weiße Fliege. Mit systemischem Insektizid oder Derris spritzen.

Umtopfen

1 In der Wachstumsperiode Mitte des Sommers umtopfen, wenn die Pflanze zu groß wird. Gut gießen.

2 In einen etwas größeren Topf kommt eine Drainageschicht und feuchte Lehmerde Nr. 1.

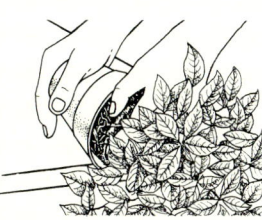

3 Topf so halten, daß Pflanze zwischen den Fingern und Erde unter der Handfläche liegt. Topfrand aufklopfen. Pflanze kommt mit Erde heraus.

4 Alte Erde behutsam mit Stab von den Wurzeln entfernen. Wurzeln nicht verletzen.

5 Wurzelballen auf die Erde im neuen Topf setzen.

6 Topf mit neuer Erde füllen. Wurzeln müssen bedeckt sein.

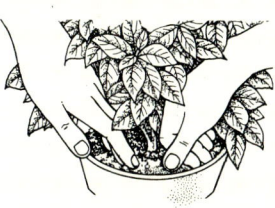

7 Erde um Stengel gut andrücken.

8 Tage nicht gießen und schattig stellen, damit Wurzeln in die neue Erde wachsen.

Gießen

Im Sommer muß fast täglich gegossen werden. Die Erde darf nicht austrocknen. Entwickeln sich Früchte seltener gießen. 2- oder 3mal in der Woche wird dann ausreichen.

Sprühen

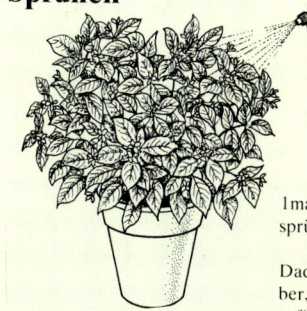

1mal pro Woche mit Zerstäuber sprühen. Sprühabstand 15 cm.

Dadurch bleiben die Blätter sauber, und der Fruchtansatz wird gefördert.

Bergpalme

Diese langsamwachsende Zwergpalme eignet sich für Räume jeder Größe. Ihre anmutigen Wedel werden 30 bis 60 cm lang. *Chamaedorea* wird manchmal auch unter dem Namen *Neanthe bella* geführt und ist in Mexiko beheimatet, von wo aus sie 1873 erstmals eingeführt wurde.

Die Ansprüche dieser Pflanze sind sehr bescheiden, und das Wichtigste ist Wasser. Sie muß Sommer wie Winter feucht gehalten werden. Sie toleriert die meisten Umweltbedingungen, und ihre Wedel sehen so zeitlos aus, daß sie sowohl mit modernen als auch mit traditionellen Einrichtungen harmonieren. Bemerkenswert ist, daß sie früh zur Blüte kommt. Dann ist ein grüner Wedel mit recht zarten, mimosenähnlichen Blüten bedeckt, die einen hübschen Kontrast zu den grünen Fiederblättern bilden. Aus den Blüten entwickeln sich später kleine Früchte, die an Beeren erinnern.

In ihrer natürlichen Umgebung wächst die Pflanze fast als Bodendecker unter riesigen Bäumen. Sie ist daher für schattige Plätze geeignet und gedeiht im Haus fast überall. Kleine Pflänzchen passen gut in Flaschengärten, und meist kann man geeignete Sämlinge bekommen. Auch in Hydrokultur wächst die Pflanze gut.

Kaufen Sie Pflanzen mit frischem Blattwerk und jungen Trieben. Die Blattspitzen sollten nicht braun sein. Man kann auch drei Pflanzen zusammensetzen, damit der Wuchs dichter wird. Kleine Palmen sind preiswert, aber wie bei allen Palmen sind große Pflanzen teuer, weil sie so langsam wachsen.

Chamaedorea elegans ist eine der einfachsten Zimmerpalmen. Sie wächst langsam, doch entwickelt schon früh gelbe Blüten, denen später Beeren folgen.

Rechts: Zwei Pflanzen zusammengesetzt ergeben ein buschigeres Exemplar. Junge Wedel sind fahlgrün und vertiefen erst beim Älterwerden ihre Farbe.

Drei Pflanzen in einem Topf

Größe: Die maximale Größe liegt bei 1,20 m. Verkauft werden die Pflanzen aber gewöhnlich nicht größer als 60 cm. Die einzelnen Wedel sind, je nach Alter der Pflanze, 30 bis 60 cm lang. Oft setzt man 2 oder 3 Pflanzen zusammen, damit der Wuchs buschiger wird.
Wachstum: Die Pflanzen wachsen langsam und entwickeln vielleicht 2 oder 3 Wedel pro Jahr. Bei älteren Pflanzen werden die Wedel länger.
Blütezeit: Die Blütenähre, die sich zu jeder Zeit entwickeln kann, bildet einen zarten Kontrast zu den steifen Blättern.
Duft: Keiner.
Licht: Die Pflanzen mögen eine mittlere Menge Licht, ohne aber in der Sonne zu stehen. Man kann sie auch in den Schatten stellen, doch wachsen sie dann noch langsamer.
Temperatur: Im Sommer muß man sie kühl halten (16 °C), im Winter brauchen sie mindestens 13 °C. Höchsttemperatur im Sommer 18 °C.
Gießen: Die Pflanzen müssen stets feucht sein. Man wird im Sommer wahrscheinlich 2- bis 3mal pro Woche, im Winter 1mal pro Woche gießen müssen.
Düngen: Während des Sommers alle 14 Tage die Hälfte der empfohlenen Menge Flüssigdünger ins Gießwasser geben.
Luftfeuchtigkeit: Durch wöchentliches Abwischen der Blätter wird die Luftfeuchtigkeit erhöht.

Säubern: Die Wedel vorsichtig mit einem feuchten Tuch abwischen, um Staub zu entfernen. Kein Blattglanz verwenden. Es schadet allen Palmen und läßt die Wedel braun werden.
Luft: Sie tolerieren fast alle Bedingungen, sogar Gas und Rauch, doch sie mögen eine gute Lüftung.
Erde: Sie bevorzugen torfhaltige Erde, z.B. eine Mischung aus 3 Teilen Lehmerde Nr. 1 und 1 Teil granuliertem Torf.
Umtopfen: Am besten jedes Jahr im März. Da sie lieber in zu kleinen Töpfen wachsen, sollte man keine allzu großen Töpfe verwenden.
Schnitt: Nicht notwendig. Es werden nur die verwelkten unteren Wedel entfernt.
Vermehrung: Im Frühjahr aus Samen. Für die Keimung sind mindestens 27 °C und eine hohe Luftfeuchtigkeit notwendig. Falls man diese Bedingungen nicht schaffen kann, überläßt man die Arbeit besser Züchtern. Ein Vermehrungskasten mit Bodenheizung verspricht den größten Erfolg.
Lebenserwartung: Mindestens 5 oder 6 Jahre.
Pflanzengruppen: Die Palmen passen zu den meisten Grünpflanzen und kontrastieren gut mit breitblättrigen Arten wie *Ficus*, *Philodendron*, *Cordyline* und *Fatshedera*. Junge Pflanzen eignen sich für Flaschengärten.
Schwierigkeitsgrad: Pflanzen für Anfänger, vorausgesetzt, sie werden feucht gehalten.

1 In einen großen Topf kommt eine Drainage und Erde.

2 3 Pflanzen wie zum Umtopfen aus ihren Töpfen nehmen.

3 Erste Pflanze in die Mitte des neuen Topfes setzen.

4 Andere Pflanzen einsetzen. Zwischen den Wurzelballen muß etwas Platz sein.

5 Erde auffüllen. Wurzeln müssen bedeckt sein. Erde um die Wurzelballen herum gut andrücken.

6 Ausgiebig ins Wasserbad stellen.

Kranke Pflanzen

1 *Blattspitzen werden braun:* Zu trocken und sonnig. Gießen, sprühen und aus der Sonne nehmen.

2 *Blätter gelb und fallen ab; Gespinste an den Unterseiten:* Spinnmilben. Mit Malathion, Derris oder systemischem Insektizid spritzen.

3 *Wedel vertrocknen und sterben ab:* Zu warm. Kühler stellen und sprühen.

4 *Blätter faulen in Erdhöhe und fallen ab:* Zu kalt und naß. Wärmer stellen und austrocknen lassen, bis Pflanze sich erholt hat.

5 *Kein Wachstum:* Zu kalt und naß; im Frühjahr evtl. Düngen nötig. Wärmer stellen und austrocknen lassen, bis Pflanze sich erholt hat.

Welke Blätter entfernen

Wenn untere Wedel braun werden, mit einer Gartenschere möglichst nah am Hauptstamm abschneiden.

Umtopfen

1 Zu Frühjahrsbeginn umtopfen, wenn Pflanze kopflastig ist oder Wurzeln aus dem Abzugsloch wachsen. Gießen.

2 In einen etwas größeren Topf kommt eine Drainageschicht und eine Mischung aus 1 Teil Torf und 3 Teilen Lehmerde Nr. 1.

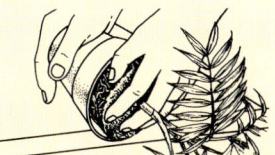

3 Topf so halten, daß Pflanze zwischen den Fingern und Erde unter der Handfläche liegt. Topfrand aufklopfen. Pflanze kommt mit Erde heraus.

4 Alte Erde behutsam mit Stab von den Wurzeln entfernen. Wurzeln nicht verletzen.

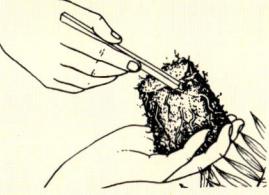

5 Wurzelballen auf die Erde im neuen Topf setzen.

6 Topf mit neuer Erde füllen. Wurzeln müssen bedeckt sein. Erde gut andrücken. 2 Tage nicht gießen und schattig stellen, damit Wurzeln in die neue Erde wachsen.

Gießen

1 Erde prüfen. Ist sie locker und krümelig, gießen.

2 In einen Eimer stellen und diesen bis zum Topfrand mit Wasser füllen. Nach 15 Minuten herausnehmen, und Wasser ablaufen lassen.

Stutzen

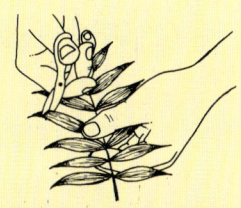

Sind die Blattspitzen braun, Blätter oberhalb des grünen, gesunden Gewebes abschneiden, ohne dieses zu verletzen. Zuspitzen.

Säubern und Sprühen

Staub mit weichem Tuch oder Schwamm und lauwarmem Wasser abwischen. Blatt mit der anderen Hand stützen.

Kein Blattglanz verwenden.

Täglich mit feinem Zerstäuber besprühen. Möglichst Regenwasser nehmen. Sprühabstand 15 cm.

Chlorophytum comosum

Grünlilie

Chlorophytum ist eine der einfachsten und gefälligsten Zimmerpflanzen. Sie gehört zur Familie der Liliaceae, und es gibt etwa 40 bekannte Arten. Die Art, die gewöhnlich als Zimmerpflanze gehalten wird, hat drei Artnamen: *Chlorophytum elatum, C. comosum* und *C. capense.* Der lateinische Name *Chlorophytum* bedeutet einfach »grüne Pflanze«, und die ursprünglichen Arten haben auch alle grüne Blätter. Die bei uns übliche Sorte ist *C. comosum* ›Variegatum‹, die im Deutschen meist als Grünlilie bezeichnet wird, aber auch so hübsche Namen wie »Brautschleppe«, »Fliegender Holländer« oder »Flinker Heinrich« hat. Sie kommt aus Südafrika und wurde erstmals Mitte des 19. Jahrhunderts als Zimmerpflanze eingeführt.

Die schmalen, bandähnlichen Blätter von *Chlorophytum* sind etwa 30 bis 45 cm lang, bis zu 2,5 cm breit und gewöhnlich grün mit einem fast weißen Streifen in der Mitte, obwohl es manchmal auch umgekehrt ist. Die sehr unscheinbaren weißen Blüten wachsen an langen, cremefarbenen Stengeln. Die Blüten machen bald Jungpflanzen Platz, die nach einiger Zeit als selbständige Pflanzen eingetopft werden können. In Ampeln sehen die Pflanzen mit ihren sich unter der Last der Jungpflanzen herunterbiegenden Stengeln äußerst attraktiv aus. Vier oder fünf junge Pflanzen in einer Ampel von 30 cm Durchmesser bilden einen ungewöhnlichen Blickfang, aber sogar im Freilandbeet machen sie sich im Sommer gut.

Diese anspruchslosen Pflanzen sind für den Anfänger ausgesprochen gut geeignet. Wählen Sie beim Kauf Exemplare mit leicht glänzenden, sukkulenten Blättern. Blätter mit beschädigten Mittelrippen erholen sich nicht wieder, und die Pflanzen sehen bald häßlich aus.

Chlorophytum comosum ›Variegatum‹ ist eine sehr weitverbreitete und sehr einfache Pflanze. Sie eignet sich bestens für Ampeln, wo die Jungpflanzen an den Enden der Ausläufer gut zur Geltung kommen.

Unten: Einige Jungpflanzen.

Größe: Gutgezogene Pflanzen füllen einen 12-cm-Topf, obwohl »Mutterpflanzen« bis zu 45 cm Höhe und Breite erreichen können.

Wachstum: Bis aus einem bewurzelten Steckling eine vollentwickelte Pflanze in einem 12-cm-Topf wird, vergeht ein Jahr.

Blütezeit: Blüten, Triebe und Jungpflanzen können sich jederzeit entwickeln, im Sommer ist es aber wahrscheinlicher.

Duft: Keiner.

Licht: Die Pflanzen können dunkel stehen, die weiße Zeichnung entwickelt sich bei gutem Licht jedoch besser.

Temperatur: Sie vertragen recht unterschiedliche Temperaturen, sofern sie über dem Gefrierpunkt liegen. Im Sommer können sie in Beete nach draußen gepflanzt werden. Maximale Sommertemperatur im Haus 18 °C.

Gießen: Im Sommer 2- bis 3mal, im Winter 1mal pro Woche gießen. Die Pflanzen vertragen Trockenheit und können auch mal vergessen werden. Oft werden sie dadurch sogar zur Entwicklung von Trieben, Blüten und Jungpflanzen angeregt.

Düngen: Im Sommer gibt man alle 14 Tage Flüssigdünger ins Gießwasser.

Luftfeuchtigkeit: Im Sommer täglich besprühen, doch nicht in der Sonne, weil sonst die Blätter verbrennen.

Säubern: Sprühen reicht aus. Hin und wieder hilft ein kleiner »Klaps« mit dem Staubtuch. Zum Abwischen sind die Blätter zu spröde, und Blattglanz schädigt sie schwer.

Luft: Sehr anspruchslos, sie mögen aber eine gute Lüftung.

Erde: Lehmerde Nr. 2. Die Pflanzen gedeihen auch in Hydrokultur gut.

Umtopfen: Wenn sie in Erde wachsen, muß man sie gewöhnlich 2mal im Jahr umtopfen. Die Schwellungen an den Wurzeln sind Rhizome und nicht etwa Mißbildungen oder Erkrankungen.

Schnitt: Beschädigte Blätter werden herausgeschnitten.

Vermehrung: An langen Stengeln entwickeln sich Jungpflanzen. Diese werden in 8-cm-Töpfe oder in Hydrokultur gepflanzt. Man kann große Pflanzen auch teilen, muß dabei aber sehr vorsichtig sein, damit man die Blätter nicht beschädigt.

Lebenserwartung: Unbegrenzt, doch sollte man seinen Bestand alle 3 bis 4 Jahre erneuern, weil ältere Pflanzen kraftlos und häßlich werden.

Pflanzgruppen: Sie gedeihen mit allen Zimmerpflanzen zusammen.

Schwierigkeitsgrad: Ausgezeichnete Pflanzen für Anfänger.

Umtopfen

1 Umtopfen, wenn Wurzeln aus dem Abzugsloch kommen, und Blätter und Stengel zu dicht wachsen. Gut gießen.

2 In einen etwas größeren Topf kommt eine Drainageschicht und feuchte Lehmerde Nr. 2.

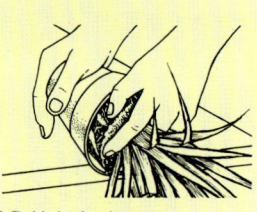

3 Topf so halten, daß Pflanze zwischen den Fingern und Erde unter der Handfläche liegt. Topfrand aufklopfen. Pflanze kommt mit Erde heraus.

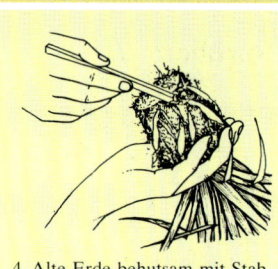

4 Alte Erde behutsam mit Stab von den Wurzeln entfernen. Wurzeln nicht verletzen.

5 Wurzelballen auf die Erde im neuen Topf setzen.

6 Topf mit neuer Erde füllen. Wurzeln müssen bedeckt sein. Erde gut andrücken. 2 Tage nicht gießen und schattig stellen, damit Wurzeln in die neue Erde wachsen.

Kranke Pflanzen

1 *Pflanze fault in der Mitte:* Zu naß. Erde austrocknen lassen. Falls Pflanze sich erholt, nun weniger gießen.

2 *Blattspitzen werden braun:* Zu trocken oder sonnig. Erde prüfen und ggf. gießen. Aus der Sonne stellen.

3 *Blätter matt und grau:* Spinnmilben. Mit Derris, Malathion oder systemischem Insektizid spritzen. Luftfeuchtigkeit erhöhen.

4 *Blattzeichnung wird blaß:* Zu dunkel. Heller stellen.

5 *Pflanze aufgeschossen und schwächlich, Blätter welk und trocken:* Zu warm. Kühler stellen.

6 *Pflanze »müde«:* düngen.

7 *Blätter durchsichtig und kraftlos, kein Wachstum:* Zu kalt, vermutlich frostgeschädigt.

Sprühen

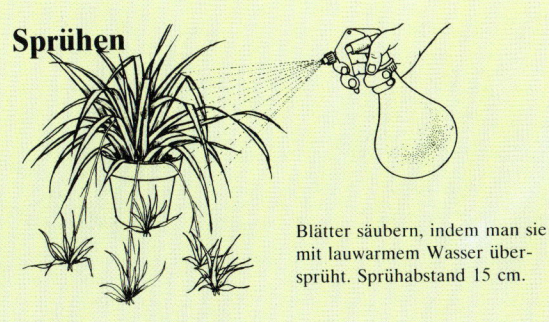

Blätter säubern, indem man sie mit lauwarmem Wasser übersprüht. Sprühabstand 15 cm.

Welke Blätter entfernen

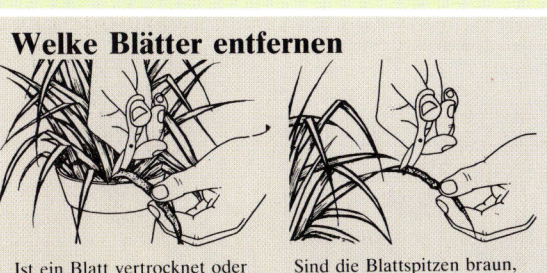

Ist ein Blatt vertrocknet oder beschädigt, mit einer scharfen Schere abschneiden.

Sind die Blattspitzen braun, oberhalb des grünen, gesunden Gewebes abschneiden, ohne es zu verletzen. Zuspitzen.

Vermehrung durch Kindel

Von allen Pflanzen lassen sich Grünlilien mit am leichtesten vermehren. Nach der Blüte bilden sie am Ende langer, fester Stengel junge Pflanzen. Werden ihre Wurzeln und Blätter größer, können sie neben der Mutterpflanze eingetopft und schließlich abgetrennt werden.

2 Topf neben Mutterpflanze stellen und Stengel mit Jungpflanze behutsam herunterbiegen, bis diese auf der Erde sitzt. Stengel mit Draht auf der Erde feststecken und diese um die Pflanze herum leicht andrücken.

1 In einen kleinen Topf kommt eine Drainageschicht und Lehmerde Nr. 2.

3 Entwickelt die Jungpflanze neue Blätter, mit scharfer Schere vom Stengel abtrennen.

Wurzelteilung

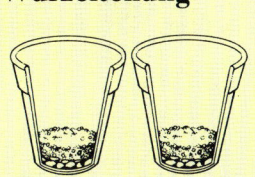
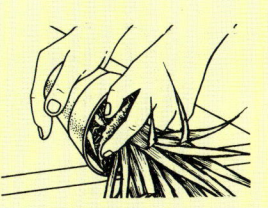
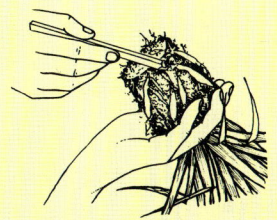

1 In 2 Töpfe kommt eine Drainageschicht und Erde.

2 Pflanze aus dem Topf nehmen.

3 Verbrauchte Erde behutsam von den Wurzeln entfernen.

4 Wurzeln ud Stengel vorsichtig auseinanderziehen.

5 Beide Teile wie gewohnt eintopfen.

57

Cissus antarctica

Kängeruhklimme, Russischer Wein

Cissus ist eine der wenigen Gattungen der Familie *Vitaceae*, die als Zimmerpflanzen gehalten werden können. Es gibt etwa 200 bekannte Arten, von denen aber nur drei oder vier in großem Umfang kultiviert werden. Der Name kommt von dem griechischen Wort für kissos = Efeu, die Pflanzen haben aber mit Efeu nichts zu tun.

Gewöhnlich sind drei Sorten im Handel. *C. antarctica* stammt, wie der deutsche Name schon vermuten läßt, aus Australien. Erstmals wurde er 1790 kultiviert. Die Pflanze klettert stark, und ihre gabelartigen Ranken suchen an Stützen wie Gittern Halt. Die Blätter sind oval, hart, hellgrün, etwa 5 bis 8 cm groß und wachsen auf braunen Stielen am Hauptstamm. Es ist eine anspruchslose Zimmerpflanze, die besonders bei indirektem Licht gut gedeiht, im Winter aber nicht zu viel gegossen werden sollte. Sie wächst gern an Gittern oder Drähten und verbirgt schnell eine Wand oder einen Raumteiler, wenn sie mit ihrem Standort zufrieden ist. Alle Cissus-Varietäten eignen sich gut für Ampeln.

Cissus discolor ist eine schöne Kletterpflanze *(oben)*, braucht aber Wärme und Luftfeuchtigkeit. *Cissus antarctica (unten und rechts)* ist einfacher zu halten.

C. striata hat sehr viel kleinere Blätter, ist im Wuchs *C. antarctica* aber ähnlich. Er kommt aus Chile und wurde erstmals 1878 nach Europa gebracht. Die etwa 4 cm großen Blätter sind drei- bis fünfzählig, und jedes hat eine eigene Ranke, mit der es greifen und klettern kann.

Am attraktivsten ist *C. discolor*, die Bunte Klimme, aber sie ist auch am schwersten im Zimmer zu halten. Die Blätter sind im Vergleich zu denen von *C. antarctica* recht glattrandig, grün und violett mit silbernen Flecken auf den Adern und unterseits rötlich. Diese Art kommt aus Java und Kambodscha. Bei zu niedrigen Temperaturen verliert sie im Winter leicht die Blätter, und sie braucht etwas Luftfeuchtigkeit.

Kaufen Sie Pflanzen mit buschigem, kräftigem Wuchs. Meiden Sie solche, die ihre Blätter abwerfen oder braune, papierartige Blätter haben. *C. discolor* ist nur schwer zu bekommen.

Größe: *C. antarctica* wird mindestens 3 bis 3,5 m groß. Andere Varietäten sind wesentlich kleiner.
Wachstum: Pro Jahr 60 bis 100 cm.
Blütezeit: Im Zimmer blühen die Pflanzen normalerweise nicht.
Duft: Keiner.
Licht: Sie stehen gern an Nord- oder Ostfenstern, mögen Sonne aber nicht.
Temperatur: Im Winter 12 bis 16 °C, im Sommer 18 bis 21 °C.
Gießen: Im Sommer 1mal pro Woche. Die Erde muß vor dem Gießen aber geprüft werden. Zu große Nässe schädigt die Blätter, und sie bekommen braune Flecken. Im Winter gerade feucht halten, d.h. etwa alle 14 Tage gießen.
Düngen: Im Sommer alle 2 Wochen Flüssigdünger ins Gießwasser geben.
Luftfeuchtigkeit: Während des Sommers sollte man die Pflanzen 1mal wöchentlich übersprühen, *C. discolor* am besten jeden Tag. Den Topf auf nasse Kiesel stellen.
Säubern: Wöchentliches Sprühen mit Regenwasser ist am besten. Flüssiger Blattglanz darf nicht öfter als alle 2 Monate angewendet werden. Für die zarten Blätter von *C. discolor* eignet sich Blattglanz überhaupt nicht.

Luft: Die Pflanzen tolerieren die meisten Bedingungen. Bei *C. discolor* werden durch Gas Immissionsschäden verursacht.
Erde: Lehmerde Nr. 2.
Umtopfen: Je nach Wachstum 1- bis 2mal im Jahr, bis eine Pflanze die gewünschte Größe erreicht hat. Dann wird sie nur noch regelmäßig gedüngt.
Schnitt: In der Wachstumsperiode zwickt man die Triebspitzen von Zeit zu Zeit aus, damit die Pflanzen dicht und buschig bleiben. Wuchernde Pflanzen werden auf 25 cm zurückgeschnitten. Sie treiben neu aus.
Vermehrung: Im Frühjahr und Frühsommer werden junge Kopfstecklinge mit einer Knospe und zwei Blättern in einer Mischung aus Erde und scharfem Sand (1:1) bewurzelt. Nach Möglichkeit einen Vermehrungskasten verwenden (Temperatur 16 bis 18 °C).
Lebenserwartung: Mindestens 5 oder 6 Jahre, alte Pflanzen können aber eingehen.
Pflanzgruppen: Sie gedeihen mit fast allen Grünpflanzen zusammen, vorausgesetzt man wässert vorsichtig.
Schwierigkeitsgrad: Abgesehen von *C. discolor* sind es vergleichsweise anspruchslose, unkomplizierte Pflanzen.

Umtopfen

1 Im Frühjahr umtopfen, wenn Pflanze zu groß für ihren Topf geworden ist und keine neuen Blätter mehr kommen. Alte können blaß sein. Gut gießen.

2 In einen etwas größeren Topf kommt eine Drainageschicht und feuchte Lehmerde Nr. 2.

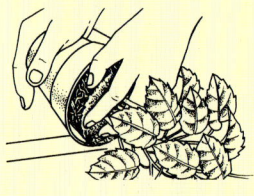

3 Topf so halten, daß Pflanze zwischen den Fingern und Erde unter der Handfläche liegt. Topfrand aufklopfen. Pflanze kommt mit Erde heraus.

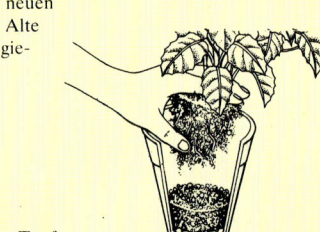

4 Alte Erde behutsam mit Stab von den Wurzeln entfernen. Wurzeln nicht verletzen.

5 Wurzelballen auf die Erde im neuen Topf setzen.

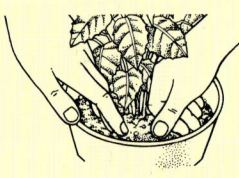

6 Topf mit neuer Erde füllen. Wurzeln müssen bedeckt sein. Erde gut andrücken. 2 Tage nicht gießen und schattig stellen, damit Wurzeln in die neue Erde wachsen.

Kranke Pflanzen

1 *Kein Wachstum, Blätter fallen ab:* Zu kalt. Wärmer stellen.

2 *Im Frühjahr kein neues Wachstum, Blätter blaß:* Düngen.

3 *Blätter haben braune papierartige Flecken und fallen ab:* Zu naß. Erde austrocknen lassen, bis Pflanze sich erholt hat. Dann weniger gießen.

4 *Blätter gelb, Gespinste an den Unterseiten:* Spinnmilben. Mit Derris, Malathion oder systemischem Insektizid spritzen. Luftfeuchtigkeit erhöhen.

5 *Blätter verformt und mit grünen Insekten verklebt:* Blattläuse. Mit Pyrethrum oder systemischem Insektizid spritzen.

6 *Blätter welken:* Zu warm und trocken. Kühler stellen. Gießen und regelmäßig besprühen.

Kopfstecklinge

1 Im Frühjahr entwickeln sich neue Triebe, die als Stecklinge geeignet sind. In einen kleinen Topf kommt eine Drainage und eine Mischung aus scharfem Sand und Lehmerde.

4 Das untere Blattpaar entfernen.

7 Stecklinge einsetzen. Die Enden müssen am Lochboden, die Blätter über der Erde sein. Erde um die Stecklinge herum gut andrücken.

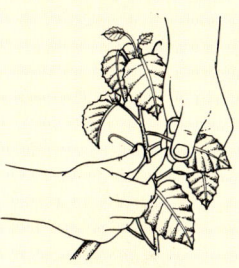

2 Einen Trieb mit mindestens 2 gesunden Blattpaaren und einem Wachstumspunkt nehmen. Trieb unterhalb des zweiten Blattpaares abschneiden, Länge 8–10 cm.

5 Schnittfläche in Bewurzelungsmittel tauchen. Überschuß abschütteln.

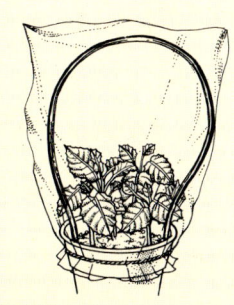

8 Gut gießen, Drahtbogen einsetzen und Plastiktüte überziehen. Tüte täglich 5 Minuten abnehmen. Erde nicht austrocknen lassen. Temperatur 16–18 °C. Tüte nach 3 Wochen entfernen. Wenn Stecklinge gut wachsen, in normale Erde umsetzen.

3 Stengel direkt unter einem Blatt abschneiden.

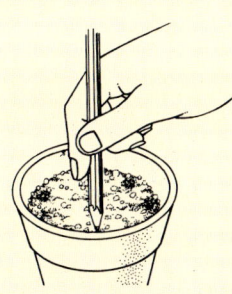

6 Mit einem Stift am Topfrand Löcher in die Erde drücken.

Luftfeuchtigkeit

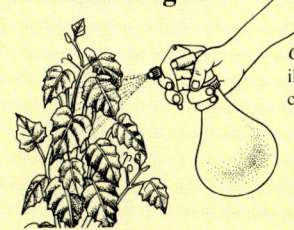

Cissus hat es gern, wenn man ihn im Sommer 1mal in der Woche übersprüht.

Stützen

Cissus klettert stark und braucht Stäbe oder Gitter.

1 Stab einige Zentimeter neben dem Hauptstengel behutsam in die Erde schieben (Tiefe = 2/3 der Topfhöhe).

3 Schnur um den Stengel schlingen.

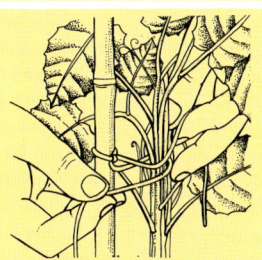

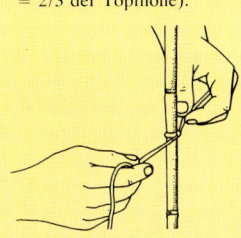

2 25 cm lange Schnur an der zum Stengel zeigenden Seite verknoten.

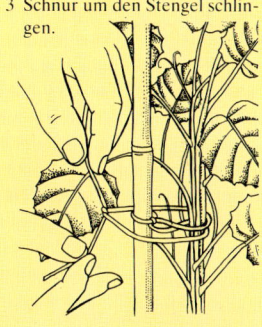

4 Am Stab einen festen Knoten machen. Nach oben in Abständen wiederholen.

Calamondin-Orange

Links: Die Blüten von *Citrus mitis* duften stark. Zur Fruchtentwicklung sollten sie sicherheitshalber bestäubt werden.

Rechts: Eine gut geschnittene Pflanze mit unreifen Früchten.

Unten: Die Früchte gehen beim Reifen von grün in orange über.

Die Haltung von Orangenbäumen hat etwas Exotisches und Extravagantes. Vielleicht kommt dies noch aus der Zeit, als Grundbesitzer große Orangerien neben ihren Herrenhäusern errichteten, um ihre teuren Pflanzen während des Winters zu schützen. Die großen Orangen- und Zitronenbäume wuchsen in Kübeln, damit die Gärtner sie im Sommer leicht auf die Terrassen stellen und im Winter in die Orangerien bringen konnten. Diese Sorten sind wegen ihrer Größe für die heutige Zimmerkultur ungeeignet. Statt dessen ziehen wir die Calamondin-Orange, *Citrus mitis*, eine Miniaturpflanze von den Philippinen, die schon 1595 in den Westen gebracht wurde. Sie gehört zur Familie *Rutaceae*.

Abgesehen von ihrer Größe weist die Calamondin-Orange alle charakteristischen Merkmale ihrer großen Verwandten auf. Sie hat sehr schöne, stark duftende, weiße Blüten, und die Früchte sind eßbar, wenn auch bitter. Man kann sie in Scheiben schneiden und für Getränke verwenden. Sie trägt gleichzeitig Blüten, sowie grüne und reife Früchte. Im Sommer steht sie gern draußen, im Winter bringt man sie ins Haus.

Zur Weihnachtszeit bekommt man oft Pflanzen mit Früchten, aber gerade dann sollte man aufpassen. Zuerst muß man feststellen, ob sie gut bewurzelt sind, denn manche Pflanzen, die im Freiland gezogen wurden, haben zu wenige Wurzeln, um im Zimmer zu überleben. Außerdem müssen die Pflanzen einen schönen Wuchs haben und dürfen die Blätter nicht abwerfen. Sorgen Sie dafür, daß die Pflanzen auf dem Nachhauseweg keine Kälte abbekommen.

Sprühen und Blätter säubern

Blätter säubern, indem man sie mit einem Zerstäuber und lauwarmem Wasser besprüht. Sprühabstand 15 cm.

Kein Blattglanz benutzen.

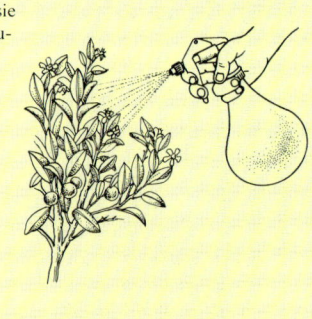

Größe: Diese Miniaturpflanzen werden selten höher als 60 bis 100 cm.

Wachstum: Langsam, etwa 10 bis 12 cm pro Jahr.

Blütezeit: Meist im Sommer, doch Knospen können sich jederzeit entwickeln. Wenn Pflanzen im Haus blühen, muß man die Blüten mit einem Pinsel bestäuben, sonst tragen sie keine Früchte.

Duft: Schwere Parfüms erinnern immer an Orangenblüten.

Licht: Sie müssen hell stehen und verkümmern, wenn sie zu weit von einem Fenster entfernt sind.

Temperatur: Im Winter kann die Temperatur bis nahe an den Gefrierpunkt sinken, aber die Pflanzen ziehen Temperaturen zwischen 13 und 15 °C vor. Im Sommer stehen sie besser draußen. Zimmerpflanzen sollten bei nicht mehr als 18 °C und einer guten Lüftung gehalten werden.

Gießen: Im Sommer fast täglich. Im Winter – außer in warmen Räumen, wo alle 5 Tage gegossen wird – etwa alle 10 Tage. Die Pflanzen sollten aber nicht zu naß stehen, und eine gute Drainage ist wichtig. Sie mögen Kalk und bevorzugen »hartes« Leitungswasser.

Düngen: Während des Wachstums im Sommer alle 14 Tage Flüssigdünger ins Gießwasser geben.

Luftfeuchtigkeit: Häufig sprühen, nach Möglichkeit jeden Tag.

Säubern: Sprühen reicht aus. Kein Blattglanz benutzen.

Luft: Die Pflanzen mögen eine gute Luftzirkulation, jedoch keine Zugluft. Gas verursacht Immissionsschäden.

Erde: Lehmerde Nr. 2. Es muß für eine gute Drainage gesorgt werden.

Umtopfen: Vollentwickelte Pflanzen jedes Frühjahr umtopfen oder die obere Erdschicht im alten Topf erneuern.

Schnitt: Nicht wirklich notwendig, da die Pflanzen nur langsam wachsen. Gegebenenfalls zu lange und mißgebildete Zweige entfernen.

Vermehrung: Gewöhnlich durch Stecklinge im Warmhaus, aber das sollten Experten machen. Orangen- und Zitronenbäume können aus normalen Kernen gezogen werden, doch werden die Pflanzen sehr groß und entwickeln erst mit 1,50 bis 2 m Blüten und Früchte. Veredelung auf einer Zwergunterlage ist möglich, aber ebenfalls Expertenarbeit.

Lebenserwartung: Bei richtiger Pflege sehr lang.

Pflanzgruppen: Am besten als Einzelpflanzen zu halten.

Schwierigkeitsgrad: Verhältnismäßig unkomplizierte Pflanzen, für Anfänger aber nicht geeignet.

Formschnitt

1 Eine wuchernde, unordentliche Pflanze braucht einen Formschnitt.

2 Oberhalb von einer Knospe, einem Blatt oder einem Seitentrieb mit der Gartenschere einen schrägen Schnitt machen.

3 Die Pflanze wächst dann buschiger und gleichmäßiger.

Kranke Pflanzen

1 *Blätter fallen ab:* Zu trocken oder durch schlechte Drainage zu naß. Erde prüfen und entweder austrocknen lassen oder sofort gießen und sprühen.

2 *Pflanze aufgeschossen:* Zu warm, schlechte Lüftung. Pflanze kühler und luftiger stellen. Kommen keine Blüten, kann es zu dunkel sein. Heller stellen.

3 *Kein Wachstum, Blätter fallen ab:* Zu kalt. Wärmer stellen.

4 *Blätter rollen sich, Spitzen werden braun:* Kalte Zugluft. Geschützt stellen.

5 *Blätter blaß:* Düngen.

6 *Weiße wollige Flecken auf den Blättern:* Wolläuse. Mit Watte und Spiritus abwischen bzw. mit Malathion oder systemischem Insektizid spritzen.

7 *Braune schuppige Insekten an Blattunterseiten und Stengeln:* Schildläuse. Mit Watte und Spiritus abwischen oder mit systemischem Insektizid spritzen.

8 *Gelbe Flecken auf den Blättern:* Zikaden. Mit systemischem Insektizid spritzen.

9 *Blätter gelb, weiße Fliegen an der Pflanze:* Weiße Fliege. Mit Derris spritzen.

10 *Blätter mit schwarzbraunem Schimmel überzogen:* Mit einem weichen Tuch abwischen und einem systemischen Fungizid spritzen.

Umtopfen

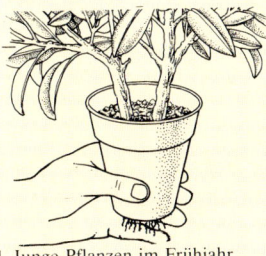

1 Junge Pflanzen im Frühjahr umtopfen, wenn Wurzeln unten herauswachsen und fehlende neue Blätter auf verbrauchte Erde deuten. Gut gießen.

2 In einen etwas größeren Topf kommt eine Drainageschicht und feuchte Lehmerde Nr. 2.

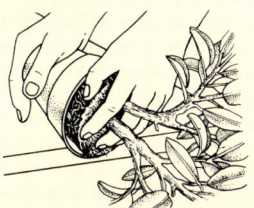

3 Topf so halten, daß Pflanze zwischen den Fingern und Erde unter der Handfläche liegt. Topfrand aufklopfen. Pflanze kommt mit Erde heraus.

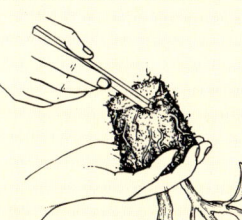

4 Alte Erde behutsam mit Stab von den Wurzeln entfernen. Wurzeln nicht verletzen.

5 Wurzelballen auf die Erde im neuen Topf setzen.

6 Topf mit neuer Erde füllen. Wurzeln müssen bedeckt sein. Erde gut andrücken. 2 Tage nicht gießen und schattig stellen, damit Wurzeln in die neue Erde wachsen.

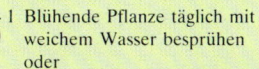

Bestäubung

Damit die Pflanze Früchte ansetzt, müssen die Blüten bestäubt werden. Dazu wird Pollen von einer Blüte zur anderen gebracht.

1 Blühende Pflanze täglich mit weichem Wasser besprühen oder

2 mit weichem Pinsel über Stamen einer vollgeöffneten Blüte fahren, und den Pollen behutsam auf eine andere Blüte bürsten.

Auf diese Weise mit allen Blüten verfahren.

Vermehrung

1 Die Kerne einer großen, reifen Orange aufheben.

3 In die Erde jedes Topfes einen Kern drücken. Mit Erdschicht (= halbe Samendicke) bedecken.

2 In 8-cm-Töpfe kommt eine Drainageschicht und Aussaaterde.

4 Bei 16 °C und feucht halten, bis Sämlinge kommen. Gedeihen die Pflänzchen kräftig, in Lehmerde Nr. 2 umsetzen.

Riemenblatt, Clivie

Links: Clivia miniata var. citrina mit einer fahlgelben Blüte.

Rechts: Eine junge Pflanze von *Clivia miniata*, die wohl zum erstenmal blüht. Die Pflanze kann Jahre in einem Topf dieser Größe stehen. Die Blütendolde (unten) sollte mit der Zeit größer werden.

Clivia ist eine altmodische Pflanze, und man fand sie früher oft in Gesellschaft schwerer Samtvorhänge. Dennoch ist sie eine ausgezeichnete Zimmerpflanze für moderne Umgebungen, und die eleganten, riemenartigen Blätter haben das ganze Jahr über einen schönen Glanz. Zu Frühjahrsbeginn entwickelt sie einen Blütenschaft mit einer Dolde aus leuchtend orangefarbenen, trichterförmigen Blüten, die aus der recht gewöhnlichen grünen Blattpflanze ein exotisches Schaustück machen.

Das Riemenblatt ist in Natal in Südafrika beheimatet und wurde von dort aus zu Beginn des 19. Jahrhunderts nach Europa gebracht. Es gehört zur Familie der *Amaryllidaceae* und wurde, aus heute nicht mehr bekannten Gründen, nach der Herzogin von Northumberland in England benannt, die aus dem Haus Clive kam.

Züchter haben mit dieser Pflanze experimentiert und Blüten gezüchtet, deren Farben von fahlgelb bis dunkelorange reichen. Bei manchen Spielarten sind die Trichter weiter geöffnet als bei anderen, aber sie haben keine Sortennamen. Meistens werden *Clivia miniata* und die Varietät *C. miniata* ›Variegata‹ deren Blätter lange, cremefarbene Streifen haben, angeboten.

Clivien werden im Frühjahr und Frühsommer verkauft, wenn die Knospe aus der Pflanzenmitte kommt. Achten Sie darauf, daß diese unbeschädigt ist, und die Blätter dunkel sind und glänzen. Besonders hübsche Spielarten können Sie dann durch Teilung oder Kindel vermehren. Aus Samen gezogene Pflanzen haben nicht unbedingt die gleiche Blütenfarbe wie die Mutterpflanze und können von sehr unterschiedlicher Qualität sein. Falls Sie eine Pflanze Samen ausbilden lassen, blüht sie wahrscheinlich im folgenden Jahr nicht. Selbstgewonnene Samen werden ausgesät, wenn die Frucht rot ist, gekaufte Samen sobald sie erhältlich sind.

Umtopfen

1 Clivien stehen besser in zu kleinen Töpfen. Umtopfen, wenn sie nicht mehr wachsen und viele Wurzeln aus dem Abzugsloch kommen. Gießen.

2 In einen etwas größeren Topf kommt eine Drainageschicht und feuchte Lehmerde Nr. 2.

3 Topf so halten, daß Pflanze zwischen den Fingern und Erde unter der Handfläche liegt. Topfrand aufklopfen. Pflanze kommt mit Erde heraus.

4 Alte Erde behutsam mit Stab von den Wurzeln entfernen. Die fleischigen Wurzeln nicht verletzen.

5 Wurzelballen auf die Erde im neuen Topf setzen.

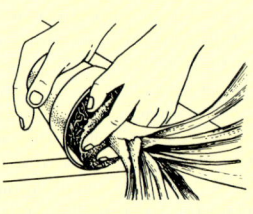

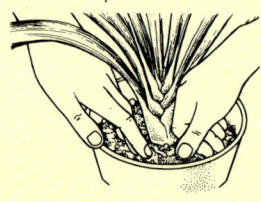

6 Topf mit neuer Erde füllen. Wurzeln müssen bedeckt sein. Erde gut andrücken. 2 Tage nicht gießen und schattig stellen, damit Wurzeln in die neue Erde wachsen.

Größe: Vollentwickelte Pflanzen messen meist nicht mehr als 50 cm.

Wachstum: Gesunde Pflanzen entwickeln pro Jahr 5 bis 6 Blätter.

Blütezeit: Anfang Februar/März. Verwelkte Blüten werden entfernt, damit sich keine Samen bilden, und die Kraft der Pflanze erhalten bleibt.

Duft: Keiner.

Licht: Die Pflanzen tolerieren fast jeden Standort. An Nordfenstern blühen sie aber besser.

Temperatur: Wenn sie im Frühwinter ruhen, müssen sie bei 7 bis 10 °C gehalten werden. Kommt die Blütenknospe, erhöht man die Temperatur auf 15 °C. Maximale Sommertemperatur 21 °C.

Gießen: Während der Ruheperiode wird die Erde gerade feucht gehalten. Etwa alle 14 Tage gießen. In der Blüte und danach ausgiebig wässern, wahrscheinlich mindestens 1mal pro Woche.

Düngen: Im Sommer während der Wachstumsperiode wird 1mal wöchentlich Flüssigdünger ins Gießwasser gegeben.

Luftfeuchtigkeit: Wie die meisten Pflanzen mögen auch sie Luftfeuchtigkeit. Den Topf auf nasse Kiesel stellen.

Säubern: Blätter mit einem feuchten Tuch abwischen. Kein Blattglanz verwenden.

Luft: Sie tolerieren fast alle Bedingungen.

Erde: Lehmerde Nr. 2.

Umtopfen: Junge Pflanzen sollten jedes Frühjahr umgetopft werden. Ältere Pflanzen stört man so lange wie möglich nicht, doch kann die obere Erdschicht alle 2 bis 3 Jahre erneuert werden. Beim Umtopfen verwendet man keinen zu großen Topf und achtet darauf, daß man die fleischigen Wurzeln nicht verletzt.

Schnitt: Nicht notwendig; die unteren Blätter werden, wenn sie absterben, entfernt.

Vermehrung: Durch Teilung einer großen Pflanze oder durch Abtrennen der Kindel nach der Blüte. Reife Samen können bei 18 °C ausgesät werden. Der Reifeprozeß dauert allerdings 10 Monate.

Lebenserwartung: Sehr langlebig.

Pflanzgruppen: Clivien können in großen Arrangements zusammen mit jeder anderen Grünpflanze verwendet werden. Meist hält man sie aber als Einzelpflanzen.

Schwierigkeitsgrad: Ganz unkomplizierte Pflanzen, Blüten entwickeln sie jedoch nur bei guter Pflege.

1 *Blätter verbrannt und braun:* Sonne auf nassen Blättern. Aus der Sonne nehmen. Nicht bei Sonne gießen.

2 *Weiße wollige Flecken auf den Blättern:* Wolläuse. Mit Watte und Spiritus abwischen bzw. mit Malathion oder systemischem Insektizid spritzen.

3 *Blätter welken:* Zu trocken. Gießen und sofort sprühen. Regelmäßiger gießen.

4 *Wachstum schwächlich, keine Blüten:* Zu warm. Kühler stellen.

5 *Kein Wachstum:* Zu kalt. Wärmer stellen.

6 *Blätter blaß und nur wenige Blüten:* Düngen.

7 *Pflanze fault an der Basis:* Überwässert. Austrocknen lassen, bis Pflanze sich erholt hat, dann weniger gießen.

Vermehrung: Kindel

1 Wenn die Blüten verwelken, entwickeln sich neben der Mutterpflanze Kindel.

2 In einen kleinen Topf kommt eine Drainageschicht und feuchte Lehmerde Nr. 2.

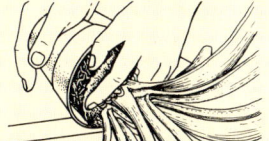

3 Topf so halten, daß Pflanze zwischen den Fingern und Erde unter der Handfläche liegt. Topfrand aufklopfen. Pflanze kommt mit Erde heraus.

4 Kindel und Wurzeln mit scharfem Messer von der Mutterpflanze abtrennen.

5 Das Kindel muß kleine Wurzeln haben, sonst wächst es nicht.

6 Kindel in den neuen Topf setzen und Erde rundum andrücken. Gut gießen.

Luftfeuchtigkeit

Topf auf einen Untersetzer mit Kieseln und Wasser stellen. Der Topfboden darf nicht im Wasser stehen.

Säubern

Staub mit einem weichen Tuch oder Schwamm und lauwarmem Wasser abwischen, Blatt mit der anderen Hand stützen. Kein Blattglanz verwenden.

Wurzelteilung

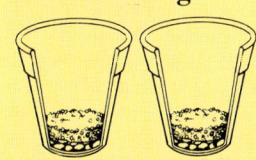

Große, alte Pflanzen zu Frühjahrsbeginn teilen.

1 In 2 Töpfe kommt eine Drainageschicht und Erde.

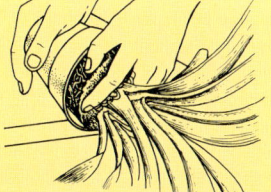

2 Pflanze aus dem Topf nehmen. Alte Erde behutsam entfernen. Nicht die zarten Wurzeln verletzen.

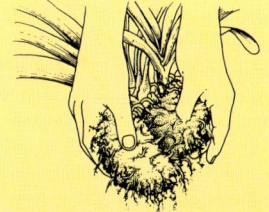

3 Wurzeln und Stengel vorsichtig auseinanderziehen.

4 Beide Teile wie gewohnt eintopfen.

Blüten entfernen

Sind die Blüten verwelkt, Stiel an der Basis abschneiden.

Cocos weddeliana (Microcoelum martianum)

Kokospälmchen

Diese Pflanze gehört zur Familie der *Palmaceae* und ist eine von wenigen, deren Name nicht aus dem Griechischen abgeleitet wird. Coco ist portugiesisch, es bedeutet Affe und spielt auf die Ähnlichkeit von Nuß und Affenkopf an. Die kommerziell angebaute Kokosnuß, *Cocos nucifera*, kam ursprünglich aus dem tropischen Zentral- und Südamerika und wurde erstmals 1690 eingeführt. Heute findet man sie überall in den Tropen, denn sie hat sich durch den Menschen wie auch auf natürliche Weise von Küste zu Küste verbreitet.

Nur zwei Arten, die eine groß, die andere klein, werden als Zimmerpflanzen gehalten. Die größere ist die echte Kokosnuß, *Cocos nucifera*, die vor allem im Jugendstadium eine attraktive und ungewöhnliche Pflanze ist. Die jungen Blätter sind zart und schlank, und erst im Alter bekommt die Pflanze einen Stamm. Die Chance, im Haus von vollentwickelten Pflanzen Nüsse zu ernten, ist allerdings selbst in einem tropischen Palmenhaus sehr gering.

Die kleinere Art heißt *C. weddeliana*, eine Miniaturpalme mit schlanken Wedeln aus dünnen Blättchen. Kleine Pflänzchen eignen sich gut für Flaschengärten.

Wenn Sie *C. nucifera* kaufen, achten Sie darauf, daß die Pflanze kräftig ist, und an Nuß und Stengelbasis keine Anzeichen von Fäule zu finden sind. *C. weddeliana* ist meist problemlos, doch sollte man keine Pflanzen kaufen, bei denen die Erde sehr trocken aussieht und deren Wedel braun und brüchig sind. Beide Varietäten sind über längere Zeit im Zimmer schwer zu halten, sie gedeihen aber in der feuchten Luft eines Gewächshauses gut.

Oben: Eine junge Pflanze von *Cocos nucifera*. In diesem Stadium sehen die Wedel wie Fischschwänze aus.

Links: Die Nuß von *Cocos nucifera* wird nicht eingegraben. Hier beginnt sich ein Stamm zu entwickeln.

Rechts: Die zarten Wedel von *Cocos weddeliana*, dem Kokospälmchen.

Umtopfen

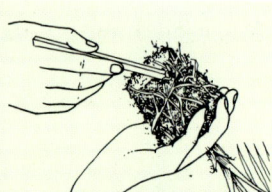

4 Alte Erde behutsam mit Stab von den Wurzeln entfernen. Wurzeln nicht verletzen.

1 Im Frühjahr umtopfen, wenn Wurzeln unten herauswachsen, und fehlende neue Wedel auf verbrauchte Erde deuten.

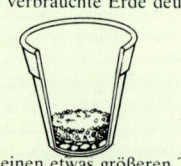

2 In einen etwas größeren Topf kommt feuchte Lehmerde Nr. 2 mit 25% Torfanteil. Palmen mögen hohe, enge Töpfe.

5 Wurzelballen auf die Erde im neuen Topf setzen.

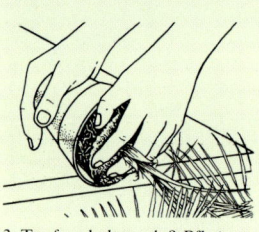

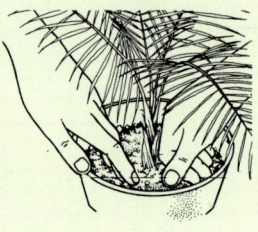

3 Topf so halten, daß Pflanze zwischen den Fingern und Erde unter der Handfläche liegt. Topfrand aufklopfen. Pflanze kommt mit Erde heraus.

6 Topf mit neuer Erde füllen. Wurzeln müssen bedeckt sein. Erde gut andrücken. 2 Tage nicht gießen und schattig stellen, damit Wurzeln in die neue Erde wachsen.

Größe: In den Tropen wird *C. nucifera* bis zu 30 m, im Haus bis zu 3 m groß. *C. weddeliana* wird höchstens 1,20 m hoch und meist mit 30 bis 40 cm angeboten. Es kann 20 Jahre dauern, bis sie ihre volle Größe erreicht.

Wachstum: Gering – einige Zentimeter pro Jahr.

Blütezeit: Im Zimmer blühen die Pflanzen nicht.

Duft: Keiner.

Licht: Sie haben es gern hell und vertragen volle Sonne, solange die Blätter nicht naß sind.

Temperatur: Im Winter etwa 18 °C, im Sommer 21 °C.

Gießen: Im Sommer gut feucht halten und mindestens 2mal pro Woche gießen. Im Winter wird, abhängig von der Raumtemperatur, weniger gewässert. 1mal pro Woche reicht vermutlich aus, doch dürfen die Pflanzen nicht ballentrocken werden.

Düngen: Im Sommer während der Wachstumsperiode alle 3 Wochen die Hälfte der empfohlenen Menge Flüssigdünger ins Gießwasser geben.

Luftfeuchtigkeit: Sie mögen eine feuchte Luft. Auf nasse Kiesel stellen oder in Übertöpfe mit feuchtem Torf setzen.

Säubern: Mit lauwarmem Wasser besprühen. Kein Blattglanz verwenden.

Luft: Recht anspruchslos, im Winter werden die kleinen Blättchen aber bei warmer, trockener Luft braun und vertrocknen.

Erde: Lehmerde Nr. 2 mit granuliertem Torf (Verhältnis 3:1).

Umtopfen: Im Jungstadium jedes Frühjahr umtopfen. Kann man die Pflanzen bis zum Altersstadium halten, sollte man nicht mehr umtopfen, sondern statt dessen düngen und die obere Erdschicht erneuern.

Schnitt: Nicht notwendig, lediglich verwelkte Blätter entfernen.

Vermehrung: Im Frühjahr bei hoher Luftfeuchtigkeit aus Nüssen oder Samen. Das ist jedoch eine Arbeit für den Berufsgärtner.

Lebenserwartung: Die ersten beiden Jahre sind am schwierigsten. Hat eine Pflanze diese Zeit überstanden, ist sie wahrscheinlich langlebig.

Pflanzgruppen: *C. nucifera* steht wegen ihrer Größe am besten allein. *C. weddeliana* eignet sich gut für gemischte Arrangements, insbesondere für kleine Schalen, zusammen mit Hedera, Croton und Farnen. Da die Pflanzen klein sind und langsam wachsen, stehen sie auch gut in Flaschengärten.

Schwierigkeitsgrad: Mittelschwer, es ist einige Sorgfalt notwendig.

Kranke Pflanzen

Cocos weddeliana

1 *Blätter welken:* Zu trocken. Topf ins Wasserbad stellen und dann öfter gießen.

2 *Kein neues Wachstum im Frühjahr:* Vermutlich düngen oder umtopfen nötig. Prüfen, ob Temperatur nicht zu niedrig ist.

3 *Blattspitzen werden braun:* Luft zu trocken. Täglich sprühen und Topf in Behälter mit feuchtem Torf stellen.

Cocos nucifera

4 *Wedel trocken und braun:* Luft zu warm und trocken. Lüftung verbessern und täglich sprühen.

5 *Nuß wird schwarz und fault:* Überwässert. Evtl. Temperatur zu niedrig. Pflanze erholt sich meist nicht mehr. Erde austrocknen lassen. Vielleicht hilft es.

Flaschengärten pflanzen

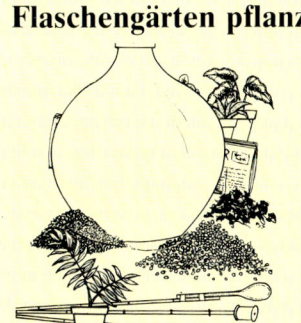

1 Man braucht eine große Glasflasche oder Ballon; Kiesel und Holzkohle für die Drainage; feuchte Erde, Zeitung, Holzlöffel, weichen Pinsel, Garnrolle, alles an Stöcke gebunden. Diverse Pflänzchen wie *Cocos, Begonia, Cryptanthus.*

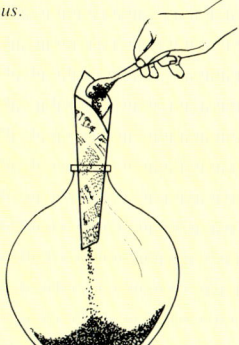

2 Drainage und Erde durch Papiertrichter einfüllen.

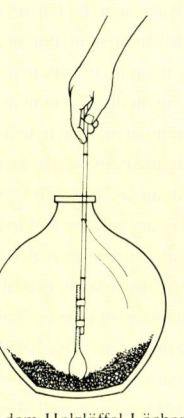

3 Mit dem Holzlöffel Löcher für die Pflanzen machen.

4 Pflanzen aus den Töpfen nehmen und behutsam Erde vom Wurzelballen entfernen, ggf. verkleinern.

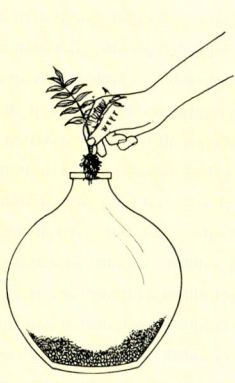

5 Pflanze ins Pflanzloch fallen lassen.

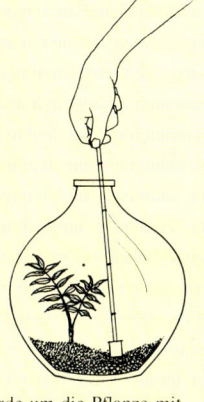

6 Erde um die Pflanze mit Garnrolle andrücken. Mehr Pflanzen einsetzen, bis der Flaschengarten fertig ist.

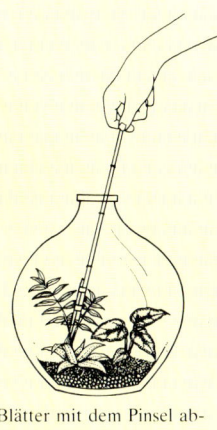

7 Blätter mit dem Pinsel abbürsten.

8 Übersprühen. Hell stellen und nur wässern, wenn Pflanzen welk aussehen. Sie erzeugen ihre eigene Luftfeuchtigkeit.

Obere Erdschicht erneuern

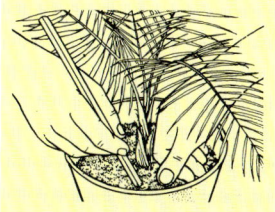

1 Ist die Pflanze über 1 m, nicht mehr umtopfen. Gießen und die oberen 2,5 cm Erde austauschen. Die Wurzeln nicht verletzen.

2 Topf mit neuer Erde füllen.

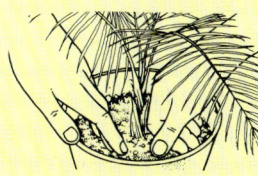

3 Erde rundum gut andrücken. Die Wurzeln müssen bedeckt sein.

4 2 Tage schattig stellen und nicht gießen, damit Wurzeln in die neue Erde wachsen.

Codiaeum variegatum

Wunderstrauch, Kroton

Dies ist eine der farbenprächtigsten Zimmerpflanzen. Ihr vollständiger botanischer Name ist *Codiaeum variegatum (var.) pictum*, sie kommt aus Malaysia und Ostindien und gehört zur Familie der *Euphorbiaceae*. Der Name leitet sich von ihrem einheimischen Namen Kodiho ab. Sie kam in der ersten Hälfte des 19. Jahrhunderts nach Europa, und heute gibt es viele Variationen, deren Blätter manchmal wie Lorbeerblätter und manchmal wie Eichenblätter aussehen, manchmal riemenartig geformt sind oder noch andere Formen aufweisen. Alle haben eine kräftige, gelbe Aderzeichnung mit leuchtend gefärbten Zwischenräumen. Mitunter bezeichnet man sie auch als Krotons, obwohl das eigentlich der Name einer anderen Pflanzengattung ist. Manchmal findet man auch die Bezeichnung *Croton-codiaeum*, die beide lateinische Namen einschließt.

Bis vor kurzem ging man davon aus, daß der Wunderstrauch zum Überleben hohe Temperaturen braucht, und daher für die Zimmerhaltung ungeeignet sei. Heute hält man ihn jedoch bei wesentlich niedrigeren Temperaturen, und er hat sich zu einer beliebten Zimmerpflanze entwickelt. Trotzdem kann man ihn nur schwer überwintern, ohne daß er die Blätter verliert, und deshalb wird er häufig weggeworfen. Eine stets gleichbleibende Temperatur ist der Schlüssel zum Erfolg.

Der Wunderstrauch gehört zu den Zimmerpflanzen, die hell stehen müssen. Achten Sie beim Kauf darauf, daß die Pflanzen möglichst viele Blätter haben, die schön gefärbt und nicht blaß und glanzlos sein sollten. Im Winter dürfen die Pflanzen auf dem Nachhauseweg weder Frost noch Zugluft abbekommen.

Die Blätter von Krotons variieren in Form und Färbung. Sie sind sehr schön und doch leicht zu halten.

Unten: Croton *holufiana*.

Oben: Croton *poullini*.

Oben links: Croton ›Brava‹.

Rechts: Eine Varietät von *Croton variegatum pictum*.

Größe: Gewöhnlich in 8-cm-Töpfen bis zu 25 cm, in 12-cm-Töpfen bis zu 50 cm. Die Pflanzen können sich jedoch zu recht großen Sträuchern mit 1 m Höhe und Breite entwickeln.

Wachstum: Pro Jahr und Stamm 20 bis 25 cm.

Blütezeit: An älteren Pflanzen entwickeln sich während des Sommers schlanke, unscheinbare Blütenähren.

Duft: Keiner.

Licht: Je besser das Licht, desto besser die Blattfärbung. Die Pflanzen können in der Sonne stehen, dürfen dort aber nicht besprüht werden, weil sonst die Blätter verbrennen.

Temperatur: Sie sollte nicht zu stark schwanken. Das ist der Schlüssel zum Erfolg. Die ideale Wintertemperatur liegt bei 15 °C, 13 °C sind jedoch auch möglich, wenn sie konstant gehalten werden. Die Pflanzen vertragen bis zu 27 °C.

Gießen: Im Sommer gut wässern, mindestens 2- bis 3mal in der Woche. Sie dürfen nicht austrocknen. Im Winter wird lauwarmes Wasser verwendet, und es sollte ausreichen, alle 4 bis 5 Tage zu gießen.

Luftfeuchtigkeit: Im Sommer tut ihnen tägliches Sprühen gut, es darf aber nicht in der Sonne gesprüht werden. Man kann den Topf statt dessen auch auf nasse Kiesel stellen.

Säubern: Entweder durch Besprühen oder mit Blattglanzspray (nicht öfter als 1mal im Monat anwenden).

Luft: Pflanzen vor Zugluft schützen und nicht in die Nähe von Gasfeuern stellen.

Erde: Lehmerde Nr. 2.

Umtopfen: Am besten April oder Mai. Zu große Töpfe sind nicht gut.

Schnitt: Pflanzen, die »hochbeinig« sind und Blätter verloren haben, werden im Frühjahr, bevor sie wieder zu wachsen beginnen, zurückgeschnitten. Die Schnittflächen mit Holzkohlenstaub einpudern, damit sie nicht bluten.

Vermehrung: Im Frühjahr bei 24 °C und hoher Luftfeuchtigkeit Kopfstecklinge einpflanzen. Möglichst einen Vermehrungskasten verwenden.

Lebenserwartung: Pflanzen mit guten Wachstumsbedingungen halten mehrere Jahre. Der Anfänger sollte sie aber nur als kurzlebige Pflanzen betrachten.

Pflanzgruppen: Zur Betonung ihrer bunten Blätter lohnt es sich, sie mit anderen Pflanzen zusammenzusetzen.

Schwierigkeitsgrad: Wenn man Pflanzen länger halten will, ist Erfahrung nötig.

Umtopfen

1 Im April oder Mai umtopfen, wenn Wurzeln verschlungen und neue Blätter klein sind. Gut gießen. In einen etwas größeren Topf kommt eine Drainage und Lehmerde Nr. 2.

4 Auf einen Tisch legen und alte Erde behutsam mit Stift von den Wurzeln entfernen. Wurzeln nicht verletzen.

2 Erde um den Topfrand mit einem Messer lockern.

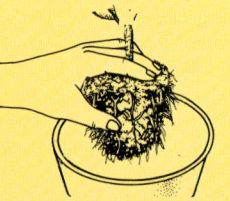

5 Wurzelballen auf die Erde im neuen Topf setzen.

3 Pflanze herausnehmen. Stamm unten festhalten und oberen Teil abstützen.

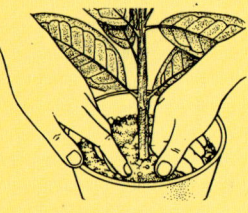

6 Topf mit neuer Erde füllen und diese andrücken. Wurzeln müssen bedeckt sein. 2 Tage nicht gießen und schattig stellen, damit Wurzeln in die neue Erde wachsen.

Kranke Pflanzen

1 *Untere Blätter fallen ab:* Zu kalt, Luft zu trocken. Wärmer stellen, Luftfeuchtigkeit erhöhen. Sprühen.

2 *Blätter blaß, matt oder werden grün:* Zu wenig Licht. Heller stellen.

3 *Blätter verbrannt und braun:* Durch Sonne auf nassen Blättern. Nicht bei Sonne sprühen.

4 *Blätter gefleckt und kraftlos:* Ursache Gas. In bessere Luft stellen.

5 *Blätter welken:* Zu trocken und warm. Kühler stellen, für Feuchtigkeit sorgen und sprühen.

6 *Blätter fallen ab, Stengel fault:* Überwässert. Erde austrocknen lassen, später weniger gießen.

7 *Neue Blätter klein und verformt:* Düngen.

8 *Blätter fallen ab:* Temperaturschwankungen. Auf gleichbleibende Temperatur achten.

9 *Blätter gelb, Gespinste an den Unterseiten:* Spinnmilben. Mit Derris, Malathion oder systemischem Insektizid spritzen. Luftfeuchtigkeit erhöhen.

10 *Braune schuppige Insekten an Stengeln und Blättern; Blätter verfärbt:* Schildläuse. Mit Watte und Spiritus abwischen oder mit systemischem Insektizid spritzen.

11 *Weiße wollige Flecken an Blättern und Blattachseln:* Wollläuse. Mit Watte und Spiritus abwischen bzw. mit Malathion oder systemischem Insektizid spritzen.

Kopfstecklinge

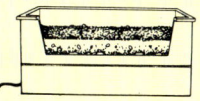

1 Im Frühjahr Kopfstecklinge nehmen. Ein Vermehrungskasten ist am besten. Eine Mischung aus Sand und Erde herstellen (1:1). Handschuhe anziehen, denn der Saft ruft Reizungen hervor.

2 Einen Trieb mit mindestens 2 gesunden Blattpaaren und einem Wachstumspunkt unterhalb des zweiten Blattpaares abschneiden. Länge 8–10 cm.

3 Stengel direkt unterhalb eines Blattes abschneiden.

4 Das untere Blattpaar entfernen.

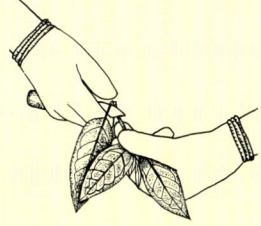

5 Die Schnittfläche in Bewurzelungsmittel tauchen. Überschuß abschütteln.

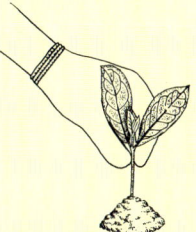

6 Mit einem Stift oder Stab kleine Löcher in die Erde drücken.

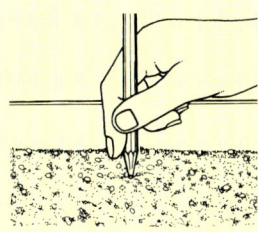

7 Das Ende des Stecklings muß am Boden des Loches, die Blätter gerade über der Erde sein.

8 Gut gießen und Haube aufsetzen. Täglich 5 Minuten abnehmen, um Fäule vorzubeugen. Erde nicht austrocknen lassen. Temperatur 24 °C.

9 Haube nach 3 Wochen entfernen. Wenn Stecklinge gut wachsen, in normale Erde umsetzen.

Gießen und Sprühen

1 Täglich – möglichst mit Regenwasser – übersprühen. Sprühabstand 15 cm.

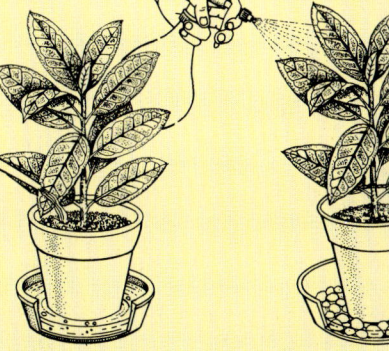

Erde prüfen. Ist sie locker und krümelig, gießen. Im Winter mit lauwarmem Wasser. Nie austrocknen lassen.

2 Topf auf einen Untersetzer mit Kieseln und Wasser stellen. Der Topfboden darf nicht im Wasser stehen.

Columnea microphylla

Rachenrebe, Columnee

Columneen sind hübsche immergrüne Kriech- oder Hängepflanzen, die ihre Besitzer bei richtiger Behandlung im Frühjahr mit großartigen, orangefarbenen Blüten belohnen. Sie gehören zur Familie Gesneriaceae, und es gibt etwa 100 bekannte Arten, die größtenteils aus dem tropischen Amerika stammen. Der Name geht auf den Italiener Fabius Columna zurück, der 1592 in Neapel eines der ersten botanischen Bücher veröffentlichte, das mit Kupferstichen illustriert war.

Columneen eignen sich besonders für Ampeln. Es sind *Epiphyten*, das heißt, sie wachsen in der Natur auf Bäumen und totem Holz, doch sie brauchen ihre Wirte nur als Stütze, nicht zur Erhaltung. Die Blätter sind klein, oval und erscheinen paarweise an hängenden Stengeln, die 60 cm und länger werden können. Die hellorangen bis purpurnen Blüten, die sich im Frühjahr entwickeln, sind röhrenförmig und haben am unteren Ende einen weit geöffneten Schlund. Die Pflanzen stellen keine besonderen Ansprüche, doch sie benötigen zum Gedeihen viel Licht.

Gewöhnlich werden zwei Arten gezogen. *C. microphylla* hat längere Triebe, kleinere Blätter und orangefarbene Blüten. *C. gloriosa* hat dunklere, längere Blätter, kürzere Triebe und purpurfarbene Blüten. Außerdem gibt es heute Hybriden, von denen einige, wie *C. gloriosa* ›Purpurea‹, violette Blätter haben. Die Pflege ist bei allen Varietäten gleich.

Eine sehr eng verwandte Pflanzengruppe mit dem Namen *Aeschynanthus* (oder *Trichosporum*) erfordert die gleiche Behandlung wie *Columnea.* Sie blüht später (Mai bis September) und kommt aus Java. Das bekannteste Mitglied ist *Aeschynanthus lobbianus*, dessen Blüten karminrot sind. Die beiden Gattungen sehen sich so ähnlich, daß sie oft durcheinandergebracht werden, *Aeschynanthus* ist gewöhnlich aber teurer.

Columneen werden im Frühling angeboten. Kaufen Sie Pflanzen mit üppigen, fleischigen Trieben und vielen Knospen.

Größe: Die kriechenden Triebe erreichen eine Länge zwischen 45 und 100 cm.
Wachstum: 40 bis 50 cm pro Jahr.
Blütezeit: März bis April. Für eine gute Blüte muß nach der Ruheperiode eine Zeit folgen, in der die Luft warm und feucht ist.
Duft: Keiner.
Licht: Um zu gedeihen, sollten die Pflanzen nahe bei einem Fenster oder zumindest hell stehen. Im Sommer müssen sie jedoch vor der Mittagssonne geschützt werden. Sie dürfen auch das Fensterglas nicht berühren.
Temperatur: 13 bis 15 °C sind ideal. Ist es wärmer, wird die Luftfeuchtigkeit durch tägliches Sprühen erhöht. Temperaturen über 24 °C mögen die Pflanzen nicht.
Gießen: Abgesehen von einer etwa einmonatigen Ruheperiode im Winter müssen diese Pflanzen sehr feucht gehalten werden. Im Sommer mindestens 2mal wöchentlich gießen, bei großer Wärme öfter. Im Winter 1mal pro Woche gießen, während der Ruheperiode noch seltener.
Düngen: Im Sommer wird alle 14 Tage Flüssigdünger ins Gießwasser gegeben.
Luftfeuchtigkeit: Um gut zu blühen, brauchen die Pflanzen viel Luftfeuchtigkeit. Töpfe stellt man auf nasse Kiesel oder in Übertöpfe mit feuchtem Torf, bei Ampelpflanzen gibt man etwas Wasser in die Auffangschale. Die Blätter werden mit lauwarmem, kalkfreiem Wasser besprüht.

Säubern: Sprühen reicht aus. Die Blätter sind behaart und deshalb nicht für Blattglanz geeignet.
Luft: Vor Zugluft schützen.
Erde: Lehmerde Nr. 1 mit Torf (3:1).
Umtopfen: Höchstens alle 2 Jahre im Juni. Die Drainage muß gut sein. Vorsicht mit den langen Trieben, sie können leicht abbrechen.
Schnitt: Nach der Blüte werden die Stengel auf halbe Länge zurückgeschnitten, damit die Pflanzen buschiger wachsen.
Vermehrung: In sandige Erde gesetzte Kopfstecklinge wurzeln im Frühsommer. Bis sich die Wurzeln entwickelt haben, mit Folie oder Glas schützen oder einen Vermehrungskasten verwenden (21 °C).
Lebenserwartung: Etwa 5 bis 6 Jahre. Dann muß man den Bestand durch Stecklinge ersetzen, weil die Pflanzen häßlich werden.
Pflanzgruppen: Obwohl man sie mit den meisten Grünpflanzen zusammensetzen könnte, haben sie in Schalen meist nicht genug Platz. Deshalb besser als Einzelpflanzen zu ziehen.
Schwierigkeitsgrad: Bei richtigem Licht und ausreichender Luftfeuchtigkeit nicht schwierig zu ziehen. Im Gewächshaus oder Wintergarten ist die Haltung aber einfacher.

Umtopfen

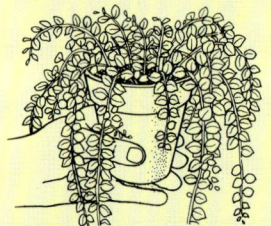

1 Jedes zweite Jahr nach der Blüte umtopfen. Aufpassen, daß alle welken Blüten entfernt sind. Gut gießen.

2 In einen etwas größeren Topf kommt eine Drainage und Erde (Lehmerde Nr. 1 mit 25% Torfanteil).

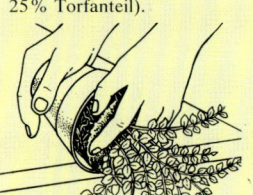

3 Topf so halten, daß Pflanze zwischen den Fingern und Erde unter der Handfläche liegt. Topfrand aufklopfen. Pflanze kommt mit Erde heraus.

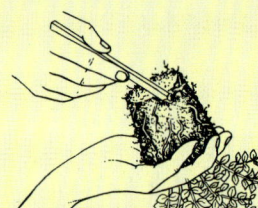

4 Alte Erde behutsam mit Stab von den Wurzeln entfernen. Wurzeln nicht verletzen.

5 Wurzelballen auf die Erde im neuen Topf setzen.

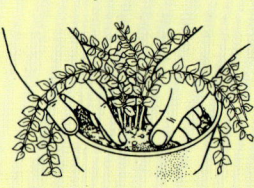

6 Topf mit neuer Erde füllen. Wurzeln müssen bedeckt sein. Erde gut andrücken. 2 Tage nicht gießen und schattig stellen, damit Wurzeln in die neue Erde wachsen.

68

Kranke Pflanzen

1 *Blätter trocken, Pflanze sieht müde aus:* Zu wenig Luftfeuchtigkeit. Sprühen.

2 *Dünner, aufgeschossener Wuchs:* Düngen

3 *Triebe lang und dünn:* Zu wenig Licht. Heller stellen.

4 *Keine Blüten:* Nicht genug Licht. Heller stellen.

5 *Blätter fallen ab, Stengel faulen:* Zu naß und kalt. Wärmer stellen. Austrocknen lassen, bis Pflanze sich erholt hat. Dann seltener gießen.

6 *Blätter welken:* Erde zu trocken. Sofort gießen.

7 *Blätter welken, keine Blüten, aufgeschossener Wuchs:* Zu warm, schlechte Lüftung. Kühler und luftiger stellen.

8 *Blätter gelb, Gespinste an den Unterseiten:* Spinnmilben. Mit Derris, Malathion oder systemischem Insektizid spritzen. Durch Sprühen Luftfeuchtigkeit erhöhen.

Luftfeuchtigkeit

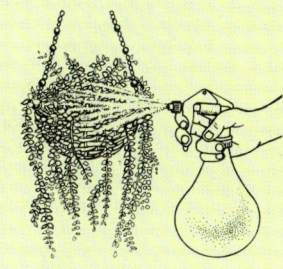

Ampelpflanzen können durch tägliches Sprühen mit lauwarmem Wasser feucht gehalten werden.

Auch Topfpflanzen brauchen konstante Luftfeuchtigkeit.

Topf auf einen Untersetzer mit Kieseln und Wasser stellen. Der Topfboden darf nicht im Wasser stehen.

Gießen

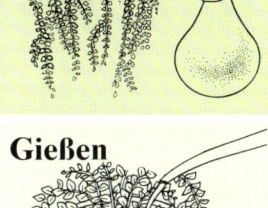

Erde prüfen. Ist sie locker und krümelig, gießen. Nach 15 Minuten restliches Wasser aus dem Untersetzer leeren.

Schnitt

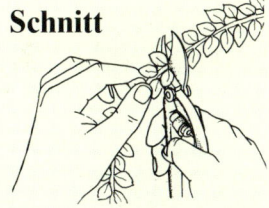

Nach der Blüte hängende Triebe auf halbe Länge stutzen, damit Pflanze buschig wächst. Schnitt über einem Blattansatz machen.

Kopfstecklinge

1 Kopfstecklinge nach der Blüte schneiden. In einen Topf kommt eine Drainage und Lehmerde (1:1).

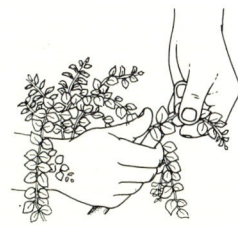

2 Kopfsteckling oberhalb eines Blattpaares abschneiden. Länge 10 cm.

3 Den Steckling direkt unter dem untersten Blatt abschneiden.

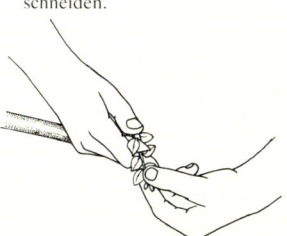

4 Die unteren Blätter entfernen, um den Stengel in die Erde setzen zu können.

5 Schnittfläche in Bewurzelungsmittel tauchen. Überschuß abschütteln.

6 Am Topfrand kleine Löcher in die Erde drücken. Stecklinge einsetzen. Die Enden müssen am Boden der Löcher, die unteren Blätter gerade über der Erde sein.

7 Gut gießen, Drahtbogen einsetzen und Plastiktüte überziehen. Tüte täglich 5 Minuten abnehmen und Erde nicht austrocknen lassen. Temperatur 21 °C. Tüte nach 3 Wochen entfernen, und wenn die Stecklinge gut wachsen, in normale Erde umsetzen.

Cordyline terminalis

Keulenlilie

Cordyline bedeutet »Keule«, und dies bezieht sich auf die dicken Wurzeln, die einige Arten ausbilden. Cordyline gehört zur Familie Agavaceae. Die Gattung umfaßt ein Dutzend immergrüner Bäume und Sträucher aus dem tropischen Südamerika, dem gemäßigten Neuseeland, Australien, Polynesien, Malaysia und Indien. Sie sind eng mit der Gattung *Dracaena* verwandt, und bei der Benennung der Sorten gibt es allerlei Verwirrung.

Keulenlilien sind als Zimmer- und Wintergartenpflanzen sehr beliebt. Sie haben leuchtend gefärbte Blätter und sind im großen und ganzen leicht zu halten. Dunkelgrüne Pflanzen tolerieren auch schlechte Lichtverhältnisse. Die Mehrzahl der angebotenen Pflanzen ist recht klein, doch können sie später bis zu 60 cm groß werden.

Unter den Sorten mit Namen finden sich: *C. terminalis* ›Prince Albert‹ mit hell- und dunkelroten Blättern, die einen hübschen Kontrast zu Grünpflanzen bilden. *C. terminalis* ›Red Edge‹, deren Färbung der von ›Prince Albert‹ ähnlich ist, doch werden die Blätter nicht länger als 13 cm und nicht breiter als 2 cm. Drei Pflanzen in einem Topf sehen besonders hübsch aus, und sie eignen sich auch gut für gemischte Schalen. *C. terminalis* ›Lord Robertson‹ hat Blätter, die rot, grün und cremefarben sind. Die Pflanze ist etwas größer als ›Prince Albert‹ aber nicht so widerstandsfähig, und die Blätter bekommen leicht Flecken. *C. rubra congesta* ist eine der robustesten Keulenlilien. Die Blätter sind dunkelgrün und schmaler.

Achten Sie beim Kauf darauf, daß die Blätter klare Farben und weder braune Flecken noch braune Spitzen haben. Pflanzen, die ihre unteren Blätter noch nicht verloren haben, sind am besten.

Links: Cordyline volkartii ist eine anspruchslose und widerstandsfähige Pflanze, die auch schattig stehen kann.

Die bunten Keulenlilien haben eine charakteristische Eigenschaft: Sie entwickeln helle junge Blätter, die mit der Zeit dunkler werden. *Unten links: Cordyline* ›Lord Robertson‹. *Unten: Cordyline terminalis* ›Red Edge‹. *Rechts:* Ein schönes, makelloses Exemplar von *Cordyline terminalis* ›Prince Albert‹.

Umtopfen

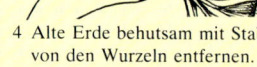

Größe: Im Haus gewöhnlich 30 bis 60 cm. Die Blattbreite beträgt bis zu 45 cm.
Wachstum: Die Pflanzen wachsen nicht sehr schnell, etwa 10 bis 15 cm pro Jahr.
Blütezeit: Nur vollentwickelte Pflanzen blühen. Während der Sommermonate erscheinen an langen Stengeln cremeweiße, sternförmige Blüten.
Duft: Die Blüten haben einen schweren tropischen Duft.
Licht: Zur Erhaltung der Blattfärbung ist viel Licht nötig. Die Pflanzen sollten aber im Sommer nicht in der Mittagssonne stehen. Grüne Sorten brauchen weniger Licht.
Temperaturen: Im Winter mögen sie recht hohe Temperaturen (18 bis 21 °C), vertragen aber auch 13 °C, wenn weniger gegossen wird. Höchsttemperatur im Sommer 24 °C, in diesem Fall muß aber die Luftfeuchtigkeit hoch sein.
Gießen: Im Sommer mäßig gießen, etwa 1- bis 2mal wöchentlich, im Winter einmal pro Woche. Man darf die Erde weder durchnässen noch austrocknen lassen.
Düngen: Alle 14 Tage Flüssigdünger ins Gießwasser geben.
Luftfeuchtigkeit: Sie mögen es, wenn man sie 2mal wöchentlich sprüht, dürfen dabei aber nicht in der Sonne stehen.
Säubern: Die Blätter können mit einem feuchten Tuch abgewischt werden. Blattglanz nicht öfter als alle 2 Monate anwenden. ›Red Edge‹ verträgt es gar nicht!

Luft: Die Pflanzen tolerieren die meisten Bedingungen, mögen aber kalte Zugluft nicht.
Erde: Lehmerde Nr. 2 mit Torf gemischt oder Torferde.
Umtopfen: Höchstens alle 2 bis 3 Jahre und vorzugsweise im März. Es muß für eine gute Drainage gesorgt sein.
Schnitt: Nicht notwendig, man entfernt nur vertrocknete oder beschädigte Blätter. »Hochbeinige« Pflanzen können im Frühjahr zurückgeschnitten werden und treiben neu aus.
Vermehrung: Durch Kopfstecklinge und Stammstücke. Zu Frühjahrsbeginn bei 24 °C in einen feuchten Vermehrungskasten setzen oder mit Folie schützen.
Lebenserwartung: Keulenlilien halten sehr lang, werfen aber manchmal die unteren Blätter ab. Dies ist auf zu trockene Luft zurückzuführen.
Pflanzgruppen: Sie eignen sich gut für gemischte Schalen und mögen die Gesellschaft der meisten anderen Grünpflanzen. Mit ihren bunten und gescheckten Blättern bilden sie einen guten Kontrast zu *Ficus, Philodendron, Hedera* usw.
Schwierigkeitsgrad: Keine schwierigen Pflanzen, doch mit etwas Grundwissen sind sie leichter zu halten.

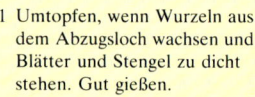

1 Umtopfen, wenn Wurzeln aus dem Abzugsloch wachsen und Blätter und Stengel zu dicht stehen. Gut gießen.

2 In einen etwas größeren Topf kommt eine Drainage und feuchte Lehmerde Nr. 2 mit 25 % Torfanteil.

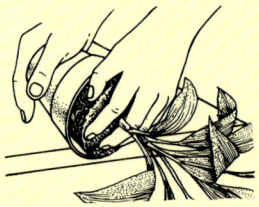

3 Topf so halten, daß Pflanze zwischen den Fingern und Erde unter der Handfläche liegt. Topfrand aufklopfen. Pflanze kommt mit Erde heraus.

4 Alte Erde behutsam mit Stab von den Wurzeln entfernen. Wurzeln nicht verletzen.

5 Wurzelballen auf die Erde im neuen Topf setzen.

6 Topf mit neuer Erde füllen. Wurzeln müssen bedeckt sein. Erde gut andrücken. 2 Tage nicht gießen und schattig stellen, damit Wurzeln in die neue Erde wachsen.

Kranke Pflanzen

1 *Blattspitzen braun, untere Blätter fallen ab:* Meist durch Zentralheizung zu warm und trocken. Für Feuchtigkeit sorgen. Regelmäßig sprühen.

2 *Blätter blaß:* Zu wenig Licht. Heller stellen.

3 *Blätter fallen ab oder faulen:* Kein neues Wachstum: Zu kalt und naß. Wärmer stellen und austrocknen lassen. Seltener gießen.

4 *Neue Blätter verformt und klein:* Düngen.

5 *Blätter gelb, Gespinste an den Unterseiten:* Spinnmilben. Spritzen mit Derris, Malathion oder systemischem Insektizid. Luftfeuchtigkeit erhöhen.

6 *Braune schuppige Insekten an Stengeln und Blättern:* Schildläuse. Mit Watte und Spiritus abwischen oder mit systemischem Insektizid spritzen.

7 *Blätter verformt und mit grünen Insekten verklebt:* Blattläuse. Mit Pyrethrum oder systemischem Insektizid spritzen.

Blätter säubern

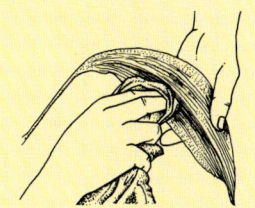

Staub mit einem feuchten Tuch oder Schwamm und lauwarmem Wasser abwischen. Blatt mit der anderen Hand stützen.

Luftfeuchtigkeit

Topf in einen Untersetzer mit Kieseln und Wasser stellen. Der Topfboden darf nicht im Wasser stehen.

2mal wöchentlich mit einem Zerstäuber besprühen.

Blätter stutzen

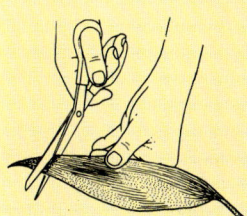

Sind die Blattspitzen braun, oberhalb des gesunden Gewebes mit einer scharfen Schere abschneiden.

Schnitt

1 Pflanzen, die ihre unteren Blätter verloren haben, im Frühjahr zurückschneiden.

2 Stamm über einem alten Blattansatz auf 10 cm Länge reduzieren.

3 Aus dem Stammstück wachsen neue Blätter.

Stammstücke

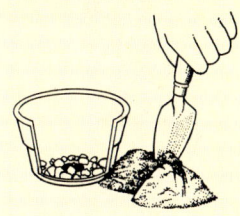

1 In einen Topf kommt eine Drainage und Torf und scharfer Sand (1:1).

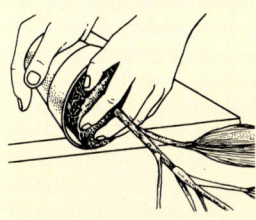

2 Pflanze aus dem Topf nehmen.

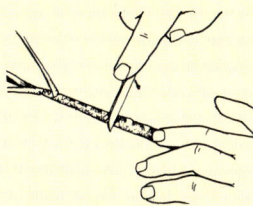

3 Den Stamm auf eine harte Fläche legen und in etwa 7 cm lange Abschnitte mit je einem Blattansatz schneiden.

4 Die unteren Schnittflächen in Bewurzelungsmittel tauchen.

5 Die Abschnitte aufrecht so in die Erde stecken, daß das Ende, welches am Stamm unten war, in der Erde ist.

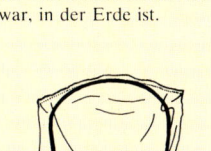

6 Gut gießen, Drahtbogen einsetzen und Tüte überziehen. Tüte täglich 5 Minuten entfernen, um Fäule vorzubeugen. Erde nicht austrocknen lassen. Warm halten (24 °C).

7 An den Stücken entwickeln sich neue Triebe. Wenn sie gut gedeihen, wie gewohnt eintopfen.

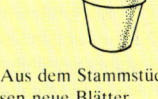

Crossandra undulaefolia (*Crossandra infundibuliformis*)

Crossandre

Diese kleine hübsche Pflanze hat dunkelgrüne, spitze Blätter und hellorange Blütenähren, die an Getreideähren erinnern. Sie kommt aus Westindien und wurde zu Beginn des 19. Jahrhunderts in den Westen gebracht. Es gibt etwa 12 bekannte Arten die zur Familie *Acanthaceae* gehören.

Unglücklicherweise ist die Pflanze nicht leicht zu halten. Vor allem im Winter leidet sie leicht an Stengelfäule. Dennoch ist ihre Haltung für den erfahrenen Gärtner nicht unmöglich, und wer erst einmal dahintergekommen ist, wie sie richtig gepflegt wird, kann sie auch überwintern. Man sollte jedes Frühjahr neue Pflanzen ziehen, um die alten Pflanzen zu ersetzen, die leicht häßlich werden.

Eine gut gehaltene Pflanze blüht sehr lang – möglicherweise ohne Unterbrechung von Mai bis September. Die Blüten öffnen sich nacheinander, zuerst am unteren Ende der Ähre, und wenn dann die Blüten weiter oben aufgehen, welken die unteren schon und fallen ab. Kultiviert wird nur *C. undulaefolia* (manchmal auch als *C. infundibuliformis* geführt), aber es gibt mehrere verbesserte Züchtungen dieser Art, und am häufigsten ist ›Mona Walhed‹ im Handel.

Kaufen Sie Pflanzen mit fleckenlosen, glänzenden Blättern. An Blütenähren, Blättern oder Stengelbasen dürfen sich keine Anzeichen von Fäule finden. Kraftlose Blätter sind ein Zeichen dafür, daß die Pflanzen zu viel gegossen wurden. Sie erholen sich wahrscheinlich nicht wieder.

Crossandra undulaefolia hat eine attraktive Kombination von dunklen glänzenden Blättern und einer ungewöhnlichen Blütenfarbe. Die Blütenähre erinnert an Getreide. Nacheinander entwickeln sich viele Blüten.

Rechts: Crossandra undulaefolia ›Mona Walhed‹.

Umtopfen

1 Im Frühjahr vor der Blüte umtopfen, wenn Pflanze zu groß geworden ist und Blätter blaß sind. Gut gießen.

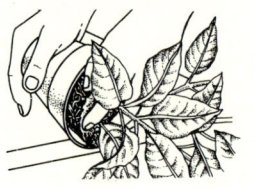

2 In einen etwas größeren Topf kommt eine Drainageschicht und feuchte Lehmerde Nr. 2. Die Drainage muß gut sein.

3 Topf so halten, daß Pflanze zwischen den Fingern und Erde unter der Handfläche liegt. Topfrand aufklopfen. Pflanze kommt mit Erde heraus.

4 Alte Erde behutsam mit Stab von den Wurzeln entfernen. Wurzeln nicht verletzen.

5 Wurzelballen auf die Erde im neuen Topf setzen.

6 Topf mit neuer Erde füllen. Wurzeln müssen bedeckt sein. Erde gut andrücken. 2 Tage nicht gießen und schattig stellen, damit Wurzeln in die neue Erde wachsen.

Größe: Gewöhnlich mit 15 bis 25 cm recht klein, doch können die Pflanzen nach mehreren Jahren 1 m groß werden.

Wachstum: In einer Wachstumsperiode von Stengelgröße bis zur Blüte.

Duft: Keiner.

Licht: Sie brauchen viel Licht und stehen am besten an einem Südfenster. Im Sommer vor der Mittagssonne schützen.

Temperatur: 18 °C sind ideal, im Winter reichen aber auch 13 °C, wenn die Pflanzen nicht zu viel gegossen werden. Höchsttemperatur im Sommer 21 °C.

Gießen: Immer lauwarmes Wasser verwenden. Durch kaltes Leitungswasser und zu reichliches Wässern können die Pflanzen eingehen. Sparsam gießen und erst, wenn sich die Erde trocken anfühlt. Im Sommer bedeutet das vermutlich 1mal pro Woche, im Winter alle 14 bis 16 Tage.

Düngen: Im Sommer wird alle 14 Tage Flüssigdünger ins Gießwasser gegeben.

Luftfeuchtigkeit: Sie stehen gern trocken und müssen nicht besprüht werden.

Säubern: Vorsichtig mit einem Tuch abwischen. Falls besprüht wird, überschüssiges Wasser anschließend abschütteln. Kein Blattglanz verwenden.

Luft: Gas kann Immissionsschäden verursachen. Vor Zugluft schützen.

Erde: Lehmerde Nr. 2.

Umtopfen: Im Frühjahr. Für eine gute Drainage sorgen.

Schnitt: Während der Wachstumsperiode werden die Blatttriebe ausgezwickt, um die Blütenentwicklung zu fördern. Abgefallene Blüten werden entfernt, um Fäule vorzubeugen.

Vermehrung: Im März nimmt man Kopfstecklinge (8 bis 10 cm) und steckt sie in eine Mischung aus Lauberde und Sand in einen Topf oder Vermehrungskasten (21 °C). Wenn sie nach etwa 3 Wochen bewurzelt sind, pflanzt man je 3 Stecklinge in einen 10-cm-Topf. Man kann auch im März bei 16 °C Samen aussäen.

Lebenserwartung: Crossandren werden am besten jedes Frühjahr neu gezogen. Sie werden nach einigen Jahren häßlich, und man wirft sie dann am besten weg.

Pflanzgruppen: Sie stehen besser allein, weil sie unter feuchten Bedingungen leicht faulen. Dennoch sollte man versuchen, sie vorübergehend mit Usambaraveilchen zusammenzupflanzen. Sie passen in der Größe zusammen, und ihre Farben kontrastieren gut, wenngleich ihre Wasseransprüche unterschiedlich sind.

Schwierigkeitsgrad: Um diese Pflanzen überwintern zu können, braucht man Sachkenntnis.

Kranke Pflanzen

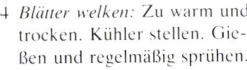

1 *Fäule an Blütenähren, Blättern und Stengelbasen:* Zu naß. Mit systemischem Fungizid spritzen. In trockene Luft stellen und Erde abtrocknen lassen, bis Pflanze sich erholt hat. Dann weniger gießen.

2 *Blätter matt:* Überwässert. Trocken werden lassen und dann weniger gießen.

3 *Kein Wachstum, Blätter können abfallen:* Zu kalt. Wärmer stellen. Bei verkümmertem Wachstum im Frühjahr düngen.

4 *Blätter welken:* Zu warm und trocken. Kühler stellen. Gießen und regelmäßig sprühen.

5 *Pflanze welkt, Blätter fallen ab:* Zugluft. Geschützt stellen.

6 *Blätter gefleckt, Pflanze welk und kraftlos:* Ursache Gas. In bessere Luft stellen.

Wuchernde Pflanzen schneiden

1 Nach 2 Jahren wuchern Crossandren oft. Im Frühjahr um 1/3 zurückschneiden, um buschigen Wuchs anzuregen.

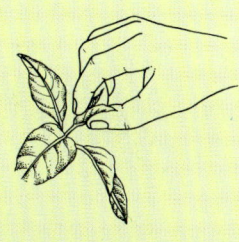

2 Die Pflanze entwickelt Seitentriebe, die nicht blühen. Mit der Hand auszwicken, damit die Pflanze ihre Kräfte zum Blütenansatz verwendet.

Kopfstecklinge

1 Im März Kopfstecklinge nehmen. In einen Topf kommt eine Drainage und eine Mischung aus Lauberde und scharfem Sand (1:1).

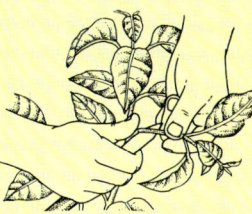

2 Einen Trieb mit mindestens 2 gesunden Blattpaaren und einem Wachstumspunkt nehmen. Trieb unterhalb des zweiten Blattpaares dicht am Haupttrieb abschneiden. Länge 8–10 cm.

3 Stengel direkt unterhalb eines Blattes abschneiden.

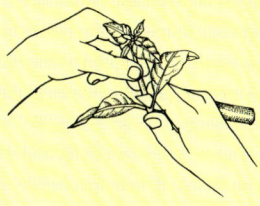

4 Das untere Blattpaar entfernen.

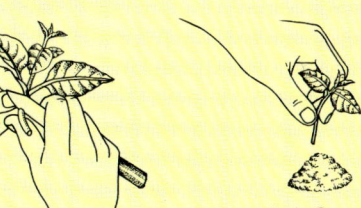

5 Schnittstelle in Bewurzelungsmittel tauchen. Überschuß abschütteln.

6 Am Topfrand kleine Löcher in die Erde drücken. Stecklinge einsetzen. Die Enden müssen am Boden der Löcher, die unteren Blätter gerade über der Erde sein.

7 Gut gießen, Drahtbogen einsetzen und Plastiktüte überziehen. Tüte täglich 5 Minuten entfernen. Erde nicht austrocknen lassen. Temperatur 21 °C.

8 Tüte nach 3 Wochen abnehmen. Wenn Stecklinge gut wachsen, je 3 zusammen in normale Erde setzen.

Welke Blüten entfernen

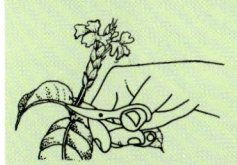

Verwelkte Blüten direkt über dem obersten Blattpaar abschneiden.

Blätter säubern

Staub mit einem weichen Tuch oder Schwamm und lauwarmem Wasser abwischen, Blatt mit der anderen Hand stützen. Kein Blattglanz verwenden.

Gießen

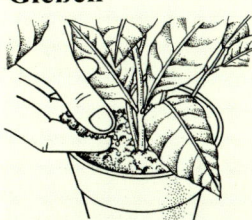

1 Erde mit den Fingern prüfen. Ist sie locker und krümelig, braucht die Pflanze Wasser.

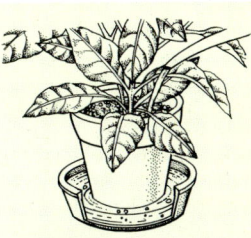

2 Mit etwas lauwarmem Wasser gießen. Überschuß sofort ausleeren. Crossandren darf man nicht zu viel wässern.

Cryptanthus bivittatus

Versteckblüte

Cryptanthus ist die kleinste der Bromelien. Ihr Name leitet sich von den griechischen Worten kryptos, verborgen und anthos, Blüte ab, denn die Pflanze hat in der Mitte einige kleine Blüten, die oft kaum zu sehen sind. In erster Linie hält man die Pflanzen wegen ihrer Blätter. Die meisten kommen aus Brasilien und wurden gegen Ende des 19. Jahrhunderts eingeführt.

Cryptanthen sind echte Sonnenanbeter. Je mehr Licht sie bekommen, desto strahlender sind die Farben ihrer breiten Blätter. Im Gegensatz zu den meisten Bromelien haben sie keine wasserspeichernde Zisterne, dennoch sollten sie von oben gegossen werden. Da ihr Wurzelsystem sehr klein ist, können sie sehr leicht auf Borke oder Holz befestigt werden, um ihren natürlichen Habitus zu imitieren. Sie sehen auch an Schalenrändern gut aus und werden sogar für Blumenarrangements verwendet. Besonders gut eignen sie sich für Flaschengärten.

Gewöhnlich werden drei Arten gezogen: *C. bivittatus* hat in der Blattmitte dunkelgrüne Längsstreifen, die Blätter von *C. tricolor* sind meist cremefarben mit rosa und grüner Zeichnung. *C. fosterianus* ist die größte Art, und sie hat auffällige rote und graue Längsstreifen auf den Blättern. Alle Arten werden durch Kindel vermehrt, die sich in den Blattachseln entwickeln. Man kann sie im April leicht abnehmen. Sie werden dann in Erde gepflanzt, mit Folie geschützt und an einen warmen Platz gestellt, wo sie etwa nach drei Wochen Wurzeln entwickeln. Im Gegensatz zu anderen Bromelien geht die Mutterpflanze nach der Ausbildung der Kindel nicht ein.

Bei Cryptanthus kann nicht viel schiefgehen, und meist sind die angebotenen Pflanzen in gutem Zustand. Oft sind Pflanzen mit Kindeln zu finden, mit denen Sie Ihren Bestand schnell vergrößern können. Oder Sie kaufen die meist preiswerten Jungpflanzen.

Cryptanthen sind kleine Bromelien, die man wegen ihrer Blätter hält. Sie haben ein flaches Wurzelsystem und eignen sich gut für Borke.

Oben: Cryptanthus bivittatus.

Rechts: Der auffällige Cryptanthus fosterianus.

Unten: Cryptanthus tricolor.

Bromelien auf Borke befestigen

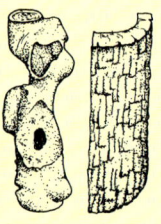

1 Ein geeignetes Stück Borke, einen Ast oder ein schönes Stück Holz aussuchen.

2 Ist keine natürliche Höhlung da, wird für die Pflanze ein flaches Loch ausgestemmt.

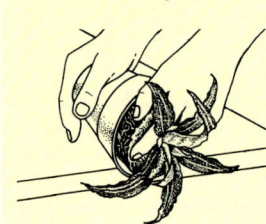

3 Wurzelballen der Pflanze mit Erde aus dem Topf nehmen.

4 Wurzeln in feuchtes Sphagnum packen und mit isoliertem Draht umwickeln.

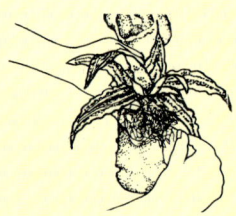

5 Sphagnum und Wurzeln fest auf Holz oder Borke drücken und mit Draht befestigen.

6 Borke so aufhängen, daß die Pflanze nach oben wächst. Regelmäßig sprühen. Wurzelballen feucht halten.

Größe: Es sind kleine Pflanzen, deren Blätter 10 cm (*C. bivittatus*) bis 40 cm (*C. fosterianus*) Länge erreichen.

Wachstum: Im Zimmer sehr langsam; sie bilden 2 oder 3 Blätter pro Jahr.

Blütezeit: Sommer. Die vereinzelt erscheinenden Blüten liegen tief und sind oft inmitten der Blätter versteckt.

Duft: Keiner.

Licht: Je mehr Licht, desto intensiver ist die Zeichnung der Blätter.

Temperatur: Im Winter vertragen sie 15 °C, ziehen 18 °C aber vor. Höchsttemperatur im Sommer 24 °C.

Gießen: Im Sommer großzügig, je nach Temperatur 2- bis 3mal pro Woche, gießen. Im Winter trockener halten und etwa alle 10 Tage wässern.

Düngen: Nicht wirklich notwendig, doch kann den Pflanzen im Sommer eine alle 3 Wochen durchgeführte Düngung zugute kommen. Flüssigdünger ins Gießwasser geben.

Luftfeuchtigkeit: An heißen Tagen sprühen. Bei zu geringer Luftfeuchtigkeit werden die Blattspitzen braun.

Säubern: Sprühen sollte ausreichen. Kein Blattglanz benutzen.

Luft: Die Pflanzen tolerieren fast alle Bedingungen.

Erde: Am besten Torferde mit etwas Sumpfmoos.

Umtopfen: Die Pflanzen haben nur wenige Wurzeln, wachsen daher meist in kleinen Töpfen und müssen nicht oft umgetopft werden. Man kann sie auch zu mehreren an einem Stück Borke oder einem Ast befestigen. Vorausgesetzt man läßt sie nicht austrocknen, gedeihen sie dort gut. Vor dem Befestigen wird etwas Sumpfmoos um die Wurzeln gewickelt.

Schnitt: Nicht nötig.

Vermehrung: Wie alle Bromelien im Frühjahr durch Kindel. Diese brauchen keine Wurzeln und fallen manchmal einfach von den Pflanzen ab. Man pflanzt sie bei 24 °C in einen Vermehrungskasten in eine Mischung aus Erde und scharfem Sand oder zieht Folie über den Topf. Warm stellen und Folie täglich 5 Minuten abnehmen. Wenn die Kindel zu wachsen beginnen, werden sie einzeln in kleine Töpfe gepflanzt.

Lebenserwartung: Praktisch unbegrenzt.

Pflanzgruppen: Zusammen mit anderen kleinen Pflanzen und Farnen stehen sie gut in Flaschengärten oder an den Rändern gemischter Schalen.

Schwierigkeitsgrad: Einfache Pflanzen.

1 *Blätter matt, Pflanze sieht müde aus:* Zu trocken und dunkel. Heller stellen und Erde prüfen. Ggf. gießen. Sprühen.

2 *Blätter welk und papierartig:* Zu warm und trocken. Sprühen und regelmäßig gießen, vor allem bei hohen Temperaturen.

3 *Pflanze fault an der Basis:* Zu kalt und naß. Wärmer stellen und Erde austrocknen lassen, bis Pflanze sich erholt hat. Dann seltener gießen.

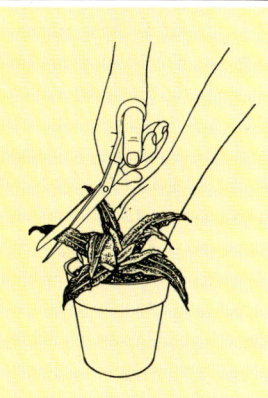

Blätter stutzen

Cryptanthus wächst langsam und braucht keinen Schnitt. Doch die Blattspitzen werden braun, wenn es zu warm und zu trocken ist. Oberhalb vom gesunden Gewebe abschneiden und nun zuspitzen. Nicht in das gesunde Gewebe schneiden, es wird sonst wieder braun.

Flaschengärten pflanzen

1 Man braucht eine große Glasflasche oder einen Ballon; Kiesel und Holzkohle für die Drainage; feuchte Erde, Zeitung; Holzlöffel, weichen Pinsel, Garnrolle, alles an Stöcke gebunden. Kleine Pflänzchen wie *Cocos*, *Begonia*, *Cryptanthus*.

2 Drainage und Erde durch Papiertrichter einfüllen.

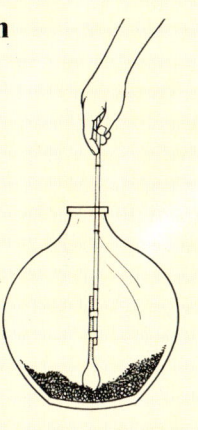

3 Mit dem Holzlöffel Löcher für die Pflanzen machen.

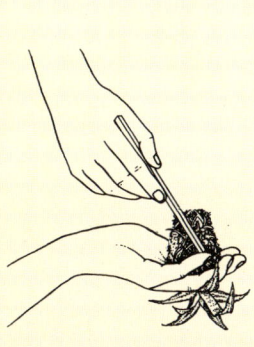

4 Pflanzen aus den Töpfen nehmen und behutsam Erde vom Wurzelballen entfernen. Ggf. verkleinern.

5 Pflanze ins Pflanzloch fallen lassen.

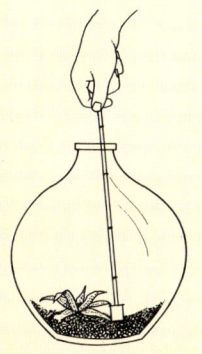

6 Erde um die Pflanze mit Garnrolle andrücken. Mehr Pflanzen einsetzen, bis der Flaschengarten fertig ist.

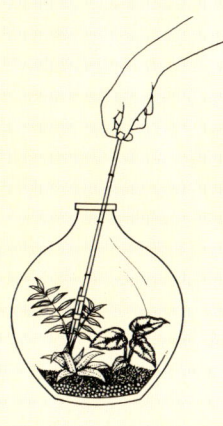

7 Blätter mit dem Pinsel abbürsten.

8 Sprühen. Hell stellen und nur wässern, wenn Pflanzen welk aussehen. Sie erzeugen ihre eigene Luftfeuchtigkeit.

Gießen

1 Erde mit Fingern prüfen. Ist sie locker und krümelig, bräucht die Pflanze Wasser.

2 Von oben – möglichst mit Regenwasser – gießen. Nach 15 Minuten restliches Wasser aus dem Untersetzer leeren.

Im Gegensatz zu anderen Bromelien kommt hier kein Wasser in die Mitte. Wächst die Pflanze auf Borke, regelmäßig sprühen und darauf achten, daß das Moos um die Wurzeln nicht austrocknet.

Alpenveilchen

Dies ist gewiß die schönste aller Winter-Blütenpflanzen, und wenn Ihnen die Haltung gelingen sollte, auch die befriedigendste. Allerdings kann sie auch die enttäuschenste aller Pflanzen sein, da sie manchmal buchstäblich vor Ihren Augen eingeht.

Das Erfolgsgeheimnis liegt darin, sie im Haus eingewöhnen zu können. Sie müssen das Zimmer anfangs ständig kühl halten und für eine hohe Luftfeuchtigkeit sorgen, indem Sie den Topf auf nasse Kiesel oder in einen Übertopf mit feuchtem Torf setzen. Je kühler die Pflanze steht, desto länger hält sie.

Im Handel finden wir *Cyclamen persicum*, das zu einer Familie von 16 bekannten Pflanzen gehört, die hauptsächlich im Mittelmeerraum beheimatet sind. *C. persicum* kommt aus Kleinasien und wurde dort 1656 entdeckt. Der Name leitet sich von dem griechischen Wort kyklos, Kreis ab und bezieht sich darauf, daß sich bei einigen Arten der Stengel nach der Samenbildung spiralförmig dreht.

Die ursprünglichen Arten haben kleine, zarte Blüten und grüne Blätter. Bei den heutigen Sorten reicht die Farbe der Blüten von reinem Weiß über Rosatöne, lachsfarben, leuchtendrot und dunkelrot bis scharlachrot und lila. Die Blätter haben verschiedene silberne Zeichnungen. Die modernen Sorten sind im Zimmer einfacher zu halten. Durch sorgfältige Selektion und Züchtung konnten die gewünschten Eigenschaften entwickelt werden.

Eine gute Pflanze, die unter kühlen Bedingungen widerstandsfähig geworden ist, hat so feste Blätter, daß man sie theoretisch auf »den Kopf« stellen kann. Kraftlose Pflanzen gehen im Zimmer bald ein. Aus der Knolle sollten zahlreiche Knospen wachsen, und die Knolle sollte ein wenig aus der Erde herausstehen, damit man beim Auseinanderbiegen der Blätter Anzeichen von Fäule erkennen kann.

Größe: Maximale Größe einschließlich der Blüten 30 bis 40 cm.
Wachstum: Alle Pflanzen entwickeln im Verhältnis zur Knollengröße eine Fülle von Blüten und Blättern. Nach der Blüte ziehen sie ein, d.h. Blüten und Blätter verwelken.
Blütezeit: Herbst oder Frühjahr. Pflanzen aus im Sommer gesäten Samen blühen im Herbst des folgenden Jahres.
Duft: Nur die ursprünglichen Arten duften.
Licht: Sie mögen viel Licht, müssen aber vor Sonne geschützt werden. Ein Ostfenster ist ideal.
Temperatur: Während des Tages am besten 7 bis 15 °C, in der Nacht 5 °C. Daher sind sie besser für Schlafzimmer als für Wohnzimmer geeignet. Im Sommer kann man sie ins Freie pflanzen.
Gießen: Die Erde sollte feucht gehalten, aber nie durchtränkt werden. Immer von unten gießen, damit die Knolle nicht naß wird. Während Wachstum und Blüte 2mal pro Woche gießen, nach dem Einziehen an einem kühlen, frostfreien Platz ruhen lassen und seltener gießen (1mal pro Woche reicht), die Erde jedoch nicht austrocknen lassen. Wenn sich neue Blätter entwickeln, wieder öfter gießen und die Pflanzen kühl und luftig stellen.
Düngen: Während Wachstums- und Blütezeit alle 14 Tage Flüssigdünger ins Gießwasser geben.

Luftfeuchtigkeit: Um im Zimmer zu überleben, brauchen die Pflanzen viel Luftfeuchtigkeit. Den Topf auf nasse Kiesel oder in einen Übertopf mit Torf stellen. Nicht besprühen.
Säubern: Staubige Blätter mit einem weichen Pinsel abbürsten. Kein Blattglanz verwenden.
Luft: Nicht in die Nähe von Feuern, insbesondere Gasfeuern, und starkem Tabakrauch halten. Vor Zugluft schützen.
Erde: Lehmerde Nr. 2.
Umtopfen: Nach der Blüte, wenn die alten Blätter abgestorben sind und sich neue entwickeln. Verwelkte Blüten und Blätter behutsam entfernen. Da Alpenveilchen in kleinen Töpfen besser blühen, keine großen Töpfe nehmen.
Schnitt: Nicht notwendig.
Vermehrung: Samen aussäen und bei 13 bis 16 °C halten. Alte Knollen kann man teilen, wenn Blüten und Blätter abgestorben sind.
Lebenserwartung: Unter den richtigen Bedingungen mehrere Jahre. Ältere Pflanzen entwickeln kleinere Blüten.
Pflanzgruppen: Am besten als Einzelpflanzen halten, kleinere Exemplare können vorübergehend auch in gemischten Schalen stehen.
Schwierigkeitsgrad: Für den Anfänger nicht leicht. Über die Weihnachtszeit gehen mehr Alpenveilchen als andere Pflanzen ein.

Alle Sorten von *Cyclamen persicum* stehen am besten kühl. Die Blütenfarbe geht von weiß über scharlach bis dunkelrot.

Unten: Die Blüten von der beliebten weißen Hybride.

Rechts: Eine moderne Hybride mit silbrigen Blättern. Es ist eine schön gewachsene Pflanze.

Unten: Blattzeichnung einer grünblättrigen Hybride.

Ganz unten: Ein vollentwickeltes Exemplar einer Miniaturart, die sehr beliebt ist.

Knollen teilen

1 Alte Knollen teilen, wenn Blätter abgestorben sind. In 2 kleine Töpfe kommt eine Drainage und Lehmerde Nr. 2.

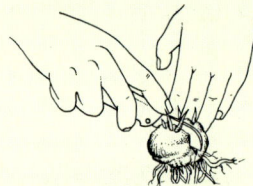

3 Knolle auf eine ebene Fläche legen. Mit scharfem Messer zweiteilen. Jedes Teil muß ein Auge haben. Mit Schwefel bestäuben.

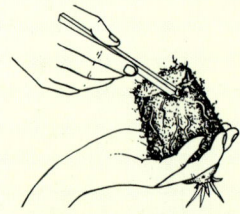

2 Knolle aus dem Topf nehmen. Behutsam alte Erde entfernen.

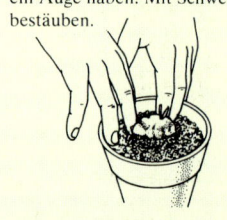

4 Wie gewohnt eintopfen. Kühl halten (13–16 °C).

Luftfeuchtigkeit

Cyclamen muß man im Haus feucht halten. Sie dürfen aber nicht besprüht werden.

Topf in einen Untersetzer mit Kieseln und Wasser stellen. Der Topfboden darf nicht im Wasser stehen.
oder
Topf in einen Behälter mit feuchtem Torf setzen.

Kranke Pflanzen

1 *Blätter klein, keine Blüten:* Düngen.

2 *Blätter welk und hängen:* Zu warm und trocken. Gießen und kühler stellen.

3 *Blätter werden gelb und fallen ab:* Zu warm und dunkel. Heller, kühler und luftiger stellen. Für gelbe Blätter können auch Gas oder Rauch Ursache sein.

4 *Blätter verbrannt:* Sonne und Wasser auf den Blättern. Aus der Sonne stellen und nur von unten gießen.

5 *Blätter verformt und mit grünen Insekten verklebt:* Blattläuse. Mit Pyrethrum oder systemischem Insektizid spritzen.

6 *Grauer Schimmel auf Blättern:* Botrytis. Mit Fungizid auf Benomylbasis spritzen.

7 *Knolle fault:* Durch Wasser, das auf die Knolle gekommen ist. Bei ruhender Knolle ohne Blätter versuchen, Fäule mit scharfem Messer wegzuschneiden. Wächst die Pflanze, ist keine Gegenmaßnahme möglich.

Gießen

1 Erde mit Fingern prüfen. Ist sie locker und krümelig, braucht die Pflanze Wasser.

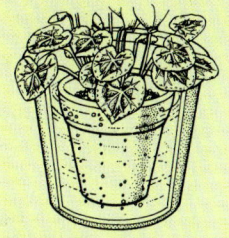

2 Topf in einen Eimer stellen und diesen bis zum Topfrand mit Wasser füllen. Nach 15 Minuten herausnehmen und Wasser ablaufen lassen. An die Knolle darf kein Wasser kommen.

Blätter säubern

Blätter mit weichem, trockenem Pinsel abbürsten. Nie Wasser oder Blattglanz nehmen.

Aus Samen ziehen

1 In einen Vermehrungskasten oder eine Saatschale kommt eine Drainage und sterilisierte Aussaaterde. Samen gleichmäßig verteilen. Mit Erdschicht (= Samendicke) bedecken. Gut gießen.

2 Glasscheibe auflegen und dunkel stellen oder mit dunklem Tuch abdecken. Glas täglich umdrehen. Erde nicht austrocknen lassen. Kühl halten (13–16 °C).

3 Wenn die Samen keimen, hell stellen und Glasscheibe entfernen.

4 Sind die Sämlinge groß genug, auf 2,5 cm Abstand ausdünnen. Dabei die schwächeren Pflänzchen herausziehen.

5 Gedeihen die Pflänzchen kräftig, einzeln in kleine Töpfe setzen. Daran denken, daß sie kühl stehen müssen.

Umtopfen

1 Aus Samen gezogene junge Pflanzen oder Knollen, deren Wurzelballen zu groß ist, umtopfen, ältere Pflanzen, nachdem Blüten und Blätter abgestorben sind und sich neue entwickeln. Vor dem Umtopfen alle alten Blüten und Blätter entfernen.

2 Für junge Pflanzen einen etwas größeren Topf, für ältere einen Topf gleicher Größe nehmen. Drainage und feuchte Lehmerde Nr. 2 einfüllen.

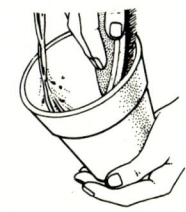

3 Alten Topf ggf. reinigen.

4 Topf so halten, daß Pflanze zwischen den Fingern und Erde unter der Handfläche liegt. Topfrand aufklopfen. Pflanze kommt mit Erde heraus.

5 Nicht die alte Erde entfernen, denn die Wurzeln könnten verletzt werden.

6 Wurzelballen auf die Erde im neuen Topf setzen.

7 Topf mit neuer Erde füllen. Die Knolle sollte zur Hälfte aus der Erde herausstehen. Schattig stellen und 2 Tage nicht gießen, damit Wurzeln in die neue Erde wachsen.

Cyperus diffusus (Cyperus argenteostriatus)

Zypergras, Sauergras

Die Familie der *Cyperaceae* umfaßt etwa 400 Arten, die in allen tropischen und subtropischen Gebieten beheimatet sind. Die meisten dieser ausdauernden Pflanzen sehen Binsen oder Gras sehr ähnlich, und eine Art, der Papyrus, war schon den alten Ägyptern bekannt, die aus ihm Pergament herstellten. Eine andere Art entwickelt eßbare Knollen. Alle Arten lieben Wasser und wachsen in der Natur in Sümpfen, langsam fließenden Flüssen oder Seen. Und da sie am liebsten im Wasser stehen, sind sie eine Wohltat für ungeschickte Amateure, denn sie können einfach nicht zu viel gegossen werden. In Hydrokultur gedeihen sie gut.

Die faszinierenden, aber nicht besonders hübschen Blüten sind braun, ährig und wachsen über den Blättern.

Als Zimmerpflanzen werden zwei Arten gezogen, die aus Madagaskar kommen und erstmals 1870 eingeführt wurden. *Cyperus alternifolius* hat einen kompakteren Wuchs und wird meist nicht größer als 30 bis 45 cm. *C. diffusus* (*C. argenteostriatus*) ist mit Stengeln bis zu 1 m und größeren Blattschöpfen eindrucksvoller. Außerdem gibt es *C. alternifolius* ›Albo Variegata‹ mit weißgestreiften Blättern.

Beide Arten sind leicht zu vermehren und für den Anfänger empfehlenswert. Man bekommt sie aber nicht immer. Da die Blätter im Winter mitunter absterben, werden die Pflanzen in den Sommermonaten häufiger angeboten. Wählen Sie üppig wachsende Pflanzen aus. Pflanzen mit gelben oder braunen Blättern sind irgendwann einmal ausgetrocknet.

Die Cyperus-Arten sind anmutige Sumpfpflanzen.

Links: Die grasähnlichen Blüten von *Cyperus alternifolius.*

Rechts: Aus der Erde wachsen junge, blaßgrüne Wedel von *Cyperus diffusus.*

Unten: Cyperus alternifolius hat schmale Blätter.

Größe: *C. alternifolius* wird in einem 12-cm-Topf bis zu 45 cm hoch und 25 cm breit. *C. argenteostriatus* erreicht 1 m Höhe und mindestens 45 cm Durchmesser. *C. alternifolius* sollte als Jungpflanze gestützt werden, da sich die Stengel umbiegen und leicht abknicken. Dann erholen sie sich nicht mehr.
Wachstum: Die Pflanzen wachsen recht schnell und entwickeln pro Wachstumsperiode 5 oder 6 neue Blätter.
Blütezeit: Während des ganzen Sommers.
Duft: Keiner.
Licht: Im Sommer mögen sie die heiße Mittagssonne nicht, müssen aber hell stehen. Nord- und Ostfenster sind ideal.
Temperatur: Eine Mindesttemperatur von 12 °C im Winter gefällt ihnen gut, doch bei verbesserter Luftfeuchtigkeit vertragen sie auch höhere Temperaturen. Die Sommertemperatur sollte bei 20 °C liegen, höchstens aber bei 25 °C.
Gießen: Immer naß halten, sie können sogar im Wasser stehen. Trocknet die Erde aus, werden die Pflanzen innerhalb von 24 Stunden gelb.
Düngen: Während des Sommers alle 14 Tage Flüssigdünger ins Gießwasser geben.
Luftfeuchtigkeit: Da sie Wasser lieben, möglichst täglich besprühen. Pflanzen entweder im Wasser stehen lassen oder den Topf in einen Behälter mit nassem Torf setzen.
Säubern: Sprühen reicht aus. Im Sommer nach draußen in den Regen stellen. Kein Blattglanz benutzen.

Luft: Nicht in die Nähe von Feuern, Heizungen usw. stellen.
Erde: Lehmerde Nr. 2.
Umtopfen: Jedes Frühjahr. Man darf keine zu großen Töpfe verwenden.
Schnitt: Alte, abgestorbene Blätter werden herausgeschnitten.
Vermehrung: Pflanzen in zu kleinen Töpfen werden im Frühjahr in zwei Teile geteilt. Behutsam trennen und jeden Teil einzeln eintopfen. Man kann auch durch Blätter vermehren, die noch an der Pflanze wachsen. Diese werden nach der Blüte bei 16 °C in warmes Wasser gesteckt. Oder man sät im Frühjahr bei 18 bis 21 °C Samen aus.
Lebenserwartung: Die Pflanzen halten sehr lang und entwickeln immer wieder neue Blätter, die verwelkte ersetzen. Im Winter können sie in kalten Räumen absterben. Dann werden die Stengel gelb, und die Blätter fallen ab. In diesem Fall schneidet man die Pflanzen zurück. Sie treiben im Frühjahr neu aus.
Pflanzgruppen: Sie eignen sich gut für gemischte Schalen, sofern sie dort feucht genug stehen.
Schwierigkeitsgrad: Gute Pflanzen für Anfänger und alle, die ihre Pflanzen gern zu viel gießen.

Umtopfen

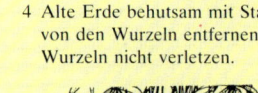

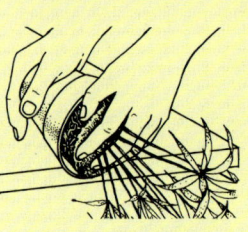

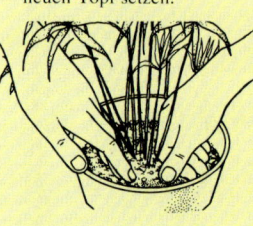

1 Im Frühjahr umtopfen, wenn Stengel zu dicht stehen, die Pflanze kopflastig ist und keine neuen Triebe mehr kommen. Pflanze gut gießen.

2 In einen etwas größeren Topf kommt eine Drainageschicht und feuchte Lehmerde Nr. 2.

3 Topf so halten, daß Pflanze zwischen den Fingern und Erde unter der Handfläche liegt. Topfrand aufklopfen. Pflanze kommt mit Erde heraus.

4 Alte Erde behutsam mit Stab von den Wurzeln entfernen. Wurzeln nicht verletzen.

5 Wurzelballen auf die Erde im neuen Topf setzen.

6 Topf mit neuer Erde füllen. Die Wurzeln müssen bedeckt sein. Erde gut andrücken. Die umgetopfte Pflanze ins Wasser stellen.

Kranke Pflanzen

1 *Blätter werden plötzlich gelb oder braun:* Ausgetrocknet. Sofort gießen. Topf ins Wasser stellen.

2 *Blätter sterben im Winter ab, Stengel gelb:* Zu kalt. Abschneiden. Im Frühjahr kommen neue Triebe.

3 *Blätter matt und kraftlos:* Zu wenig Licht. Heller stellen.

4 *Blätter mit grünen Insekten verklebt:* Blattläuse. Mit Pyrethrum oder systemischem Insektizid spritzen.

5 *Weiße Insekten an der Pflanze:* Weiße Fliege. Mit Derris spritzen.

Luftfeuchtigkeit

Cyperus sind Sumpfpflanzen und brauchen ständig Wasser und Luftfeuchtigkeit. Den Topf auf einen Untersetzer mit nassen Kieseln stellen. Der Topfboden sollte nicht im Wasser stehen. Stets neues Wasser nachgießen, um Wasserspiegel zu halten.

Sprühen

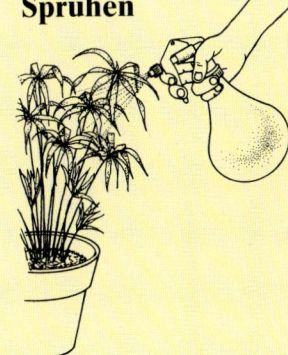

Täglich – möglichst mit Regenwasser – übersprühen. Sprühabstand 15 cm.

Wurzelteilung

Große, alte Pflanzen im Frühjahr teilen.

1 In 2 Töpfe kommt eine Drainage und Erde.

3 Wurzeln und Stengel vorsichtig auseinanderziehen.

2 Pflanze aus dem Topf nehmen. Alte Erde entfernen.

4 Beide Teile wie gewohnt eintopfen.

Vermehrung

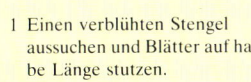

1 Einen verblühten Stengel aussuchen und Blätter auf halbe Länge stutzen.

4 Gefäß und Pflanze warm halten, Wasser alle 4–5 Tage auswechseln. Neue Pflanzen wachsen an den Blattachseln.

2 Holzkohlenstückchen in ein flaches Gefäß legen und es mit Wasser füllen.

3 Stengel so umbiegen, daß Blätter vollständig im Wasser sind. Der Stengel darf beschädigt, aber nicht ganz von der Mutterpflanze abgetrennt sein.

5 Wenn jede 3 oder 4 Blätter hat, behutsam vom alten Blatt abnehmen und einzeln in kleine Töpfe setzen. Diese auf Untersetzer mit Wasser stellen. Das alte Blatt an der Basis abschneiden.

Schnitt

1 Wenn die Temperatur im Winter zu tief sinkt, können die Stengel absterben. Über der Erde abschneiden. Topf weiter ins Wasser stellen.

2 Im Frühjahr treibt die Pflanze neu aus.

Dieffenbachia amoena

Dieffenbachie

Die *Dieffenbachie* ist eine sehr attraktive Pflanze, die aus Brasilien kommt und ihren Namen einem Herrn Dieffenbach verdankt, der 1830 in Schönbrunn Obergärtner war. Die Gattung umfaßt etwa 20 Arten und gehört zur Familie der *Araceae*.

Dieffenbachien haben breite, charakteristische Blätter mit feiner Scheckung, die je nach Art verschieden ausfällt. Bis vor kurzem wurden sie nur von Sammlern in Tropenhäusern gezogen, aber mit ein wenig Wissen und Sorgfalt kann man die heute im Handel befindlichen Arten erfolgreich im Zimmer halten. Sie eignen sich auch gut für Hydrokultur. Wie *Aglaonema* (s. S. 20) vertragen sie halbschattige Standorte besser als andere Pflanzen mit geschecken Blättern. Daher kann man sie gut zusammen mit grünen, dickblättrigen Arten in dunkle Ecken stellen.

Der Saft der Dieffenbachie ist angeblich sehr giftig. Wenn er an die Lippen oder in den Mund kommt, schwillt die Zunge, und das Sprechen wird schwierig. Deshalb sollte man sich immer die Hände waschen, wenn man die Pflanze angefaßt hat.

Es ist normal, daß Dieffenbachien im Laufe der Zeit die unteren Blätter verlieren. Schließlich wird der Stamm zu groß und schwer zu handhaben. Wenn Sie die Pflanzen dann zurückschneiden, treiben sie jedoch neu aus.

Die meisten der angebotenen Pflanzen sind Hybriden oder Sorten von *Dieffenbachia picta (D. maculata)*. Die großblättrigen Sorten wurden aus *D. amoena* gezüchtet. Achten Sie beim Kauf darauf, daß die Pflanzen kräftig und die Blätter nicht verblaßt sind. Von Pflanzen, deren untere Blätter gelb zu werden beginnen, ist abzuraten. Dies gilt auch für Exemplare mit beschädigten Blättern und geknickten Mittelrippen.

Oben: Dieffenbachia ›Exotica Perfecta‹.

Oben: Die geschecktteste Art, *Dieffenbachia* ›Pia‹.

Unten: Dieffenbachia ›Tropic Snow‹ hat dicke, sukkulente Blätter.

Rechts: Ein großes buschiges Exemplar von *Dieffenbachia amoena*.

Größe: Kleinere Arten werden meist in 12-cm-Töpfen verkauft und bis zu 60 cm groß. Größere Arten erreichen 120 cm Höhe.

Wachstum: Recht schnell, je nach Sorte im Haus 30 bis 45 cm pro Jahr.

Blütezeit: Einige der älteren Pflanzen entwickeln eine Blüte. Sie erinnert an die des Aronstabs, ist grün, dünn und recht unscheinbar. Von kommerziellen Züchtern wird sie oft entfernt.

Duft: Keiner.

Licht: Sie brauchen nicht am Fenster zu stehen, mögen es aber hell. Dies gilt besonders für die stärker geschecken Arten.

Temperatur: Anspruchsloser als allgemein angenommen. Sie bevorzugen 15 bis 18 °C, vertragen für kurze Zeit aber auch 10 °C, obwohl sie dann manchmal die unteren Blätter verlieren. Höchsttemperatur im Sommer 24 °C, vorausgesetzt, die Luftfeuchtigkeit ist hoch.

Gießen: Möglichst Regenwasser benutzen, das im Winter lauwarm sein sollte. Im Frühjahr und Sommer gut gießen, etwa 2- bis 3mal pro Woche. Im Winter gerade feucht halten und nicht öfter als alle 7 oder 8 Tage wässern.

Düngen: Im Sommer wird 1mal monatlich Flüssigdünger ins Gießwasser gegeben.

Luftfeuchtigkeit: Blätter alle 2 bis 3 Wochen mit einem Schwamm abwischen. Da sie leicht brechen, muß man sie stützen.

Luft: Die Pflanzen scheinen recht anspruchslos und vertragen, von Ölabgasen und kalter Zugluft abgesehen, fast alles.

Erde: Lehmerde Nr. 3.

Umtopfen: Jedes Frühjahr in einen etwas größeren Topf setzen.

Schnitt: Die unteren Blätter entfernt man, wenn sie verwelken. Wuchernde Pflanzen werden auf 10 cm zurückgeschnitten und treiben dann neu aus. Die oberen Pflanzenteile können zur Vermehrung durch Kopfstecklinge und Stammstücke (8 cm) verwendet werden. Man sollte sie 2 Tage abtrocknen lassen, dann bei 21 bis 24 °C in die Erde eines Vermehrungskastens setzen und anschließend gut feucht halten. Handschuhe tragen.

Lebenserwartung: Sehr hoch. Gewöhnlich verwelken aber die unteren Blätter, und die Pflanzen werden »hochbeinig«. Daher sollte man sie alle 3 bis 4 Jahre ersetzen.

Pflanzgruppen: Kleinere Sorten können mit den meisten Grünpflanzen zusammen in Schalen gepflanzt werden. Größere Pflanzen sollten einzeln stehen.

Schwierigkeitsgrad: Sie erfordern einige Erfahrung.

Umtopfen

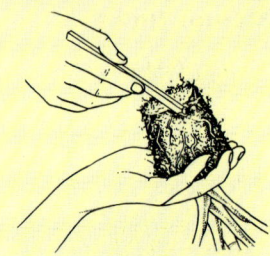

1 Im Frühjahr umtopfen, wenn Pflanze kopflastig ist und keine neuen Blätter kommen. Pflanze gut gießen.

4 Alte Erde behutsam mit Stab von den Wurzeln entfernen. Wurzeln nicht verletzen.

2 In einen größeren Topf kommt eine Drainage und Lehmerde Nr. 3.

5 Wurzelballen auf die Erde im neuen Topf setzen.

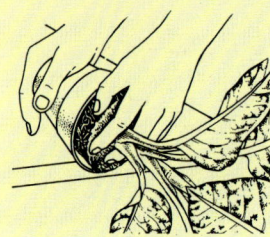

3 Topf so halten, daß Pflanze zwischen den Fingern und Erde unter der Handfläche liegt. Topfrand aufklopfen. Pflanze kommt mit Erde heraus.

6 Topf mit neuer Erde füllen. Wurzeln müssen bedeckt sein. 2 Tage nicht gießen und schattig stellen, damit Wurzeln in die neue Erde wachsen.

Kranke Pflanzen

1 *Untere Blätter fallen ab:* Zu kalt. Wärmer stellen.

2 *Blätter gelb:* Zu naß. Erde austrocknen lassen, bis Pflanze sich erholt hat. Dann, vor allem im Winter, seltener gießen.

3 *Blätter und Stengel faulen una werden schleimig:* Durch Sprühen bei Kälte. Sprühen einstellen und mit Netzschwefel bestäuben.

4 *Obere Bätter klein:* Zu wenig Licht. Heller stellen.

5 *Weiße wollige Flecken auf den Blättern:* Wolläuse. Mit Watte und Spiritus abwischen bzw. mit Malathion oder systemischem Insektizid spritzen.

6 *Blätter gelb, Gespinste an den Unterseiten:* Spinnmilben. Mit Derris, Malathion oder systemischem Insektizid spritzen. Luftfeuchtigkeit erhöhen.

Stammstücke

Eine alte Pflänze, die ihre Blätter verloren hat, zur Vermehrung nehmen.

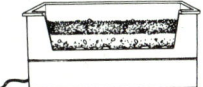

1 In einen Vermehrungskasten oder eine Saatschale kommt Sand und Torf (Verhältnis 1:1).

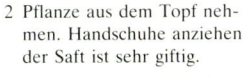

2 Pflanze aus dem Topf nehmen. Handschuhe anziehen, der Saft ist sehr giftig.

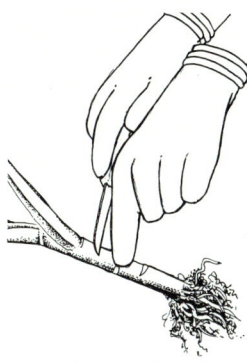

3 Den Stamm auf eine harte Fläche legen und in etwa 7 cm lange Abschnitte teilen, von denen jeder einen Blattansatz haben muß.

4 Die unteren Schnittflächen in Bewurzelungsmittel tauchen.

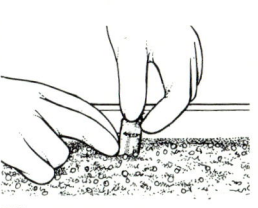

5 Die Abschnitte aufrecht so in die Erde stecken, daß das Ende, welches am Stamm unten war, in der Erde ist.

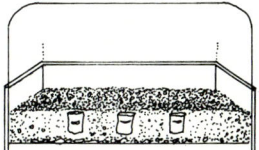

6 Gießen und Haube aufsetzen. Täglich 5 Minuten abnehmen, um Fäule vorzubeugen. Erde nicht austrocknen lassen. Temperatur 21–24 °C.

7 An den Stücken entwickeln sich neue Triebe. Wenn sie gut gedeihen, wie gewohnt eintopfen.

Luftfeuchtigkeit

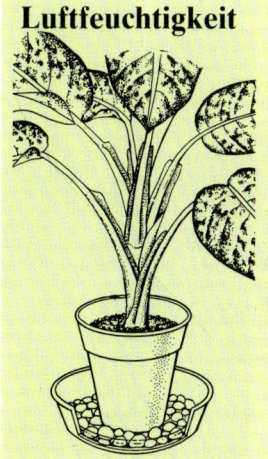

Den Topf auf einen Untersetzer mit Kieseln und Wasser stellen. Der Topfboden darf nicht im Wasser stehen.

Blätter säubern

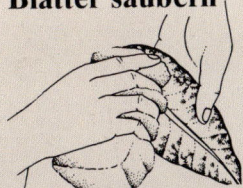

Der Saft der *Dieffenbachie* ist sehr giftig. Wenn er an Lippen oder in den Mund kommt, verursacht er Schwellungen und Atemprobleme. Deshalb beim Schnitt u.ä. Arbeiten stets Handschuhe tragen und sich sonst die Hände gut waschen.

Staub mit einem weichen Tuch oder Schwamm und lauwarmem Wasser abwischen. Blatt mit der anderen Hand stützen.

Kein Blattglanz verwenden.

Schnitt

1 Wuchernde Pflanzen, die ihre unteren Blätter verloren haben, im Frühjahr schneiden.

2 Stengel 10 cm über der Erde oberhalb eines Blattansatzes abschneiden.

3 Gut gießen und bei mindestens 15 °C halten. Am Stamm kommen neue Blätter.

Dipladenia sanderi

Dipladenie

Dies ist eine schlingende Pflanze für das Gewächshaus, die, wenn sie sorgfältig geschnitten wird, auch als kleine, buschige Zimmerpflanze gehalten werden kann. Sie gehört zur Familie der *Apocynaceae*, und es gibt etwa 40 Arten, von denen die meisten aus dem tropischen Südamerika kommen. Der Name leitet sich von den beiden griechischen Wörtern diplous, doppelt und aden, Drüse ab. Er bezieht sich auf die beiden Drüsen im Fruchtknoten der Blüte. Die Blätter sind oval und gegenständig, die Blüten trichterförmig und oben nach außen gebogen. Sie wachsen gewöhnlich an einer Stengelspitze, wo mitunter drei oder vier Blüten nacheinander aufgehen.

Dipladenien sind rankende oder schlingende Pflanzen und bekommen bald lange Stengel, die an Gittern oder Drähten gezogen werden müssen. Wenn man sie nach der Blüte zurückschneidet, kann man die Pflanzen für einige Jahre kompakt und buschig halten.

Gewöhnlich werden zwei Sorten verkauft. *Dipladenia sanderi* ›Rosea‹ hat hübsche rosafarbene Blüten mit maximal 8 cm Durchmesser und einem gelben Schlund. Die Blüten von *D. boliviensis* sind kleiner und weiß und duften recht intensiv. *D. sanderi* wird manchmal auch unter *Mandevilla splendens* geführt.

Dipladenien sind im Haus nicht einfach zu halten, denn sie brauchen viel Luftfeuchtigkeit. Manchmal bekommt man die Pflanzen nur schwer. Kaufen Sie ab Juni Exemplare mit üppigem Blattwerk und Blütenknospen. Nehmen Sie keine Pflanzen mit glanzlosen oder welken Blättern.

Links: Die weißen Blüten von *Dipladenia boliviensis* duften stark.

Rechts: Dipladenien sind Kletterpflanzen, die im Topf Stützen brauchen und erzogen werden müssen.

Unten: Dipladenia sanderi ›Rosea‹ hat rosa und gelbe Blüten.

Größe: Bei sorgfältigem Schnitt bleiben die Pflanzen etwa 45 cm groß, ohne Schnitt können sie bald 5 m erreichen.

Wachstum: Ohne Schnitt wachsen sie pro Jahr 60 cm und mehr.

Blütezeit: Vom Frühsommer bis zum Frühherbst.

Duft: Sehr unterschiedlich. *D. boliviensis* hat einen angenehmen Geruch.

Licht: Sie brauchen viel Licht und vertragen auch etwas Sonne.

Temperatur: Wenn die Pflanzen im Winter fast trocken stehen, vertragen sie bis 13 °C. Sollen sie gesund bleiben, sind 15 °C aber besser. Sommertemperatur 18 °C. Steigt die Temperatur über 21 °C, muß für eine hohe Luftfeuchtigkeit gesorgt werden.

Gießen: Im Sommer gut gießen, möglichst 2- bis 3mal in der Woche. Im Winter kaum wässern und warten, bis die Pflanzen welk aussehen. Man sollte immer lauwarmes Wasser verwenden.

Düngen: Im Sommer alle 14 Tage die Hälfte der empfohlenen Menge Flüssigdünger ins Gießwasser geben.

Luftfeuchtigkeit: Sie brauchen hohe Luftfeuchtigkeit. Den Topf auf nasse Kiesel stellen, und die Pflanzen nach Möglichkeit während des ganzen Jahres täglich mit lauwarmem Wasser besprühen.

Säubern: Das tägliche Sprühen hält die Blätter sauber. Kein Blattglanz verwenden.

Luft: Den meisten Bedingungen gegenüber recht tolerant, wenn die Luftfeuchtigkeit hoch genug ist. Während der Blüte mögen sie etwas Lüftung.

Erde: Entweder Lehmerde Nr. 2 oder Torferde.

Umtopfen: Im ersten Jahr muß vielleicht 2- oder 3mal umgetopft werden, falls die Pflanzen schnell wachsen. Danach jedes Frühjahr umtopfen oder die obere Erdschicht erneuern.

Schnitt: Sollen sie buschig bleiben, wird das junge Holz jedes Jahr nach der Blüte auf 5 cm zurückgeschnitten. Damit die Pflanzen ranken, läßt man den Haupttrieb wachsen und stutzt nur die Seitentriebe zurecht.

Vermehrung: Im Frühjahr 8 bis 10 cm lange Kopfstecklinge bei 25 °C in einem beheizten Vermehrungskasten bewurzeln lassen. Diese Stecklinge blühen noch im gleichen Jahr.

Lebenserwartung: Mit Pflege und Sorgfalt halten die Pflanzen lange, anderenfalls können sie schon nach einem Monat eingehen. Hohe Luftfeuchtigkeit ist der Schlüssel zum Erfolg.

Pflanzgruppen: Obwohl sie am besten allein stehen, kann man sie während der Blüte als Farbfleck vorübergehend in gemischte Schalen setzen.

Schwierigkeitsgrad: Keine Pflanzen für den Anfänger. Am besten gedeihen sie im Wintergarten oder im Gewächshaus.

Luftfeuchtigkeit

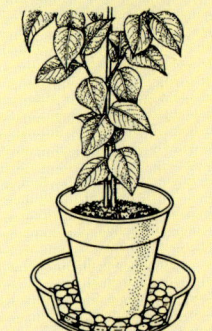

Topf auf einen Untersetzer mit Wasser und Kieseln stellen. Der Topfboden darf nicht im Wasser stehen.

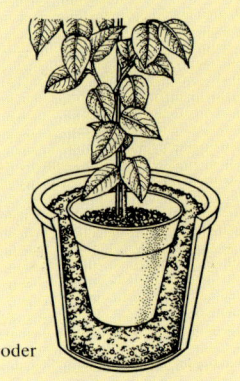

oder

Topf in einen Behälter mit feuchtem Torf setzen.

Schnitt

1 Dipladenien nach der Blüte schneiden, damit der Wuchs buschiger wird. Neue Triebe auf 5 cm kürzen.

2 Schnitte mit einer Gartenschere oberhalb von einem Blattansatz machen.

3 Weiter unten am Stengel kommen neue Seitentriebe.

Kranke Pflanzen

1 *Blätter gelb und fallen ab:* Im Winter zu kalt. Wärmer stellen. Im Sommer durch Sprühen mit lauwarmem Wasser Luftfeuchtigkeit erhöhen.

2 *Weiße wollige Flecken auf den Blättern:* Wolläuse. Mit Watte und Spiritus abwischen bzw. mit Malathion oder systemischem Insektizid spritzen.

3 *Blätter gelb, Gespinste an den Unterseiten:* Spinnmilben. Mit Derris, Malathion oder systemischem Insektizid spritzen. Durch tägliches Sprühen Luftfeuchtigkeit erhöhen.

4 *Blätter verfärbt, braune schuppige Insekten an Stengeln und Blättern:* Schildläuse. Mit Spiritus abwischen oder mit systemischem Insektizid spritzen.

Kopfstecklinge

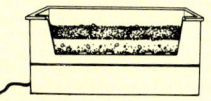

1 In einen Vermehrungskasten kommt Torf und Sand (1:1).

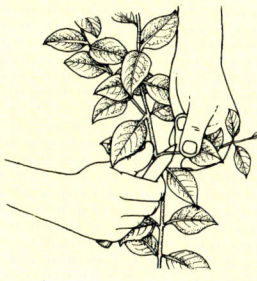

2 Einen Trieb mit mindestens 2 gesunden Blattpaaren und einem Wachstumspunkt nehmen. Trieb unterhalb des zweiten Blattpaares abschneiden. Länge 8–10 cm.

3 Stengel direkt unterhalb eines Blattes abschneiden.

4 Das untere Blattpaar entfernen.

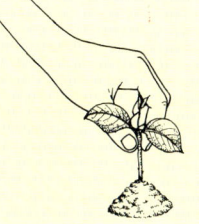

5 Schnittfläche in Bewurzelungsmittel tauchen. Überschuß abschütteln.

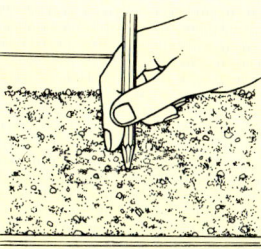

6 Löcher in die Erde drücken.

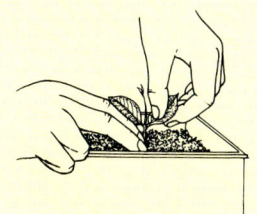

7 Stecklinge einsetzen. Das Ende muß am Lochboden, die Blätter gerade über der Erde sein.

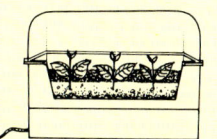

8 Gut gießen und Haube aufsetzen. Täglich 5 Minuten entfernen, um Fäule vorzubeugen. Erde nicht austrocknen lassen. Temperatur 25 °C.

9 Haube nach 3 Wochen abnehmen. Wenn Stecklinge gut wachsen, in normale Erde setzen.

Umtopfen

1 Im Frühjahr umtopfen, wenn Wurzeln aus dem Abzugsloch kommen und Pflanze nicht mehr wächst. Gut gießen.

2 In einen etwas größeren Topf kommt eine Drainageschicht und feuchte Lehmerde Nr. 2.

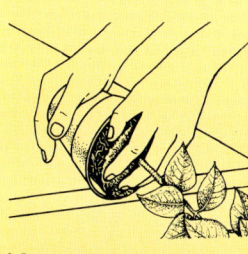

3 Topf so halten, daß Pflanze zwischen den Fingern und Erde unter der Handfläche liegt. Topfrand aufklopfen. Pflanze kommt mit Erde heraus.

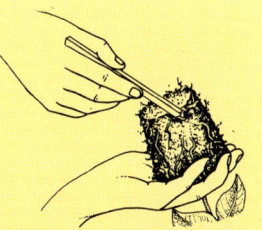

4 Alte Erde behutsam mit Stab von den Wurzeln entfernen. Wurzeln nicht beschädigen.

5 Wurzelballen auf die Erde im neuen Topf setzen.

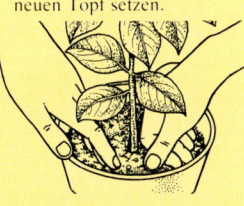

6 Topf mit neuer Erde füllen. Wurzeln müssen bedeckt sein. Erde gut andrücken. 2 Tage nicht gießen und schattig stellen, damit Wurzeln in die neue Erde wachsen.

Dracaena schryveriana

Drachenbaum

Dracaena gehört zur Familie der *Agavaceae* und ihr Name kommt von dem griechischen Wort drakaina, was so viel wie weiblicher Drache heißt. Die Gattung umfaßt etwa 40 Arten tropischer, palmenähnlicher Pflanzen aus Afrika und Asien. Es sind sehr beliebte und recht robuste Zimmerpflanzen, die sehr unterschiedliche Temperaturen vertragen. Manche wachsen in gemäßigteren, milderen Klimazonen auch draußen. *Dracaena* ist mit *Cordyline* verwandt, und die Pflanzen werden oft verwechselt und unter falschem Namen verkauft. Dracaena hat insgesamt weniger auffällig gefärbte Blätter als Cordyline und ist meist grün oder weißbunt.

In der Natur werden die Pflanzen bis zu 6 m hoch und bekommen dicke Stämme. Als Zimmerpflanzen erreichen sie gewöhnlich 40 bis 60 cm. Seit einiger Zeit werden Stämme mit 2,5 cm Durchmesser und 30 bis 100 cm Länge importiert, die unter Glas gepflanzt werden und an den Spitzen Schöpfe aus jungen Rosetten entwickeln.

D. deremensis hat hübsche grüngrau gestreifte Blätter, *D. schryveriana* ist gelbgrün gezeichnet, und *D. fragans* (= wohlriechend) hat ihren Artnamen von der stark duftenden Blüte, die sich im Altersstadium entwickelt, und breite, grüne Blätter. Diese Art ist für die oben beschriebene Zuchtweise mit Stämmen geeignet. Bei der bunten Sorte handelt es sich um *D. f.* ›Massangeana‹. *D. marginata* hat sehr dünne, fast kupferartige Blätter und steht gut in gemischten Schalen. *D. m.* ›Tricolor‹ ist sehr hübsch, aber recht zart, und *D. sanderiana* ist eine Miniatursorte mit cremefarben und grün gestreiften Blättern. Auch sie eignet sich gut für kleine Schalen.

Außerdem gibt es zwei Arten für Veranden und geschützte Gärten. Es sind *D. parrii* und *D. indivisa*, die beide riemenartige Blätter haben, welche sich von der Mitte nach außen biegen.

Achten Sie beim Kauf auf einen üppigen Wuchs und makellose Blätter. Die bunten Sorten sollten eine klare, kräftige Färbung haben.

Oben: Dracaena fragrans.

Oben: Dracaena schryveriana mit weißen Streifen.

Unten: Dracaena marginata. Ein Exemplar mit vielen Schöpfen.

Rechts: Dracaena schryveriana.

Umtopfen

Größe: Meist 45 bis 60 cm, aus Stämmen gezogen 45 bis 120 cm. Der Durchmesser der Schöpfe ist unterschiedlich und kann 1 m erreichen.

Wachstum: Recht langsam, meist etwa 10 bis 15 cm pro Jahr.

Blütezeit: Während der Sommermonate können vollentwickelte Pflanzen blühen. Es bildet sich ein Stiel mit vielen sternförmigen, cremefarbenen Blüten.

Duft: Die Blüten haben einen schweren, tropischen Duft.

Licht: Zur Erhaltung der Blattfärbung ist viel Licht notwendig. Die sommerliche Mittagssonne ist aber zu stark.

Temperatur: Die Pflanzen mögen recht hohe Temperaturen zwischen 18 und 21 °C, vertragen aber auch 13 °C, wenn das Gießen reduziert wird. Höchsttemperatur im Sommer 24 °C.

Gießen: Im Sommer mäßig, 1- oder 2mal, im Winter 1mal in der Woche gießen. Die Erde nie durchtränken oder vollständig austrocknen lassen.

Düngen: Im Sommer alle 14 Tage Flüssigdünger ins Gießwasser geben.

Luftfeuchtigkeit: Den Pflanzen tut es gut, 2mal pro Woche besprüht zu werden. Nicht in der Sonne sprühen.

Säubern: Blätter können mit einem feuchten Tuch abgewischt werden. Blattglanz sollte nicht öfter als alle 2 Monate verwendet werden.

Luft: Den meisten Bedingungen gegenüber recht tolerant. Zugluft mögen sie nicht.

Erde: Lehmerde Nr. 2 oder Torferde.

Umtopfen: Am besten nicht öfter als alle 2 oder 3 Jahre im März. Es muß für eine gute Drainage gesorgt sein.

Schnitt: Nicht notwendig. Es werden nur beschädigte und verwelkte Blätter entfernt.

Vermehrung: Durch Kopfstecklinge oder 8 cm lange Stammstücke. Diese wurzeln leicht im Frühjahr bei 24 °C in einem feuchten Vermehrungskasten.

Lebenserwartung: Mindestens 5 oder 6 Jahre. Aufgrund von trockener Luft kann der untere Stengelteil aber kahl werden.

Pflanzgruppen: Sie stehen gut in gemischten Schalen und mögen die Gesellschaft der meisten anderen Gewächshauspflanzen. Mit ihren kräftig gefärbten und weißbunten Blättern bilden sie einen hübschen Kontrast zu *Ficus, Philodendron, Hedera* usw.

Schwierigkeitsgrad: Recht unkomplizierte Pflanzen.

1 Nur alle 2 oder 3 Jahre umtopfen, wenn Pflanze kopflastig ist oder Wurzeln aus dem Abzugsloch wachsen. Gut gießen.

2 In einen etwas größeren Topf kommt eine Drainageschicht und feuchte Lehmerde Nr. 2.

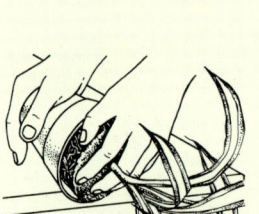

3 Topf so halten, daß Pflanze zwischen den Fingern und Erde unter der Handfläche liegt. Topfrand aufklopfen. Pflanze kommt mit Erde heraus.

4 Alte Erde behutsam mit Stab von den Wurzeln entfernen. Wurzeln nicht verletzen.

5 Wurzelballen auf die Erde im neuen Topf setzen.

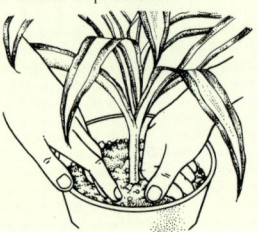

6 Topf mit neuer Erde füllen. Wurzeln müssen bedeckt sein. Erde gut andrücken. 2 Tage nicht gießen und schattig stellen, damit Wurzeln in die neue Erde wachsen.

84

Kranke Pflanzen

1 *Blätter fallen ab:* Zu trocken und warm. Gießen und sprühen.

2 *Blätter blaß:* Nicht genug Licht. Heller stellen.

3 *Blätter verfärbt, braune schuppige Insekten an Stengeln und Blättern:* Schildläuse. Mit Watte und Spiritus entfernen bzw. mit Malathion oder systemischem Insektizid spritzen.

4 *Blätter gelb, Gespinste an den Unterseiten:* Spinnmilben. Mit Derris, Malathion oder systemischem Insektizid spritzen. Luftfeuchtigkeit verbessern.

5 *Blätter haben graubraune Flecken:* Blattfleckenkrankheit. Mit systemischem Fungizid spritzen.

6 *Pflanze wächst nicht, wirft Blätter ab:* Zu kalt. Wärmer stellen.

7 *Pflanze matt, Blätter faulen evtl. auch Wurzeln:* Zu naß. Erde austrocknen lassen. Dann weniger gießen.

8 *Neue Blätter verformt und klein, im Frühjahr kein Wachstum:* Düngen.

Kopfstecklinge

Ein Vermehrungskasten eignet sich für die Pflanze am besten, doch man kann auch versuchen, sie über eine Heizung zu stellen und mit Folie abzudecken.

1 In einen Vermehrungskasten kommt Torf und Sand (1:1).

2 Einen Trieb mit mindestens 2 gesunden Blattpaaren und einem Wachstumspunkt nehmen. Trieb unterhalb des zweiten Blattpaares abschneiden. Länge 8–10 cm.

3 Stengel direkt unterhalb eines Blattes abschneiden.

4 Das untere Blattpaar entfernen.

5 Schnittfläche in Bewurzelungsmittel tauchen. Überschuß abschütteln.

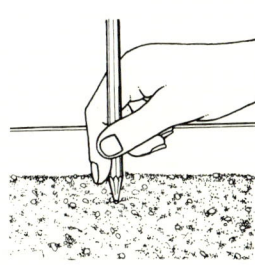

6 Mit einem Stift Löcher in die Erde machen.

7 Steckling einsetzen. Das Ende muß am Lochboden, die Blätter gerade über der Erde sein.

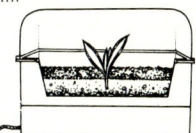

8 Gut gießen und Haube aufsetzen. Anstelle von einem Vermehrungskasten Drahtbogen einsetzen, Plastiktüte überziehen und über eine Heizung stellen. Temperatur 24 °C. Abdeckung täglich 5 Minuten entfernen. Erde nicht austrocknen lassen.

9 Abdeckung nach 3 Wochen abnehmen. Wenn Stecklinge gut wachsen, in normale Erde setzen.

Blätter stutzen

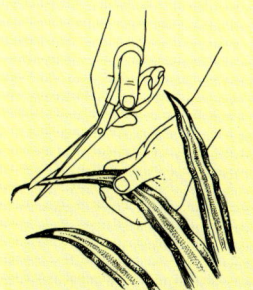

Braune Blattspitzen oberhalb des gesunden Gewebes abschneiden. Dieses nicht verletzen. Zuspitzen.

Sprühen

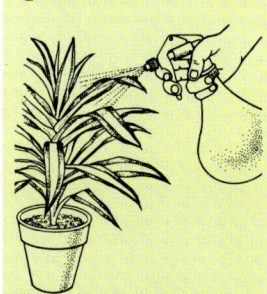

2mal wöchentlich mit feinem Zerstäuber sprühen. Sprühabstand 15 cm.

Erica hiemalis

Glockenheide

Es gibt etwa 500 bekannte Arten der Gattung Erica, von denen nicht weniger als 470 in Südafrika beheimatet sind, sieben oder acht im tropischen Afrika und der Rest in Europa. Unglücklicherweise kann die Glockenheide, die als Topfpflanze verkauft wird, nur als Gast in unseren Zimmern betrachtet werden, denn meist ist es dort für sie im Winter zu warm. Auf der anderen Seite ist sie frostempfindlich und überlebt in einem kälteren Klima draußen gewöhnlich nicht. Am besten hält man sie als Blütenpflanze, die vom Fachmann gezogen wird. Man freut sich einige Wochen an ihr und wirft sie dann weg. So bringt sie im Spätherbst und Frühwinter etwas Farbe ins Haus, bevor die Azaleen zu blühen beginnen.

Die Glockenheide steht am besten kühl. Verschiedene Hybriden (unten) kann man aus Samen ziehen.

Oben: Erica ›Limelight‹.

Rechts: Erica hiemalis.

Wenn man eine Pflanze mehrere Jahre halten will, stellt man sie während der Blüte in den kühlsten Raum der Wohnung und läßt sie anschließend bei 7 °C ruhen. Im Mai wird sie in den Garten gepflanzt und Ende September wieder ins Haus gebracht, bevor sich die Blüten entwickeln.

E. gracilis seit 1774 bekannt, hat intensiv rosa Blüten. Die weiße Form wird als *E. gracilis* ›Alba‹ oder manchmal als *E. nivalis* geführt. Diese Pflanze kommt zuerst in die Geschäfte und wird kurz vor Weihnachten von *E. hiemalis* mit längeren weißrosa Glocken gefolgt. Bei allen Varietäten halten die einzelnen Blüten sehr lang.

E. gracilis pflanzt man heute auch im Winter nach draußen. Nach der Blüte wird die ganze Pflanze rostfarben und bildet auch dann noch einen hübschen Kontrast zu grünen und anderen Pflanzen.

Kaufen Sie Glockenheide, die gerade zu blühen beginnt. Die Blüten müssen frisch und das Blattwerk muß geschmeidig sein. Spröde Pflanzen sind ausgetrocknet und erholen sich vielleicht nicht wieder. Schütteln Sie die Pflanze, um festzustellen, ob die Blättchen abfallen.

Umtopfen

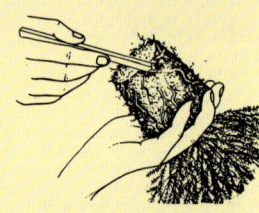

4 Alte Erde behutsam mit Stab von den Wurzeln entfernen. Wurzeln nicht verletzen.

1 Im Frühjahr nach der Blüte umtopfen, wenn Pflanze kostlastig ist und nicht wieder wächst. Pflanze gut gießen.

2 In einen etwas größeren Topf kommt eine Drainage und feuchte kalkfreie Torferde. Kunststofftöpfe sind besser, weil die Erde darin langsamer austrocknet.

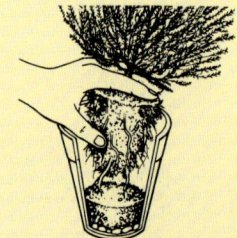

5 Wurzelballen auf die Erde im neuen Topf setzen.

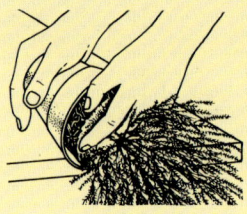

3 Topf so halten, daß Pflanze zwischen den Fingern und Erde unter der Handfläche liegt. Topfrand aufklopfen. Pflanze kommt mit Erde heraus.

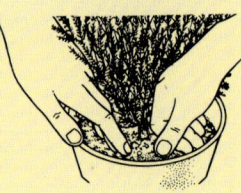

6 Topf mit neuer Erde füllen. Wurzeln müssen bedeckt sein. Erde gut andrücken. 2 Tage nicht gießen und schattig stellen, damit Wurzeln in die neue Erde wachsen.

Größe: *E. gracilis* wird etwa 45 cm hoch, *E. hiemalis* 60 cm.
Wachstum: In einem Jahr etwa 25 cm.
Blütezeit: Spätherbst und Frühwinter. *E. gracilis* blüht zuerst und wird dann von *E. hiemalis* gefolgt.
Duft: Keiner.
Licht: Die Pflanzen müssen hell stehen. Wenn sie länger als eine Saison halten sollten, stellt man sie am besten auf ein Fensterbrett.
Temperatur: 7 °C sind ideal. Je kühler die Pflanzen stehen, desto länger halten sie. Höchsttemperatur ist 15 °C.
Gießen: Immer Regenwasser oder kalkfreies Wasser verwenden. Den Wurzelballen stets sehr feucht halten und 2- bis 3mal pro Woche gießen.
Düngen: Bei begrenzter Haltung nicht notwendig. Sonst während des Wachstums alle 14 Tage Flüssigdünger ins Gießwasser geben.
Luftfeuchtigkeit: Den Topf auf nasse Kiesel stellen oder in feuchten Torf packen.
Säubern: Nicht notwendig, obwohl wöchentliches Sprühen mit weichem Wasser gut ist. Kein Blattglanz verwenden.

Luft: Die Pflanzen mögen Wärme nicht und brauchen eine gute Lüftung. Im Sommer sollten sie draußen stehen und täglich besprüht werden.
Erde: Eine sehr torfhaltige, kalkfreie Erde.
Umtopfen: Jedes Frühjahr. In Kunststofftöpfen trocknen die Pflanzen nicht so schnell aus. Die Erde über den Wurzeln gut andrücken.
Schnitt: Nach der Blüte stark auf halbe Größe zurückschneiden.
Vermehrung: Im Spätsommer nimmt man Kopfstecklinge und setzt sie in einen Kasten mit Torf und Sand. Mit Kunststoff oder Glas abdecken, damit die Luftfeuchtigkeit erhalten bleibt. 15 °C sind ideal, und ein Vermehrungskasten verspricht den größten Erfolg.
Lebenserwartung: Man sollte sich an den blühenden Pflanzen freuen und sie dann wegwerfen. Pflanzen, die im Sommer ins Freie gepflanzt werden, können ein zweites Jahr halten.
Pflanzgruppen: Sie sehen in allen Schalen mit Grünpflanzen hübsch aus.
Schwierigkeitsgrad: Für kurze Zeit leicht zu halten, sonst wird die Haltung schwierig.

1 *Pflanze wird spröde:* Zu trokken. Ins Wasserbad stellen. Vielleicht erholt sie sich.

2 *Braune schuppige Insekten auf Blättern und Stengeln:* Schildläuse. Mit Watte und Spiritus abwischen oder mit systemischem Insektizid spritzen.

3 *Blätter fallen ab, Erde riecht modrig:* Wurzeln faulen durch zu viel Nässe. Keine Gegenmaßnahme möglich.

Luftfeuchtigkeit

Topf in einen Untersetzer mit Kieseln und Wasser stellen. Der Topfboden darf nicht im Wasser stehen

oder

Topf in einen Behälter mit feuchtem Torf setzen.

Kopfstecklinge

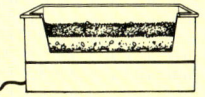

1 Kopfstecklinge im Spätsommer nehmen. Vermehrungskästen sind am besten, weil zum Wurzeln Luftfeuchtigkeit nötig ist. In den Kasten kommt Torf und Sand (1:1).

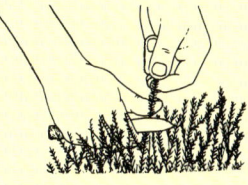

2 Einen gesunden Trieb ohne Blüten nehmen. Er sollte etwa 2,5 cm lang sein.

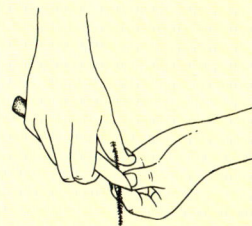

3 Das untere Drittel von Blättern befreien.

4 Schnittfläche in Bewurzelungsmittel tauchen. Überschuß abschütteln.

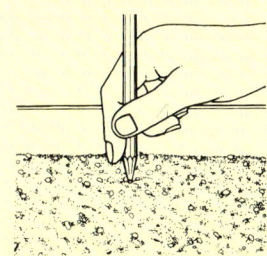

5 Mit einem Stift kleine Löcher in die Erde drücken.

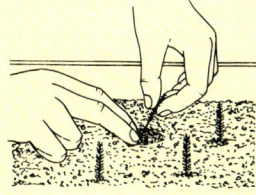

6 Steckling einsetzen. Das Ende muß am Boden des Lochs, die Blätter müssen gerade über der Erde sein.

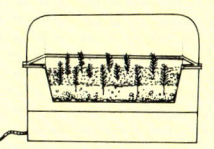

7 Gut gießen und Haube aufsetzen. Haube täglich 5 Minuten entfernen , um Fäule vorzubeugen. Erde nicht austrocknen lassen. Temperatur 15 °C.

8 Haube nach 3 Wochen abnehmen. Wachsen die Stecklinge gut, in normale Erde setzen. .

Schnitt

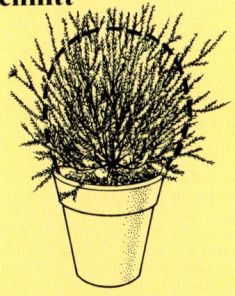

1 Vor allem wuchernde Pflanzen nach der Blüte stark zurückschneiden. Nicht ins alte Holz schneiden.

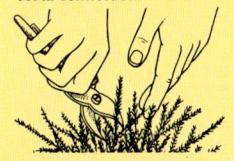

2 Mit einer (Garten)schere gleichmäßig um die ganze Pflanze herumschneiden.

3 Die Pflanze wächst gleichmäßiger und ist leichter ein zweites Jahr zu halten. Nach dem Schnitt kommt sie für den Sommer nach draußen oder auf eine Fensterbank mit viel Licht.

Euphorbia pulcherrima

Weihnachtsstern

Diese Pflanzen werden auf der ganzen Welt um Weihnachten als Blütenpflanzen gehalten, weil sie zu dieser Jahreszeit leuchtend rote Hochblätter entwickeln. Die Blüten selbst sind allerdings recht unscheinbar: Die kleinen gelben Köpfchen mit den schwarzen Stamen sitzen inmitten der großen Hochblätter oder Brakteen.

Euphorbia ist eine große Gattung, die beinahe 1600 Arten umfaßt, von denen manche einjährig, andere ausdauernd, wieder andere Bäume und Sträucher und einige sogar Sukkulenten sind. Alle haben einen milchigen Saft (Latex), der austritt, wenn ein Stengel beschädigt wird, und der giftig sein soll.

Euphorbia pulcherrima (pulcherrima bedeutet »die schönste«) kommt aus Mexiko und wurde dort 1834 entdeckt. Dieser Strauch wird in seiner Heimat bis zu 5 m hoch.

Bis in die späten fünfziger Jahre waren Weihnachtssterne Expertenpflanzen und hatten im Haus nur eine begrenzte Lebenszeit: Sie warfen fast sofort die Blätter ab, wenn sie in die trockene Luft kamen. In Kalifornien wurde dann eine Züchtung entwickelt, die Zimmerbedingungen verträgt und sogar Temperaturen unter der normalen Zimmertemperatur überlebt. Sie wirft die Blätter nicht ab, und mit einem Minimum an Pflege bleiben die farbigen Brakteen für viele Wochen erhalten. Heute hat man diese Pflanzen noch weiter entwickelt, und sie sind in verschiedenen Farben im Handel.

Kaufen Sie vollerblühte Pflanzen, die leuchtend grüne, frische Blätter haben. Exemplare mit fünf bis neun Trieben sind für das Zimmer wohl am besten geeignet. Von Pflanzen, die die Blätter abwerfen, ist abzuraten.

Weihnachtssterne haben von rotleuchtenden Brakteen umrahmte kleine, gelbe Blüten. Heute gibt es weiße (oben), rosa und rote Sorten.

Links: Die Bluten mit ihrem Kragen aus Brakteen.

Rechts: Ein schöngewachsenes, verzweigtes Exemplar von *Euphorbia pulcherrima.*

Größe: Es gibt Pflanzen mit einem Trieb aber auch stark verzweigte Exemplare mit 20 bis 30 Blüten. Diese können bis zu 50 cm groß werden.
Wachstum: Kauft man sie blühend, werden sie in dieser Saison nicht mehr größer. Vor der Blüte können sie aber 30 bis 45 cm wachsen.
Blütezeit: Spätherbst bis Winter, manchmal auch zu Frühjahrsbeginn. Es sind Kurztagspflanzen: Um die Färbung der Brakteen voll zu entwickeln, brauchen sie Dunkelheit.
Duft: Keiner.
Licht: Sie mögen es hell und vertragen im Winter auch Sonne. Während des Wachstums sollten sie nicht in der Sonne stehen.
Temperatur: In der Blüte normale Zimmertemperatur (mindestens 12 °C, höchstens 21 °C). Zu anderen Zeiten tolerieren sie geringere Temperaturen, Frost jedoch nicht.
Gießen: Während Wachstumsperiode und Blüte die Erde recht feucht halten und 2mal pro Woche gießen. Die Pflanzen dürfen nicht austrocknen. Nach der Blüte sollten sie mehrere Wochen ruhen und trocken gehalten werden (1mal in der Woche wässern). Nach Schnitt und Umtopfen gießt man wieder mehr.
Düngen: Während Wachstum und Blüte wird alle 14 Tage Flüssigdünger ins Gießwasser gefügt.
Luftfeuchtigkeit: Damit das Blattwerk frisch bleibt, wird täglich gesprüht.
Säubern: Nicht notwendig. Durch das Sprühen werden Schmutz und Staub entfernt. Kein Blattglanz verwenden.

Luft: Recht widerstandsfähig, aber für kalte Zugluft empfindlich. Immissionsschäden durch Gas möglich.
Erde: Sie gedeihen gut in lehmloser Erde.
Umtopfen: Wenn man die Pflanzen eine zweite Saison halten will, topft man sie Mitte des Sommers nach dem Rückschnitt um. Vorsicht, denn Stengel und Blätter sind spröde. 4 bis 6 Wochen später wird vor der Blüte noch einmal umgetopft. Wächst eine Pflanze in einem kleinen, inneren Topf, wird dieser nicht entfernt, sondern mit der Wurzelballen behandelt. Die Erde nie fest andrücken.
Schnitt: Im Frühjahr nach der Blüte und vor dem Umtopfen die Triebspitzen abschneiden. So werden die Pflanzen zu neuem Wachstum angeregt.
Vermehrung: Im Sommer können winzige Triebe in kleinen Töpfen bewurzelt werden. Je früher man sie nimmt, desto größer sind die Pflanzen zur Blütezeit im Winter. Einen Vermehrungskasten verwenden (21 °C).
Lebenserwartung: Wenn man nicht viel Erfahrung und kein Gewächshaus hat, sollte man Weihnachtssterne wie Einjahrspflanzen behandeln. Sie können 3 Monate blühen.
Pflanzgruppen: Große Exemplare stehen am besten allein. Kleine, einstämmige Pflanzen können mit anderen Grünpflanzen zusammengesetzt werden.
Schwierigkeitsgrad: Für einige Monate leicht, aber schwer eine zweite Saison zu halten. Berufsgärtner ziehen die Pflanzen jedes Jahr neu und halten sie durch wachstumshemmende Mittel kompakt.

Umtopfen

4 Alte Erde und auch kleine innere Töpfe nicht entfernen.

1 Im Hochsommer nach dem Schnitt umtopfen, wenn Pflanze zu groß wird und der Wurzelballen zu dicht ist. Pflanze gut gießen.

2 In einen etwas größeren Topf kommt eine Drainage und lehmlose Erde.

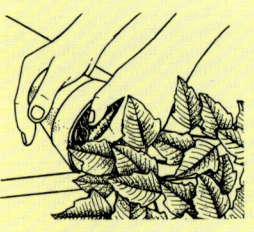

5 Wurzelballen auf die Erde im neuen Topf setzen.

3 Topf so halten, daß Pflanze zwischen den Fingern und Erde unter der Handfläche liegt. Topfrand aufklopfen. Pflanze kommt mit Erde heraus. Vorsicht, die Stengel sind empfindlich.

6 Topf mit neuer Erde füllen. Wurzeln müssen bedeckt sein. Erde nicht zu fest andrücken. 2 Tage nicht gießen und schattig stellen, damit Wurzeln in die neue Erde wachsen.

1 *Blätter werden gelb, rollen sich und fallen ab:* Zu warm und trocken und zu dunkel. Regelmäßig gießen und sprühen, sowie düngen und hell stellen.

2 *Blätter welken und trocknen:* Ursache Gas. In bessere Luft stellen.

3 *Pflanze kraftlos:* Zugluft. Geschützt stellen.

4 *Blätter verformt und mit grünen Insekten verklebt:* Blattläuse. Mit Pyrethrum oder systemischem Insektizid spritzen.

5 *Blätter silbrig marmoriert:* Viruserkrankung. Keine Gegenmaßnahme möglich. Pflanze vernichten.

Kopfstecklinge

1 Kopfstecklinge im Sommer nehmen. In Torftöpfe o.ä. kommt Sand und lehmlose Erde (1:1). Handschuhe anziehen, der Saft reizt die Haut.

2 Einen Trieb mit mindestens 2 gesunden Blattpaaren und einem Wachstumspunkt nehmen. Trieb unterhalb des zweiten Blattpaares dicht am Hauptstengel abschneiden. Länge 8–10 cm.

3 Stengel direkt unterhalb eines Blattes abschneiden.

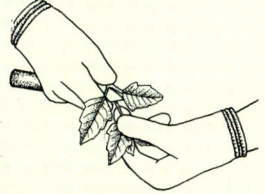

4 Das untere Blattpaar entfernen.

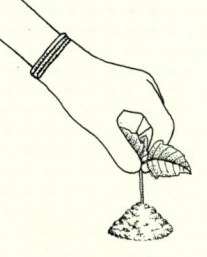

5 Schnittfläche in Bewurzelungsmittel tauchen. Überschuß abschütteln.

6 Die Pflanzen haben zarte Wurzeln und werden nicht gern gestört. Stecklinge in Torftöpfe o.ä. pflanzen.

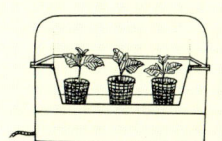

7 In einen Vermehrungskasten stellen, gießen und abdecken. Temperatur 21 °C. Haube am Tag 5 Minuten entfernen, um Fäule vorzubeugen. Töpfe dürfen nicht austrocknen.

8 Haube nach 3 Wochen abnehmen. Wenn Stecklinge gut wachsen, in einen Topf pflanzen. Erde nicht zu fest andrücken.

9 Im Hochsommer genommene Stecklinge blühen im folgenden Winter.

Luftfeuchtigkeit

Topf in einen Untersetzer mit Kieseln und Wasser stellen. Der Topfboden darf nicht im Wasser stehen.

Täglich – möglichst mit Regenwasser – übersprühen. Sprühabstand 15 cm. Nicht die Brakteen besprühen.

Schnitt

1 Pflanze zu Ende der Blütezeit schneiden, um neues Wachstum anzuregen. Daran denken, Handschuhe anzuziehen.

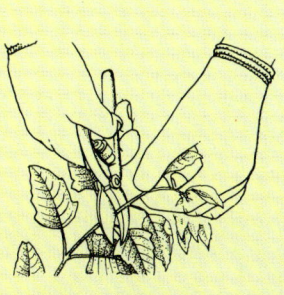

2 Schnitte über einem Blattstiel machen. Blutet der Schnitt, mit Watte und Paraffin betupfen.

Fatshedera lizei

Efeuaralie

Fatshedera ist ein seltenes Beispiel für eine *Hybride*, die einen eigenen Gattungsnamen hat, statt unter dem der Elternpflanzen aufgelistet zu sein. Es ist eine sogenannte bigenerische Hybride, also das Ergebnis der Kreuzung zweier Pflanzen verschiedener Gattungen: *Fatsia* oder *Aralia* (Zimmeraralie) und *Hedera* (Efeu). Ganz genau waren es die beiden Sorten *Fatsia japonica* ›Moseri‹ und *Hedera helix* ›Hibernica‹. Die Kreuzung wurde 1910 in Frankreich vorgenommen und hat unsere Zimmerpflanzen um ein wertvolles Mitglied bereichert. Der deutsche Name ist Efeuaralie, und sie gehört zur Familie der *Araliaceae*.

Die Blätter sind kleiner als die der Aralie, haben jedoch die gleiche Form. Die Pflanze klettert wie ein Efeu, braucht aber normalerweise dazu eine Stütze. Es sieht hübsch aus, wenn man drei Pflanzen zusammensetzt und an einem Moosstab hochranken läßt. Sie stehen auch an dunkleren Stellen gut.

Obwohl Zimmeraralie und Efeu winterhart sind, ist es die Efeuaralie nicht. Im Sommer kann sie auf einer Terrasse oder Veranda stehen, doch im Winter muß man sie ins Haus bringen. Man darf sie nicht zu viel gießen, denn sonst wirft sie die Blätter ab.

Kaufen Sie buschige Pflanzen mit möglichst mehreren Trieben in einem Topf. Achten Sie darauf, daß die Blätter nicht gelb sind, und die Stengel keine kahlen Stellen haben.

Größe: Die Pflanzen werden leicht 2,50 m groß.

Wachstum: Recht schnell. Im Haus bis zu 30 cm, im Gewächshaus bis zu 60 cm im Jahr.

Blütezeit: An älteren Pflanzen entwickeln sich im Spätsommer Blüten. Sie sind den grünen Blüten des Efeu ähnlich und nicht sehr auffällig.

Duft: Keiner.

Licht: Die Pflanzen vertragen auch schlechte Lichtverhältnisse und überleben in dunklen Ecken, obwohl sie an helleren Standorten besser gedeihen.

Temperatur: Sie mögen es kühl und fühlen sich bei Temperaturen unter 7 °C noch wohl. Höchsttemperatur im Sommer 18 °C.

Gießen: Im Sommer brauchen sie viel Wasser – 2- oder 3mal pro Woche –, die Erde darf aber nicht durchtränkt sein. Im Winter trocken halten und nur alle 7 bis 10 Tage gießen, insbesondere, wenn die Temperaturen niedrig sind. Nie den Wurzelballen austrocknen lassen.

Düngen: Im Sommer wird alle 14 Tage Flüssigdünger ins Gießwasser gegeben.

Luftfeuchtigkeit: Regelmäßiges Sprühen – mindestens 1mal pro Woche – tut ihnen gut.

Säubern: Reicht das Sprühen nicht aus, um Staub zu entfernen, werden die Blätter abgewischt. Blattglanz sollte höchstens alle 2 Monate verwendet werden.

Luft: Sie vertragen die meisten Bedingungen, nur trockene Wärme nicht. Für Zimmer mit Zentralheizung sind sie daher wenig geeignet.

Erde: Lehmerde Nr. 2.

Umtopfen: 1mal im Jahr im März oder April.

Schnitt: Wenn Pflanzen »hochbeinig« werden, kann man sie auf 30 cm über der Erde zurückschneiden. Die oberen Pflanzenteile können zur Vermehrung dienen.

Vermehrung: Im Frühjahr werden Kopfstecklinge in Erde und scharfem Sand bewurzelt. Sie sollten etwa 15 cm lang sein. Ein Vermehrungskasten ist nicht notwendig, und im Frühjahr und Sommer reichen 13 bis 15 °C aus. Man kann auch den oberen Teil einer Pflanze abmoosen.

Lebenserwartung: Mindestens 6 bis 7 Jahre.

Pflanzgruppen: Sie mögen die Gesellschaft aller grünen Zimmerpflanzen und sehen in Kübeln oder Blumenständern hübsch aus.

Schwierigkeitsgrad: An diesen Pflanzen können sich auch Anfänger versuchen.

Moosstäbe einsetzen

1 3 Pflanzen in einem Topf sehen hübsch aus und können an einem Moosstab erzogen werden.

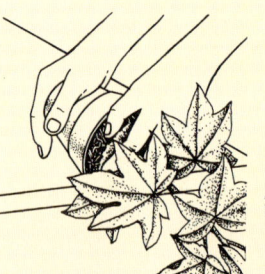

2 Pflanzen aus dem Topf nehmen und etwas Erde von den Wurzeln entfernen.

3 Moosstab einsetzen und mit etwas Erde an seinem Platz halten.

4 Pflanzen neben dem Moosstab in den Topf setzen. Platz zum Wachsen lassen.

5 Topf mit neuer Erde füllen. Die Wurzeln müssen bedeckt sein.

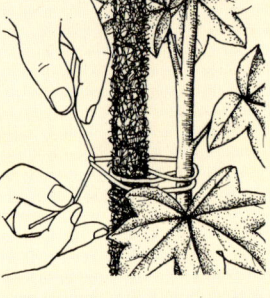

6 Stengel mit Bast oder Schnur an den Moosstab binden.

90

Fatshedera ist eine Hybride, deren Blätter denen von Fatsia ähneln, und die wie ein Efeu klettert.

Rechts: Ein schöngewachsenes Exemplar von *Fatshedera*, das von einem Moosstab gestützt wird.

Links: Die grünen Blätter von *Fatshedera lizei.*

Links: Fatshedera lizei ›Variegata‹ ist gescheckt und hat Blätter in 3 verschiedenen Grüntönen.

Kranke Pflanzen

1 *Blätter werden gelb:* Zu naß. Austrocknen lassen und dann weniger gießen.

2 *Triebe lang, große Abstände zwischen den Blättern:* Zu dunkel. Heller stellen. Evtl. zu warm. Temperatur prüfen.

3 *Blätter gelb, Gespinste an den Unterseiten:* Spinnmilben. Die Pflanze ist sehr anfällig. Mit Derris, Malathion oder systemischem Insektizid spritzen und kühler stellen. Durch tägliches Sprühen Luftfeuchtigkeit erhöhen.

Umtopfen

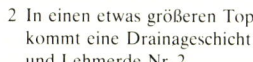
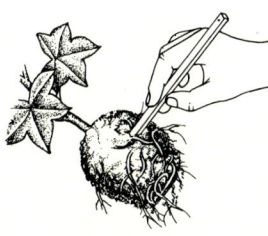

1 Im Frühjahr umtopfen, wenn Pflanze kopflastig ist und nicht mehr wächst und Blätter blaß sind. Gut gießen.

2 In einen etwas größeren Topf kommt eine Drainageschicht und Lehmerde Nr. 2.

5 Auf einen Tisch legen und alte Erde mit Stab von den Wurzeln entfernen. Wurzeln nicht verletzen.

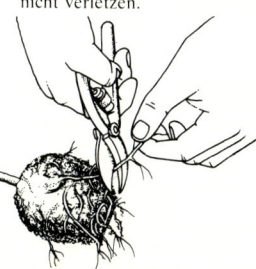

6 Ist der Wurzelballen zu groß, die längeren Wurzeln mit der Gartenschere abschneiden.

3 Erde am Topfrand mit einem Messer lockern.

7 Wurzelballen auf die Erde im neuen Topf setzen.

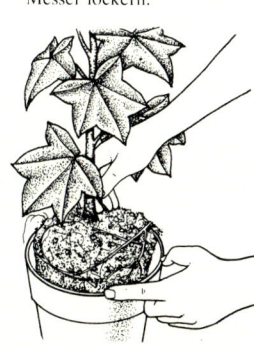

4 Pflanze herausnehmen. Stengel festhalten und oberen Teil stützen.

8 Topf mit neuer Erde füllen. Diese immer wieder andrükken. Wurzeln müssen bedeckt sein. 2 Tage nicht gießen, damit Wurzeln in die neue Erde wachsen. Schattig stellen.

Kopfstecklinge

1 Im Frühjahr Kopfstecklinge nehmen. In einen Topf kommt Sand und Lehmerde (1:1).

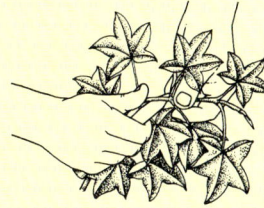

2 Einen Trieb mit mindestens 2 gesunden Blattpaaren und einem Wachstumspunkt nehmen. Unterhalb des zweiten Blattpaares abschneiden. Länge etwa 15 cm.

3 Stengel direkt unter einem Blatt abschneiden.

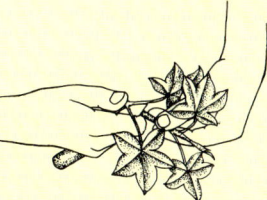

4 Das untere Blattpaar entfernen.

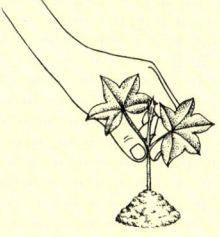

5 Schnittfläche in Bewurzelungsmittel tauchen. Überschuß abschütteln.

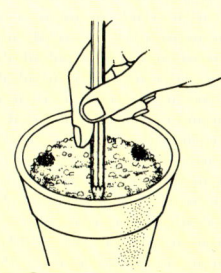

6 Mit einenm Stift am Topfrand kleine Löcher in die Erde drücken.

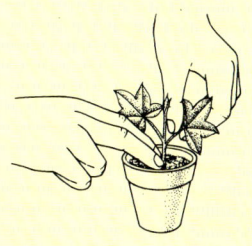

7 Steckling einsetzen. Das Ende muß am Lochboden, die Blätter gerade über der Erde sein.

8 Gut gießen, Drahtbogen einsetzen und Plastiktüte überziehen. Tüte täglich 5 Minuten abnehmen. Erde nicht austrocknen lassen. Temperatur 13–16 °C.

9 Tüte nach 3 Wochen abnehmen. Wachsen die Stecklinge gut, in normale Erde umsetzen.

Ficus benjamina

Birkenfeige, Juniorfeige

Ficus findet man in allen wärmeren Gebieten der Erde und sie gehören zur Familie *Moraceae*. Da zu dieser Familie eine große Zahl wichtiger und beliebter Zimmerpflanzen zählen, sind ihr in diesem Buch drei Kapitel gewidmet: Das erste behandelt die kleinblättrigen Arten, das zweite die großblättrigen und das dritte kletternde und kriechende Pflanzen.

Ficus benjamina ist wohl die bekannteste der kleinblättrigen Sorten. Bei uns wird sie als Birkenfeige bezeichnet, und ihre Zweige biegen sich – vor allem bei großen Pflanzen – anmutig nach unten. Wie die anderen kleinblättrigen Arten kann sie im Haus bis zu 5 m groß werden. Die Blätter sind leuchtend grün, 8 cm lang und etwa 2,5 cm breit. An einem Stengel wachsen viele Blätter. Zum Gedeihen braucht die Pflanze einen schönen, hellen Platz, und sie ist besonders für kalte Zugluft empfindlich. Wie viele Ficus-Arten verträgt sie aufgrund ihrer ledrigen wachsartigen Blätter auch trockene Luft.

Die Blätter von *F. nitida* oder *australis* haben die gleiche Größe und Form, doch wächst diese Pflanze aufrechter. Der Stamm ähnelt dem einer Birke. *F. australis* hat eine ausladendere Wuchsform, sie verzweigt sich leicht, und die Blätter ähneln denen des Gummibaums *(F. elastica)*, sind aber nicht größer als 10 bis 12 cm. *F. australis* steht am besten allein.

F. diversiflora (F. deltoidea), die Mistelfeige, gehört zu den widerstandsfähigsten Pflanzen dieser Familie. Ihre Blätter sind klein, fast rund und wachsen in großen Abständen an den Zweigen eines aufrechten Stammes. Sie entwickelt grüne Früchte, die vor dem Abfallen gelb werden. Man findet sie selten, obwohl sie nicht schwer zu halten ist.

Kaufen Sie Pflanzen mit einer buschigen, anmutigen Form. Pflanzen, deren untere Blätter abfallen oder gelb werden, sollten Sie nicht nehmen.

Die kleinblättrigen Feigen sind anmutige Pflanzen und können schon früh Früchte entwickeln. *Ficus diversifolia* (links) setzt mit 30 cm Früchte an.

Unten: *Ficus nitida* ist *F. benjamina* ähnlich, wächst aber aufrechter.

Größe: Alle diese Ficus-Arten sind Bäume und werden leicht 5 bis 6 m und größer. Sie sollten im Jungstadium gestützt werden.
Wachstum: Schwer zu verallgemeinern, aber manche Sorten wachsen 50 cm pro Jahr. Am langsamsten wächst *F. diversifolia*.
Blütezeit: Abgesehen von *F. diversifolia* blühen diese Pflanzen im Haus nicht.
Duft: Keiner.
Licht: *F. benjamina* braucht viel Licht, sonst wirft sie die Blätter ab. Die anderen kommen mit weniger Licht aus, und *F. diversifolia* steht auch in dunklen Ecken gut.
Temperatur: Außer *F. diversifolia* brauchen alle mindestens 13 bis 15 °C. Wenn das Gießen reduziert wird, verträgt *F. diversifolia* Temperaturen bis 7 °C. Höchsttemperatur im Sommer 24 °C.
Gießen: Wie die meisten Ficus-Arten mögen auch diese zuviel Wasser nicht und werfen gern ihre Blätter ab. Im Sommer nicht öfter als 2mal in der Woche gießen, im Winter alle 7 bis 10 Tage. Die Erde nie durchtränken.
Düngen: Während der Wachstumsperiode alle 14 Tage Flüssigdünger ins Gießwasser geben.
Luftfeuchtigkeit: Allen Arten tut tägliches Sprühen mit lauwarmem Wasser gut.
Säubern: Falls die Blätter durch das Sprühen nicht sauber bleiben, kann alle 2 Monate Blattglanz verwendet werden.

Luft: Die Pflanzen tolerieren die meisten Bedingungen, nur Zugluft nicht.
Erde: Lehmerde Nr. 2.
Umtopfen: Höchstens 1mal pro Jahr im Frühling. Bei älteren Pflanzen wechselt man die obere Erdschicht aus.
Schnitt: Wird im Frühjahr, bevor die Pflanzen zu wachsen beginnen, durchgeführt, falls sie zu groß geworden sind. Schnittstellen mit Holzkohlenstaub einpudern, um das Bluten zu stoppen. *F. benjamina* und *F. nitida* entwickeln beim Älterwerden wie Philodendren Luftwurzeln, die nicht abgeschnitten werden dürfen.
Vermehrung: Kopfstecklinge werden im Frühjahr bei 24 °C in einen Vermehrungskasten gepflanzt. Einige Arten lassen sich auch durch Abmoosen vermehren.
Lebenserwartung: Sehr hoch. Wenn die Pflanzen das erste Jahr überlebt haben, wird wahrscheinlich eher die Platzfrage zum Problem.
Pflanzgruppen: Alle Ficus-Arten eignen sich für Pflanzschalen. Große Pflanzen kommen aber einzeln besser zur Wirkung.
Schwierigkeitsgrad: Einmal im Haus eingewöhnt (nach vielleicht 3 Monaten) sind alle Arten unkompliziert.

Erde erneuern

1 Ist die Pflanze über 1 m, nur noch die oberen 2,5 cm Erde erneuern. Wurzeln nicht verletzen.

2 Topf mit neuer Erde füllen.

3 Erde rundum gut andrücken. Die Wurzeln müssen bedeckt sein.

4 2 Tage ohne Wasser schattig stellen, damit Wurzeln in die neue Erde wachsen.

Gießen

1 Erde mit den Fingern prüfen. Ist sie locker und krümelig, braucht die Pflanze Wasser.

2 Von oben – möglichst mit Regenwasser – gießen. Nach 15 Minuten überschüssiges Wasser aus dem Untersetzer leeren.

Rechts: Ficus benjamina, die Birkenfeige. Große Exemplare dieser Pflanzen neigen sich wie Weidenbäume.

Unten: Die Blätter von *Ficus australis.*

Kranke Pflanzen

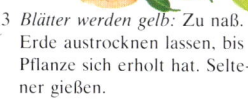

1 *Blätter fallen ab:* Zu wenig Licht oder Zugluft. Heller stellen und vor Zug schützen.

2 *Blätter verformt, braune schuppige Insekten an Stengeln und Blättern:* Schildläuse. Die Pflanze ist sehr anfällig. Mit Watte und Spiritus abwischen oder mit systemischem Insektizid spritzen.

3 *Blätter werden gelb:* Zu naß. Erde austrocknen lassen, bis Pflanze sich erholt hat. Seltener gießen.

4 *Blätter gelb, Gespinste an den Unterseiten:* Spinnmilben. Spritzen mit Derris, Malathion oder systemischem Insektizid. Luftfeuchtigkeit erhöhen.

Stützen

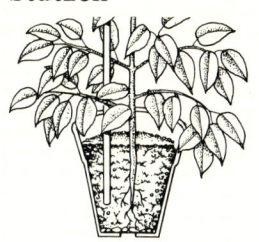
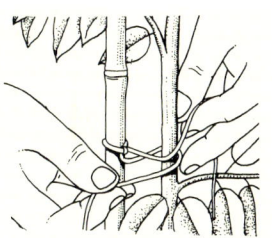

1 Stab einige Zentimeter neben dem Hauptstengel behutsam in die Erde schieben. (Tiefe = 2/3 der Topfhöhe.)

3 Schnur wie oben gezeigt um den Stengel schlingen.

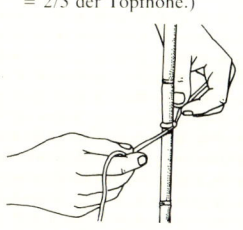
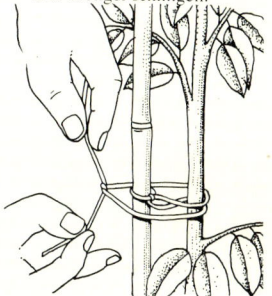

2 25 cm lange Schnur an der zum Stengel zeigenden Seite verknoten.

4 Am Stab einen festen Knoten machen. Nach oben in Abständen wiederholen.

Kopfstecklinge

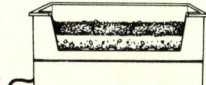

1 In einen Vermehrungskasten oder eine Saatschale kommt Torf und Sand (1:1).

2 Einen jungen Trieb mit mindestens 2 gesunden Blattpaaren und einem Wachstumspunkt nehmen. Unterhalb des zweiten Blattpaares abschneiden. Länge 8–10 cm.

3 Stengel genau unter einem Blatt abschneiden.

4 Das untere Blattpaar entfernen.

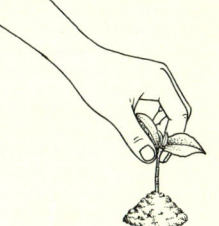

5 Schnittfläche in Bewurzelungsmittel tauchen. Überschuß abschütteln.

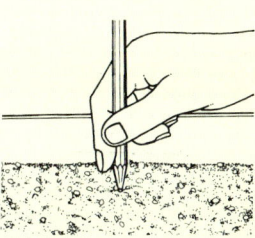

6 Mit Stab oder Stift kleine Löcher in die Erde stechen.

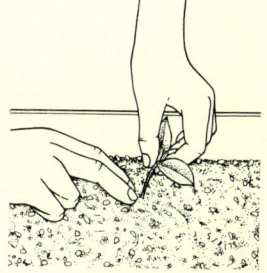

7 Steckling einsetzen. Das Ende muß am Lochboden, die Blätter müssen gerade über der Erde sein.

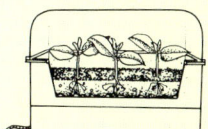

8 Gut gießen und Haube aufsetzen. Täglich 5 Minuten abnehmen, um Fäule vorzubeugen. Erde nicht austrocknen lassen. Temperatur 24 °C. Haube nach 3 Wochen entfernen. Wenn die Stecklinge gut wachsen, in normale Erde umsetzen.

Sprühen

Täglich – möglichst mit Regenwasser – übersprühen. Sprühabstand 15 cm.

Ficus elastica

Gummibaum

Ficus elastica ist wohl die bekannteste aller Zimmerpflanzen. Die Gattung Ficus umfaßt etwa 600 Arten, die eßbare Feige eingeschlossen, und ist in den wärmeren Gebieten der Erde beheimatet. F. elastica kommt aus Indien und erreicht dort Höhen von 30 m und mehr.

Die bei uns heute üblichen Pflanzen sind die kultivierten Sorten F. elastica ›Decora‹ und F. elastica ›Robusta‹. Mit ihren breiten, ledrigen, dunkelgrünen Blättern sind sie ideale Zimmerpflanzen. Neue Blätter sind zunächst zusammengerollt und bronzefarben, werden aber später grün. Die Pflanzen wachsen schnell zu großen, sich verzweigenden Bäumen heran. Wenn sie älter werden, werfen sie die unteren Blätter ab.

Zwei weitere beliebte, großblättrige Arten sind F. lyrata (auch F. pandurata), der Geigenkastengummibaum, und F. bengalensis, der Bayanbaum. F. lyrata ist vor allem im Alter eine beeindruckende Pflanze. Ihre Blätter haben etwa 30 cm Länge und 23 cm Breite und erinnern an die Form einer Geige. Sie verzweigt sich leicht und ist unkompliziert, wächst jedoch langsamer als F. elastica und braucht mehr Pflege. Als Jungpflanze sollte sie gut gestützt werden.

F. bengalensis hat rauhe, haarige Blätter, die etwas kleiner als die von F. elastica sind. Sie wächst schnell und verzweigt sich leicht. Da sie viel Platz braucht, kann sie in einem kleinen Zimmer bald übermächtig wirken.

Ferner sind verschiedene bunte Sorten auf dem Markt. F. doescheri und F. schryveriana sind am bekanntesten. F. doescheri hat eine rosa- und cremefarbene Zeichnung auf grünem Grund, während F. schryveriana zarte Grünschattierungen auf cremefarbenem Grund zeigt. Beide wachsen langsamer als die grünen Sorten und brauchen viel Licht, damit ihre Blattfärbung erhalten bleibt. Wählen Sie beim Kauf Pflanzen mit unbeschädigten, kräftig gefärbten Blättern.

Großblättrige Feigen müssen meist gestützt werden. *Links:* Die behaarten Blätter von *Ficus bengalensis.*

Unten: Ficus lyrata ist eine imposante Pflanze, deren Blätter wie ein Geigenkasten geformt sind.

Größe: Die meisten Pflanzen werden mit 45 cm Größe und 5 bis 8 gut geformten Blättern angeboten. Auch ältere Pflanzen mit 1 m Größe sind erhältlich. Im Zimmer werden sie bis zu 10 m groß.
Wachstum: Unter guten Bedingungen wachsen F. elastica und F. bengalensis pro Jahr 60 bis 100 cm, F. lyrata und die bunten Sorten 30 cm.
Blütezeit: Nur sehr große, alte Pflanzen blühen und entwickeln feigenähnliche Früchte.
Duft: Keiner.
Licht: Die Pflanzen gedeihen bei gutem Licht besser, geben sich aber auch mit dunkleren Plätzen zufrieden. Unzureichendes Licht hemmt das Wachstum.
Temperatur: Mindesttemperatur im Winter 15 °C. Im Sommer kann sie recht hoch sein, darf aber nicht über 29 °C steigen.
Gießen: Im Winter die Erde gerade feucht halten und nicht öfter als 1mal pro Woche gießen. Während des Sommers freigiebig – mindestens 2mal pro Woche – wässern.
Düngen: Im Sommer alle 14 Tage Flüssigdünger ins Gießwasser geben.
Luftfeuchtigkeit: Die Pflanzen vertragen Zentralheizung, doch sollten die Blätter jede Woche besprüht und 1mal im Monat abgewischt werden.
Säubern: Weichblättrige Arten von Hand säubern. Haarige Blätter mit einem weichen Pinsel abbürsten. F. elastica kann alle 2 Monate mit Blattglanz behandelt werden, für F. lyrata und F. bengalensis ist es jedoch ungeeignet.

Luft: Sie mögen Lüftung aber keine Zugluft.
Erde: Entweder handelsübliche Torferde oder Lehmerde Nr. 2. Für eine gute Drainage sorgen.
Umtopfen: Wird notwendig, wenn die Pflanzen zu groß oder kopflastig sind, oder das Wasser geradewegs durch die Erde hindurchrinnt, was bedeutet, daß sie verbraucht ist. Im Frühjahr umtopfen.
Schnitt: Nur notwendig, um die Größe zu beschränken. Junge Pflanzen gut stützen. Wenn ein Stengel oder ein Blatt abgerissen wird, bluten die Pflanzen, und ein milchigweißer Saft tritt aus. Mit Paraffin oder Wundverschlußmittel bestreichen.
Vermehrung: Im Frühjahr oder Frühsommer durch Abmoosen oder Augenstecklinge. Man verwendet 8 cm lange Stammstücke mit einem Blatt. Bei 25 °C in einen Vermehrungskasten setzen.
Lebenserwartung: Gutgepflegte Pflanzen wachsen bis zur Decke. Überwässerte Pflanzen können schon nach 6 Monaten eingehen.
Pflanzgruppen: Sie stehen am besten allein.
Schwierigkeitsgrad: Einfache Pflanzen, die ein Minimum an Pflege erfordern. Vor allem im Winter nur sparsam gießen.

Abmoosen

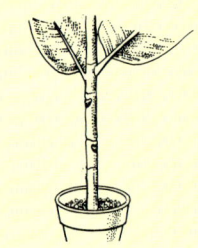

1 Eine große Pflanze, die die unteren Blätter verloren hat, erwacht durch Abmoosen vielleicht zu neuem Leben.

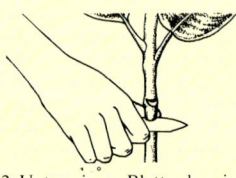

2 Unter einem Blatt oder einer Narbe mit einem scharfen Messer den Stamm schräg nach oben einschneiden.

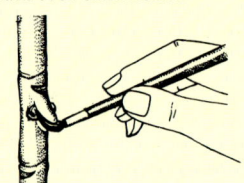

3 Kiesel in den Schnitt schieben und diesen mit Bewurzelungsmittel bestäuben.

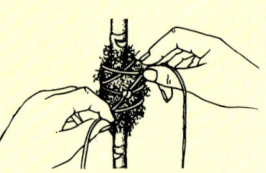

4 In feuchtes Moos packen und Schnur darumbinden.

5 Folie um das Moos legen und oben und unten mit Schnur zusammenbinden.

6 Wenn Wurzeln durch das Moos wachsen, Stengel unter der Folie durchschneiden. Folie entfernen und Pflanze wie gewohnt eintopfen. Schnitt an der alten Pflanze mit Paraffin verschließen. Die Pflanze kann u.U. weiter unten am Stengel neu austreiben.

Vom Gummibaum gibt es auch Arten mit gescheckten Blättern.

Oben: Junge Blätter von *Ficus schryveriana.*

Rechts: Ficus elastica ›Robusta‹, die am ganzen Stamm Blätter hat.

Unten: Ein Blatt von *Ficus doescheri.*

Kranke Pflanzen

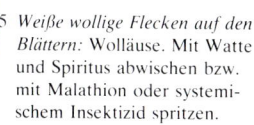

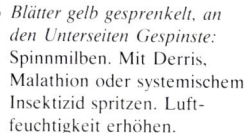

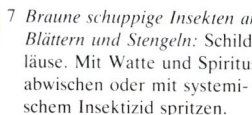

1 *Blätter matt und hängen:* Sofort Wasser geben. Ins Wasserbad stellen. Überschuß anschließend ablaufen lassen.

2 *Untere Blätter gelb und fallen ab, vor allem im Winter:* Zu naß. Austrocknen lassen. Später seltener gießen.

3 *Blätter blaß, neues Wachstum verformt und klein:* Düngen oder umtopfen nötig.

4 *Blätter fallen plötzlich ab, andere haben braune Flecken:* Zu kalt. Wärmer stellen.

5 *Weiße wollige Flecken auf den Blättern:* Wolläuse. Mit Watte und Spiritus abwischen bzw. mit Malathion oder systemischem Insektizid spritzen.

6 *Blätter gelb gesprenkelt, an den Unterseiten Gespinste:* Spinnmilben. Mit Derris, Malathion oder systemischem Insektizid spritzen. Luftfeuchtigkeit erhöhen.

7 *Braune schuppige Insekten an Blättern und Stengeln:* Schildläuse. Mit Watte und Spiritus abwischen oder mit systemischem Insektizid spritzen.

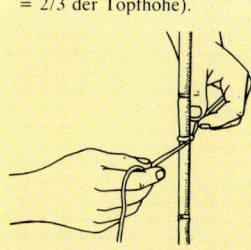

Umtopfen

1 Im Frühjahr umtopfen, wenn Blätter klein und blaß sind. Aus dem Abzugsloch können Wurzeln wachsen. Gut gießen.

2 In einen etwas größeren Topf kommt Torferde oder Lehmerde Nr. 2. Die Drainage am Boden muß gut sein.

3 Erde am Topfrand mit einem Messer lockern.

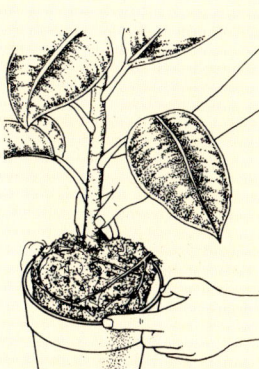

4 Pflanze herausnehmen. Stengel festhalten. Den oberen Teil stützen.

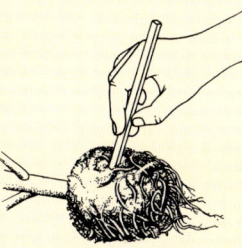

5 Pflanze auf einen Tisch legen, und alte Erde mit einem Stab von den Wurzeln entfernen. Wurzeln nicht beschädigen.

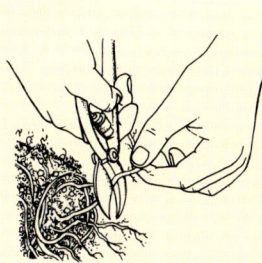

6 Ist der Wurzelballen zu groß, längere Wurzeln mit der Gartenschere abschneiden.

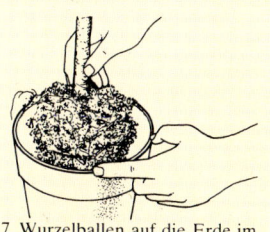

7 Wurzelballen auf die Erde im neuen Topf setzen.

8 Topf mit neuer Erde füllen. Diese immer wieder andrükken. Wurzeln müssen bedeckt sein. 2 Tage nicht gießen, damit Wurzeln in die neue Erde wachsen. Schattig stellen.

Stützen

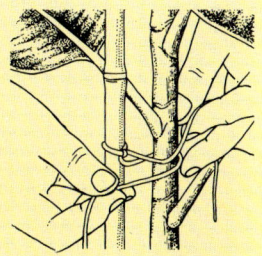

1 Stab einige Zentimeter neben dem Hauptstengel behutsam in die Erde schieben (Tiefe = 2/3 der Topfhöhe).

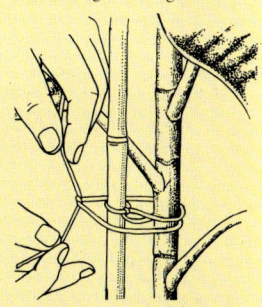

2 25 cm lange Schnur an der zum Stengel zeigenden Seite verknoten.

3 Schnur wie oben gezeigt um den Stengel schlingen.

4 Am Stab einen festen Knoten machen. Nach oben in Abständen wiederholen.

Kletterfeige

Das dritte Kapitel über *Ficus* behandelt die beiden kletternden oder kriechenden Sorten, von denen die eine, *Ficus pumila*, ausgesprochen beliebt ist.

F. pumila (= zwergenhaft) manchmal auch als *F. repens* (= kriechend) geführt, ist von den beiden Pflanzen besser bekannt. Ihre kleinen, fast runden Blätter mit 1 cm Durchmesser wachsen an drahtigen Stengeln, die überall hinkriechen. Wenn sie an einer Gewächshauswand hochklettern können, wachsen sie recht ordentlich und bilden bald einen dichten, grünen Teppich. Sie können auch erfolgreich an einer Stütze oder einem Moosstab erzogen werden. Die Pflanzen mögen Schatten und brauchen eine hohe Luftfeuchtigkeit. Wenn man sie austrocknen läßt, gehen sie sofort ein. Sie wachsen gut in Ampeln (wenn sie genug Wasser bekommen) und in großen Flaschengärten, wo sie in der feuchten Umgebung üppig gedeihen. Wild wachsend findet man die Pflanzen in China und Japan, von wo aus sie erstmals 1721 in den Westen gebracht wurden. Manchmal bekommt man auch eine bunte Sorte.

F. radians ›Variegata‹, die ›Kriechfeige‹, ist eine andere kletternde Art. Die gescheckten Blätter sind größer und bis zu 5 cm lang und spitz. Sie kommt aus Indien und wurde 150 Jahre später als *F. pumila* eingeführt. Auch sie braucht zum Überleben und Wachsen eine hohe Luftfeuchtigkeit, muß aber heller stehen, damit die Scheckung erhalten bleibt.

Kaufen Sie üppige, buschigwachsende Pflanzen. Sie sollten keine welken Blätter und neue Triebe haben.

Unten: Die bunte Varietät *Ficus pumila* ›Variegata‹, die langsamer als ihre grüne Verwandte wächst und seltener zu bekommen ist.

Rechts: Ficus pumila ist die beliebteste der Kletterfeigen. Wenn sie nicht austrocknet, ist sie einfach zu halten. Sie kann als Hänge- wie auch als Kletterpflanze erzogen werden, wenn man sie an einen Moosstab bindet.

Größe: Da die Pflanzen klettern und sich über große Flächen ausbreiten, kann man nur schwer eine Größe angeben. An einem Moosstab erreichen sie 1,20 m.

Wachstum: *F. pumila* wächst in einem Jahr pro Trieb 30 bis 45 cm, *F. radians* nur etwa 15 cm. Im Altersstadium werden die Blätter von *F. pumila* länglicher.

Blütezeit: Im Haus entwickeln sich gewöhnlich keine Blüten. Pflanzen, die in einem Gewächshausbeet stehen, können im Sommer blühen.

Duft: Keiner.

Licht: *F. pumila* ist eine schattenliebende Pflanze und mag pralle Sonne nicht. *F. pumila* ›Variegata‹ und *F. radians* stehen gern etwas heller.

Temperatur: *F. pumila* verträgt Temperaturen bis zu 7 °C, *F. radians* bevorzugt 12 °C. Sommerhitze vertragen alle, sofern man sie nicht austrocknen läßt.

Gießen: Beide Arten brauchen viel Wasser und dürfen niemals austrocknen. Im Sommer 2- bis 3mal pro Woche gießen, im Winter 1mal, falls die Temperatur unter 10 °C liegt.

Düngen: Während der Wachstumsperiode alle 14 Tage Flüssigdünger ins Gießwasser geben.

Luftfeuchtigkeit: Zur Erhaltung der Luftfeuchtigkeit im Sommer täglich sprühen, im Winter jeden zweiten Tag. Bei Zentralheizung muß das ganze Jahr über täglich gesprüht werden.

Säubern: Sprühen reicht aus. Im Gegensatz zu größeren Ficus-Arten vertragen diese Pflanzen Blattglanz nicht.

Luft: Sie stehen nicht gern zu warm oder zu trocken.

Erde: Lehmerde Nr. 2 oder Torferde.

Umtopfen: Jedes Jahr im Frühling. Bei älteren Pflanzen erneuert man nur die obere Erdschicht.

Schnitt: Im Frühjahr erfolgt ein Schnitt, um unordentliche Pflanzen in Form zu stutzen und um buschiges Wachstum zu fördern.

Vermehrung: Im Frühjahr 10 cm lange Kopfstecklinge bei 16 bis 21 °C in einen Vermehrungskasten setzen oder eine Plastiktüte überziehen. *F. radians* ›Variegata‹ kann durch Absenken vermehrt werden. In einen kleinen Topf kommt dazu eine Drainageschicht und eine Mischung aus Erde und scharfem Sand (1:1). Man nimmt einen gesunden Seitentrieb, biegt ihn herunter und befestigt ihn so auf der Erde im neuen Topf, daß ein Blattansatz fest auf der Erde liegt. Am Ansatzpunkt von Blattstiel und Stengel bilden sich neue Wurzeln. Wenn diese gut wachsen, und sich neue Blätter entwickeln, kann man die kleine Pflanze von der Mutterpflanze abtrennen.

Lebenserwartung: Hoch, vorausgesetzt, die Pflanzen werden feucht gehalten, und die Luftfeuchtigkeit reicht aus.

Pflanzgruppen: Sie stehen gut an den Rändern von Schalen und anderen Behältern, aber auch in Flaschengärten und Terrarien.

Schwierigkeitsgrad: Wenn die Anweisungen befolgt werden, unkomplizierte Pflanzen.

Umtopfen

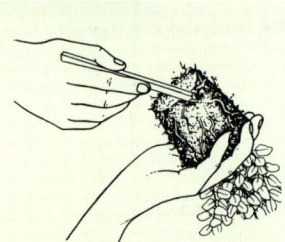

1 Im Frühjahr umtopfen, wenn Wasser durch die Erde rinnt, die Wurzeln verschlungen sind und keine neuen Blätter kommen. Gut gießen.

4 Alte Erde behutsam mit Stab von den Wurzeln entfernen. Wurzeln nicht verletzen.

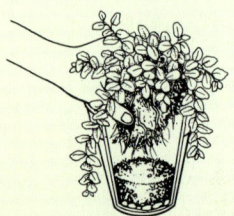

2 In einen etwas größeren Topf kommt eine Drainageschicht und feuchte Lehmerde Nr. 2 oder Torferde.

5 Wurzelballen auf die Erde im neuen Topf setzen.

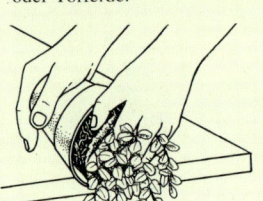

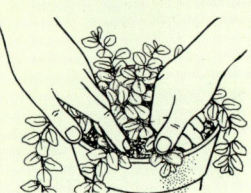

3 Topf so halten, daß Pflanze zwischen den Fingern und Erde unter der Handfläche liegt. Topfrand aufklopfen. Pflanze kommt mit Erde heraus.

6 Topf mit neuer Erde füllen. Wurzeln müssen bedeckt sein. Erde gut andrücken. 2 Tage nicht gießen, damit Wurzeln in die neue Erde wachsen. Schattig stellen.

Kranke Pflanzen

1 *Blätter gelb und fallen ab:* Pflanze zu naß. Erde austrocknen lassen, bis sie sich erholt hat. Weniger gießen.

2 *Weiße wollige Flecken auf den Blättern:* Wolläuse. Mit Watte und Spiritus abwischen bzw. mit Malathion oder systemischem Insektizid spritzen.

3 *Blätter vertrocknen:* Zu trokken. Ins Wasserbad stellen und öfter gießen. Sehr trokkene Pflanzen gehen ein.

4 *Blätter verfärbt, braune schuppige Insekten an Stengeln und Blättern:* Schildläuse. Mit Watte und Spiritus abwischen oder mit systemischem Insektizid spritzen.

5 *Blätter gelb, Gespinste an den Unterseiten:* Spinnmilben. Mit Derris, Malathion oder systemischem Insektizid spritzen. Durch tägliches Sprühen Luftfeuchtigkeit erhöhen.

Moosstäbe einsetzen

1 In einen Topf kommt eine Drainageschicht und feuchte Lehmerde Nr. 2.

4 Pflanze neben dem Moosstab in den neuen Topf setzen.

2 Moosstab einsetzen und mit etwas Erde an seinem Platz halten.

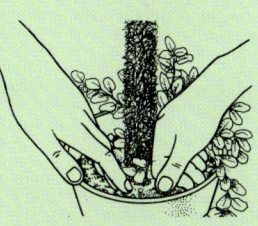

5 Topf mit neuer Erde füllen. Wurzeln müssen bedeckt sein. Erde gut andrücken.

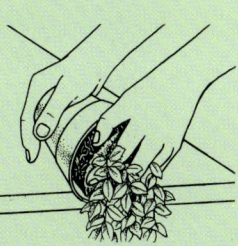

3 Pflanze aus dem Topf nehmen.

6 Pflanze in Abständen mit Bast oder Schnur an den Moosstab binden.

Kopfstecklinge

1 Im Frühjahr 10 cm lange Kopfstecklinge nehmen. In einen flachen Topf oder eine Saatschale kommt eine Drainage sowie Sand und Lehmerde (1:1).

2 Einen Trieb mit mindestens 2 gesunden Blattpaaren und einem Wachstumspunkt nehmen. Da die Blätter klein sind und dicht zusammenstehen sind evtl. mehr als 2 Blattpaare nötig. Trieb über einem Blattpaar abschneiden.

3 Stengel direkt unter einem Blatt abschneiden.

4 Das untere Blattpaar entfernen.

5 Schnittfläche in Bewurzelungsmittel tauchen. Überschuß abschütteln.

6 Am Topfrand mit einem Stift kleine Löcher in die Erde drücken.

7 Steckling einsetzen. Das Ende muß am Boden des Lochs, die Blätter gerade über der Erde sein.

8 Gut gießen, Draht einsetzen und Plastiktüte überziehen. Tüte täglich 5 Minuten entfernen. Erde nicht austrocknen lassen. Temperatur 16–18 °C.

Tüte nach 3 Wochen abnehmen. Wenn Stecklinge gut wachsen, in normale Erde setzen.

97

Fittonia verschaffeltii

Mosaikpflanze, Fittonie

Fittonien sind hübsche Kriechpflanzen für den Pflanzenexperten. Man hat sie nach den Schwestern Elizabeth und Sarah Fitton benannt, die zusammen das Buch *Conservations on Botany* verfaßten. Sie gehören zur Familie der *Acanthaceae* und kommen aus Peru, von wo aus sie 1867 eingeführt wurden.

Fittonien sind beliebte Pflanzen, aber nicht leicht zu halten, denn sie brauchen Wärme und eine hohe Luftfeuchtigkeit. Sollte eines von beidem fehlen, gehen sie sofort ein. Obgleich sie in Flaschengärten und Terrarien gut gedeihen, stehen sie am besten im Warmhaus und werden nur vorübergehend ins Haus gebracht. Sie mögen einen schattigen Standort und ranken sogar an feuchten Wänden hoch. Das Erfolgsgeheimnis heißt richtiges Gießen: Sie dürfen nie austrocknen.

Fittonia argyroneura ist wohl die schwierigere der beiden Arten, die im Handel erhältlich sind. Sie hat olivgrüne Blätter mit einer feinen, weißen Zeichnung. Der Artname dieser Pflanze bedeutet denn auch ›silberadrig‹. Von *F. argyroneura* gibt es eine Miniaturform, die heute wahrscheinlich bekannter und beliebter als die ursprüngliche Pflanze ist.

F. verschaffeltii (nach einem Belgier benannt, der auch als Kamelienexperte bekannt war), hat ähnliche Blätter, die 8 bis 10 cm lang, aber etwas dunkler und karminrot gezeichnet sind.

Achten Sie beim Kauf darauf, daß die Pflanzen buschig sind und ihre Blätter nicht abwerfen oder rollen. Falls Fittonien bei Ihnen gedeihen, sind Sie der perfekte Pflanzenhalter.

Fittonien sind beliebte Pflanzen, die aber nicht leicht zu halten sind, weil sie eine hohe Luftfeuchtigkeit brauchen.

Rechts: Fittonia verschaffeltii.

Links: Obwohl man sie eigentlich als Blattpflanzen hält, entwickeln sie auch kleine Blüten.

Rechts: Die Miniaturform von Fittonia argyroneura.

Größe: Meist kauft man die Pflanzen in 10-cm-Töpfen, doch sie erreichen einen Durchmesser von 25 bis 30 cm.

Wachstum: Gewöhnlich 8 bis 10 cm pro Jahr.

Blütezeit: Sie haben grüne Blütenköpfe, die aufrecht aus dem Blattwerk wachsen. Sie entwickeln sich während des Sommers, doch weil man die Pflanzen wegen ihrer Blätter hält, entfernt man die Blüten, um deren Qualität zu verbessern.

Duft: Keiner.

Licht: Es sind schattenliebende Pflanzen. Zu viel Licht schadet ihnen.

Temperatur: Sie brauchen hohe Temperaturen. 18 °C sind immer nötig, doch 21 °C sind besser. Höchsttemperatur im Sommer 27 °C, es muß aber für eine hohe Luftfeuchtigkeit gesorgt sein.

Gießen: Im Sommer müssen die Pflanzen gut gegossen werden, d..h. etwa 2- bis 3mal pro Woche. Im Winter um die Hälfte reduzieren, die Erde jedoch nie austrocknen lassen. Regenwasser oder weiches Wasser ist am besten.

Düngen: Im Sommer alle 14 Tage die Hälfte der empfohlenen Menge Flüssigdünger ins Gießwasser geben.

Luftfeuchtigkeit: Fittonien brauchen eine hohe Luftfeuchtigkeit. Täglich mit lauwarmem Wasser besprühen.

Säubern: Durch das Sprühen bleiben sie sauber. Kein Blattglanz verwenden.

Luft: Sie sind sehr zugempfindlich. Gasfeuer können Immissionsschäden verursachen.

Erde: Lehmerde Nr. 2 oder Torferde.

Umtopfen: Jedes Frühjahr. Es muß für eine gute Drainage gesorgt sein. Man sollte flache Töpfe oder Schalen verwenden, damit die Wurzeln nicht zu tief in die Erde wachsen können.

Schnitt: Wuchernde Triebe werden im Frühsommer zurückgeschnitten. Bei jungen Pflanzen zwickt man 2- oder 3mal die Vegetationspunkte aus, damit sie buschig wachsen.

Vermehrung: Im Frühjahr durch Kopfstecklinge. Sie werden bei 24 °C in einen Vermehrungskasten gesetzt. Alte Pflanzen können im Sommer geteilt werden, da junge Pflanzen aber schöner sind, sollte man mindestens jedes zweite Jahr Stecklinge bewurzeln.

Lebenserwartung: Beim Experten hoch, sonst nur 4 bis 6 Monate.

Pflanzgruppen: Fittonien eignen sich gut für Flaschengärten und Terrarien, zusammen mit *Pilea, Cryptanthus, Hedera* und kleinen Farnen.

Schwierigkeitsgrad: Nur für Gärtner mit dem grünen Daumen.

Umtopfen

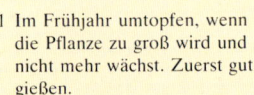

1 Im Frühjahr umtopfen, wenn die Pflanze zu groß wird und nicht mehr wächst. Zuerst gut gießen.

2 In einen etwas größeren Topf kommt eine Drainageschicht und feuchte Lehmerde Nr. 2 oder Torferde.

4 Alte Erde behutsam mit Stab von den Wurzeln entfernen. Wurzeln nicht verletzen.

5 Wurzelballen auf die Erde im neuen Topf setzen.

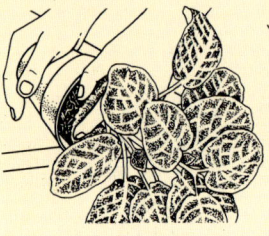

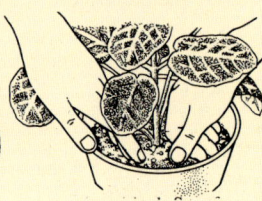

3 Topf so halten, daß Pflanze zwischen den Fingern und Erde unter der Handfläche liegt. Topfrand aufklopfen. Pflanze kommt mit Erde heraus.

6 Topf mit neuer Erde füllen. Wurzeln müssen bedeckt sein. Erde gut andrücken. 2 Tage nicht gießen und schattig stellen, damit Wurzeln in die neue Erde wachsen.

Kranke Pflanzen

1 *Blätter welken:* Zu trocken und/oder zuviel Sonne. Sofort ins Wasserbad stellen. Wasser anschließend ablaufen lassen. Halbschattig stellen. Nicht austrocknen lassen.

2 *Blätter glanzlos, Ränder welk:* Feuchtigkeitsmangel. Täglich sprühen und in einen Behälter mit feuchten Torf setzen.

3 *Blätter fallen ab, Pflanze wächst nicht:* Zu kalt. Wärmer stellen. Prüfen, ob es zieht.

4 *Untere Blätter werden gelb:* Zu naß. Prüfen, ob Pflanze im Wasser steht und Drainage prüfen. Trocken werden lassen, dann weniger gießen.

5 *Blätter verformt und mit grünen Insekten verklebt:* Blattläuse. Mit Pyrethrum oder systemischem Insektizid spritzen.

Luftfeuchtigkeit

Fittonien brauchen feuchte Luft. Täglich mit lauwarmem Wasser besprühen.

Topf auf einen Untersetzer mit Kieseln und Wasser stellen. Der Topfboden darf nicht im Wasser stehen.

Wurzelteilung

Große, alte Pflanzen im Frühsommer teilen.

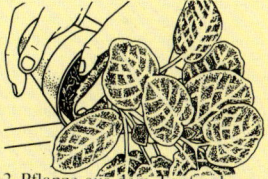

1 In 2 Töpfe kommt eine Drainageschicht und Erde. Pflanze gut gießen.

2 Pflanze aus dem Topf nehmen. Erde behutsam entfernen.

3 Wurzeln und Stengel vorsichtig auseinanderziehen.

4 Beide Teile wie gewohnt eintopfen.

Kopfstecklinge

1 Im Frühjahr Kopfstecklinge nehmen. In einen Topf oder Vermehrungskasten kommt Sand und Lehmerde (1:1). Ein Vermehrungskasten verspricht den größten Erfolg, doch bei genügend Feuchtigkeit und der richtigen Temperatur kommt man vielleicht auch ohne ihn aus.

2 Einen Trieb mit mindestens 2 gesunden Blattpaaren und einem Wachstumspunkt nehmen. Trieb unterhalb des zweiten Blattpaares dicht am Hauptstengel abschneiden. Länge 8–10 cm.

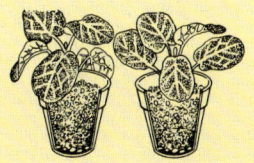

3 Stengel direkt unter einem Blatt abschneiden.

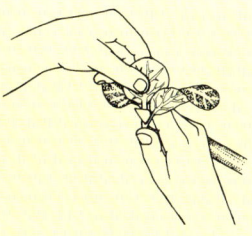

4 Das untere Blattpaar entfernen.

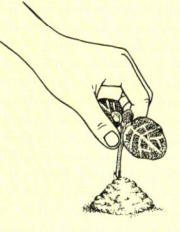

5 Schnittfläche in Bewurzelungsmittel tauchen. Überschuß abschütteln.

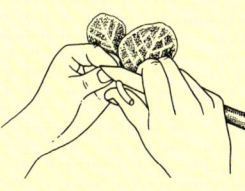

6 Mit einem Stift ein Loch in die Erde drücken.

7 Steckling einsetzen. Das Ende muß am Lochboden, die Blätter müssen gerade über der Erde sein.

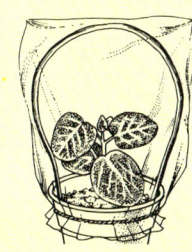

8 Gut gießen, Draht einsetzen und Plastiktüte überziehen. Tüte täglich 5 Minuten entfernen. Erde nicht austrocknen lassen. Temperatur 24 °C. Tüte nach 3 Wochen abnehmen. Wachsen die Stecklinge gut, in normale Erde setzen.

Gardenie

Diese Pflanze hat wunderschöne, weiße Blüten, die einst in den Knopflöchern der feinen Herren steckten, für Hochzeitsbuketts Verwendung fanden und von jungen Mädchen auf den Debütantinnenbällen im Haar getragen wurden. Auch heute noch üben die duftenden, gefüllten Blüten eine große Faszination aus.

Bedauerlicherweise lassen sich Gardenien im Haus nur schwer halten, denn sie brauchen hohe Temperaturen und eine hohe Luftfeuchtigkeit, um schön zu blühen. Sie sind die idealen Gewächshaus- oder Wintergartenpflanzen. Wenn man sie jedoch nur vorübergehend im Haus hält und sie anschließend wieder ins Gewächshaus stellt, kann man sich für kurze Zeit an ihrer Schönheit und ihrem Duft freuen.

Die Gardenie wurde nach Dr. Alexander Garden, einem hervorragenden Botaniker benannt, der im 18. Jahrhundert in Charleston/Carolina lebte. Sie gehört zur Familie der Rubiaceae, und es gibt etwa 60 Arten dieses immergrünen Strauchs, die in Asien und Afrika wild wachsen. Nur eine Art, *Gardenia jasminoides*, wird gewöhnlich kultiviert, und sie ist in China und Japan beheimatet, von wo aus sie 1754 eingeführt wurde. Ihre Blätter sind glänzend dunkelgrün, schmal, spitz, etwa 10 cm lang und 2,5 cm breit. Die Blüten der ursprünglichen Wildpflanze sind ungefüllt, doch viele der kultivierten Pflanzen haben gefüllte Blüten. Eine Varietät, *G. jasminoides* ›Veitchii‹ blüht im Winter.

Gardenien werden angeboten, wenn sie zu blühen beginnen. Wählen Sie Pflanzen mit glänzenden grünen Blättern, einer schönen Wuchsform und vielen Knospen aus.

Unten: Manchmal gibt es Varietäten dieser Pflanze, die etwas anders sind, Dies ist *Gardenia jasminoides* ›Rothmanii‹.

Rechts: Gardenia jasminoides hat einen schönen schweren Duft. Für längere Zeit steht sie jedoch im Haus nicht gut und wächst in einem Gewächshaus besser. Die Blüten sind weiß, werden mit zunehmendem Alter aber cremefarben.

Größe: Gewöhnlich werden Gardenien als kleine Sträucher mit 30 cm Höhe angeboten. Im Topf werden sie etwa 1,20 m groß und 1 m breit.

Wachstum: Langsam, pro Jahr nicht mehr als 15 cm.

Blütezeit: Die wachsartigen Blüten erscheinen von Mai bis September. Es gibt keine wirkliche Blütezeit: Die Blüten entwickeln sich nacheinander. Da sie leicht gequetscht werden, muß man vorsichtig sein. Ältere Blüten werden oft gelb. G. j. ›Veitchii‹ blüht im Winter.

Duft: Ein schöner, schwerer Duft, der an Jasmin erinnert.

Licht: Die Pflanzen brauchen viel Licht, sollten im Hochsommer aber vor Sonne geschützt werden.

Temperatur: Im Winter während der Ruheperiode vertragen sie Temperaturen bis 10 °C, im Sommer brauchen sie aber mindestens 15 bis 18 °C, um schön zu blühen. Höchsttemperatur im Sommer bei hoher Luftfeuchtigkeit 24 °C. G. j. ›Veitchii‹ benötigt im Winter 18 bis 22 °C.

Gießen: Die Pflanzen müssen gut gewässert werden. Im Sommer mindestens 3mal, im Winter 1mal in der Woche mit lauwarmem Regenwasser oder kalkfreiem Wasser gießen.

Düngen: In der Blüte alle 14 Tage die Hälfte der empfohlenen Menge Flüssigdünger ins Gießwasser geben.

Luftfeuchtigkeit: Während des ganzen Jahres (am besten jeden Tag) mit lauwarmem Regenwasser besprühen, damit die Pflanzen schön blühen. Nicht die Blüten besprühen,

denn sie werden sonst fleckig oder verfärben sich. Im Gewächshaus besprengt man den Boden, um eine hohe Luftfeuchtigkeit zu gewährleisten.

Säubern: Sprühen sollte ausreichen. Falls nicht, kann alle 2 Monate Blattglanz benutzt werden, Spray sollte aber nicht auf die Blüten kommen.

Luft: Die Pflanzen hassen Zugluft, mögen aber eine gute Lüftung. Gas kann Immissionsschäden verursachen.

Erde: Eine reiche, kalkfreie Erde.

Umtopfen: Abhängig von der Größe wird im Frühjahr falls notwendig umgetopft.

Schnitt: Damit die Wuchsform schön bleibt, unordentlich wachsende Zweige im März entfernen. Alte Pflanzen werden nach der Blüte zurückgeschnitten, bei jungen Pflanzen knipst man im Sommer die Vegetationspunkte aus, damit sie sich verzweigen.

Vermehrung: Man nimmt im Spätwinter oder zu Frühjahrsbeginn Kopfstecklinge und pflanzt sie im Vermehrungskasten oder unter Folie in eine Erde aus Lehm und Sand. Temperatur etwa 18 bis 21 °C.

Lebenserwartung: Da junge Pflanzen besser blühen, sollte man alle 3 bis 4 Jahre neue Pflanzen ziehen.

Pflanzgruppen: Sie mögen Zimmerbedingungen nicht und stehen besser allein.

Schwierigkeitsgrad: Im Warmhaus oder im Wintergarten ist die Haltung einfach, im Haus dagegen schwer.

Umtopfen

1 Im Frühjahr umtopfen, wenn Pflanze kopflastig ist, und Wurzeln aus dem Abzugsloch wachsen. In der Wachstumsperiode nicht stören. Gut gießen.

2 In einen etwas größeren Topf kommt eine Drainage und feuchte kalkfreie Lehm- oder Torferde.

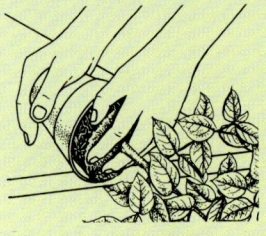

3 Topf so halten, daß Pflanze zwischen den Fingern und Erde unter der Handfläche liegt. Topfrand aufklopfen. Pflanze kommt mit Erde heraus.

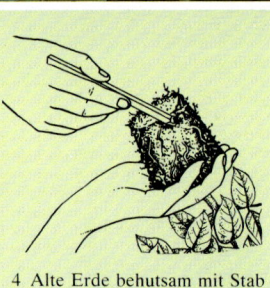

4 Alte Erde behutsam mit Stab von den Wurzeln entfernen. Wurzeln nicht verletzen.

5 Wurzelballen auf die Erde im neuen Topf setzen.

6 Topf mit neuer Erde füllen. Wurzeln müssen bedeckt sein. Erde gut andrücken. 2 Tage nicht gießen und schattig stellen, damit Wurzeln in die neue Erde wachsen.

1 *Knospen fallen ab:* Zu wenig Luftfeuchtigkeit. Topf auf nasse Kiesel stellen; täglich mit weichem Wasser sprühen.

2 *Blüten verfärbt:* Durch Sprühen verursacht. Blüten nicht besprühen.

3 *Weiße wollige Flecken auf den Blättern:* Mit Watte und Spiritus abwischen bzw. spritzen mit Malathion oder systemischem Insektizid.

4 *Vor allem junge Blätter sind gelb, haben aber grüne Adern:* Chlorose durch kalkhaltiges Wasser. 1mal mit Eisenchelat gießen, dann kalkfreies Wasser verwenden.

5 *Blätter gelb, Gespinste an den Unterseiten:* Spinnmilben. Mit Derris, Malathion oder systemischem Insektizid spritzen. Luftfeuchtigkeit erhöhen. Pflanze ist anfällig.

6 *Blätter gelblich und blaß:* Zu wenig Licht. Heller stellen.

7 *Blätter verfärbt, braune schuppige Insekten an Blättern und Stengeln:* Schildläuse. Mit Watte und Spiritus abwischen oder mit systemischem Insektizid spritzen.

Kopfstecklinge

1 Kopfstecklinge im Spätwinter oder zu Frühjahrsbeginn nehmen. Möglichst heizbaren Vermehrungskasten benutzen; sonst in einen Topf Drainage und Sand und Lehmerde (1:1) geben.

4 Das untere Blattpaar entfernen.

7 Stecklinge einsetzen. Das Ende muß am Boden des Loches, die Blätter gerade über der Erde sitzen.

2 Einen Trieb mit mindestens 2 gesunden Blattpaaren und einem Wachstumspunkt nehmen. Unterhalb des zweiten Blattpaares abschneiden.

5 Schnittfläche in Bewurzelungsmittel tauchen. Überschuß abschütteln.

8 Gut gießen, Draht einsetzen und Plastiktüte überziehen. Täglich 5 Minuten entfernen. Erde nicht austrocknen lassen. Temperatur 18–21 °C.

Tüte nach 3 Wochen abnehmen. Wachsen Stecklinge gut, in normale Erde umsetzen.

3 Stengel direkt unter einem Blatt abschneiden.

6 Am Topfrand mit einem Stift kleine Löcher in die Erde drücken.

Schnitt

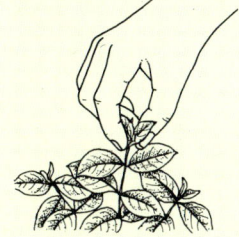

Wachstumspunkte junger Pflanzen auszwicken, damit sie buschig wachsen.

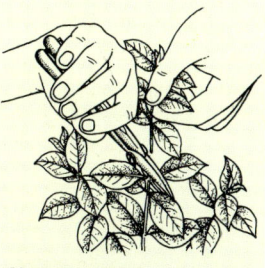

Unordentliche Stengel im März über einem Blattstiel abschneiden.

Luftfeuchtigkeit

Täglich mit lauwarmem Regenwasser besprühen, Knospen und Blüten aber nicht.

Topf in einen Behälter mit feuchtem Torf setzen.

Guzmanie

Auch *Guzmania* gehört zur Familie der *Bromeliaceae* oder Ananasgewächse. Es gibt etwa 80 bis 90 bekannte Arten, die meist in Westindien und im Südwesten Südamerikas beheimatet sind. Sie wurden nach dem spanischen Naturforscher und Pflanzensammler A. Guzman benannt und zu Beginn des 19. Jahrhunderts eingeführt.

Wie viele andere Bromelien sind sie Epiphyten: Sie wachsen auf den Zweigen anderer Pflanzen, doch sie brauchen ihre Wirtspflanzen nicht zum Leben, sondern nur als Stütze. Im Zimmer wachsen sie gewöhnlich in Töpfen. Einige Sorten kann man auch auf Borke oder Holzstücken befestigen, wenn man ihre Wurzeln mit Sphagnummoos umwickelt – so imitiert man ihre natürliche Wuchsweise.

Guzmania-Arten sind, wie ihre enge Verwandte *Tillandsia*, mittelgroße Bromelien, aber um ihre Blüten herum entwickeln sie auffällige Hochblätter. Sie haben leuchtend orange oder rote sternförmig angeordnete Brakteen, deren Farbe lange erhalten bleibt. Die eigentlichen Blüten sind unscheinbar und welken schnell. Gewöhnlich sind sie weiß oder gelb.

Bei Guzmania handelt es sich um unkomplizierte und eindrucksvolle Zimmerpflanzen. Obwohl man sie einzeln ziehen kann, sehen sie doch in gemischten Pflanzungen in Schalen oder Kübeln am besten aus. Wie andere Bromelien gehen sie nach der Blüte ein, aber man kann leicht neue Pflanzen aus den Kindeln ziehen, die sich während der Blüte neben der Mutterpflanze entwickelt haben.

Guzmanien sollten beim Kauf frische, hellgrüne Blätter und intensiv rote Brakteen haben. Pflanzen mit braunen Blattspitzen sollten Sie nicht nehmen.

Guzmanien sind Bromelien, deren intensiv gefärbte Brakteen bis zu 2 Monate halten. Die eigentlichen Blüten sind klein und kaum zu sehen.

Rechts: Guzmania minor ist die Art, die man am häufigsten bekommt.

Unten: Guzmania lingulata.

Größe: Sie ist je nach Varietät unterschiedlich. Die meisten haben mit Blütenständen 30 bis 40 cm Höhe und etwa 25 cm Durchmesser.

Wachstum: Während der Blüte bilden die Pflanzen gewöhnlich 2 bis 3 Kindel. Die Entwicklung vom Kindel bis zur blühenden Pflanze kann gut 2 Jahre dauern.

Blütezeit: Meist im Sommer, doch zu jeder Zeit möglich. Während die leuchtenden Brakteen lange gefärbt bleiben. halten die eigentlichen Blüten nur etwa einen Tag.

Duft: Keiner.

Licht: Sie stehen gern sehr hell, müssen im Sommer aber vor der prallen Mittagssonne geschützt werden.

Temperatur: Im Winter 15 bis 18 °C, im Sommer 18 bis 24 °C. Bei niedrigeren Temperaturen können die Pflanzen an der Basis faulen. Höchsttemperatur im Sommer 27 °C, vorausgesetzt die Luftfeuchtigkeit ist hoch.

Gießen: Sehr feucht halten und im Sommer 2- bis 3mal pro Woche gießen. Regenwasser ist am besten. Immer 2,5 cm Wasser in der Zisterne stehen lassen. Im Winter gießt man 1mal pro Woche.

Düngen: Nicht notwendig.

Luftfeuchtigkeit: Im Sommer regelmäßig – möglichst jeden Tag – sprühen. Kein Blattglanz verwenden.

Luft: Die Pflanzen vertragen die meisten Bedingungen, Zugluft jedoch nicht.

Erde: Eine gute Torferde zu der etwas Sphagnum hinzugefügt wird.

Umtopfen: Junge Pflanzen müssen, nachdem sie von der Mutterpflanze abgetrennt wurden, noch 1mal umgetopft werden. Der Topf hält die Pflanzen im Grunde nur aufrecht, denn sie haben sehr wenige Wurzeln. Die Erde nicht zu fest andrücken.

Schnitt: Nicht notwendig. Beschädigte Blätter werden jedoch entfernt.

Vermehrung: Durch Kindel, die die Mutterpflanze in der Blüte entwickelt. Mit dem Abtrennen wartet man, bis die Kindel gut entwickelt sind und eigene Wurzeln haben. Zu diesem Zeitpunkt stirbt die Mutterpflanze bereits ab. Das Frühjahr ist die beste Zeit. Ein Vermehrungskasten ist nicht notwendig, die bewurzelten Kindel werden einfach bei Zimmertemperatur eingepflanzt.

Lebenserwartung: Die Pflanzen werden etwa 2 bis 3 Jahre alt, je nachdem, wie schnell sie sich entwickeln.

Pflanzgruppen: Sie passen gut zu allen Grünpflanzen, müssen jedoch hell stehen.

Schwierigkeitsgrad: Wie alle Bromelien sind sie leicht zu halten und brauchen nur ein Minimum an Pflege.

Bromelien auf Borke befestigen

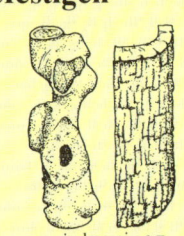

Guzmanien sehen auf Borke oder Holz hübsch aus.

1 Ein geeignetes Stück Borke, einen Ast oder ein schönes Stück Holz aussuchen.

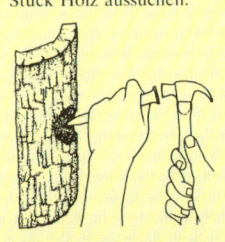

2 Ist keine natürliche Höhlung da, wird für die Pflanze ein flaches Loch ausgestemmt.

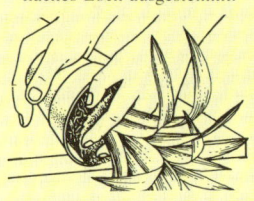

3 Wurzelballen der Pflanze mit Erde aus dem Topf nehmen.

4 Wurzeln in feuchtes Sphagnum packen und mit isoliertem Draht umwickeln.

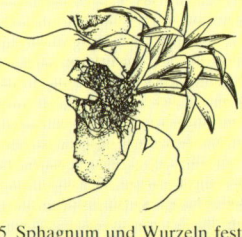

5 Sphagnum und Wurzeln fest auf Holz oder Borke drücken und mit Draht befestigen.

6 Borke so aufhängen, daß die Pflanze nach oben wächst. Wurzelballen feucht halten und regelmäßig sprühen.

Kranke Pflanzen

1

2

1 *Blätter werden braun und vertrocknen:* Gießen, aber nicht durchnässen.

3 *Blattspitzen sind braun:* Zu wenig Luftfeuchtigkeit. Täglich sprühen und in Behälter mit feuchtem Torf stellen.

4 *Blätter verformt, mit grünen Insekten verklebt:* Blattläuse. Mit Pyrethrum oder systemischem Insektizid spritzen.

2 *Pflanze stirbt nach der Blüte ab:* Das ist normal. Ist es nicht zu kalt, beginnen sich Kindel zu entwickeln.

3

4

5

5 *Pflanze wird schwarz und fault an der Basis:* Zu naß. Trocken werden lassen, doch sie wird sich kaum erholen.

Luftfeuchtigkeit

Topf auf einen Untersetzer mit Kieseln und Wasser stellen. Der Topfboden darf nicht im Wasser stehen.

Sprühen

Täglich – möglichst mit Regenwasser – übersprühen. Sprühabstand 15 cm.

Gießen

2,5 cm Wasser in der Zisterne stehen lassen. Alle 3 Wochen erneuern. Regenwasser ist am besten.

Kindel

3 Pflanze aus dem Topf nehmen. Kindel und Wurzeln mit einem scharfen Messer abtrennen.

1 Mit Abnehmen von Kindeln warten, bis Mutterpflanze abgestorben ist. Kindel sollten halb so groß wie die Mutterpflanze sein.

4 Kindel müssen eigene kleine Wurzeln haben, sonst wachsen sie nicht.

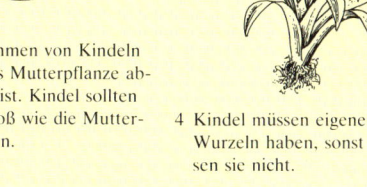

2 In einen kleinen Topf kommt eine Drainage sowie Torferde und Sphagnum (Verhältnis 1:1).

5 Kindel eintopfen. Gut gießen und für einige Tage mit Folie abdecken, um Feuchtigkeit zu erzeugen.

Welke Blätter entfernen

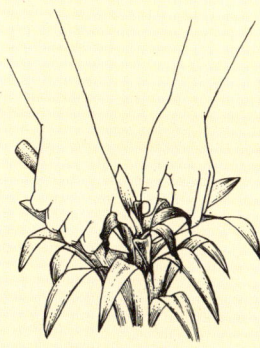

Sind die Blüten verwelkt, Stiel an der Basis abschneiden.

Blätter säubern

Staub mit weichem Tuch oder Schwamm und lauwarmem Wasser abwischen. Blatt mit der anderen Hand stützen. Kein Blattglanz verwenden.

Welke Blätter entfernen

Welke Blätter mit einer scharfen Schere direkt über dem gesunden Gewebe abschneiden.

Gynura sarmentosa

Samtpflanze, Gynure

Dies ist eine Pflanze, die wie eine besonders schöne Nessel aussieht. Die samtigen Blätter haben die Form von Nesselbättern und eine hellila Farbe. Tatsächlich sind Blätter und Stengel mit feinen violetten Härchen bedeckt, die dieser Pflanze ihr prächtiges Aussehen verleihen.

Gynuren gehören zur Familie *Compositae*, und es gibt etwa 20 bekannte Arten, die alle aus Indien oder dem Fernen Osten kommen. Der Name leitet sich von den griechischen Worten gyne, Weib und oura, Schwanz ab und bezieht sich auf die lange, struppige Narbe.

Gynuren werden nur ihrer Blätter wegen gehalten. Sie haben recht unscheinbare, orangefarbene Blüten, die denen des Kreuzkrauts ähneln, sie sollten aber, sobald sie erscheinen, entfernt werden, denn wenn die Pflanzen zur Blüte kommen, gehen sie schnell ein. Die Blüten haben außerdem einen recht unangenehmen Geruch. Die Gynure gehört zu den Pflanzen, die das ganze Jahr über in der Sonne stehen können.

Stecklinge bekommen schnell Wurzeln, und da die Pflanzen nach etwa zwei Jahren sehr häßlich werden, wirft man sie am besten weg und ersetzt sie durch neue. Gewöhnlich bekommt man zwei Arten: G. aurantiaca ist eine aufrecht wachsende, strauchige Pflanze; G. sarmentosa ist gedrungen und wird am besten als Kriechpflanze behandelt, obwohl sie auch kletternd erzogen werden kann. Wenn man mehrere Pflanzen zusammen in eine Ampel setzt, bilden sie einen hübschen Blickfang.

Nehmen Sie beim Kauf buschige Pflanzen mit vielen jungen Trieben und einer kräftigen violetten Färbung. Blaßfarbene Pflanzen haben zu wenig Licht bekommen. Achten Sie darauf, daß die Pflanzen nicht blühen. Am besten kauft man sie im zeitigen Frühjahr oder im Herbst.

Links: Gynuren sind mit feinen lila Haaren bedeckt, denen sie ihren Namen verdanken. An jungen Trieben sind sie dichter, und deshalb hält man am besten junge, buschige Pflanzen.

Rechts: Gynura sarmentosa.

Unten: Gynura aurantiaca ist ein Strauch mit ovalen Blättern.

Größe: Die Pflanzen werden 45 cm hoch.
Wachstum: Sie wachsen recht schnell und in einer Saison zu voller Größe heran. Im zweiten Jahr müssen sie gestützt werden.
Blütezeit: Frühjahr und Sommer. Blüten werden sobald wie möglich entfernt, damit sie die Pflanze nicht entkräften. Wenn eine Pflanze geblüht hat, wirft man sie am besten weg.
Duft: Die Blüten haben einen unangenehmen Geruch.
Licht: Die Pflanzen mögen viel Licht, sogar pralle Sonne, die die Lilafärbung ihrer Blätter noch vertieft. Auch im Winter sollten sie möglichst hell stehen.
Temperatur: Im Winter 15 bis 18 °C, sie vertragen aber auch 13 °C, wenn man sie weniger gießt. Maximale Sommertemperatur 21 °C.
Gießen: Im Sommer freigiebig gießen, vermutlich 2- bis 3mal pro Woche. Im Winter weniger – höchstens 1mal in der Woche – wässern.
Düngen: Die Pflanzen brauchen wenig Nährstoffe. Nur im Sommer 1mal im Monat Flüssigdünger ins Gießwasser geben.
Luftfeuchtigkeit: Sie stehen gern auf nassen Kieseln, aber unbedingt notwendig ist es nicht.
Säubern: Hin und wieder an trüben Tagen mit lauwarmem Wasser besprühen. Überschüssiges Wasser anschließend von den Blättern abschütteln. Da diese behaart sind, darf kein Blattglanz verwendet werden. Staub kann mit einem kleinen Pinsel abgebürstet werden.

Luft: Im Sommer während der Wachstumsperiode mögen sie einen luftigen Standort.
Erde: Lehmerde Nr. 2.
Umtopfen: Die Pflanzen müssen zu Beginn des zweiten Jahres umgetopft werden. Der Topf sollte 2 oder 3 Nummern größer sein.
Schnitt: Im März des zweiten Jahres wird ein Formschnitt fällig. Die abgeschnittenen Teile können als Stecklinge verwendet werden.
Vermehrung: Die Stecklinge wurzeln leicht einzeln oder zu dritt in einem Topf. Die Temperatur bei 18 bis 21 °C halten.
Lebenserwartung: Am schönsten sind die Blätter von Jungpflanzen. Deshalb sollte man alle 2 Jahre neue Pflanzen ziehen, damit der Bestand immer frisch und gesund aussieht.
Pflanzgruppen: Sie können in gemischten Schalen stehen. Das Lila bildet einen hübschen Kontrast zu Grünpflanzen.
Schwierigkeitsgrad: Gute Pflanzen für den Anfänger. Nicht vergessen, erscheinende Blüten auszuknipsen.

Umtopfen

1 Junge Pflanzen umtopfen, wenn die Wurzeln verschlungen sind, sowie zu Beginn des zweiten Jahres. Pflanze gut gießen.

2 In einen größeren Topf kommt eine Drainageschicht und feuchte Lehmerde Nr. 2.

4 Alte Erde behutsam mit Stab von den Wurzeln entfernen. Wurzeln nicht verletzen.

5 Wurzelballen auf die Erde im neuen Topf setzen.

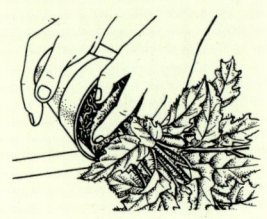

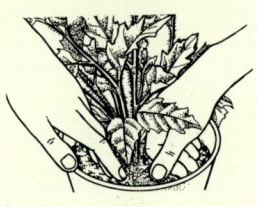

3 Topf so halten, daß Pflanze zwischen den Fingern und Erde unter der Handfläche liegt. Topfrand aufklopfen. Pflanze kommt mit Erde heraus.

6 Topf mit neuer Erde füllen. Wurzeln müssen bedeckt sein. Erde gut andrücken. 2 Tage nicht gießen und schattig stellen, damit Wurzeln in die neue Erde wachsen.

1 *Blätter mehr grün als lila:* Zu wenig Licht. Heller stellen.

2 *Blätter haben schwarze Flecken:* Nach dem Sprühen ist Wasser auf den Blättern geblieben. Pflanze nicht in der Sonne besprühen.

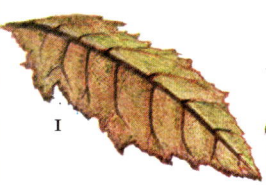

3 *Blätter verformt und mit grünen Insekten verklebt:* Blattläuse. Mit Pyrethrum oder systemischem Insektizid spritzen.

4 *Pflanze hat stinkende Blüten, Blätter welk:* In Zukunft alle Knospen und Blüten entfernen.

5 *Pflanze müde und häßlich:* Junge Pflanzen aus kräftigen Trieben ziehen.

Kopfstecklinge

1 Alte Pflanzen sehen häßlich aus, deshalb nimmt man im Frühjahr am besten Kopfstecklinge. In einen Topf kommt eine Drainage und eine Mischung aus scharfem Sand und Lehmerde.

2 Einen Trieb mit mindestens 2 gesunden Blattpaaren und einem Wachstumspunkt nehmen. Unterhalb des zweiten Blattpaares dicht am Hauptstengel abschneiden. Länge 8–10 cm.

3 Stengel direkt unter einem Blatt abschneiden.

4 Das untere Blattpaar entfernen.

5 Schnittfläche in Bewurzelungsmittel tauchen. Überschuß abschütteln.

6 Am Topfrand mit einem Stab kleine Löcher in die Erde drücken.

7 Steckling einsetzen. Das Ende muß am Boden des Lochs, die Blätter müssen gerade über der Erde sein.

8 Gut gießen, einen Drahtbogen einsetzen und Plastiktüte überziehen. Täglich 5 Minuten abnehmen. Erde nicht austrocknen lassen. Temperatur 18–21 °C.
Tüte nach 3 Wochen entfernen. Wenn Stecklinge gut wachsen, in normale Erde umtopfen.

Erziehen

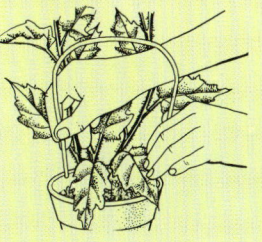

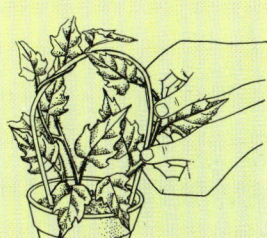

1 Einen biegsamen Stab oder Draht an einer Topfseite in die Erde stecken. (Tiefe = 2/3 der Topfhöhe).

3 Stengel behutsam um die Reifen winden. Stengel und Blätter nicht verletzen.

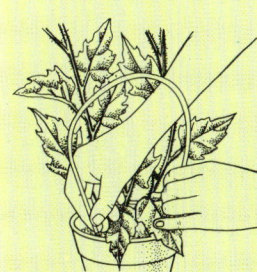

2 Zu einem Reifen biegen und gegenüber in die Erde stecken.

4 Falls nötig, unten eine Schnur befestigen und fortlaufend um Stengel und Reifen winden.

Blüten entfernen

Im Sommer können kleine Blüten erscheinen. Zugunsten des Blattwachstums ausknipsen.

Die Blüten haben einen unangenehmen Geruch.

Hedera

Efeu

Der gewöhnliche Efeu, *Hedera helix*, ist eine der wenigen Zimmerpflanzen, die in Europa beheimatet sind. Es gibt nur sieben bekannte Arten, die zur Familie der *Araliaceae* gehören, und zwei davon werden in der Regel als Zimmerpflanzen gehalten: *Hedera helix* mit fast unzähligen Varietäten und *H. canariensis*, der Kanarische Efeu.

Ständig kommen neue Sorten von *H. helix* mit unterschiedlichsten Blattgrößen, Formen und Zeichnungen auf den Markt. Alle sind gute Zimmerpflanzen und gedeihen auch an dunklen Plätzen, obwohl manchmal ihre Färbung leidet, wenn sie zu dunkel stehen. Ein wichtiger Punkt ist, daß Efeus wohl gern Feuchtigkeit mögen und regelmäßig besprüht werden sollten, aber – vor allem im Winter – nicht zu viel gegossen werden dürfen. Außerdem vertragen sie große Wärme und Trockenheit nicht. Dies überrascht nicht, denn alle *Hedera-helix*-Sorten sind winterhart und sogar *H. canariensis* kann, außer in sehr strengen Wintern – im Freien bleiben.

Wenn Sie einen im Haus wachsenden Efeu ins Freie pflanzen möchten, sollten Sie dies im Frühsommer tun, damit er genug Zeit hat, sich an die Freilandbedingungen zu gewöhnen. Setzen Sie ihn mitten im Winter hinaus, wird er beim ersten strengen Frost eingehen.

Die meisten Efeus verzweigen sich, wenn man den Wachstumspunkt entfernt. Sie entwickeln dann sofort weiter unten am Stengel zwei oder drei neue Triebe. Deshalb bildet ein sorgfältig gestutzter Efeu eine volle, buschige Pflanze. Ohne Schnitt wird er lang und dünn.

Kaufen Sie immer Pflanzen mit neuen Trieben. Nehmen Sie die Pflanzen, deren Blattform und Zeichnung Ihnen am besten gefällt.

Umtopfen

Größe: Die meisten *H. helix*-Varietäten sind recht klein. Die Triebe werden bis zu 60 cm lang. Wenn man sie auszwickt, werden die Pflanzen buschiger und bis zu 45 cm breit. *H. canariensis* wächst im Haus leicht 2 m.
Wachstum: Schnell, aber die Wachstumspunkte sollten ausgezwickt werden, damit die Pflanzen buschig bleiben. Pro Jahr wachsen die Triebe 30 bis 45 cm.
Blütezeit: Im Zimmer blühen die Pflanzen nicht.
Duft: Keiner.
Licht: Sie mögen viel Licht, doch in der Sonne verblassen die Blätter. *H. helix* wächst auch an dunkleren Plätzen, während *H. canariensis* immer viel Licht braucht.
Temperatur: Sehr flexibel. Im Winter sollte die Raumtemperatur nicht unter 7 °C fallen. Mehr als 15 °C mögen sie nicht und müssen daher ggf. täglich besprüht werden.
Gießen: Nicht zu viel. Je nach Wetter reicht im Sommer 1- bis 2mal pro Woche aus, im Winter 1mal oder noch weniger.
Düngen: Während der Sommermonate sollte man die Pflanzen alle 2 Wochen mit Flüssigdünger versorgen.
Luftfeuchtigkeit: 1- oder 2mal pro Woche mit lauwarmem Wasser übersprühen oder den Topf auf nasse Kiesel stellen.
Säubern: Sprühen hilft, doch sollte man die Blätter der Pflanzen alle 2 bis 3 Wochen mit einem feuchten Tuch abwischen. Sie mögen keinen Staub. Blattglanz darf nur alle 2 Monate benutzt werden.

Luft: Sie sind Abgasen, Tabakrauch usw. gegenüber recht unempfindlich.
Erde: Lehmerde Nr. 2 oder Torferde.
Umtopfen: Am besten im Frühjahr, obwohl junge Pflanzen mitunter 2mal im Jahr umgetopft werden müssen. Bei Pflanzen in großen Töpfen erneuert man nur die obere Erdschicht.
Schnitt: Pflanzen werden geschnitten, damit sie ihre Form behalten und buschiger wachsen. Deshalb entfernt man 1- oder 2mal im Jahr die Spitzen der längeren Triebe.
Vermehrung: Leicht. Man nimmt Kopfstecklinge (7 bis 12 cm lang) und setzt 2 oder 3 zusammen in Töpfe in einen Vermehrungskasten oder zieht eine Plastiktüte darüber. Temperatur 15 °C. Am besten macht man das im Frühjahr oder Frühsommer. Triebe ziehen auch in Wasser Wurzeln, oder man senkt sie ab.
Lebenserwartung: Hoch. Wenn Pflanzen zu groß oder häßlich werden, setzt man sie in den Garten. Daran denken, daß dies im Frühsommer geschehen muß, damit sie sich akklimatisieren können.
Pflanzgruppen: Sie gedeihen mit den meisten anderen Pflanzen zusammen. Für Flaschengärten sind sie nicht zu empfehlen, da sie bald alles überwuchern.
Schwierigkeitsgrad: Ideale Pflanzen für den Anfänger, denn sie sind sehr leicht zu halten.

1 Im Frühjahr umtopfen, wenn Wurzeln aus dem Topf wachsen. Gut gießen.

2 In einen etwas größeren Topf kommt eine Drainage und feuchte Torferde oder Lehmerde Nr. 2.

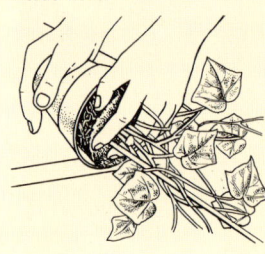

3 Topf so halten, daß Pflanze zwischen den Fingern und Erde unter der Handfläche liegt. Topfrand aufklopfen. Pflanze kommt mit Erde heraus.

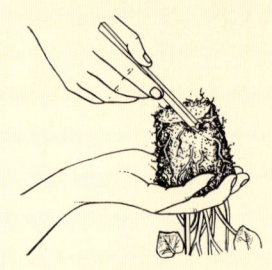

4 Alte Erde behutsam mit Stab von den Wurzeln entfernen. Wurzeln nicht verletzen.

5 Wurzelballen auf die Erde im neuen Topf setzen.

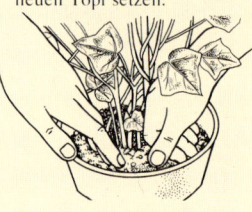

6 Topf mit neuer Erde füllen. Wurzeln müssen bedeckt sein. 2 Tage nicht gießen und schattig stellen, damit Wurzeln in die neue Erde wachsen.

Efeus sind beliebte Pflanzen, die drinnen und draußen stehen können. Im Haus hält man sie am besten kühl, sonst bekommen sie leicht Spinnmilben. Es sind Dutzende von Varietäten erhältlich.

Links: Hedera helix ›Lutzii‹.

Unten links: Hedera helix ›Little Diamond‹.

Unten ganz links: Hedera helix ›Chicago‹.

Rechts: Hedera canariensis, der Kanarische Efeu mit größeren Blättern.

Unten: Alle Efeus klettern mit Hilfe von Ranken oder Wurzelschößlingen.

Säubern

Staub mit weichem Tuch oder Schwamm und lauwarmem Wasser abwischen. Blatt mit der anderen Hand stützen.

Sprühen

2mal wöchentlich mit lauwarmem Wasser sprühen, um Luftfeuchtigkeit zu erzeugen. Wichtig, um Spinnmilbenbefall zu verhindern.

Stützen

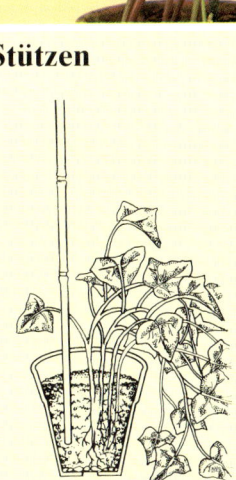

1 Stab einige Zentimeter neben dem Haupttrieb behutsam in die Erde schieben (Tiefe = 2/3 der Topfhöhe).

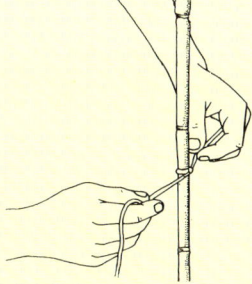

2 25 cm lange Schnur an der zum Stengel zeigenden Seite verknoten.

3 Schnur wie oben gezeigt um den Stengel schlingen.

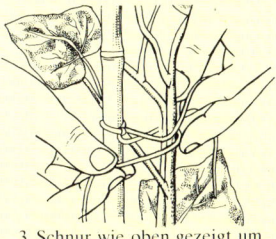

4 Am Stab einen festen Knoten machen. Nach oben in Abständen wiederholen.

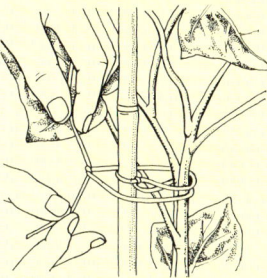

5 Gut gestützt kann *H. canariensis* bis zu 2 m groß werden.

Kranke Pflanzen

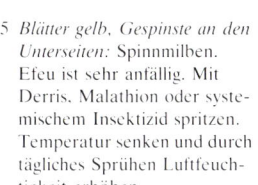

1 *Bunte Sorten werden grün:* Zu wenig Licht oder zu viel Dünger. Heller stellen und weniger düngen.

2 *Blätter werden im Sommer blaß:* Zu viel Sonne. Etwas schattiger stellen.

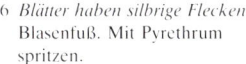

3 *Blätter werden schwarz:* Zu naß. Austrocknen lassen, bis Pflanze sich erholt hat. Dann weniger gießen.

4 *Blätter vertrocknen:* Zu warm und trocken. Temperatur senken und täglich sprühen.

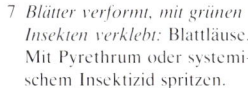

5 *Blätter gelb, Gespinste an den Unterseiten:* Spinnmilben. Efeu ist sehr anfällig. Mit Derris, Malathion oder systemischem Insektizid spritzen. Temperatur senken und durch tägliches Sprühen Luftfeuchtigkeit erhöhen.

6 *Blätter haben silbrige Flecken:* Blasenfuß. Mit Pyrethrum spritzen.

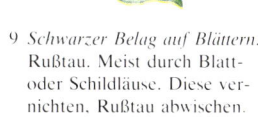

7 *Blätter verformt, mit grünen Insekten verklebt:* Blattläuse. Mit Pyrethrum oder systemischem Insektizid spritzen.

8 *Blätter verfärbt, braune schuppige Insekten an Blättern und Stengeln:* Schildläuse. Mit Watte und Spiritus abwischen oder mit systemischem Insektizid spritzen.

9 *Schwarzer Belag auf Blättern:* Rußtau. Meist durch Blatt- oder Schildläuse. Diese vernichten, Rußtau abwischen.

Vermehrung

1 In einen Topf eine Drainage und feuchte Lehmerde und scharfer Sand (1:1).

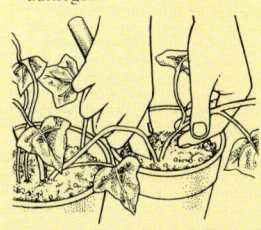

3 Stengel so umbiegen, daß der Schnitt auf der Erde im neuen Topf liegt. Mit einem Kiesel beschweren oder mit Draht befestigen. Stengel muß fest aufliegen.

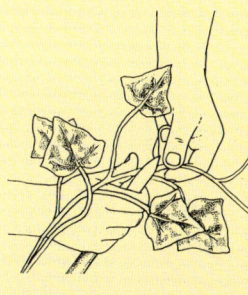

2 Einen kräftigen Trieb an der Unterseite unter einem Blattansatz einschneiden.

4 Am Schnitt wachsen Wurzeln. Sind sie gut ausgebildet, Stengel von der Mutterpflanze abtrennen und separat eintopfen.

Hibiscus rosa-sinensis

Chinesischer Roseneibisch, Hibiskus

Hibiscus ist eine Gattung mit etwa 150 Arten und gehört zur Familie der *Malvaceae*. Es sind Bäume und Sträucher, meist subtropischer Herkunft, mit Varietäten, die man in der ganzen Welt findet. In ihrer Heimat werden sie oft als Hecken gepflanzt, denn sie wachsen dicht und fest. Fast alle Arten haben schöne, wenn auch kurzlebige Blüten. Im Haus wird *H. rosa-sinensis* am häufigsten gehalten.

Der Hibiskus wurde 1731 von Pflanzenforschern nach Europa gebracht, und 1786 waren mindestens drei Sorten bekannt. Bis heute sind viele neue hinzugekommen. Ihre Blüten haben alle leuchtende Farben, wobei Rot, Gelb und Orange vorherrschen. *H. mutabilis* aus Asien hat dicke, derbe Zweige mit weichen Haaren. Die Blätter sind breit, langstielig und bis zu 20 cm lang, die Blüten weiß oder weißrot. Die Pflanze wird bis zu 4 m groß. *H. archeri* aus Indien erreicht diese Größe ebenfalls. Er ähnelt *H. rosa-sinensis*, hat aber größere Blätter und kleinere Blüten, die fast immer rot sind. *H. schizopetalus* ist eine Hybride aus dem tropischen Afrika mit kleineren Blättern und Blüten von nicht mehr als 6 cm Durchmesser, die innen eine dunkelrote und außen eine hellrote Färbung haben.

Da die Blüten das Schönste am Hibiskus sind, ist es besonders ärgerlich, wenn sie noch als Knospen abfallen. Dies kann durch Erhöhen der Luftfeuchtigkeit verhindert werden, und heute werden neue Hybriden angeboten (*H.* ›Weekend‹ und *H.* ›Moonlight‹), die so gezüchtet wurden, daß sie ihre Knospen nicht abwerfen.

Schöne Exemplare dieser Pflanze sind verzweigt und haben glänzende Blätter und zahlreiche Knospen. Achten Sie darauf, daß am unteren Teil der Pflanze keine Knospen abgeworfen wurden, und häßliche Stiele zurückgeblieben sind.

Hibiscus hat gefüllte *(oben)* oder ungefüllte Blüten. Neue Hybriden mit runderen Blättern werfen ihre Knospen nicht ab *(oben links)*.

Rechts: Ein schöngewachsenes Exemplar von *Hibiscus rosa-sinensis*.

Umtopfen

Größe: Beim Kauf gewöhnlich 30 bis 40 cm. Im Topf werden die Pflanzen 120 bis 150 cm groß.

Wachstum: Sie können ihre Größe in einer Saison verdoppeln.

Blütezeit: Ununterbrochen vom späten Frühjahr über den Sommer bis in den Herbst. Die Anzahl der Blüten, die sich zur gleichen Zeit öffnen, hängt von der Größe der Pflanze ab. Jede Blüte hält nur etwa 36 Stunden.

Duft: Nicht sehr stark.

Licht: Hell, aber nicht sonnig halten. Ideal für Wintergärten oder schattige Gewächshäuser. Im Haus an ein Nordfenster stellen.

Temperatur: Während der Wachstumsperiode 18 bis 21 °C. Sinkt die Temperatur unter 10 °C, fallen die Blätter ab. Maximale Sommertemperatur 27 °C.

Gießen: Während der Wachstumsperiode mindestens 2mal pro Woche gießen, bei warmem, trockenem Wetter öfter. Die Erde darf aber nicht durchtränkt werden, denn die Wurzeln könnten faulen. Im Winter – vor allem bei niedrigen Temperaturen – nur 1mal pro Woche gießen, und die Erdoberfläche erst trocken werden lassen.

Düngen: Während der Wachstumsperiode alle 14 Tage Flüssigdünger ins Gießwasser geben.

Luftfeuchtigkeit: Im Sommer brauchen die Pflanzen viel Luftfeuchtigkeit und werden am besten täglich besprüht, weil andernfalls die Blüten abfallen können. Im Winter trockener halten, in zentralgeheizten Räumen aber jeden zweiten Tag besprühen.

Säubern: Sprühen hält die Blätter sauber, wenn sie dennoch staubig werden, wischt man sie vorsichtig ab.

Luft: Im Sommer brauchen die Pflanzen viel frische Luft. Gas schadet ihnen.

Erde: Ältere Pflanzen gedeihen gut in Lehmerde Nr. 3, für jüngere nimmt man eine leichtere Erde mit etwas Torf.

Umtopfen: Am besten im Frühjahr gleich nach dem Schnitt, wenn sie zu wachsen beginnen. Keinen zu großen Topf nehmen, denn in etwas zu kleinen Töpfen blühen sie besser.

Schnitt: Jedes Frühjahr stark zurückschneiden, damit die Form kompakt bleibt und sich viele Knospen entwickeln. Auch während des Wachstums schneiden, falls die Pflanzen zu »hochbeinig« werden.

Vermehrung: Aus Stecklingen, bei großen Pflanzen ist Absenken möglich. Im Frühjahr geschnittene Stecklinge sollten noch im gleichen Jahr blühen. Bei 18 °C bewurzeln lassen.

Lebenserwartung: Gut geschnitten unbegrenzt. Das Durchschnittsalter beträgt 3 bis 4 Jahre.

Pflanzgruppen: Mit Pflanzen zusammensetzen, deren Blätter mit den herrlichen Blüten kontrastieren. *Rhoicissus*, *Philodendron* und grüne *Dracaena*-Arten sind geeignet.

Schwierigkeitsgrad: Unkomplizierte Pflanzen, die aber nicht zu viel Wasser bekommen dürfen.

1 Im Frühjahr umtopfen, wenn Pflanze zu wachsen beginnt und kopflastig ist. Neue Blätter können blaß sein. Gut gießen.

2 In einen etwas größeren Topf kommt eine Drainageschicht und feuchte Lehmerde Nr. 3.

3 Topf so halten, daß Pflanze zwischen den Fingern und Erde unter der Handfläche liegt. Topfrand aufklopfen. Pflanze kommt mit Erde heraus.

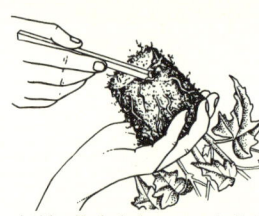

4 Alte Erde behutsam mit Stab von den Wurzeln entfernen. Wurzeln nicht verletzen.

5 Wurzelballen auf die Erde im neuen Topf setzen.

6 Topf mit neuer Erde füllen. Wurzeln müssen bedeckt sein. Erde gut andrücken. 2 Tage nicht gießen und schattig stellen, damit Wurzeln in die neue Erde wachsen.

Kranke Pflanzen

1 *Blätter fallen ab:* Im Sommer durch zu viel gießen. Trocknen lassen, bis Pflanze sich erholt hat, dann luftiger stellen und weniger wässern. Im Winter durch Kälte oder kalte Zugluft. Wärmer stellen und weniger gießen.

2 *Knospen fallen ab:* Luft zu trocken. Täglich mit weichem Wasser besprühen. Möglichst Temperatur etwas anheben.

3 *Neue Blätter klein, keine Blüten:* Düngen nötig.

4 *Blätter verformt und mit grünen Insekten verklebt:* Blattläuse. Mit Pyrethrum spritzen.

5 *Pflanze welkt:* Zu trocken und warm. Gießen und Sprühen.

Kopfstecklinge

1 Im Frühjahr Kopfstecklinge nehmen. In einen Topf kommt eine Drainage sowie Sand und Lehmerde (1:1).

2 Einen Trieb mit mindestens 2 gesunden Blattpaaren und einem Wachstumspunkt nehmen. Unter dem zweiten Blattpaar dicht am Hauptstengel abschneiden. Länge 8–10 cm.

3 Stengel direkt unter einem Blatt abschneiden.

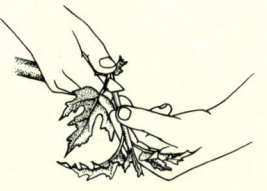

4 Das untere Blattpaar entfernen.

5 Schnittfläche in Bewurzelungsmittel tauchen. Überschuß abschütteln.

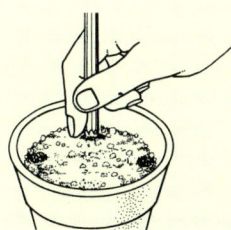

6 Am Topfrand mit einem Stift kleine Löcher in die Erde drücken.

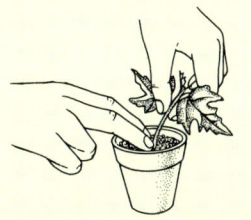

7 Steckling einsetzen. Das Ende sollte am Lochboden, die Blätter gerade über der Erde sein.

8 Gut gießen, Draht einsetzen und Plastiktüte überziehen. Täglich 5 Minuten entfernen. Erde nicht austrocknen lassen. Temperatur 18 °C.

9 Tüte nach 3 Wochen abnehmen. Wachsen Stecklinge gut, in normale Erde setzen.

Luftfeuchtigkeit

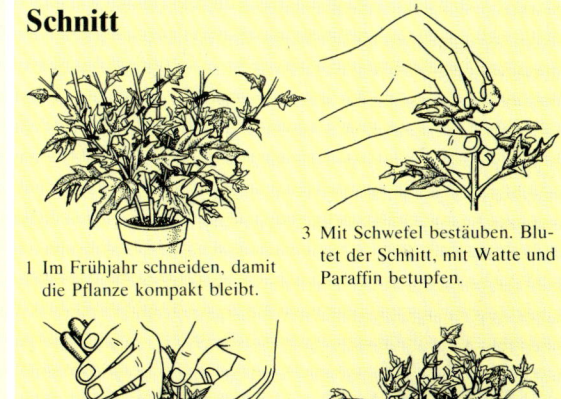

Topf in einen Untersetzer mit Kieseln und Wasser stellen. Hibiskus wirft bei trockener Luft leicht die Knospen ab. In der Blüte täglich sprühen, im Winter bei starker Zentralheizung jeden zweiten Tag.

Schnitt

1 Im Frühjahr schneiden, damit die Pflanze kompakt bleibt.

2 Über einen Seitentrieb oder einer Knospe einen schrägen Schnitt machen.

3 Mit Schwefel bestäuben. Blutet der Schnitt, mit Watte und Paraffin betupfen.

4 Die Pflanze wächst buschiger und gleichmäßiger.

Hoya carnosa

Wachsblume, Porzellanblume, Honigblume

Diese Kletterpflanze wurde nach dem Engländer Thomas Hoy benannt, der Ende des 18. Jahrhunderts Obergärtner beim Duke of Northumberland in Middlesex war. Hoya gehört zur Familie *Asclepiadaceae*, und es gibt etwa 70 bekannte Arten. Sie kommen aus dem Fernen Osten und dem tropischen Australien und heißen bei uns meist Wachsblumen, weil ihre Blüten und Blätter aussehen, als seien sie aus Wachs gemacht.

Meist werden nur zwei Arten angeboten. *H. carnosa* ist die üblichere von beiden und einfacher zu halten. Sie kann gut an Mauern erzogen werden und klammert sich oft ohne zusätzliche Hilfen daran fest. Sie hat gegenständige, ovale Blätter, die 5 cm lang und 2,5 cm breit sind. Die sternartigen Blüten wachsen in Dolden zu etwa 12 bis 15 Stück, sind fleischfarben und haben eine rote Mitte. Eine schöne Pflanze ist mit Blüten übersät. Außerdem gibt es eine hübsche, bunte Form, die ebenso leicht zu halten, aber nicht so blühwillig ist. Alte Pflanzen entwickeln häufig etwa 45 cm lange, blattlose Triebe. Sie dürfen nicht entfernt werden, da sich später Blätter bilden.

H. bella ist zarter, ihre Blätter sind kleiner und die Stengel kürzer und hängend. Die Pflanze wächst am besten in Ampeln. Die Blüten ähneln denen von *H. carnosa*, doch sind die Blütenblätter reinweiß mit einer roten Mitte.

Hoya sollten beim Kauf feste, fleischige Blätter und neue Triebe haben. Sie werden manchmal an Stäben erzogen verkauft; blühend bekommt man sie nicht allzu oft.

Umtopfen

Größe: *H. carnosa* wird – wenn man sie stützt – mit der Zeit recht groß und erreicht im Haus 1,20 m Höhe und 45 cm Durchmesser, im Gewächshaus 5 m Höhe. *H. bella* ist mit 30 cm Größe und 20 cm Breite sehr viel kleiner.

Wachstum: *H. carnosa* kann pro Jahr 45 cm und mehr wachsen, *H. bella* nur 12 bis 15 cm.

Blütezeit: Während des ganzen Sommers, obwohl die Hauptblüte im Juni liegt und manchmal von einer zweiten im September gefolgt wird. Nie verwelkte Blütenstiele entfernen, denn daran entwickeln sich die neuen Blüten. Die Pflanzen nicht umstellen, sonst können die Blüten abfallen.

Duft: Die Blüten haben einen ziemlich starken Duft. Sie sondern eine klebrige Flüssigkeit ab.

Licht: Die Pflanzen müssen hell stehen, aber vor der Mittagssonne geschützt werden, weil sie die Blätter verfärben kann.

Temperatur: *H. carnosa* verträgt niedrige Temperaturen von 10 °C und geht auch bei 8 °C nicht ein. *H. bella* wird bei höchstens 16 °C und mindestens 10 °C überwintert. Maximale Sommertemperatur für beide Arten 24 °C.

Gießen: Zu viel Wasser vertragen sie nicht. Außer bei sehr warmem Wetter im Sommer sollte 1mal Gießen pro Woche ausreichen. Im Winter alle 14 Tage wässern. Nach Möglichkeit immer Regenwasser verwenden.

Düngen: Im Sommer alle 3 bis 4 Wochen die Hälfte der empfohlenen Menge Flüssigdünger ins Gießwasser geben.

Luftfeuchtigkeit: Es tut ihnen gut, wenn sie alle 14 Tage mit lauwarmem Wasser besprüht werden; aber nicht die Blüten besprühen. Am besten stellt man den Topf auf nasse Kiesel. Während der Ruheperiode im Winter trockener halten.

Säubern: Sprühen sollte ausreichen, staubige Pflanzen kann man aber mit einem feuchten Tuch abwischen. Kein Blattglanz verwenden.

Luft: Vor Zugluft schützen.

Erde: Lehmerde Nr. 2. Ziegelscherben auf dem Topfboden fördern die Blüte.

Umtopfen: Nicht öfter als alle 2 bis 3 Jahre. Die Pflanzen blühen in kleinen Töpfen besser. Sie brauchen eine gute Drainage und bevorzugen Tontöpfe.

Schnitt: Sie mögen »operative Eingriffe« nicht, beschädigte Blätter müssen aber entfernt werden.

Vermehrung: Im Frühjahr Kopfstecklinge in einer Mischung aus Sand und Torf bewurzeln. Vorher in Bewurzelungsmittel tauchen und anschließend bei 21 °C halten und mit Folie abdecken. Dieses Verfahren ist für Anfänger nicht einfach. Absenken ist ebenfalls möglich.

Lebenserwartung: *H. carnosa* ist langlebig. *H. bella* wird wahrscheinlich nur 2 oder 3 Jahre alt.

Pflanzgruppen: Die Pflanzen stehen am besten allein, weil ihre Wuchsform schlecht mit anderer Pflanzen harmonisiert.

Schwierigkeitsgrad: *H. carnosa* ist eine einfache Pflanze für Anfänger. Für *H. bella* braucht man etwas Erfahrung.

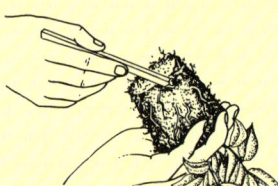

1 Im Frühjahr umtopfen, wenn Wurzeln aus dem Topf kommen und Pflanze nicht mehr wächst.

2 In einen etwas größeren Topf kommt eine Drainage und feuchte Torferde oder Lehmerde Nr. 2. Ziegelscherben am Boden fördern die Blüte.

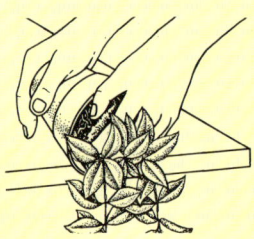

3 Topf so halten, daß Pflanze zwischen den Fingern und Erde unter der Handfläche liegt. Topfrand aufklopfen, Pflanze kommt mit Erde heraus.

4 Alte Erde behutsam mit Stab von den Wurzeln entfernen. Wurzeln nicht verletzen.

5 Wurzelballen auf die Erde im neuen Topf setzen.

6 Topf mit neuer Erde füllen. Wurzeln müssen bedeckt sein. Erde gut andrücken. 2 Tage nicht gießen und schattig stellen, damit Wurzeln in die neue Erde wachsen. Drahtbogen wieder einsetzen.

Links: Die wachsartigen Blüten von *Hoya bella.* Sie hängen nach unten, und deshalb kommt die Pflanze in einer Ampel am besten zur Geltung.

Links: Hoya bella hat kleinere Blätter als *Hoya carnosa,* und die Pflanze ist insgesamt etwas zarter.

Rechts: Hoya carnosa ›Variegata‹ ist eine attraktive Kletterpflanze. Junge Pflanzen müssen an einer Stütze erzogen werden, ältere Pflanzen klettern von allein. Die Blätter sind fleischig: Daran erkennt man, daß die Pflanze nicht gern zuviel gegossen wird.

Kranke Pflanzen

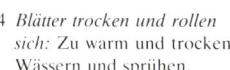

1 *Blätter werden gelb und faulen:* Zu naß. Trocken werden lassen, bis Pflanze sich erholt hat. Dann weniger gießen.

2 *Blätter haben braune Brandflecken:* Zu viel Sonne. Schattiger stellen.

3 *Weiße wollige Flecken auf den Blättern:* Wolläuse. Mit Watte und Spiritus abwischen bzw. mit Malathion oder systemischem Insektizid spritzen.

4 *Blätter trocken und rollen sich:* Zu warm und trocken. Wässern und sprühen.

5 *Neue Triebe klein, keine Blüten:* Düngen nötig.

6 *Knospen fallen ab:* Pflanze wurde umgestellt. An ihrem Platz stehen lassen, bis neue Knospen kommen.

Kopfstecklinge

1 Im Frühjahr Kopfstecklinge nehmen. In einen Topf kommt eine Drainage sowie Sand und Torf (1:1).

2 Einen Trieb mit mindestens 2 gesunden Blattpaaren und einem Wachstumspunkt nehmen. Unter dem zweiten Blattpaar dicht am Hauptstengel abschneiden. Länge 8–10 cm.

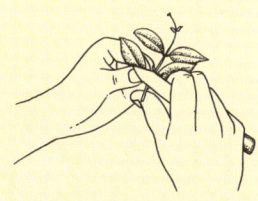

3 Stengel direkt unter einem Blatt abschneiden.

4 Das untere Blattpaar entfernen.

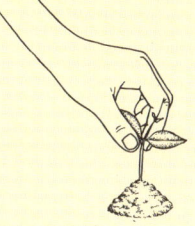

5 Schnittfläche in Bewurzelungsmittel tauchen. Überschuß abschütteln.

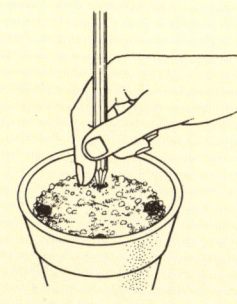

6 Am Topfrand mit einem Stift kleine Löcher in die Erde drücken.

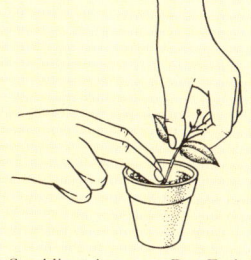

7 Steckling einsetzen. Das Ende muß am Boden des Lochs, die Blätter müssen gerade über der Erde sein.

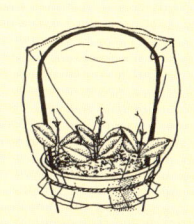

8 Gut gießen, Draht einsetzen und Plastiktüte überziehen. Täglich 5 Minuten entfernen. Erde nicht austrocknen lassen. Temperatur 21 °C. Tüte nach 3 Wochen abnehmen. Wenn Stecklinge gut wachsen, in normale Erde umsetzen.

Erziehen

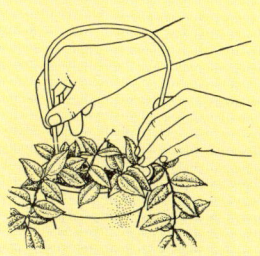

1 Einen biegsamen Stab oder Draht an einer Topfseite in die Erde stecken (Tiefe = 2/3 der Topfhöhe).

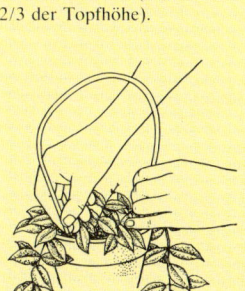

2 Zu einem Reifen biegen und gegenüber in die Erde stecken.

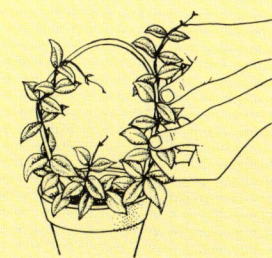

3 Stengel behutsam um den Reifen winden. Stengel und Blätter nicht verletzen.

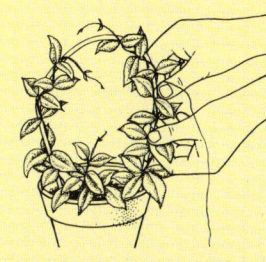

4 Falls nötig, unten eine Schnur befestigen und fortlaufend um Stengel und Reifen winden.

Sprühen

Alle 2 Wochen mit lauwarmem Wasser besprühen, um die Blätter zu säubern und die Luftfeuchtigkeit zu erhöhen. Nicht die Blüten besprühen.

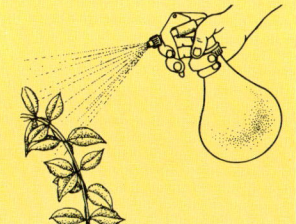

Hydrangea macrophylla

Hortensie

Die Hortensie hat im Haus eine begrenzte Lebenserwartung, trotzdem ist sie ein wunderbares Geschenk für Frühjahr und Sommer, denn wenn sie im Zimmer verblüht ist, kann sie noch viele Jahre im Garten wachsen. Verbringt sie die Ruheperiode an einem kühlen Platz, kann sie im Topf gehalten und im folgenden Jahr wieder zur Blüte gebracht werden.

Hydrangea gehört zur Familie Saxifragaceae, und im Haus wird gewöhnlich *H. macrophylla* gezogen. Sie kommt aus Japan und wurde 1790 nach Europa gebracht. Die Blüten sind meist steril und entwickeln keine Samen, aber sie bilden die schönen Blütenbälle, die wir so bewundern. Es ist eine anspruchslose Pflanze, doch wird sie welk, wenn sie Wasser braucht. Nach dem Gießen erholt sie sich schnell, aber allzu oft sollte man die Pflanze nicht trocken werden lassen, denn dadurch wird sie geschwächt und erholt sich letztlich nicht mehr.

Die Blüten sind meist rosafarben, wenn man die Pflanze jedoch mit Ammoniakalaun gießt, färben sie sich blau. Ohne diese Chemikalie werden die Blüten allerdings bald wieder rosa. Ferner gibt es eine reinweiße Sorte, die flachere Blütenköpfe hat. Die äußeren Blütchen öffnen sich, während die inneren noch knospig sind, und das verleiht ihr ein zartes, spitzenartiges Aussehen.

Hortensien werden gewöhnlich knospig verkauft, sobald man die Farbe erkennen kann. Achten Sie beim Kauf darauf, daß die Pflanzen eine schöne Wuchsform haben, keiner der Stengel abgebrochen ist und die Blätter sattgrün sind.

Links: Die Blüten von *Hydrangea macrophylla* werden blau, wenn man sie mit Ammoniakalaun gießt.

Rechts: Oft muß man die Stiele der schweren Blütenbälle stützen. Die Blüten sind, bevor sie aufgehen, grün.

Unten: ›Lanarth White‹, eine Varietät mit zarten, spitzenartigen Blüten.

Größe: Als Topfpflanzen werden Hortensien etwa 60 cm hoch und ebenso breit. Im Garten erreichen sie etwa 1 m Höhe und Durchmesser.

Wachstum: Im Frühjahr und Sommer geschnittene Stecklinge blühen im folgenden Jahr.

Blütezeit: Im Zimmer Anfang April bis Anfang Juni, im Garten von Juni bis August.

Duft: Keiner.

Licht: Sie brauchen viel Licht, sonst werden ihre Blätter gelb. Nicht in die pralle Sonne stellen, denn dort können die Pflanzen austrocknen.

Temperatur: In der Blütezeit normale Raumtemperatur. Während der Winterruhe sollte man die Pflanzen bei 7 °C halten. Im Februar, wenn die Pflanzen wieder wachsen sollen, um im Frühjahr oder Frühsommer zu blühen, die Temperatur auf 13 °C anheben. Maximale Raumtemperatur im Sommer 18 °C.

Gießen: Während des Wachstums und der Blüte gut gewässert halten. Im Haus kann man den Topf jeden zweiten Tag für 10 Minuten ins Wasserbad stellen, falls die Pflanzen Anzeichen von Welke zeigen, auch öfter. Pflanzen in der Winterruhe trockener halten (alle 10 Tage gießen). Blaue Sorten brauchen kalkfreies Wasser.

Düngen: Während Wachstum und Blüte jede Woche Flüssigdünger ins Gießwasser geben.

Luftfeuchtigkeit: Die Pflanzen im Sommer täglich besprühen, vor allem, wenn sie neue Triebe entwickeln.

Säubern: Sprühen sollte ausreichen. Kein Blattglanz verwenden.

Luft: Stehen sie während der Blüte vorübergehend im Haus, tolerieren sie alle Bedingungen.

Erde: Entweder Lehm- oder Torferde, sie muß nur reichhaltig und kalkfrei sein. Durch sauren Boden werden die Färbungen intensiver.

Umtopfen: Nach der Blüte sollte man umtopfen. Es muß für eine gute Drainage gesorgt sein, denn obwohl die Pflanzen durstig sind, stehen sie nicht gern naß. Bei größeren Topfpflanzen wird nur die obere Erdschicht erneuert.

Schnitt: Gleich, ob die Pflanzen im Topf oder im Garten wachsen, müssen sie nach der Blüte geschnitten werden. Neue Triebe auf 2 Blattpaare zurückschneiden. Neue Triebe sind grün und gesprenkelt, während alte verholzt sind.

Vermehrung: Die Spitzen der abgeschnittenen Triebe können als Kopfstecklinge (10 bis 15 cm lang) verwendet werden. In scharfen Sand mit etwas Torf gemischt setzen und feucht halten (Temperatur 13 bis 16 °C).

Lebenserwartung: Im Topf sind 3 oder 4 Jahre wohl für jede Hortensie genug. Deshalb sollte man immer für junge Pflanzen sorgen. Im Garten sind Hortensien langlebig.

Pflanzgruppen: Am besten wachsen sie für sich, obwohl sie Schalen mit Grünpflanzen vorübergehend beleben können.

Schwierigkeitsgrad: Hält man sie im Haus als »Gäste« und stellt sie im Sommer nach draußen, sind die Pflanzen unkompliziert; das ist nicht der Fall, wenn man sie ständig im Haus hält.

Umtopfen

1 Pflanze zu Ende der Wachstumsperiode umtopfen. Zuerst gut gießen.

2 In einen etwas größeren Topf kommt eine Drainageschicht und feuchte Lehm- oder Torferde. Blaue Varietäten brauchen eine kalkfreie Erde.

3 Topf so halten, daß Pflanze zwischen den Fingern und Erde unter der Handfläche liegt. Topfrand aufklopfen. Pflanze kommt mit Erde heraus.

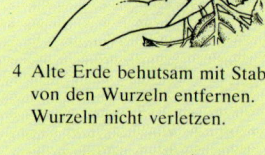

4 Alte Erde behutsam mit Stab von den Wurzeln entfernen. Wurzeln nicht verletzen.

5 Wurzelballen auf die Erde im neuen Topf setzen.

6 Topf mit neuer Erde füllen. Wurzeln müssen bedeckt sein. Erde gut andrücken. 2 Tage nicht gießen und schattig stellen, damit Wurzeln in die neue Erde wachsen.

1 *Blätter und Blüten hängen und welken:* Sofort wässern. Für 30 Minuten ins Wasserbad stellen. Wasser dann ablaufen lassen. Halbschattig stellen.

2 *Blätter werden gelb:* Zu wenig Licht. Heller stellen.

3 *Junge Triebe gelb, bei alten treten die Adern hervor:* Chlorose durch kalkhaltiges Wasser. 1mal mit Eisenchelat gießen, dann nur noch kalk-freies Wasser oder Regen-wasser nehmen.

4 *Pflanze entwickelt im Frühjahr oder nach der Blüte keine neu-en Triebe:* Erde erschöpft. Umtopfen oder Düngen.

5 *Blaue Blüten werden wieder rosa:* Falls blaue Blüten ge-wünscht sind, mit Ammoniak-alaun wässern.

6 *Blätter haben braune Flecken:* Pilzerkrankung. Befallene Teile mit Netzschwefel be-stäuben oder mit systemi-schem Fungizid spritzen.

7 *Blätter gelb, Gespinste an den Unterseiten:* Spinnmilben. Mit Derris, Malathion oder syste-mischem Insektizid spritzen. Luftfeuchtigkeit erhöhen.

8 *Junge Blätter verformt und mit grünen Insekten verklebt:* Blattläuse. Mit Pyrethrum oder systemischem Insektizid spritzen.

Kopfstecklinge

1 Kopfstecklinge nach der Blüte nehmen. In einen Topf kommt eine Drainage und Erde aus Sand und Torf (1:1).

4 Das untere Blattpaar entfer-nen.

7 Steckling hineinsetzen. Das Ende muß am Boden des Lochs, die Blätter müssen gerade über der Erde sein.

2 Einen Trieb mit mindestens 2 gesunden Blattpaaren und einem Wachstumspunkt neh-men. Unter dem zweiten Blattpaar dicht am Haupt-stengel abschneiden. Länge 10–15 cm.

5 Schnittfläche in Bewurze-lungsmittel tauchen. Über-schuß abschütteln.

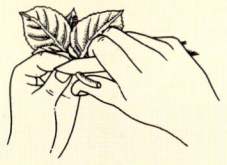

3 Den Stengel direkt unter ei-nem Blatt abschneiden.

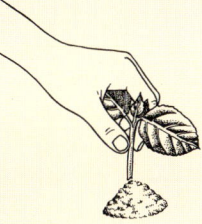

6 Am Topfrand mit einem Stift kleine Löcher in die Erde drücken.

8 Gut gießen, Draht einsetzen und Plastiktüte überziehen. Täglich 5 Minuten entfernen. Erde nicht austrocknen las-sen.
Tüte nach 3 Wochen abneh-men. Wachsen die Stecklinge gut, in normale Erde setzen.

Gießen

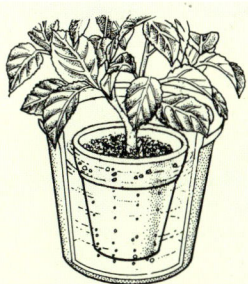

Hortensien sind durstig und las-sen schnell die Blätter hängen. Besser gießen, bevor sie dieses Stadium erreicht haben.

Topf in einen Eimer stellen und diesen bis zum Topfrand mit Wasser füllen. Nach 30 Minuten herausnehmen und Wasser ab-laufen lassen.

Schnitt

Hält man Pflanzen ein zweites Jahr im Haus, alle Stengel nach der Blüte auf 2 Blattpaare zu-rückschneiden.

Hypoestes sanguinolenta

Tüpfelblatt

Die beiden wunderschönen Arten von *Hypoestes* sind von Sammlern sehr gesucht. Früher hielt man sie bei hohen Temperaturen als Warmhauspflanzen, aber wie bei vielen anderen Pflanzen wurden mittlerweile Sorten gezüchtet, die auch bei kühleren Temperaturen gedeihen.

Sie gehören zur Familie der *Acanthaceae*, kommen ursprünglich aus Madagaskar und wurden 1874 erstmals importiert. Sie haben etwa 40 Verwandte, die im wesentlichen in Südafrika zu finden sind.

Hypoestes sanguinolenta ist die bekannteste Art. Sie hat flaumige, längliche Blätter (5 bis 8 cm) und farbige Adern und Zeichnungen, so daß die Blätter wie mit rosa Punkten getupft zu sein scheinen. Daher kommt auch ihr Name Tüpfelblatt. Ihre Blüten sind violett und weiß, sie entwickeln sich jedoch nur im Altersstadium, und man hält die Pflanzen in erster Linie wegen ihrer Blätter.

H. aristata ist eine größere Pflanze, die bis zu 60 cm hoch wird und größere, spitzere Blätter hat, die fahlgrün sind und in großen Abständen am Stengel wachsen. Die Blüten sind hell purpurfarben und haben einen flaumigen Schlund.

H. sanguinolenta kann aus Samen gezogen werden, die der Hobbymarkt anbietet. Pflanzen bekommt man meist zu Frühjahrsende, und am besten nehmen Sie Pflanzen mit tiefer, schöner Zeichnung. Beide Arten sollten als kurzlebig betrachtet und jedes Jahr neu gezogen werden.

Links: Die Blüten von *Hypoestes aristata*. Diese Art ist selten. Sie hat keine bunten Blätter.

Rechts und unten: Hypoestes sanguinolenta entwickelt viele Seitentriebe. Man schneidet sie deshalb zurück, damit sie buschig wächst.

Umtopfen

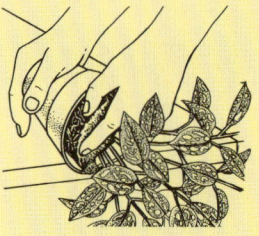

Größe: *H. sanguinolenta* wird nicht größer als 30 cm, *H. aristata* etwa 60 cm. Gut gezogene Pflanzen wachsen buschig.

Wachstum: Beide Arten erreichen ihre maximale Größe in einer Saison.

Blütezeit: Hochsommer. Die Blüten sind lila und purpurn (*H. aristata*). Im Vergleich zu den Blättern sind sie aber recht unauffällig.

Duft: Keiner.

Licht: Die Pflanzen brauchen viel Licht. Am besten sind Nord- oder Ostfenster ohne pralle Sonne. Schlechte Lichtverhältnisse können bei *H. sanguinolenta* die Zeichnung beeinträchtigen.

Temperatur: Im Sommer und Winter bei 18 bis 21 °C halten. Höchsttemperatur im Sommer 24 °C, vorausgesetzt die Lüftung ist gut.

Gießen: Gut gewässert halten und im Sommer etwa jeden zweiten Tag gießen. Im Winter sollte 1mal pro Woche ausreichen.

Düngen: Im Sommer alle 14 Tage die Hälfte der empfohlenen Menge Flüssigdünger ins Gießwasser geben.

Luftfeuchtigkeit: Stets hoch halten, indem man den Topf auf einen Untersetzer mit nassen Kieseln stellt. Das ist besser als Sprühen.

Säubern: Staub vorsichtig mit einem weichen Tuch abwischen. Kein Blattglanz verwenden.

Luft: Sie sind nicht sehr tolerant und vertragen weder Rauch noch Abgase oder zu trockene Luft. Sie mögen Lüftung, aber keine Zugluft.

Erde: Lehmerde Nr. 2.

Umtopfen: Wenn man die Pflanzen mehrere Jahre hält, wird jedes Jahr umgetopft.

Schnitt: Nur notwendig bei Pflanzen, die länger als 1 Jahr gezogen werden. In diesem Fall schneidet man sie im Frühjahr um die Hälfte zurück.

Vermehrung: Im Frühjahr junge Stecklinge von 5 bis 8 cm Länge schneiden und in einen beheizten Vermehrungskasten setzen oder eine Plastiktüte überziehen. Die Temperatur sollte bei mindestens 21 °C liegen. Bei dieser Temperatur kann man im Frühjahr auch aussäen. Sowohl Stecklinge als auch Sämlinge sollten 2mal entspitzt werden (Vegetationspunkte entfernen), damit sie buschig wachsen.

Lebenserwartung: Die Pflanzen können »hochbeinig« und häßlich werden, deshalb sollte man jedes Jahr neue Pflanzen ziehen. Jungpflanzen sind weitaus schöner.

Pflanzgruppen: Weil sie so zart aussehen und viel Pflege brauchen, stehen sie am besten allein.

Schwierigkeitsgrad: Recht schwierige Pflanzen.

1 Im Frühjahr umtopfen, wenn Pflanze kopflastig ist, und Wurzeln aus dem Abzugsloch wachsen. Zuerst gut gießen.

2 In einen etwas größeren Topf kommt eine Drainageschicht und feuchte Lehmerde Nr. 2.

3 Topf so halten, daß Pflanze zwischen den Fingern und Erde unter der Handfläche liegt. Topfrand aufklopfen. Pflanze kommt mit Erde heraus.

4 Alte Erde behutsam mit Stab von den Wurzeln entfernen. Wurzeln nicht verletzen.

5 Wurzelballen auf die Erde im neuen Topf setzen.

6 Topf mit neuer Erde füllen. Wurzeln müssen bedeckt sein. Erde gut andrücken. 2 Tage nicht gießen und schattig stellen, damit Wurzeln in die neue Erde wachsen.

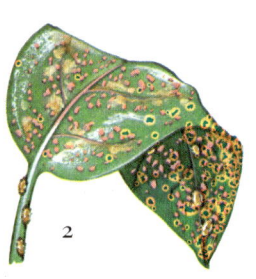

1 *Pflanze müde, Blätter hängen:* Zu kalt und/oder zu naß. Trocken werden lassen und wärmer stellen, bis Pflanze sich erholt hat. Dann weniger gießen.

2 *Blätter verfärbt, braune schuppige Insekten an Blättern und Stengeln:* Schildläuse. Sehr verbreiteter Schädling. Mit Watte und Spiritus abwischen oder mit systemischem Insektizid spritzen.

Kopfstecklinge

1 Hypoestes werden nach einem Jahr häßlich und dann besser neu gezogen. In einen Topf kommt eine Drainageschicht und eine Mischung aus Sand und Torf (1:1).

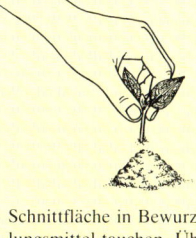

5 Schnittfläche in Bewurzelungsmittel tauchen. Überschuß abschütteln.

6 Am Topfrand mit einem Stift kleine Löcher in die Erde drücken.

2 Einen Trieb mit mindestens 2 gesunden Blattpaaren und einem Wachstumspunkt nehmen. Unter dem zweiten Blattpaar abschneiden.

7 Stecklinge einsetzen. Die Enden müssen am Boden der Löcher, die Blätter gerade über der Erde sein. Gießen, Draht einsetzen und Plastiktüte überziehen. Täglich 5 Minuten abnehmen. Erde nicht austrocknen lassen. Temperatur 21 °C.

3 Stengel direkt unterhalb von einem Blatt abschneiden.

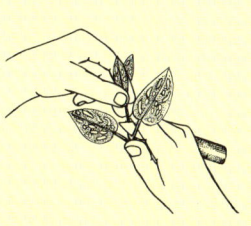

4 Das untere Blattpaar entfernen.

8 Tüte nach 3 Wochen entfernen. Wenn die Stecklinge gut wachsen, jeweils 3 in normale Erde umsetzen.

Aus Samen ziehen

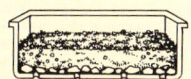

Im Frühjahr aussäen
1 In einen Vermehrungskasten oder eine Saatschale kommt eine Drainage und sterilisierte Aussaaterde.

2 Samen verteilen. Mit einer dünnen Erdschicht, nicht dicker als die Samen selbst, bedecken. Gut gießen.

3 Glasscheibe auflegen und dunkel stellen oder mit dunklem Tuch abdecken. Glas täglich umdrehen. Erde nicht austrocknen lassen. Temperatur 21 °C.

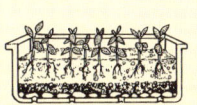

4 Wenn die Samen keimen, hell stellen und Glasscheibe entfernen.

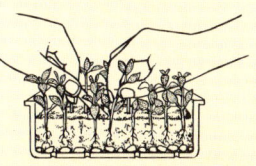

5 Sind die Sämlinge groß genug, auf 2,5 cm Abstand ausdünnen. Die schwächeren Pflanzen herausziehen.

6 Gedeihen die Pflänzchen kräftig, einzeln in kleine Töpfe setzen.

Erziehen

Vegetationspunkte auszwicken, wenn die Stecklinge 2 Blattpaare haben und ca. 12 cm groß sind.

Luftfeuchtigkeit

Topf in Wasserschale mit Kieseln o.ä. stellen. Der Topfboden darf nicht im Wasser stehen.

Gießen

Von oben – möglichst mit Regenwasser – gießen. Überschuß nach 15 Minuten ausleeren.

Impatiens sultanii (walleriana)

Fleißiges Lieschen

Das überall gegenwärtige Fleißige Lieschen ist für jeden Neuling ein Muß. Es gedeiht sogar bei falscher Pflege, und wenn es zum Schlimmsten kommt, kann man Stecklinge schneiden und neue Pflanzen ziehen.

Impatiens bedeutet ungeduldig, was sich auf die Neigung der reifen Samenkapseln bezieht, aufzuspringen und die Samen überall zu verstreuen. *Impatiens* gehört zu den Balsamiengewächsen, die etwa 500 Arten umfassen, von denen die meisten ein- oder zweijährig sind und aus den tropischen Gebieten Asiens und Afrikas kommen.

Die bei uns übliche Art ist *Impatiens walleriana (I. sultanii, I. holstii)* aus Sansibar, die leuchtende, flache, gesporne Blüten hat, von denen sie ungeheure Mengen entwickelt, wenn sie es hell genug hat. Das Fleißige Lieschen kann im Sommer im Freien stehen und als Beetpflanze verwendet werden, wie die bedingt winterharte einjährige Gartenbalsamine, mit der sie eng verwandt ist.

Seit einiger Zeit gibt es die ›New Guinea‹-Hybriden. Sie sind etwas größer, haben auch größere Blüten, und die Färbung ihres Blattwerks reicht von bronzegrün mit roten Adern bis grün mit gelber Zeichnung. Um ihre charakteristischen Eigenschaften zu bewahren, müssen sie durch Stecklinge vermehrt werden. Sie sind etwas heikler als die ursprünglichen Sorten und sollten nicht ins Freie gestellt werden.

Eine weitere Sorte ist *I. petersiana* mit rotbraunen Blättern und hellroten Blüten, die gut gezogen eine beeindruckende Pflanze ist. Alle Sorten lassen sich leicht vermehren und sehen bunt und freundlich aus.

Kaufen Sie im Frühjahr oder Sommer kompakte Pflanzen, die gerade zu blühen beginnen. Achten Sie auf Blattlausbefall, und nehmen Sie Pflanzen mit satt gefärbten Blättern.

Oben: Eine ›New Guinea‹-Hybride von *Impatiens*.

Unten: Impatiens sultanii ›Variegata‹.

Rechts: Ein Exemplar von *Impatiens sultanii*, das zahlreiche Blüten hat.

Größe: Bis zu 40 cm ist die Größe gut, obwohl die Pflanzen leicht doppelt so groß werden. Kleine Exemplare sind aber schöner und entwickeln mehr Blüten.

Wachstum: Schnell. Sie können in einem Jahr 25 cm wachsen.

Blütezeit: Während des ganzen Sommers bis in den Herbst hinein. Wenn man bei jungen Pflanzen die Knospen entfernt, wird die Blütezeit verlängert und sie blühen auch stärker.

Duft: Keiner.

Licht: Sie müssen hell stehen, um schön zu blühen, und vertragen auch pralle Sonne.

Temperatur: Im Winter mögen sie hohe Temperaturen (18 bis 21 °C), überwintern aber auch bei 13 bis 14 °C. Im Sommer brauchen sie eine normale Zimmertemperatur, wenn sie nicht von Juni bis September ins Freie gebracht werden. Maximale Sommertemperatur im Haus 18 °C.

Gießen: Im Sommer freigiebig 2- bis 3mal pro Woche gießen, im Winter alle 10 Tage und die Erde eher trocken halten, denn die Pflanzen sind sukkulent und können faulen, wenn sie nicht wachsen.

Düngen: Ihnen tun reichliche Gaben Flüssigdünger gut. Mindestens 1mal pro Woche ins Gießwasser geben.

Luftfeuchtigkeit: Nicht sprühen, denn dadurch können die Blüten fleckig und Pilzerkrankungen und Fäule hervorgerufen werden.

Säubern: Hin und wieder mit einem weichen Tuch oder Staubwedel reinigen. Kein Blattglanz verwenden.

Luft: Sie vertragen fast jede Luft, in der Menschen leben können.

Erde: Reiche Erden wie Lehmerde Nr. 3.

Umtopfen: 1mal pro Jahr reicht aus. Die Pflanzen blühen in kleinen Töpfen besser.

Schnitt: Wuchernde Pflanzen sollten im Sommer auf 8 cm zurückgeschnitten werden.

Vermehrung: 8 bis 10 cm lange Kopfstecklinge im Frühjahr entweder in Wasser stellen oder in Erde pflanzen. Außer ›New Guinea‹-Hybriden können alle Varietäten im Frühjahr bei 16 bis 18 °C ausgesät werden.

Lebenserwartung: Sie halten sehr lange. Da die Pflanzen aber leicht wuchern, sollte man besser jedes Jahr einen neuen Bestand heranziehen. Junge Pflanzen sehen schöner aus und blühen besser.

Pflanzgruppen: Da sich die Pflanzen leicht ausbreiten, wachsen sie besser allein. Man kann sie aber vorübergehend in Pflanzenschalen setzen, um diese zu beleben. Sie müssen jedoch genügend Licht bekommen.

Schwierigkeitsgrad: Gute Anfängerpflanzen.

Umtopfen

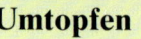

1 Im Frühjahr umtopfen, wenn Wurzeln aus dem Topf wachsen, die Blätter blaß sind, und die Pflanze kopflastig ist. Zuerst gut gießen.

4 Alte Erde behutsam mit Stab von den Wurzeln entfernen. Wurzeln nicht verletzen.

2 In einen etwas größeren Topf kommt eine Drainageschicht und feuchte Lehmerde Nr. 3.

5 Wurzelballen auf die Erde im neuen Topf setzen.

3 Topf so halten, daß Pflanze zwischen den Fingern und Erde unter der Handfläche liegt. Topfrand aufklopfen. Pflanze kommt mit Erde heraus.

6 Topf mit neuer Erde füllen. Wurzeln müssen bedeckt sein. Erde gut andrücken. 2 Tage nicht gießen und schattig stellen, damit Wurzeln in die neue Erde wachsen.

Kranke Pflanzen

1 *Keine Blüten:* Zu dunkel. Heller stellen.

2 *Blätter fallen ab:* Zu kalt. Wärmer stellen.

3 *Pilz auf Blättern und Stengeln:* Zu kalt und dunkel. Wärmer und heller stellen und mit einem systemischem Fungizid spritzen.

4 *Weiße Insekten an der Pflanze:* Weiße Fliege. Mit Derris spritzen.

5 *Blätter verformt und mit grünen Insekten verklebt:* Blattläuse. Mit Pyrethrum oder systemischem Insektizid spritzen.

6 *Schwarzer Belag auf Blättern:* Rußtau. Meist durch Blattläuse verursacht. Diese vernichten, Rußtau abwischen.

7 *Blätter blaß und gesprenkelt, Gespinste an den Unterseiten:* Spinnmilben. Mit Derris, Malathion oder systemischem Insektizid spritzen. Luftfeuchtigkeit erhöhen.

Gießen

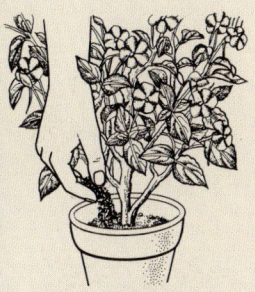

1 Erde mit Fingern prüfen. Ist sie locker und krümelig, braucht die Pflanze Wasser.

2 Von oben – möglichst mit Regenwasser – gießen. Nach 15 Minuten restliches Wasser aus dem Untersetzer leeren. Im Sommer reichlich, im Winter, wenn die Pflanze nicht wächst, weniger gießen.

Vermehrung in Wasser

Stecklinge im Frühjahr vor der Blüte nehmen.

1 Holzkohlenstückchen in ein flaches Gefäß legen. Dieses zu 2/3 mit Wasser füllen.

2 Folie darüberlegen und mit einem Gummi oder einer Schnur befestigen. Mit einem Stift oder Stab kleine Löcher stechen.

3 Von der Pflanze einen etwa 8 cm langen Trieb abschneiden.

4 Die Stengel der Triebe durch die Folie ins Wasser stecken.

5 Bilden sie Wurzeln, die Triebe aus dem Wasser nehmen und in kleine Töpfe pflanzen. Dabei die zarten Wurzeln nicht verletzen.

6 Gießen und einige Tage mit Folie schützen, um Luftfeuchtigkeit zu erzeugen.

Aus Samen ziehen

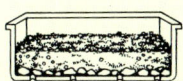 

1 In einen Vermehrungskasten oder eine Saatschale kommt eine Drainage und sterilisierte Aussaaterde. Im Frühjahr aussäen.

2 Samen gleichmäßig verteilen und mit einer dünnen Erdschicht, nicht dicker als die Samen selbst, bedecken. Gut gießen.

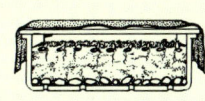

3 Glasscheibe auflegen und dunkel stellen oder mit dunklem Tuch abdecken. Glas täglich umdrehen. Erde nicht austrocknen lassen. Temperatur 16–18 °C.

4 Wenn die Samen keimen, hell stellen und Glasscheibe entfernen.

5 Sind die Sämlinge groß genug, auf 2,5 cm Abstand ausdünnen.
Dabei die schwächeren Pflanzen herausziehen.

6 Gedeihen die Pflänzchen gut, einzeln in kleine Töpfe setzen.

Jasminum polyanthum

Jasmin

Jasminum polyanthum ist eine Winter-Blütenpflanze, die am besten im Wintergarten steht, für kurze Zeit, insbesondere während der Blüte, jedoch auch ins Haus gebracht werden kann. Sie hat einen schweren Duft, der einen ihrer Reize ausmacht. Es ist eine kräftige Kletterpflanze, und gewöhnlich kauft man sie um einen Drahtbogen erzogen mit 40 cm Größe. Wenn man sie in ein Wintergarten- oder Gewächshausbeet pflanzt und an ein Gitter bindet, wird sie bald die ganze Wand beranken. Als Topfpflanze steht sie am besten im Sommer draußen und in voller Sonne, damit sie eine gute Lüftung hat, und die Triebe reifen können. Dann blüht die Pflanze im folgenden Winter reich. Im Frühherbst bringt man den Jasmin ins Haus.

Er gehört zur Familie der Ölbaumgewächse (Oleaceae). Sein Name kommt aus dem Arabischen und wurde irgendwann einmal latinisiert. Es gibt etwa 20 Arten, die in subtropischen und gemäßigten Ländern zu Hause sind. Der im Sommer blühende Echte Jasmin *Jasminum officinale* ist als Freilandpflanze wohlbekannt. *J. polyanthum*, die Zimmerart, kommt aus China und wurde erstmals 1891 nach Europa gebracht.

Beim Kauf sollten die Pflanzen ein kräftiges, sauberes, hellgrünes Blattwerk haben, in dem keine braunen Blätter zu finden sind. Die Knospen sollten gut entwickelt sein und einige bereits Weiß zeigen. Wenn sie voll erblüht sind und manche schon abfallen, hat die Pflanze zu lange herumgestanden. Braune Blütenknospen deuten darauf hin, daß es im Laden zu warm und zu trocken war, und die Knospen öffnen sich wahrscheinlich nicht.

Jasminum polyanthum bekommt man meist im Spätwinter oder zu Frühjahrsbeginn, wenn es kaum andere weiße, duftende Blüten gibt.

Unten: Die Blüten sind reinweiß und duften. Beim Verwelken werden sie langsam braun. Sie halten länger, wenn die Pflanze kühl steht.

Rechts: Eine Pflanze mit zahllosen Blüten. Gewöhnlich sind die Pflanzen gestützt oder um einen Drahtreifen erzogen. Dadurch wird das Gewicht der Blüten mitgetragen.

Umtopfen

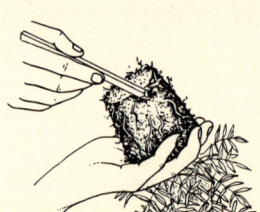

1 Im Frühjahr nach der Blüte umtopfen, wenn Pflanze nicht mehr wächst und Wurzeln aus dem Topf kommen. Vorsichtig Reifen oder Stab entfernen. Gut gießen.

4 Alte Erde behutsam mit Stab von den Wurzeln entfernen. Wurzeln nicht verletzen.

2 In einen etwas größeren Topf kommt eine Drainage und feuchte Lehmerde Nr. 2.

5 Wurzelballen auf die Erde im neuen Topf setzen.

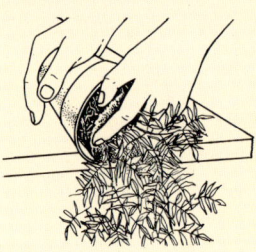

3 Topf so halten, daß Pflanze zwischen den Fingern und Erde unter der Handfläche liegt. Topfrand aufklopfen. Pflanze kommt mit Erde heraus.

6 Topf mit neuer Erde füllen. Wurzeln müssen bedeckt sein. Erde gut andrücken. 2 Tage nicht gießen und schattig stellen, damit Wurzeln in die neue Erde wachsen. Reifen wieder einsetzen.

Größe: Es sind Kletterpflanzen, die bis zu 4,5 m hoch werden. Um einen Drahtbogen erzogen, erreichen sie meist 40 cm, an einem Stab erzogen 1 m.

Wachstum: Sie entwickeln sehr schnell lange Triebe. Im Frühjahr genommene Stecklinge blühen 10 Monate später.

Blütezeit: Die schönen Blütenstände erscheinen von Januar bis März.

Duft: Die Blüten haben den süßen Duft, der für alle Jasmin-Arten typisch ist.

Licht: Die Pflanzen brauchen viel Licht, mögen im Zimmer aber nicht allzu viel Sommersonne. Am besten gedeihen sie, wenn man sie im Gewächshaus oder Wintergarten hält und nur während der Blüte ins Haus bringt.

Temperatur: Sie stehen im Winter nicht gern zu warm, weil sonst bald die Blätter vertrocknen, und die Blüten sich nicht öffnen. Circa 13 °C sind gut. Im Sommer vertragen sie 15 bis 21 °C, doch sollte für ausreichende Lüftung gesorgt sein.

Gießen: Im Winter während der Blüte alle 4 oder 5 Tage, im Sommer während des Wachstums jeden zweiten Tag.

Düngen: Wenn die Pflanzen wachsen, gibt man alle 14 Tage Flüssigdünger ins Gießwasser.

Luftfeuchtigkeit: Vor allem im Zimmer besprühen, möglichst aber nicht die Blüten, denn sie können Flecken bekommen.

Säubern: Das Sprühen hält die Blätter sauber. Kein Blattglanz benutzen.

Luft: Sie mögen warme, zentralgeheizte Räume nicht und brauchen im Sommer viel Luft.

Erde: Lehmerde Nr. 2.

Umtopfen: Im Frühjahr nach der Blüte.

Schnitt: Nach der Blüte. Lange Triebe werden je nach Länge um 15 bis 30 cm zurückgeschnitten. Vom Frühjahr bis Oktober sollten 1mal im Monat die Triebknospen ausgezwickt werden, damit die Pflanzen kompakter und buschiger wachsen.

Vermehrung: Für eine frühe Blüte nimmt man gewöhnlich im Frühjahr Kopfstecklinge, für eine späte Blüte im Herbst. Sie brauchen 16 °C, und wenn sie nach 3 bis 4 Wochen bewurzelt sind, pflanzt man je 3 oder 4 in einen Topf und setzt einen Drahtbogen oder einen Stab hinein, damit sie klettern können.

Pflanzgruppen: Jasmin wächst am besten allein.

Lebenserwartung: Wenn man weder Gewächshaus noch Wintergarten hat, wirft man die Pflanzen am besten nach der Blüte weg. Im Gewächshaus leben sie unbegrenzt. Dennoch ist es ratsam, ab und zu neue Pflanzen zu ziehen, weil die alten verholzen.

Schwierigkeitsgrad: Mit einem Gewächshaus und etwas Erfahrung kann man Jasmin leicht mehrere Jahre halten. Ohne Gewächshaus ist die Haltung schwierig.

Kranke Pflanzen

1 *Blätter vertrocknen:* Erde zu trocken und/oder zu viel Sonne. Erde prüfen und ggf. wässern. Pflanze schattiger stellen oder Gewächshausdach abdecken.

2 *Knospen öffnen sich nicht:* Zu wenig Licht. Heller stellen.

3 *Knospen werden braun:* Luft zu warm und zu trocken. Kühler stellen und Luftfeuchtigkeit erhöhen.

4 *Blätter blaß, Gespinste an den Unterseiten:* Spinnmilben. Mit Derris, Malathion oder systemischem Insektizid spritzen. Luftfeuchtigkeit erhöhen.

5 *Blätter verformt und mit grünen Insekten verklebt:* Blattläuse. Mit Pyrethrum oder systemischem Insektizid spritzen.

Kopfstecklinge

1 Kopfstecklinge im Frühjahr nach der Blüte nehmen. In einen Topf kommt eine Drainage und Erde aus Torf und Sand (1:1).

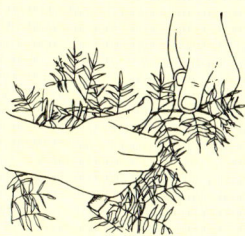

2 Einen Trieb mit mindestens 2 gesunden Blattpaaren und einem Wachstumspunkt nehmen. Unterhalb des zweiten Blattpaares dicht am Hauptstengel abschneiden. Länge 8 – 10 cm.

3 Stengel direkt unter einem Blatt abschneiden.

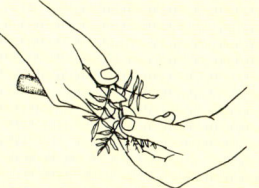

4 Das untere Blattpaar entfernen.

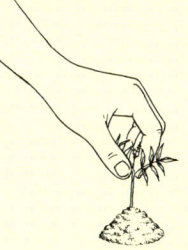

5 Schnittfläche in Bewurzelungsmittel tauchen. Überschuß abschütteln.

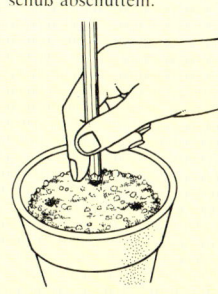

6 Am Topfrand mit einem Stift kleine Löcher in die Erde drücken.

7 Steckling hineinsetzen. Das Ende muß am Boden des Lochs, die Blätter müssen gerade über der Erde sitzen.

8 Gut gießen, Draht einsetzen und Plastiktüte überziehen. Täglich 5 Minuten abnehmen. Erde nicht austrocknen lassen. Temperatur 16 °C. Tüte nach 3 Wochen entfernen. Wenn die Stecklinge gut wachsen, in normale Erde setzen.

Erziehen

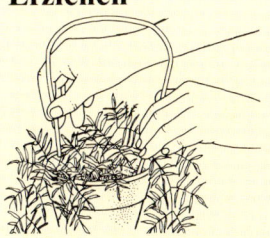

1 Einen biegsamen Stab oder Draht an einer Topfseite in die Erde stecken (Tiefe = 2/3 der Topfhöhe).

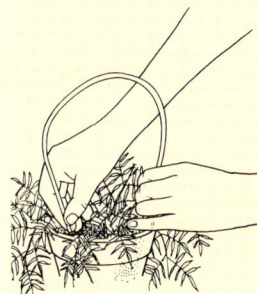

2 Zu einem Reifen biegen und gegenüber in die Erde stecken.

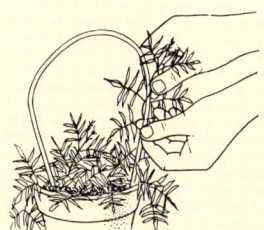

3 Stengel behutsam um den Reifen winden. Stengel und Blätter nicht verletzen.

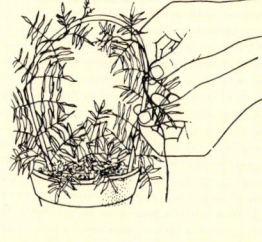

4 Falls nötig, unten eine Schnur befestigen und fortlaufend um Stengel und Reifen winden. Die Pflanze wächst weiter um den Reifen und kann als Kranz erzogen oder hin und her geführt werden.

Sprühen

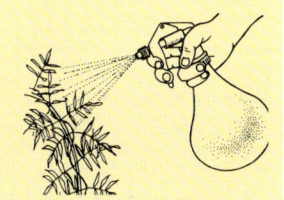

Im Sommer 2mal, im Winter 1mal wöchentlich sprühen. Sprühabstand 15 cm. Nicht die Blüten besprühen.

Kalanchoe blossfeldiana

Flammendes Käthchen, Kalanchoe

Kalanchoe ist eine Winter-Blütenpflanze, die leicht während der gesamten Saison blüht. Die Blüten haben leuchtende Farben zu einer Jahreszeit, in der alles andere grau und eintönig zu werden beginnt. Die Pflanzen sind Sukkulenten und gehören zur Familie *Crassulaceae*. Ihr Name hat einen chinesischen Ursprung, aber sie finden sich auch in vielen anderen Teilen der Welt, einschließlich Afrika, Arabien, Indien und Malaysia. Meist werden Kalanchoes als einjährig betrachtet und nach der Blüte weggeworfen. Aber man kann sie mehrere Jahre halten, obwohl sie nach einem Jahr etwas unordentlich wachsen. Da es nicht schwer ist sie zu vermehren, kann man stets neue, kräftige Pflanzen heranziehen.

Beim Gießen sollte man Vorsicht walten lassen, vor allem im Winter, wenn die Temperatur fällt, denn die Pflanzen beginnen schnell zu faulen, und es bildet sich Mehltau. Betroffene Pflanzenteile sollten sofort herausgeschnitten und weggeworfen werden.

Kalanchoes haben recht viel Beachtung durch die Züchter erfahren, die hübsche Zwergsorten mit hellroten, orange- und rosafarbenen Blüten entwickelt haben. Alle sind Hybriden von *K. blossfeldiana*, die ursprünglich aus Madagaskar kam. Durch die Aussaat zu verschiedenen Jahreszeiten können die Züchter sie während des ganzen Jahres blühend auf den Markt bringen.

Sehen Sie sich beim Kauf die Blüten der Pflanzen gut an. Die Hälfte sollte gefärbt sein. Falls schon einige verwelkt sind, ist der Höhepunkt der Blüte bereits vorbei. Achten Sie auch auf mehligen Belag an den Blättern. Das ist das erste Anzeichen für Fäule.

Hybriden von *Kalanchoe blossfeldiana* entwickeln heute das ganze Jahr über Blüten in verschiedenen Farben. Die Pflanzen eignen sich ausgezeichnet für warme, sonnige Fensterplätze. Die Blätter sind sukkulent, und die Pflanze sollte nie zu viel gewässert werden.

Größe: Schöne Pflanzen in 9-cm-Töpfen werden etwa 12 cm breit und ebenso hoch.
Wachstum: Im März ausgesäte Pflanzen und im Mai geschnittene Stecklinge blühen im November und Dezember des gleichen Jahres.
Blütezeit: Während des Winters von November bis März, je nach Aussaattermin oder Stecklingsschnitt.
Duft: Keiner.
Licht: Im Winter sollten die Pflanzen möglichst hell, am besten an einem Südfenster stehen. Im Sommer brauchen sie einen Standort, an dem sie die Mittagssonne nicht erreicht.
Temperatur: Sie gedeihen besser, wenn sie im Winter nicht zu warm stehen, 10 bis 15 °C sind ideal. Falls das Zimmer wärmer ist, stellt man die Pflanzen nicht in die Nähe von Feuern oder einer Heizung. Höchsttemperatur im Sommer 27 °C.
Gießen: Man muß vorsichtig sein, denn sonst faulen die Pflanzen. Nur gießen, wenn die Erde wirklich trocken ist, d.h. im Winter alle 10 bis 14 Tage, im Sommer alle 5 bis 6 Tage. Hängen die Blätter, wurde zuviel gegossen.
Düngen: Während Wachstum und Blüte 1mal im Monat Flüssigdünger ins Gießwasser geben.
Luftfeuchtigkeit: Nicht sprühen. Ist die Luft trocken, wird der Topf in einen Behälter mit nassem Torf gesetzt. Kalanchoes vertragen trockene Luft aber besser als die meisten anderen Zimmerpflanzen.

Säubern: Die Blätter alle 14 Tage mit einem feuchten Tuch abwischen. Kein Blattglanz benutzen.
Luft: Von Gasfeuern und Heizungen fernhalten.
Erde: Lehmerde Nr. 1.
Umtopfen: Im Frühjahr gleich nach der Blüte.
Schnitt: Welke Blütenstiele und kranke Blätter entfernen.
Vermehrung: Die meisten Pflanzen werden aus Samen gezogen, die man März oder April bei 21 °C aussät. Man kann aber auch im Mai und Juni Kopfstecklinge nehmen, in Bewurzelungsmittel tauchen und in Sand und Erde setzen. Als Stecklinge geeignete, junge Triebe entwickeln sich, nachdem die verwelkten Blütenstiele entfernt wurden. Stecklinge bei 21 °C halten.
Lebenserwartung: Meist werden die Pflanzen als einjährig betrachtet und nach der Blüte weggeworfen. Es ist aber nicht schwer, sie eine weitere Blütesaison zu halten. Danach verlieren sie an Kraft und werden häßlich. Am besten beginnt man nun wieder mit Stecklingen oder Samen.
Pflanzengruppen: Vorübergehend kann man sie gut in gemischte Schalen setzen. Nach der Blüte nimmt man sie wieder heraus.
Schwierigkeitsgrad: Unkompliziert.

Umtopfen

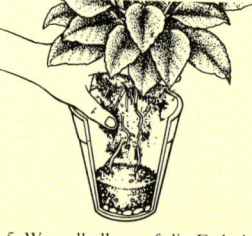

1 Im Frühjahr gleich nach der Blüte umtopfen. Zuerst gut gießen.

2 In einen etwas größeren Topf kommt eine Drainageschicht und feuchte Lehmerde Nr. 1.

4 Alte Erde behutsam mit Stab von den Wurzeln entfernen. Wurzeln nicht verletzen.

5 Wurzelballen auf die Erde im neuen Topf setzen.

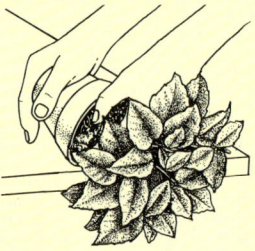

3 Topf so halten, daß Pflanze zwischen den Fingern und Erde unter der Handfläche liegt. Topfrand aufklopfen. Pflanze kommt mit Erde heraus.

6 Topf mit neuer Erde füllen. Wurzeln müssen bedeckt sein. Erde gut andrücken. 2 Tage nicht gießen und schattig stellen, damit Wurzeln in die neue Erde wachsen.

Kranke Pflanzen

1 *Blätter haben mehlige und schwarze Flecken:* Mehltau. Mit Netzschwefel bestäuben und Lüftung verbessern. Kein Wasser auf den Blättern lassen.

2 *Blätter hängen, vor allem im Winter:* Überwässert. Trocken werden lassen und dann seltener gießen.

3 *Nach der Blüte entwickeln sich nur noch kleine Blätter:* Pflanze muß umgetopft werden.

Kopfstecklinge

1 Im Frühjahr die neuen Triebe der Pflanze als Kopfstecklinge nehmen. In einen kleinen Topf kommt eine Drainage und eine Mischung aus scharfem Sand und Lehmerde.

2 Einen Trieb mit mindestens 2 gesunden Blattpaaren und einem Wachstumspunkt nehmen. Unterhalb des zweiten Blattpaares abschneiden. Länge 8 – 10 cm.

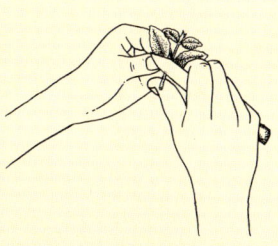

3 Stengel direkt unter einem Blatt abschneiden.

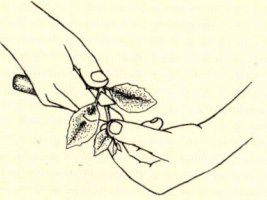

4 Das untere Blattpaar entfernen.

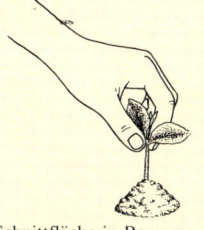

5 Schnittfläche in Bewurzelungsmittel tauchen. Überschuß abschütteln.

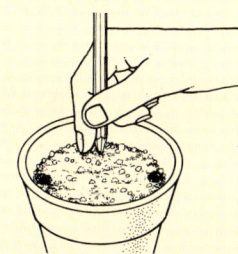

6 Am Topfrand mit einem Stift kleine Löcher in die Erde drücken.

7 Steckling hineinsetzen. Das Ende muß am Lochboden, die Blätter müssen gerade über der Erde sein.

8 Gut gießen und warm halten (21 °C). Wachsen die Stecklinge gut, werden sie in normale Erde umgesetzt.

Buschig erziehen

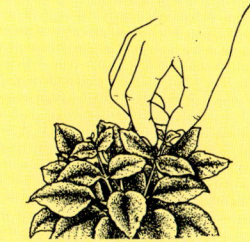

Pflanzen wachsen buschiger, wenn man die Vegetationspunkte der Haupttriebe ausknipst.

Welke Blüten entfernen

Verwelkte Blüten werden über dem obersten Blattpaar abgeschnitten.

Gießen

1 Kalanchoes darf man nicht zu viel gießen. Warten, bis die Erde wirklich trocken ist. Nicht wässern, wenn die Blätter hängen – dann ist die Erde bereits zu naß.

2 Von oben – möglichst mit Regenwasser – gießen. Nach 15 Minuten restliches Wasser aus dem Untersetzer leeren.

Kentia forsteriana (Howeia forsteriana)

Kentie, Lord-Howe-Palme

Die Kentie ist wohl die beliebteste aller Palmen, die im Zimmer gehalten werden. Man findet sie sowohl in Hotelhallen als auch auf Überseedampfern. Sie braucht nur ein Minimum an Pflege und wirkt mit ihren langen Blättern, die sich anmutig nach außen biegen, sehr edel. Gewöhnlich setzt man mehrere Pflanzen in einen Topf, damit der Wuchs buschiger wird, und die Palmwedel in unterschiedlichen Höhen wachsen.

Die Pflanzen sind wild nur auf den Lord-Howe-Inseln im Pazifik zu finden, und daher haben sie ihren zweiten Gattungsnamen Howeia.

Bei uns werden zwei Arten kultiviert: *K. forsteriana* ist am beliebtesten und am häufigsten zu finden. Die andere Art ist *K. belmoreana*. Sie ist nicht ganz so widerstandsfähig, braucht höhere Temperaturen und wird größer. Außerdem hat sie feinere Blätter. Beide Arten wachsen nur langsam und sind deshalb teuer. Kentien werden als Einzelpflanzen zwischen 30 und 100 cm verkauft und sind so am preiswertesten erhältlich. Ein Tuff aus mehreren Pflanzen ist selbst klein sehr teuer, und für einen großen Tuff von 2,5 m zahlen Sie sicher eine dreistellige Summe.

Kaufen Sie Kentien nach Schönheit und Ausgewogenheit der Wuchsform. Sie sollten neue Triebe und keine braunen Blätter haben, und die Spitzen der Fiederblättchen sollten möglichst nicht braun sein. Nehmen Sie gelbere Pflanzen mit dünneren Wedeln nicht. Es handelt sich hier um die Betelpalme *Areca lutescens*, die oft nur halb so teuer wie die Kentie ist und ihr im Jungstadium sehr ähnelt. Sie ist zwar auch schön und wächst schneller, doch ältere Pflanzen sehen anders aus als Kentien.

Kentien sind schöne Palmen, doch sie sind teuer.

Rechts: Kentia forsteriana ist die Art, die man meist im Handel findet. Hier wurden mehrere Pflanzen zusammengesetzt.

Links und unten: Kentia belmoreana.

Größe: Ältere Exemplare werden im Haus 3 bis 4 m groß. In den Tropen erreicht *K. belmoreana* 11 m Höhe, *K. forsteriana* ist nur wenig kleiner.

Wachstum: Sehr langsam, im Haus entwickeln die Pflanzen vielleicht 1 oder 2 Blätter im Jahr; im Gewächshaus wachsen sie etwas rascher.

Blütezeit: Keine.

Duft: Keiner.

Licht: Wenngleich sie an einem helleren Standort schneller wachsen, tolerieren sie auch Dunkelheit und Schatten.

Temperatur: *K. forsteriana* verträgt im Winter bis 10 °C, fühlt sich bei 16 °C aber wohler. *K. belmoreana* braucht mindestens 16 bis 18 °C. Höchsttemperatur im Sommer 24 °C.

Gießen: Im Winter gerade feucht halten und etwa alle 10 bis 14 Tage wässern. Im Sommer mindestens 2mal pro Woche gießen.

Düngen: Während des Sommers alle 14 Tage Flüssigdünger ins Gießwasser geben.

Luftfeuchtigkeit: Die Pflanzen werden im Sommer gern 2mal, im Winter 1mal wöchentlich besprüht. Im Sommer stellt man sie ab und zu in den Regen.

Säubern: Das Sprühen sollte die Blätter sauber halten, doch tut es ihnen gut, wenn man sie alle paar Monate mit einem feuchten Tuch abwischt. Kein Blattglanz nehmen, denn davon werden die Blätter braun.

Luft: Die Pflanzen tolerieren fast alle Bedingungen, dürfen jedoch nicht zu lange in kleinen, ungelüfteten Zimmern stehen. Zugluft vertragen sie nicht.

Erde: Lehmerde Nr. 2 mit 25% Torf.

Umtopfen: Junge Pflanzen werden jedes Frühjahr umgetopft. Bei größeren Pflanzen in Töpfen oder Kübeln sollte man nur die obere Erdschicht erneuern. Tiefe Töpfe sind für Palmen am besten. Nie flache Schalen verwenden.

Schnitt: Die unteren Blätter, welche ab und zu verwelken, entfernen. Wenn die Blattspitzen braun werden, deutet das auf trockene Luft hin. Die abgestorbenen Teile abschneiden und die Enden zuspitzen, doch man darf dabei nicht in das gesunde Gewebe schneiden.

Vermehrung: Durch frisch importierte Samen. Man überläßt es jedoch besser den Experten, denn es sind mindestens 27 °C erforderlich.

Lebenserwartung: Sofern sie im Winter nicht zu viel gegossen werden, sollten die Pflanzen alt werden. Durch Überwässern faulen sie und gehen ein.

Pflanzgruppen: Sie wirken in Schalen und Kübeln recht gut, doch sie kommen am besten zur Geltung, wenn sie allein stehen.

Schwierigkeitsgrad: Sehr einfach.

Umtopfen

1 Junge Pflanzen im Frühjahr umtopfen, wenn sie nicht mehr wachsen, und Wurzeln aus dem Abzugsloch kommen. Pflanze gut gießen.

2 In einen etwas größeren, tiefen Topf kommt eine Drainage und eine Erde aus 3 Teilen Lehmerde Nr. 2 und 1 Teil Torf.

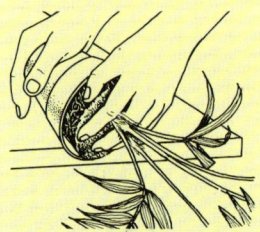

3 Topf so halten, daß Pflanze zwischen den Fingern und Erde unter der Handfläche liegt. Topfrand aufklopfen. Pflanze kommt mit Erde heraus. Alte Erde behutsam mit Stab von den Wurzeln entfernen. Wurzeln nicht verletzen.

4 Wurzelballen auf die Erde im neuen Topf setzen.

5 Topf mit neuer Erde füllen. Alle Wurzeln müssen bedeckt sein.

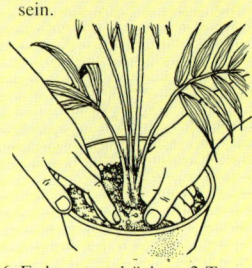

6 Erde gut andrücken. 2 Tage nicht gießen und schattig stellen, damit Wurzeln in die neue Erde wachsen.

Kranke Pflanzen

1 *Blattspitzen werden braun:* Luft zu trocken, vor allem bei Zentralheizung. Regelmäßig sprühen oder auf Untersetzer mit nassen Kieseln stellen. Prüfen, ob Pflanze im Zug steht.

2 *Wedel werden braun:* Pflanze ist ausgetrocknet oder steht in sehr trockener, warmer Luft. Braune Wedel abschneiden, Erde prüfen und kühler stellen. Luftfeuchtigkeit erhöhen.

3 *Pflanze wird schwarz und fault an der Basis:* Überwässert. Meist geht sie ein. Austrocknen lassen, vielleicht erholt sie sich.

4 *Pflanze wächst im Frühjahr nicht:* Erde erschöpft, umtopfen oder düngen nötig.

5 *Braune schuppige Insekten an Stengeln und Wedeln:* Schildläuse. Mit Watte und Spiritus abwischen oder mit systemischem Insektizid spritzen.

6 *Wedel gelblich, Gespinste an den Unterseiten:* Spinnmilben. Mit Derris, Malathion oder systemischem Insektizid spritzen. Luftfeuchtigkeit erhöhen.

7 *Wedel silbrig, schwarzgefleckt, schwarzgraue Insekten mit Flügeln:* Blasenfuß. Spritzen mit systemischem Insektizid.

Erde erneuern

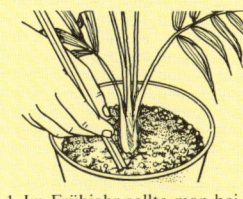

1 Im Frühjahr sollte man bei Pflanzen in großen Kübeln 2,5 cm Erde erneuern. Stab oder Handspaten nehmen. Wurzeln nicht verletzen.

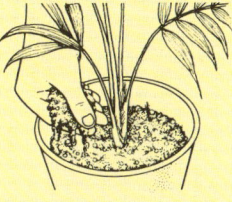

2 Topf mit neuer Erde füllen.

3 Erde rundum gut andrücken. Die Wurzeln müssen bedeckt sein. 2 Tage nicht gießen und schattig stellen, damit die Wurzeln in die neue Erde wachsen.

Aus Samen ziehen

Die Anzucht aus Samen ist schwer, doch mit einem Vermehrungskasten oder einer warmen und feuchten Saatschale hat man vielleicht Erfolg.

1 In Vermehrungskasten oder Saatschale kommt Drainage und Aussaaterde.

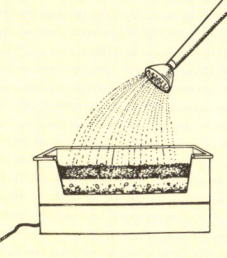

2 Samen gleichmäßig verteilen und mit Erdschicht, nicht dikker als die Samen selbst, bedecken. Gut gießen.

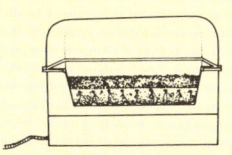

3 Haube aufsetzen. Haube täglich 5 Minuten abnehmen, um Fäule vorzubeugen. Erde darf nicht austrocknen. Warm halten (27 °C).

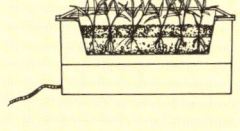

4 Wenn die Samen keimen, Haube abnehmen.

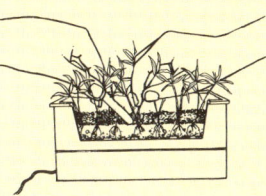

5 Sind die Sämlinge groß genug, auf 2,5 cm Abstand ausdünnen. Dabei die schwächeren Pflanzen herausziehen.

6 Gedeihen die Pflänzchen kräftig, einzeln in kleine Töpfe setzen.

Säubern   Sprühen

Staub mit einem weichen Tuch oder Schwamm und lauwarmem Wasser abwischen. Blatt mit der anderen Hand stützen. Kein Blattglanz verwenden.

Im Sommer 2mal, im Winter 1mal wöchentlich sprühen.

Wedel und Blätter abschneiden

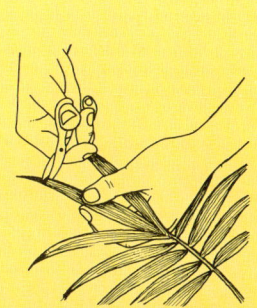

Untere Wedel, die welken, möglichst weit unten abschneiden.

Sind die Blattspitzen braun und trocken, mit einer scharfen Schere über dem gesunden Gewebe stutzen.

Marante und Korbmarante

Maranta und ihre enge Verwandte *Calathea* gehören zu den auffälligsten und schönsten Zimmer-Blattpflanzen. Jedes Blatt scheint handgemalt, und jede Varietät hat eine charakteristische Zeichnung. Beide Pflanzen sind Mitglieder der Familie *Marantaceae*, und obwohl es botanisch gesehen Unterschiede gibt, werden die Gattungen oft durcheinandergebracht. Maranta ist gewöhnlich flach und kriechend, während Calathea aufrechter wächst, doch die Bezeichnungen werden oft wahllos verwendet.

Die Marante ist nach Bartholomeo Maranta, einem berühmten venezianischen Arzt aus dem 18. Jahrhundert benannt. Es gibt etwa 14 Arten, die im tropischen Zentral- und Südamerika beheimatet sind. Calathea (oder Korbmarante, abgeleitet von dem griechischen Wort kalathos, Korb) umfaßt etwa 100 Arten, die ebenfalls aus dem tropischen Zentral- und Südamerika und aus Indien kommen.

Die bekanntesten Maranten sind *Maranta leuconeura* ›Kerchoveana‹ mit schwarzgrüner Zeichnung und *M. leuconeura* ›Erythrophylla‹ oder ›Tricolor‹ mit zwei Grünschattierungen und roter Aderzeichnung.

Die üblichen Korbmaranten sind *C. mackoyana* mit schönen, aufrechten, ovalen Blättern und zarten Farben in Grünschattierungen und braunen Stielen, sowie *Calathea* (oder *Maranta) insignis* mit spitzeren Blättern, die ebenfalls eine schöne Zeichnung haben.

Achten Sie beim Kauf darauf, daß Maranten oder Korbmaranten kräftig und gesund aussehen und keines der Blätter vertrocknet oder verwelkt ist.

Maranten haben auffällig gezeichnete Blätter, die bei jeder Varietät anders aussehen.

Links: Maranta leuconeura ›Kerchoveana‹.

Rechts: Calathea (oder Maranta) mackoyana.

Unten: Maranta leuconeura ›Erythrophylla‹.

Größe: Maranten erreichen bis zu 45 cm Durchmesser und Höhe, wenn man sie an einem Gitter erzieht. Korbmaranten können bis zu 1 m hoch werden.
Wachstum: Im Zimmer entwickeln sie pro Jahr 5 oder 6 neue Blätter.
Blütezeit: Im Sommer erscheint eine unscheinbare, weiße Blüte. Man hält die Pflanzen aber in erster Linie wegen ihrer schönen Blattzeichnung.
Duft: Keiner.
Licht: Sie wollen nicht zu hell stehen, und gewiß nicht an einem Süd- oder Westfenster. Sie eignen sich für einen schattigen Platz gut. Dennoch brauchen sie im Winter mehr Licht.
Temperatur: Obwohl sie Temperaturen bis zu 10 °C vertragen, wenn man sie wenig gießt, fühlen sie sich bei etwa 16 °C wohler. Sie tolerieren auch Temperaturen von 27 bis 29 °C, vorausgesetzt die Luftfeuchtigkeit ist hoch genug.
Gießen: Die Erde muß locker und durchlässig sein und stets sehr feucht gehalten werden. Im Sommer 2 bis 3mal, im Winter 1mal pro Woche gießen. Liegt die Temperatur nur bei 10 °C, etwa alle 10 Tage wässern.
Düngen: Während der Wachstumsperiode alle 14 Tage Flüssigdünger ins Gießwasser geben.
Luftfeuchtigkeit: Eine hohe Luftfeuchtigkeit ist für eine erfolgreiche Haltung von Maranten und Korbmaranten wichtig. Im Sommer täglich sprühen, und den Topf auf nasse Kiesel stellen. Im Winter 1- oder 2mal wöchentlich sprühen.

Säubern: Sprühen sollte ausreichen. Falls nicht, werden die Blätter mit einem feuchten Tuch abgewischt. Kein Blattglanz verwenden.
Luft: Nicht der Zugluft aussetzen und von offenen Gasfeuern fernhalten.
Erde: Sie lieben eine lockere Erde, deshalb ist Torferde am besten.
Umtopfen: Gewöhnlich jedes Frühjahr. Es muß für eine gute Drainage gesorgt sein. Die Erde darf nicht zu fest angedrückt werden.
Schnitt: Wuchernde Triebe und vertrocknete Zweige oder beschädigte Blätter werden abgeschnitten.
Vermehrung: Im Frühjahr beim Umtopfen Pflanzen vorsichtig teilen.
Lebenserwartung: Keine einfachen Pflanzen, doch wenn man ihren Bedürfnissen gerecht wird, halten sie viele Jahre. Dennoch teilt man sie am besten alle 3 Jahre, damit man stets einen kräftigen Bestand hat.
Pflanzgruppen: Sie mögen die Gesellschaft anderer Pflanzen und die Luftfeuchtigkeit, die diese erzeugen. Alle grünblättrigen Pflanzen wie *Ficus, Philodendron, Dracaena* usw. sind geeignet.
Schwierigkeitsgrad: Keine Pflanzen für den Anfänger, aber jeder, der etwas Erfahrung hat und die Mühe auf sich nimmt, sie richtig zu pflegen, hält sie mit großer Wahrscheinlichkeit erfolgreich.

Umtopfen

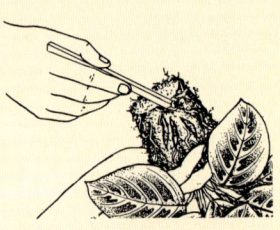

1 Im Frühjahr umtopfen, wenn die Pflanze kopflastig ist und nicht mehr wächst. Gut gießen.

2 In einen etwas größeren Topf kommt eine Drainage und feuchte Torferde.

4 Alte Erde behutsam mit Stab von den Wurzeln entfernen. Wurzeln nicht verletzen.

5 Wurzelballen auf die Erde im neuen Topf setzen.

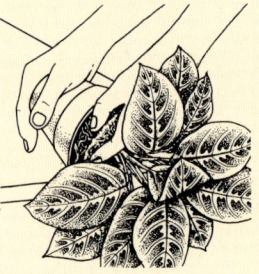

3 Topf so halten, daß Pflanze zwischen den Fingern und Erde unter der Handfläche liegt. Topfrand aufklopfen. Pflanze kommt mit Erde heraus.

6 Topf mit neuer Erde füllen. Wurzeln müssen bedeckt sein. Erde nicht zu fest andrücken. Schattig stellen und 2 Tage nicht gießen, damit Wurzeln in die neue Erde wachsen.

Kranke Pflanzen

1 *Blätter rollen sich und welken:* Zu kalt und trocken. Temperatur anheben und dabei nach und nach mehr gießen. Vor Zugluft schützen.

2 *Blätter blaß:* Zu viel Sonne. Etwas Schatten geben. Geht die Blässe nicht weg, während der Wachstumsperiode wöchentlich düngen.

3 *Blätter verblassen, Gespinste an den Unterseiten:* Spinnmilben. Mit Derris, Malathion oder systemischem Insektizid spritzen. Luftfeuchtigkeit erhöhen.

Wurzelteilung

Große, alte Pflanzen zu Frühjahrsbeginn teilen.

1 In 2 Töpfe kommt eine Drainage und Erde.

3 Wurzeln und Stengel vorsichtig auseinanderziehen.

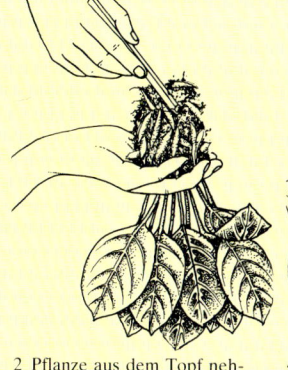

2 Pflanze aus dem Topf nehmen. Erde behutsam entfernen.

4 Beide Teile wie gewohnt eintopfen.

Formschnitt

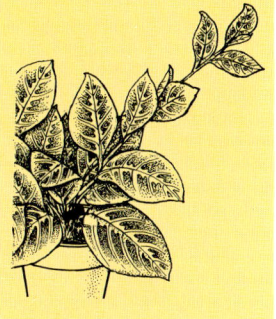

Wuchernde Triebe zu jeder Zeit entfernen, damit die Pflanze in der Mitte kompakt wächst.

Welke Blätter entfernen

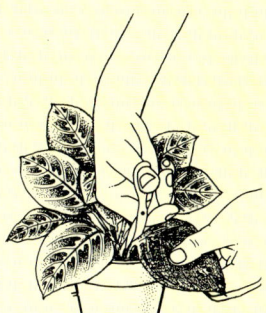

Welke Blätter mit einer scharfen Schere unten am Blattstiel abschneiden.

Blätter säubern

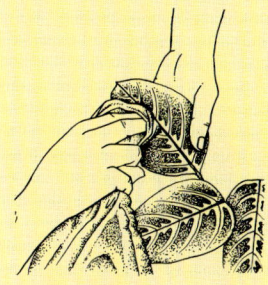

Staub mit einem weichen Tuch oder Schwamm und lauwarmem Wasser abwischen. Blatt mit der anderen Hand stützen.

Kein Blattglanz verwenden.

Luftfeuchtigkeit

Topf auf einen Untersetzer mit Kieseln und Wasser stellen. Der Topfboden darf nicht im Wasser stehen.

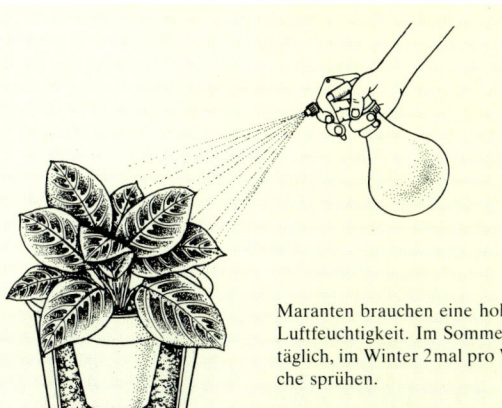

Maranten brauchen eine hohe Luftfeuchtigkeit. Im Sommer täglich, im Winter 2mal pro Woche sprühen.

Topf in einen Behälter mit feuchtem Torf setzen.

Gießen

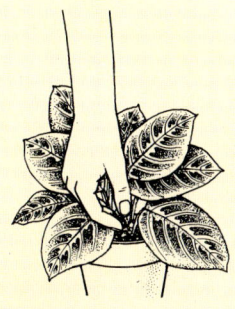

1 Erde mit den Fingern prüfen. Ist sie locker und krümelig, braucht die Pflanze Wasser.

2 Von oben – möglichst mit Regenwasser – gießen. Nach 15 Minuten restliches Wasser aus dem Untersetzer leeren.

Monstera deliciosa

Fensterblatt

Monstera ist gut gezogen eine sehr gefällige Pflanze. Sie wächst zwar langsam, doch erreicht sie im Zimmer leicht 2,30 m. Sie gehört zu den *Araceae*, ist eng mit dem *Philodendron* verwandt, und die Gattung umfaßt etwa 30 Arten von immergrünen tropischen Pflanzen, die in Westindien und Zentralamerika beheimatet sind.

Die sehr großen Blätter haben bis zu 60 cm Durchmesser, sind tief eingeschnitten und geschlitzt, was Monsterosa auch den Namen Gitterpflanze eingetragen hat. Man erkennt an ihnen, daß die Pflanze aus einer sehr windigen Gegend stammt. Dort kann der Wind die Löcher ungehindert passieren, und so werden die großen Blätter nicht beschädigt.

Die natürliche Wuchsform der Pflanze ist kriechend, und deshalb braucht sie einen kräftigen Moosstab, wenn sie in die Höhe wachsen soll. Gesunde Pflanzen entwickeln zahlreiche Luftwurzeln, mit denen sie in der Natur Halt suchen. Sie werden nicht entfernt, denn sie tragen zum Erscheinungsbild der Pflanzen bei und klammern sich oft an den Moosstab.

Das Fensterblatt gehört zu den einfacheren Zimmerpflanzen, aber es kann sehr viel Platz einnehmen. Man sollte es nicht mit *Philodendron pertusum* verwechseln, der ähnlich geformte, aber kleinere Blätter hat und sehr viel schneller wächst.

Suchen Sie beim Kauf eine Pflanze mit unbeschädigten, tiefgrünen Blättern aus. Beschädigte Blätter kann man von natürlich geschlitzten dadurch unterscheiden, daß die beschädigten um den Riß herum trocken und braun sind. Junge Blätter haben ein frisches, fahles Grün.

Monstera ist eine der beliebtesten Hauspflanzen. Die auffälligen Blätter sind geschlitzt, was ihr auch den Namen Gitterpflanze eingetragen hat.

Rechts: Dieses Exemplar von *Monstera deliciosa* hat Blätter mit unterschiedlichem Alter. Die unteren jungen sind herzförmig, die mittleren an den Rändern eingeschnitten. Nur die oberen Blätter sind vollkommen geschlitzt.

Luftfeuchtigkeit

Topf auf einen Untersetzer mit Kieseln und Wasser stellen. Der Topfboden darf nicht im Wasser stehen.

oder
Topf in einen Behälter mit feuchtem Torf setzen.

Sprühen

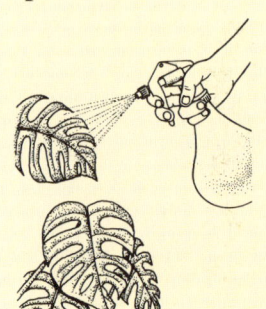

Im Sommer 2mal, im Winter 1mal in der Woche sprühen. Sprühabstand 15 cm.

Säubern

Staub mit einem weichen Tuch oder Schwamm und lauwarmem Wasser abwischen. Blatt mit der anderen Hand stützen.

Blattglanz nicht öfter als alle 2 Monate verwenden.

Größe: Die Pflanzen werden meist in 12-cm-Töpfen angeboten und sind 45 bis 60 cm groß, aber über viele Jahre wachsen sie bis 2,30 m und haben Blätter mit 60 cm Durchmesser.

Wachstum: Langsam. Pro Jahr entwickeln sich höchstens 1 oder 2 Blätter.

Blütezeit: Bei älteren Pflanzen erscheint eine gelbliche Blüte, die an einen Aronstab erinnert. Die schnell folgende Frucht ist eßbar.

Duft: Keiner.

Licht: Die Pflanzen können in dunklen Ecken stehen, deshalb sind sie als Zimmerpflanzen auch so beliebt. Sonne mögen sie, vor allem im Sommer, gar nicht.

Temperatur: Die Wintertemperaturen können bei reduziertem Gießen bis 10 °C sinken, 13 °C sind aber besser. Im Sommer vertragen die Pflanzen bis zu 24 °C.

Gießen: Sie stehen nicht gern naß, und die Erde sollte vor dem Gießen erst austrocknen. Den richtigen Zeitpunkt muß man durch Prüfen der Erde herausfinden. Im Sommer reicht – außer bei großer Wärme – 1mal pro Woche, im Winter wird meist alle 2 Wochen gegossen.

Düngen: Während des Wachstums im Sommer alle 3 Wochen Flüssigdünger ins Gießwasser geben.

Luftfeuchtigkeit: Wie alle Dschungelpflanzen mögen sie viel Luftfeuchtigkeit. Regelmäßig mit weichem Wasser besprühen und den Topf auf nasse Kiesel stellen oder in einen Übertopf mit nassem Torf setzen.

Säubern: Die Blätter werden mit einem feuchten Tuch gesäubert und dabei mit der anderen Hand gestützt. Blattglanz läßt die Blätter schön glänzen, darf aber nur alle 2 Monate verwendet werden.

Luft: Sehr anspruchslos. Gute Pflanzen für Büros und Ausstellungsräume.

Erde: Sie bevorzugen lockere Torferden, die eine gute Drainage erlauben.

Umtopfen: Jedes Frühjahr. Wenn sie die gewünschte Größe erreicht haben, wird nur noch die obere Erdschicht erneuert. Die Pflanzen mit einem Stock oder Moosstab stützen.

Schnitt: Eigentlich nicht notwendig. Wenn Pflanzen zu groß werden, kann man die Spitzen abschneiden und bewurzeln. Die alten Pflanzen treiben neu aus.

Vermehrung: Im Frühsommer durch Kopfstecklinge bei 24 bis 27 °C im Vermehrungskasten. Sie ziehen auch in Wasser Wurzeln. Stammstücke mit Augen können ebenfalls verwendet werden, doch sie wachsen langsam und brauchen 34 °C.

Lebenserwartung: Mit einem Minimum an Pflege halten die Pflanzen viele Jahre.

Pflanzgruppen: Als Jungpflanzen können sie mit allen grünen und bunten Blattpflanzen zusammenstehen. Ältere Pflanzen hält man besser einzeln.

Schwierigkeitsgrad: Gute Pflanzen für Anfänger.

Kranke Pflanzen

1 *Blätter haben schwarze Flekken:* Zu kalt. Wärmer stellen.

2 *Untere Blätter gelb und braun, vor allem im Winter:* Überwässert. Trocken werden lassen, bis Pflanze sich erholt hat. Dann weniger gießen.

3 *Blätter blaß, verbrannte Stellen mit Löchern:* Zu viel Sonne. An einen halbschattigen Platz stellen.

4 *Blätter blaß:* Nährstoffmangel. In der Wachstumsperiode wöchentlich düngen.

5 *Blätter blaß, Gespinste an den Unterseiten:* Spinnmilben. Mit Derris, Malathion oder systemischem Insektizid spritzen. Luftfeuchtigkeit erhöhen.

Obere Erdschicht erneuern

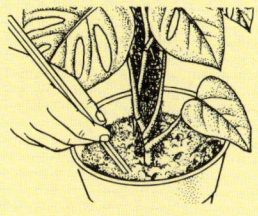

1 Ist die Pflanze über 1 m groß, nur noch die oberen 2,5 cm Erde erneuern. Zuvor reichlich gießen. Wurzeln nicht verletzen.

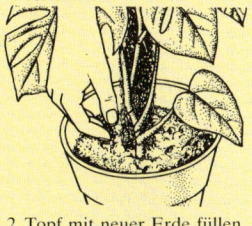

2 Topf mit neuer Erde füllen.

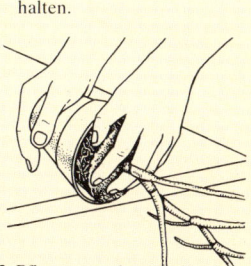

3 Erde rundum gut andrücken. Die Wurzeln müssen bedeckt sein.
2 Tage nicht gießen und schattig stellen, damit die Wurzeln in die neue Erde wachsen.

Moosstäbe einsetzen

1 In einen Topf kommt eine Drainage und eine Schicht feuchte Torferde.

2 Moosstab einsetzen und mit etwas Erde an seinem Platz halten.

3 Pflanze aus dem Topf nehmen.

4 Pflanze neben dem Moosstab in den Topf setzen.

5 Topf mit neuer Erde füllen. Wurzeln müssen bedeckt sein. Erde gut andrücken.

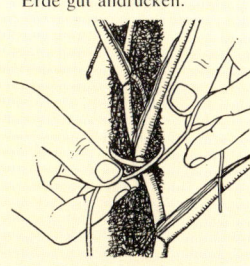

6 Pflanze in Abständen mit Bast oder Schnur an den Moosstab binden.

Vermehrung im Wasser

Stecklinge im Frühjahr nehmen.

1 Holzstückchen in ein flaches Gefäß legen. Dieses zu 2/3 mit Wasser füllen.

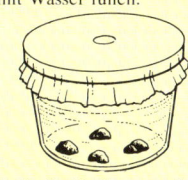

2 Folie darüberlegen und mit einem Gummi oder Schnur befestigen. Kleines Loch in die Folie stechen.

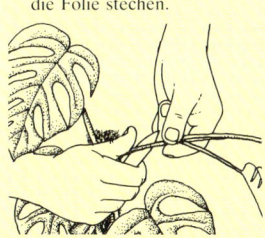

3 Jungen Trieb genau über dem dritten Blatt abschneiden. Steckling dann unterhalb vom zweiten Blatt abschneiden.

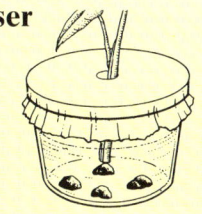

4 Den Stengel durch die Folie ins Wasser stecken. Warm halten (24–27 °C).

5 Bilden sich Wurzeln, Stengel aus dem Wasser nehmen und eintopfen.

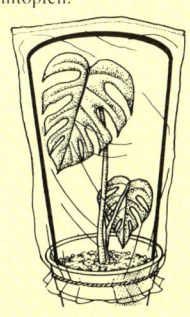

6 Gut gießen und einige Tage mit Folie schützen, um Luftfeuchtigkeit zu erzeugen.

Musa cavendishii

Banane

Links: Die Blätter aller Arten sind zart und reißen leicht ein.

Rechts: Musa cavendishii. Diese Art wird 2 m groß und trägt dann Früchte.

Unten: Musa ensete ›Rubra‹ kann aus Samen gezogen werden. Im Haus kommt es selten zum Fruchtansatz.

Diese Pflanze wird seit langem kultiviert, und sie beweist im übrigen, wie weit sich das Römische Reich ausgedehnt hatte, denn sie wurde erstmals von heimkehrenden römischen Legionären aus den Tropen mitgebracht. Sie ist nach Antonius Musa benannt, der Leibarzt von Augustus, dem ersten römischen Kaiser (62–14 v.u.Z.), war. Sie gehört zur Familie *Musaceae*, die etwa 40 Arten umfaßt, welche in den Tropen beheimatet sind. Dort wachsen sie zu großen Bäumen mit riesigen Blättern und Früchten, die sie zu einer wichtigen Anbaufrucht machen, heran. Kleinere Varietäten wurden schon früher bei uns in Tropenhäusern gezogen.

Musa ist eine recht anspruchslose Pflanze, der Hitze nichts ausmacht, wenn Luft und Erde feucht genug sind. Sie gedeiht auch bei normaler Zimmertemperatur, solange diese nicht unter 15 °C sinkt. Aber die bis zu 1 m langen und 30 cm breiten Blätter sind recht zart, und man muß aufpassen, daß man nicht an sie stößt, weil die Blattadern knicken können.

Heute wird meist nur eine Art im Haus gezogen: Es ist *M. cavendishii*, eine Zwergform, die ursprünglich 1829 aus China gekommen ist. Ihre Früchte sind eßbar, und sie wird auf den Kanarischen Inseln und in Florida in großem Umfang angebaut. Im Zimmer muß sie hell stehen. Man kann sie auch in Hydrokultur ziehen, in diesem Fall sollte man aber besser eine alte in Erde gewachsene Pflanze umsetzen, anstatt eine neue in Wasser zu ziehen.

Da die Frucht von *M. cavendishii* samenlos ist, muß diese Varietät durch Wurzelschößlinge vermehrt werden. Pflanzen, die sich durch ein eigenes Wurzelsystem erhalten können, müssen mindestens 60 cm groß sein und sind deshalb teuer. Kleinere, aus Samen gezogene Pflanzen gehören wahrscheinlich zu einer anderen Varietät. Kaufen Sie gut wachsende Pflanzen, deren Blattränder nicht braun und nach Möglichkeit auch nicht eingerissen sein sollten, und seien Sie beim Heimtransport vorsichtig.

Größe: Die Pflanzen werden 1,50 bis 2 m groß, die Blätter bis zu 1 m lang und 30 cm breit.

Wachstum: Recht schnell, pro Jahr 60 bis 100 cm.

Blütezeit: Juni und Juli. Die Blüten sind recht klein. Große Pflanzen entwickeln Früchte.

Duft: Keiner.

Licht: Sie mögen viel Licht und auch Sonne, solange keine Feuchtigkeit auf den Blättern ist. Diese läßt die Blätter verbrennen und fleckig werden.

Temperatur: Normale Zimmertemperatur, im Winter aber mindestens 15 °C.

Gießen: Im Sommer freigiebig, circa 2- bis 3mal pro Woche. Im Winter trockener halten und nur etwa alle 10 Tage wässern.

Düngen: Für eine reichhaltige Blumenerde sorgen und alle 2 Wochen Flüssigdünger ins Gießwasser geben.

Luftfeuchtigkeit: Auf nasse Kiesel stellen, und die Blätter 1- oder 2mal wöchentlich besprühen. Stehen die Pflanzen in der Sonne, schüttelt man das Wasser anschließend ab.

Säubern: Durch Sprühen oder behutsames Abstauben. Vorsicht, die Blätter brechen leicht. Kein Blattglanz verwenden.

Luft: Sie stehen gern luftig und vertragen stickige Räume nicht.

Erde: Reichhaltige Erden wie Lehmerde Nr. 3.

Umtopfen: Jedes Frühjahr. Ist eine Pflanze zu groß, wird nur die obere Erdschicht erneuert.

Schnitt: Nicht notwendig. Man entfernt jedoch abgestorbene Blätter und Stengel, die Früchte getragen haben und verwelkt sind.

Vermehrung: *M. cavendishii* ist samenlos und kann nur durch Wurzelschößlinge vermehrt werden, die man im Frühjahr von der Mutterpflanze trennt bei 18 bis 21 °C und hoher Luftfeuchtigkeit einpflanzt. Einige Varietäten können im Frühjahr bei 21 bis 27 °C aus Samen gezogen werden. Diese 72 Stunden vor der Aussaat in Wasser einweichen.

Lebenserwartung: 4 bis 5 Jahre. Wenn eine Pflanze Früchte getragen hat, stirbt der fruchttragende Stengel anschließend meist ab. Zuvor hat er jedoch 2 bis 3 Wurzelschößlinge entwickelt.

Pflanzgruppen: Die großen, hängenden Blätter kommen bei Einzelpflanzen am besten zur Geltung, außer die Bananen stehen mit anderen tropischen Pflanzen zusammen in einem großen Wintergarten.

Schwierigkeitsgrad: Mit einem Minimum an Aufmerksamkeit gedeihen die Pflanzen im Zimmer gut. Sie brauchen aber recht viel Platz.

Luftfeuchtigkeit

Musa verträgt recht hohe Temperaturen, braucht aber stets viel Luftfeuchtigkeit.

Topf in einen Behälter mit feuchtem Torf setzen

oder

Topf in einen Untersetzer mit Kieseln und Wasser stellen. Der Topfboden darf nicht im Wasser stehen.

Blätter säubern

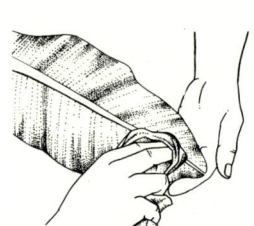

Blätter mit weichem Tuch oder Schwamm abwischen. Mit der anderen Hand stützen. Vorsicht, die Blätter sind sehr zart.

Kein Blattglanz benutzen.

Sprühen

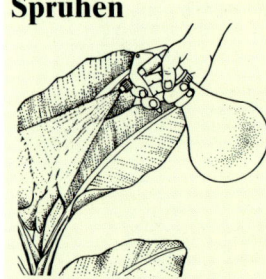

1- bis 2mal wöchentlich sprühen. In der Sonne keine Wassertropfen auf den Blättern lassen. Überschüssiges Wasser vorsichtig abschütteln.

Kranke Pflanzen

1 *Blattränder werden trocken und braun:* Erde und Luft zu trocken. Mehr gießen und Luftfeuchtigkeit erhöhen.

2 *Schleimige Fäule am Stengel oder Stamm:* Durch zu viel wässern und/oder sprühen bei niedriger Temperatur. Mit Schwefel bestäuben und Temperatur anheben.

3 *Kein neues Wachstum im Frühjahr:* Erde erschöpft. Umtopfen oder regelmäßig düngen.

4 *Blätter eingerissen:* Durch unvorsichtige Behandlung oder Übergießen mit Wasser. An einen ungestörten Platz stellen und beschädigte Blätter entfernen. Es wachsen bald neue.

5 *Weiße wollige Flecken, vor allem in den Achseln älterer Blätter:* Wolläuse. Mit Watte und Spiritus abwischen oder mit systemischem Insektizid spritzen.

Obere Erde erneuern

1 Junge Pflanzen jedes Frühjahr umtopfen, bei älteren nur die oberen 2,5 cm Erde erneuern. Zuvor reichlich gießen.

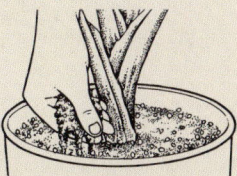

2 Topf mit neuer Erde füllen (feuchte Lehmerde Nr. 3).

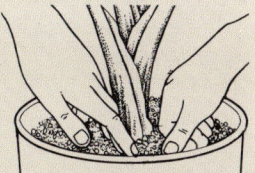

3 Erde rundum gut andrücken. Die Wurzeln müssen bedeckt sein.

4 2 Tage schattig stellen und nicht gießen, damit Wurzeln in die neue Erde wachsen.

Aus Samen ziehen

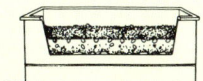

1 Einige Arten kann man aus Samen ziehen. Diese vorher 72 Stunden in Wasser einweichen.
In einen Vermehrungskasten oder eine Saatschale kommt eine Drainage und sterilisierte Aussaaterde.

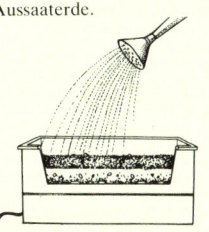

2 Samen ganz gleichmäßig verteilen und mit Erdschicht (= Samendicke) bedecken. Gut gießen.

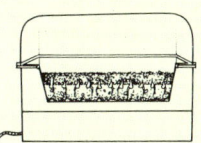

3 Haube aufsetzen.
Haube täglich 5 Minuten abnehmen, um Fäule vorzubeugen. Erde nicht austrocknen lassen. Temperatur 21–27 °C.

4 Wenn die Samen keimen, Haube entfernen.

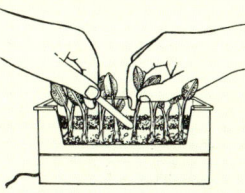

5 Sind die Sämlinge groß genug, auf 2,5 cm Abstand ausdünnen. Dabei die schwächeren Pflanzen herausziehen.

6 Gedeihen die Pflänzchen kräftig, einzeln in kleine Töpfe setzen.

Vermehrung: Kindel

Ist *Musa cavendishii* 2 m groß, entwickelt sie an der Basis mitunter Kindel.

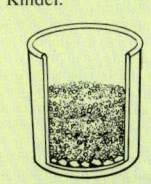

1 In einen neuen Topf kommt eine Drainage und Lehmerde Nr. 3.

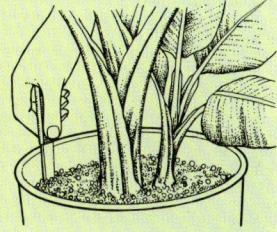

2 Erde am Topfrand mit einem Messer lockern. Pflanze herausnehmen. Stengelbasis festhalten und oberen Teil stützen.

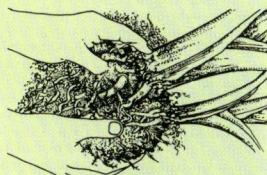

3 Stengel und Wurzeln vorsichtig auseinanderziehen. Das Kindel hat Wurzeln.

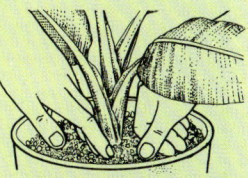

4 Kindel eintopfen und Erde gut andrücken. Gießen und mit Folie schützen, um Luftfeuchtigkeit zu erzeugen.

Neoregelia carolinae

Neoregelie

Bei dieser Pflanze, die eine der schönsten Bromelien ist, konnten sich die Botaniker nicht auf den korrekten Namen einigen. Ursprünglich handelte es sich um zwei Gattungen, *Nidularium* (was »Nestchen« bedeutet) und *Aregelia*, nach dem deutschen Botaniker A. von Regel benannt, der im 19. Jahrhundert in Petersburg lebte. Obwohl es vor allem bei den Blüten leichte botanische Unterschiede gibt, hat man die beiden Gattungen zusammengefaßt und *Neoregelia* genannt. In den Geschäften findet man die Pflanzen oft noch unter den alten Namen.

Alle Neoregelien sind gute Zimmerpflanzen und besonders für gemischte Schalen und Kübel geeignet. Fast alle stammen aus den Dschungeln Brasiliens und wurden Mitte des 19. Jahrhunderts als Zimmerpflanzen eingeführt. Sie haben steife, riemenartige Blätter, die strahlenförmig von der Zisterne ausgehen, in der sich die kleinen, meist lilafarbenen Blüten entwickeln. Die Zisterne muß stets mit Wasser gefüllt sein, denn diese Pflanzen nehmen ihre Nährstoffe im wesentlichen aus dem Wasser, nicht aus der Erde auf. Die Blüten selbst sind nicht besonders auffällig, aber wenn sie sich entwickeln, färben sich die Blätter um die Zisterne herum leuchtend rot und bleiben lange Zeit so.

Neoregelia carolinae ›Tricolor‹ ist wohl am schönsten, denn zusätzlich zur roten Mitte sind die strahlenförmig angeordneten Blätter auch noch gelb gestreift. Seit kurzem gibt es eine neue Sorte, *N.c.* ›Perfecta‹, auf dem Markt, deren Färbung noch brillianter ist. *N.c.* ›Marechalli‹ hat grüne Blätter und eine leuchtend rote Mitte. Manchmal hat sich die halbe Pflanze rotgefärbt. Weniger bekannt ist *N. spectabilis*, die rote Blattspitzen hat.

Beim Kauf sollten Sie darauf achten, daß die Blätter frisch und leuchtend sind. Es sollten sich keine Überreste alter Blüten in der Zisterne finden.

Größe: *N.c. tricolor* ist die größte der Neoregelien und erreicht leicht 60 cm Durchmesser. Andere haben Durchmesser von 40 bis 45 cm.

Wachstum: Im Zimmer wachsen sie recht langsam. Bis Jungpflanzen zur Blüte kommen, vergehen 2 bis 3 Jahre.

Blütezeit: Sie können jederzeit blühen, gewöhnlich aber während der Sommermonate. Die rote Färbung hält viel länger als die eigentlichen Blüten.

Duft: Keiner.

Licht: Sie mögen es sehr hell und färben sich bei etwas Sonne besser. Im Sommer sollte man sie aber vor der heißen Mittagssonne schützen.

Temperatur: Am besten während des ganzen Jahres konstant 15 °C. Im Winter kann die Temperatur auch auf 13 °C sinken. Im Sommer sollte sie keinesfalls 21 °C übersteigen.

Gießen: Die Zisterne muß stets mit Wasser gefüllt sein, das man möglichst 1mal pro Woche auswechselt. Im Winter reicht dieses Wasser aus, die Erde kann trocken bleiben. Im Sommer hingegen wird 1mal pro Woche gegossen, bei großer Hitze auch 2mal.

Düngen: Während des Sommers alle 2 Wochen die Hälfte der empfohlenen Menge Flüssigdünger in das Wasser für die Zisterne geben.

Luftfeuchtigkeit: 1mal in der Woche sprühen.

Säubern: Die Blätter werden mit einem feuchten Tuch abgewischt, aber Vorsicht, denn sie sind gezähnt und können Verletzungen verursachen. Kein Blattglanz verwenden.

Luft: Sie vertragen die meisten Bedingungen, sollten jedoch von Gas und offenen Feuern ferngehalten werden.

Erde: Neoregelien brauchen eine lockere, durchlässige Erde: Man mischt am besten gleiche Teile Torferde und Lehmerde Nr. 2.

Umtopfen: Im Mai. Sie haben wenige Wurzeln, daher werden die Töpfe selten zu klein, aber durch die sich ausbreitenden Blätter können kleine Töpfe leicht umkippen, und daher muß umgetopft werden.

Schnitt: Beschädigte und verwelkte Blätter entfernen.

Vermehrung: Aus Samen, die bei 24 °C im Vermehrungskasten ausgesät werden, und durch Jungpflanzen, die die Mutterpflanzen nach der Blüte entwickeln. Diese sollten beim Abtrennen halb so groß wie die Mutterpflanzen sein. Sie werden bei hoher Luftfeuchtigkeit in sehr sandige Erde gesetzt und nach weiteren 3 Monaten in 12-cm-Töpfe gepflanzt.

Lebenserwartung: Neoregelien werden etwa 2 bis 3 Jahre alt.

Pflanzgruppen: Obwohl sie gut allein stehen können, sehen sie auch sehr schön zusammen mit anderen Pflanzen wie *Ficus, Philodendron* oder *Dracaena* aus.

Schwierigkeitsgrad: Gute Pflanzen für Anfänger, die bereits erste Versuche mit einfachen Pflanzen gemacht haben.

Umtopfen

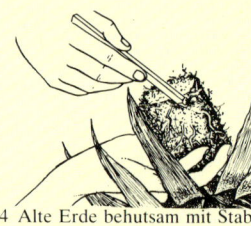

1 Im späten Frühjahr umtopfen, wenn die Pflanze zu groß wird. Gut gießen.

2 In einen etwas größeren Topf kommt eine Drainage und Torf- oder Lehmerde.

3 Topf so halten, daß Pflanze zwischen den Fingern und Erde unter der Handfläche liegt. Topfrand aufklopfen. Pflanze kommt mit Erde heraus.

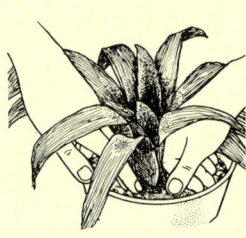

4 Alte Erde behutsam mit Stab von den Wurzeln entfernen. Wurzeln nicht beschädigen.

5 Wurzelballen auf die Erde im neuen Topf setzen.

6 Topf mit neuer Erde füllen. Wurzeln müssen bedeckt sein. Erde gut andrücken. 2 Tage nicht gießen und schattig stellen, damit Wurzeln in die neue Erde wachsen.

Kranke Pflanzen

1 *Pflanze welkt:* Zu trocken. Erde wässern und Wasser in die Zisterne geben.

2 *Braune schuppige Insekten an den Blättern:* Schildläuse. Mit Watte und Spiritus abwischen oder mit systemischem Insektizid spritzen.

3 *Blätter blaß:* Zu wenig Licht. An einen helleren Platz mit etwas Sonne stellen.

4 *Basis der Rosette fault:* Bei niedriger Temperatur Erde zu naß. Trocken werden lassen. Falls die Pflanze nicht eingeht, wärmer stellen.

Bromelien auf Borke befestigen

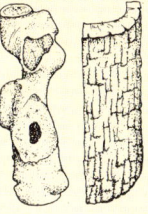

Neoregelien wurzeln flach und nehmen ihre Nährstoffe aus dem Wasser in der Zisterne auf. Sie sehen auf Borke oder Holz hübsch aus.

1 Ein geeignetes Stück Borke, einen Ast oder ein schönes Stück Holz aussuchen.

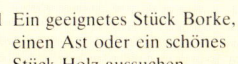

2 Ist keine natürliche Höhlung vorhanden, wird für die Pflanze ein flaches Loch ausgestemmt.

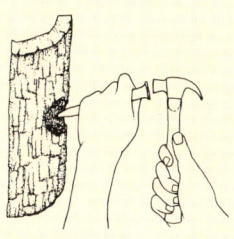

3 Wurzelballen der Pflanze mit Erde aus dem Topf nehmen.

4 Wurzeln in feuchtes Sphagnum packen und mit isoliertem Draht umwickeln.

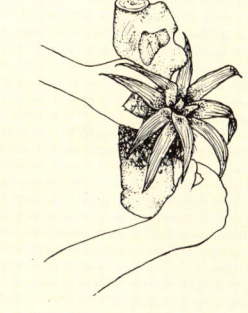

5 Sphagnum und Wurzeln fest auf das Holz oder die Borke drücken und mit Draht befestigen.

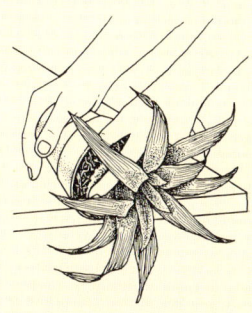

6 Borke so aufhängen, daß die Pflanze nach oben wächst. Wurzelballen wässern, Zisterne gefüllt halten und regelmäßig sprühen.

Kindel

1 Mit Abnehmen von Kindeln warten, bis Mutterpflanze abgestorben ist. Kindel sollten halb so groß wie die Mutterpflanze sein.

2 In einen kleinen Topf kommt eine Drainage sowie feuchter Torf und Sand.

3 Pflanze aus dem Topf nehmen. Kindel und Wurzeln mit scharfem Messer abtrennen.

4 Kindel müssen eigene Wurzeln haben, sonst wachsen sie nicht.

5 Kindel in den neuen Topf setzen. Erde gut andrücken. Gießen und einige Tage mit Folie abdecken, um Luftfeuchtigkeit zu erzeugen.

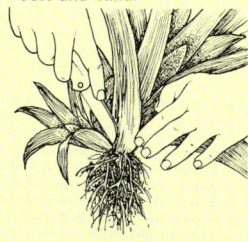

6 Das Kindel wird in etwa 2–3 Jahren blühen.

Gießen

Etwa 2,5 cm Wasser in die Zisterne geben. Wöchentlich erneuern. Regenwasser ist am besten geeignet.

Sprühen

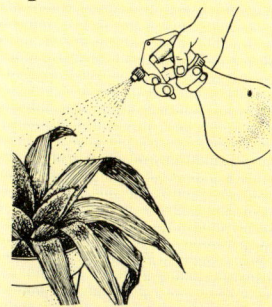

1mal in der Woche mit einem feinen Zerstäuber besprühen. Sprühabstand 15 cm. Nach Möglichkeit Regenwasser nehmen.

Nephrolepis exaltata

Schwertfarn

Farne sind gute Zimmerpflanzen, denn sie gedeihen auch an recht dunklen Plätzen. Sie brauchen jedoch eine hohe Luftfeuchtigkeit und fühlen sich oft in zentralgeheizten Zimmern nicht wohl, sofern man nicht für zusätzliche Luftfeuchtigkeit sorgt.

Nephrolepis ist da keine Ausnahme, auf der anderen Seite sind diese Pflanzen aber recht widerstandsfähig. Sie gehören zur Familie *Polypodiaceae*, und ihr Name leitet sich von den griechischen Wörtern *nephros*, Niere und *lepis*, Schuppe ab, was sich vermutlich auf die Gestalt der Jungpflanzen bezieht.

Es gibt etwa 35 bekannte Arten, die alle in den Tropen beheimatet sind. Schwertfarne waren früher schon sehr beliebt, doch auch heute noch verwenden sie die Innenarchitekten wegen ihrer weichen, hängenden Wedel gern. Die fließenden Linien und das üppige Wachstum der Farne eignet sich sowohl für moderne als auch für traditionelle Einrichtungen. Sie stehen ebenso gut in Töpfen wie in Ampeln, vorausgesetzt, sie sind stets gut gewässert, und die Luftfeuchtigkeit ist hoch.

Es werden verschiedene Arten gezogen, die alle die gleichen Bedingungen und die gleiche Pflege erfordern. *Nephrolepis exaltata* und deren Sorten ›Rooseveltii‹, ›Plumosa‹ und ›Bostoniensis‹ gehören zu den beliebtesten Pflanzen. *N. cordifolia* mit aufrechteren Wedeln ist ebenfalls sehr populär.

Beim Kauf sollten Sie Pflanzen aussuchen, die keine Blätter abwerfen, keine geknickten Wedel haben, hellgrün und in der Mitte nicht vertrocknet sind, weil sich dort die neuen Blätter entwickeln.

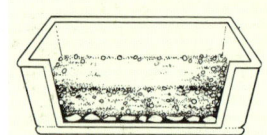

Es gibt viele verschiedene Varietäten von Nephrolepis. Einige sind widerstandsfähiger, aber alle brauchen Luftfeuchtigkeit.

Oben: Nephrolepis ›Rooseveltii‹.

Oben links: Ein Wedel von *Nephrolepis gloriosa.*

Links und unten: Nephrolepis exaltata.

Farngärten anlegen

Nephrolepis gedeihen gut zusammen mit anderen Farnen in einem großen Behälter. Pflanzen gut gießen.

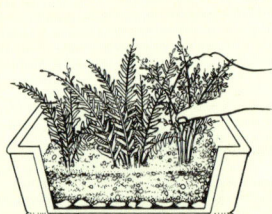

4 Weitere Pflanzen einsetzen. Platz zum Wachsen lassen.

1 In einen Behälter kommt eine Drainage und eine Schicht feuchte Torferde. Ist kein Abzugsloch da, etwas Sphagnum und Holzkohle hinzufügen. Das Sphagnum saugt überschüssiges Wasser auf, Holzkohle verhindert, daß das Wasser fault.

2 Pflanzen aus den Töpfen klopfen und alte Erde entfernen.

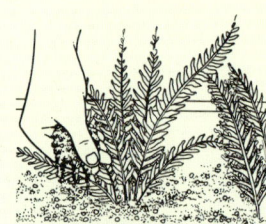

5 Um die Pflanzen Erde aufzufüllen, damit sie aufrecht stehen. Nicht zu fest andrücken.

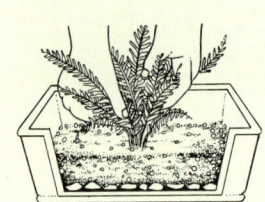

3 Einen Farn in den Behälter setzen und Wurzeln mit Erde bedecken.

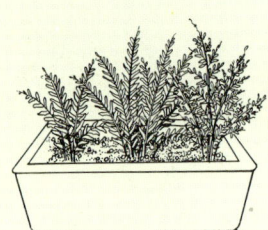

6 2 Tage nicht gießen und schattig stellen, dann wie gewohnt wässern.

Größe: In 12-cm-Töpfen werden die Wedel 45 bis 50 cm lang. Bei älteren Pflanzen können sie aber bis zu 75 cm Länge erreichen.
Wachstum: Die Pflanzen können in einem Jahr ihre Größe verdoppeln.
Blütezeit: Farne blühen nicht. Im Frühjahr und Sommer entwickeln sie meist an den Unterseiten der Wedel Sporen.
Duft: Keiner.
Licht: Sie können recht dunkel stehen. Sommersonne vertragen sie nicht.
Temperatur: Im Winter sind 14 oder 15 °C am besten. Die Temperatur kann bis 3 °C absinken, doch dann müssen sie trocken gehalten werden. Nur etwa 1mal pro Woche gießen. Sommertemperatur 18 bis 21 °C, mehr als 24 °C vertragen sie nur, wenn die Luftfeuchtigkeit hoch ist.
Gießen: Außer bei sehr niedrigen Temperaturen müssen sie stets feucht gehalten werden. Im Sommer gießt man 2- bis 3mal pro Woche, im Winter mindestens 1mal, vorzugsweise mit Regenwasser.
Düngen: Im Sommer alle 14 Tage Flüssigdünger ins Gießwasser geben. Dadurch wachsen die Pflanzen kräftig.
Luftfeuchtigkeit: Sie sind dankbar, wenn man sie täglich mit kalkfreiem Wasser besprüht, wenngleich das in Gegenden mit hartem Wasser nicht möglich ist. Topfpflanzen kann man auf nasse Kiesel stellen, bei Ampeln ist tägliches Sprühen lebensnotwendig.

Säubern: Das Sprühen sollte die Pflanzen sauber halten. Kein Blattglanz verwenden.
Luft: Sie mögen zu viel Wärme und Trockenheit nicht. In der Nähe von Gasfeuern und Zugluft ausgesetzt gehen sie ein.
Erde: Torferde eignet sich am besten.
Umtopfen: Es ist gut, die Pflanzen jedes Frühjahr umzutopfen. Kunststofftöpfe können die Feuchtigkeit besser halten.
Schnitt: Nicht notwendig, man muß lediglich verwelkte Wedel entfernen.
Vermehrung: Im Frühjahr pflanzt man die kleinen Jungpflanzen ein, die sich an Ausläufern (Stolonen) entwickeln. Sie sind meist schon bewurzelt. Ein Vermehrungskasten ist nicht notwendig.
Lebenserwartung: Sie wachsen meist viele Jahre, gehen manchmal aber plötzlich und ohne ersichtlichen Grund ein. In trockener Luft sind sie oft kurzlebig.
Pflanzgruppen: Kleine und mittelgroße Pflanzen eignen sich für gemischte Schalen und Kübel gut, große Pflanzen stehen besser allein.
Schwierigkeitsgrad: Recht unkomplizierte Pflanzen, doch bei Aufmerksamkeit und guter Pflege gedeihen sie besser.

Kranke Pflanzen

1 *Blätter werden spröde und fallen ab:* Pflanze ist ausgetrocknet und/oder Luft ist zu trocken. Ins Wasserbad stellen. Wasser anschließend ablaufen lassen. Topf in Behälter mit feuchtem Torf setzen. Täglich sprühen. Erholen sich die Wedel nicht, auf 5 cm zurückschneiden. Stoppeln täglich besprühen, bis neue Wedel kommen.

2 *Wedel welken, Pflanze aber nicht ausgetrocknet:* Evtl. durch Sprühen mit Blattglanz. Zurückschneiden. Ursache kann auch Zugluft oder Gas sein.

3 *Pflanze blaß, es kommen keine neuen Triebe:* Umtopfen oder Düngen nötig.

Gießen

1 Erde mit den Fingern prüfen. Ist sie locker und krümelig, braucht die Pflanze Wasser.

2 Von oben – möglichst mit Regenwasser – gießen. Nach 15 Minuten restliches Wasser aus dem Untersetzer leeren.

Luftfeuchtigkeit

Topf auf einen Untersetzer mit Kieseln und Wasser stellen. Der Topfboden darf nicht im Wasser stehen.

oder

Topf in einen Behälter mit feuchtem Torf setzen.

Sprühen

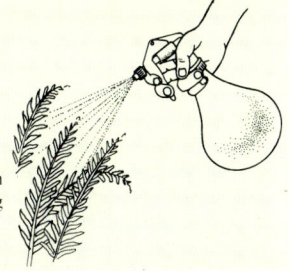

Ampelpflanzen müssen täglich besprüht werden. Auch Pflanzen in Töpfen sollte man regelmäßig übersprühen. Möglichst kalkfreies Wasser verwenden.

Umtopfen

4 Alte Erde behutsam mit Stab von den Wurzeln entfernen. Wurzeln nicht verletzen.

1 Im Frühjahr umtopfen, wenn Pflanze kopflastig ist, Wedel blaß werden und keine neuen mehr nachwachsen. Pflanze gut gießen.

2 In einen etwas größeren Topf kommt eine Drainage und feuchte Torferde. Kunststofftöpfe sind besser: Sie halten die Feuchtigkeit.

5 Wurzelballen auf die Erde im neuen Topf setzen.

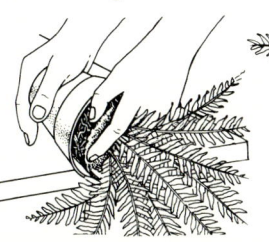

3 Topf so halten, daß Pflanze zwischen den Fingern und Erde unter der Handfläche liegt. Topfrand aufklopfen. Pflanze kommt mit Erde heraus.

6 Topf mit neuer Erde füllen. Wurzeln müssen bedeckt sein. Erde nicht zu fest andrücken. 2 Tage nicht gießen und schattig stellen, damit Wurzeln in die neue Erde wachsen.

Vermehrung: Kindel

1 Im Frühjahr wachsen an Ausläufern Jungpflanzen.

2 Pflanze aus dem Topf nehmen. Jungpflanze mit scharfem Messer abtrennen. Sie hat eigene Wurzeln.

3 Eintopfen, gießen und einige Tage mit Folie abdecken. Temperatur 13 °C. Erde muß feucht sein.

133

Nerium oleander

Oleander

Dies ist eine sonnenliebende subtropische Pflanze, die oft an den Küsten des Mittelmeers wild wächst und sich auf Glasveranden und in Blumenzimmern großer Beliebtheit erfreut. Man findet sie auch in den subtropischen Gebieten Asiens. Der Gattungsname ist griechisch und wurde von *Dioskurides* verwendet, doch die Pflanze ist eher unter ihrer zweiten Bezeichnung Oleander bekannt. Sie gehört zu den *Apocynaceae* und wurde erstmals 1596 eingeführt.

Oleander sind attraktive Pflanzen mit sehr schönen pastellfarbenen (lila, rosa und orange) oder weißen Blüten. Diese können gefüllt oder ungefüllt sein. Das weidenähnliche Blattwerk ist grün oder bunt. Die Blätter sind lang, schmal und an den Stengeln paarweise angeordnet. Die Pflanze ist jedoch giftig, und Tiere können, wenn sie die Blätter fressen, sterben. Die Blüten können bei Menschen tödliche Wirkung haben. Dennoch sind Oleander sehr beliebt, denn sie gehören zu den wenigen Zimmerpflanzen, die einen hellen, warmen und luftigen Standort brauchen. Sie werden ab Juni blühend verkauft, und man wählt sie dann nach ihrer Farbe aus, weil die verschiedenen Züchtungen keine Bezeichnungen tragen. Die bunten Varietäten mit gelb geränderten Blättern und rosa Blüten heißen *Nerium oleander* ›Variegata‹.

Wie Geranien (auch Mittelmeerpflanzen) können Oleander im Sommer ins Freie gestellt werden. In frostfreien Gebieten kann man sie vor eine Südwand pflanzen, und falls die Gefahr bestehen sollte, daß die Temperatur im Winter zu tief sinkt, schützt man die Pflanzen mit Stroh oder Folie.

Achten Sie beim Kauf darauf, daß die Pflanzen noch viele Knospen haben, denn die einzelnen Blüten welken recht schnell, und schauen Sie auf Schädlingsbefall: Die Pflanzen sind recht anfällig für Wolläuse und andere Schädlinge.

Größe: Die Sträucher erreichen 2 bis 5 m Höhe und bis zu 6 m Durchmesser. In einem Topf werden sie meist nur 45 cm groß.

Wachstum: Recht schnell, pro Jahr 25 bis 30 cm.

Blütezeit: Während des ganzen Sommers. Die Blüten brauchen viel Licht und Wärme, daher öffnen sich im Herbst die Knospen oft nicht mehr.

Duft: Keiner.

Licht: Es ist stets viel Licht nötig. Im Sommer stehen die Pflanzen am besten draußen, im Winter brauchen sie im Haus einen hellen Standort. Sie sind in einem Wintergarten besser aufgehoben und fühlen sich dort in voller Sonne wohl.

Temperatur: Nicht zu warm, mehr als 16 °C vertragen sie nur, wenn die Lüftung gut ist. Im Winter sollte die Temperatur nie unter 5 °C sinken. Zentralheizung mögen die Pflanzen nicht.

Gießen: Freigiebig, im Sommer fast täglich, im Winter alle 10 Tage. Man sollte Regenwasser verwenden, das warm sein muß, weil sich sonst die Knospen nicht öffnen.

Düngen: Im Sommer während des Wachstums alle 14 Tage Flüssigdünger ins Gießwasser geben.

Luftfeuchtigkeit: Monatliches Besprühen tut ihnen gut, ist aber nicht lebensnotwendig.

Säubern: Da die Blätter lang und schmal sind, werden sie nicht leicht schmutzig. Sie können abgewischt werden, doch es ist einfacher, mit lauwarmem Wasser zu sprühen. Kein Blattglanz verwenden. Die Blätter haben von Natur aus eine matte, ledrige Oberfläche.

Luft: Sie brauchen viel Luft und etwas Luftbewegung.

Erde: Lehmerde Nr. 3 oder eine andere reiche Erde.

Umtopfen: Die Pflanzen stehen gern in großen Töpfen und Kübeln und mögen häufiges Umtopfen nicht. Höchstens alle 2 bis 3 Jahre im März in neue Töpfe setzen.

Schnitt: Nach der Blüte erfolgt ein Rückschnitt, damit der Wuchs buschig bleibt. Seitentriebe unterhalb der Knospen können entfernt werden. Dadurch wird die Blüte gefördert.

Vermehrung: Durch im Frühjahr genommene Stecklinge. Sie können in Erde oder warmem Wasser bewurzelt werden. Bei Wärme gedeihen sie schneller und können, falls man sie zu Frühjahrsanfang genommen hat, noch im selben Jahr blühen. Sie können auch bei 16 bis 18 °C im Juni oder August bewurzelt werden. Aussaat erfolgt bei 18 bis 21 °C im April.

Lebenserwartung: Sehr hoch, wenn man die Pflanzen gießt, düngt und im Winter vor Frost schützt.

Pflanzgruppen: Einzelgänger, die viel Luft um sich herum brauchen.

Schwierigkeitsgrad: Auf Glasveranden u. ä. einfach zu halten. Bei Zentralheizung und schlechten Lichtverhältnissen werden sie nicht blühen.

Nerium oleander ist eine Pflanze des Mittelmeerraums, die im Sommer volle Sonne und im Winter eine kühle Periode braucht. In der Natur wächst sie an Bächen auf sonnigen Hügeln, was anzeigt, daß ihre Wurzeln gern feucht stehen.

Rechts: Ein junges Exemplar der allgemein üblichen rosablühenden Art.

Unten: Eine Blüte und Knospen.

Umtopfen

1 Alle 2–3 Jahre umtopfen, wenn Pflanze kopflastig ist, nicht mehr wächst und Wurzeln aus dem Abzugsloch kommen. Zuerst gut gießen.

2 In einen etwas größeren Topf kommt eine Drainage und feuchte Lehmerde Nr. 3.

3 Topf so halten, daß Pflanze zwischen den Fingern und Erde unter der Handfläche liegt. Topfrand aufklopfen. Pflanze kommt mit Erde heraus.

4 Alte Erde behutsam mit Stab von den Wurzeln entfernen. Wurzeln nicht verletzen.

5 Wurzelballen auf die Erde im neuen Topf setzen.

6 Topf mit neuer Erde füllen. Wurzeln müssen bedeckt sein. Erde gut andrücken. 2 Tage nicht gießen und schattig stellen, damit Wurzeln in die neue Erde wachsen.

Kranke Pflanzen

1 *Knospen öffnen sich nicht:* Zu kalt. Temperatur anheben und stets mit lauwarmem Wasser gießen.

2 *Pflanze entwickelt keine Blüten, ist sonst aber gesund:* Sonne fehlt. Hell stellen oder für den Sommer an einen sonnigen Platz nach draußen.

3 *Pflanze aufgeschossen und blüht nicht:* Ursache Zentralheizung. Zu warm und schlecht gelüftet. Luftiger stellen.

4 *Weiße wollige Flecken auf den Blättern:* Wolläuse. Mit Watte und Spiritus abwischen bzw. mit Malathion oder systemischem Insektizid spritzen.

5 *Braune schuppige Insekten an Blättern und Stengeln:* Schildläuse. Mit Watte und Spiritus abwischen oder mit systemischem Insektizid spritzen.

Vermehrung in Wasser

Zu Frühjahrsbeginn genommene Stecklinge blühen im gleichen Jahr.

1 Holzkohlestückchen in ein flaches Gefäß legen. Dieses zu 2/3 mit lauwarmem Wasser füllen.

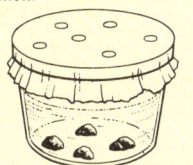

2 Folie darüberlegen und mit einem Gummi oder einer Schnur befestigen. Mit einem Stift oder Stab kleine Löcher stechen.

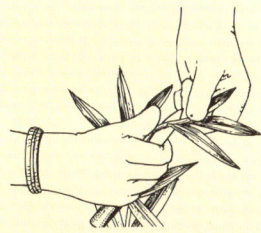

3 Von der Pflanze einen etwa 7 cm langen Trieb abschneiden. Handschuhe tragen, die Pflanze ist giftig.

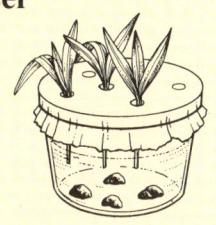

4 Die Stengel der Triebe durch die Folie ins Wasser stecken. Warm halten (16–18 °C).

5 Bilden sie Wurzeln, die Triebe aus dem Wasser nehmen und in kleine Töpfe pflanzen. Dabei die zarten Wurzeln nicht verletzen.

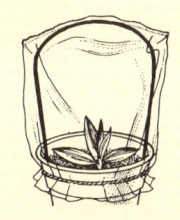

6 Gießen und einige Tage mit Folie abdecken, um für Luftfeuchtigkeit zu sorgen.

Formschnitt

1 Nach der Blüte Haupttriebe um die Hälfte, Seitentriebe auf 10 cm zurückschneiden.

2 Schnitte mit der Gartenschere schräg über einer Knospe oder einem Seitentrieb machen.

Handschuhe tragen, die Pflanze ist giftig.

3 Hat die Pflanze Knospen, die Seitentriebe (als Stecklinge verwenden) darunter entfernen. Dadurch öffnen sich die Knospen besser.

Welke Blüten entfernen

Ist die ganze Blüte verwelkt, mit der Gartenschere dicht über dem ersten Blatt abschneiden.

Sprühen

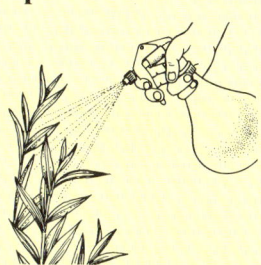

1mal im Monat mit lauwarmem Wasser sprühen, damit die Blätter sauber bleiben.

Gießen

Von oben – möglichst mit Regenwasser – gießen. Nach 15 Minuten Überschuß aus dem Untersetzer leeren. Immer warmes Wasser verwenden.

Pachystachys lutea

Gelbe Beloperone, Dichtähre

Diese Pflanze ist erst kürzlich wiederentdeckt worden. Sie kommt aus dem tropischen Amerika und gehört zur Familie der *Acanthaceae*. Bei den Pflanzensammlern des 19. Jahrhunderts war sie sehr beliebt, geriet jedoch um die Jahrhundertwende in Vergessenheit und kam erst Ende der sechziger Jahre, Anfang der siebziger Jahre wieder auf den Markt. Sie ist eng mit den Gattungen *Beloperone* und *Jacobinia* verwandt. Mit der letzteren wird sie oft verwechselt, doch sie ist einfacher zu ziehen. Durch ihre Ähnlichkeit mit der Beloperone wird sie oft als Gelbe Beloperone bezeichnet.

Die Blätter sind dunkelgrün, oval, spitz und entlang der Adern leicht eingekerbt. An den Triebspitzen erscheinen leuchtend gelbe Brakteen. Sie bilden zu den Blättern einen attraktiven und für Zimmerpflanzen unüblichen Kontrast. Die eigentlichen Blüten sind weiß und erscheinen, wenn sich die Brakteen entwickeln.

Pachystachys wird oft als kurzlebige Pflanze betrachtet, die man nach der Blüte wegwirft. Es ist aber durchaus möglich, sie mehrjährig zu halten, vor allem, wenn sie im Frühjahr zurückgeschnitten wird.

Achten Sie beim Kauf darauf, daß die Stengel auf der ganzen Länge frische, grüne Blätter haben, denn die Pflanze wirft leicht die unteren Blätter ab. Die Brakteen sollten fest und die weißen Blüten noch nicht zu sehen sein.

Pachystachys lutea entwickelt Ähren aus gelben Brakteen, die an die *Beloperone* erinnern, doch hier stehen sie aufrecht.

Rechts: Eine kompakte Pflanze. Pachystachys muß geschnitten werden, wenn sie ein zweites Jahr buschig bleiben soll.

Unten: Die eigentlichen Blüten sind weiß und entwickeln sich nacheinander. Sie kommen aus den Brakteen.

Umtopfen

Größe: Sie werden am besten als kleine Pflanzen mit etwa 13 bis 15 cm Höhe und 10 bis 13 cm Durchmesser gehalten. Große Pflanzen sehen häßlich aus.
Wachstum: Sie wachsen langsam, etwa 8 bis 10 cm pro Jahr. Um gut zu blühen, müssen sie klein bleiben.
Blütezeit: Während des ganzen Sommers. Die Brakteen halten sich lang, während die eigentlichen Blüten bald verwelken.
Duft: Keiner.
Licht: Sie brauchen viel Licht und im Sommer volle Sonne. Im Winter muß man sie vom Fenster wegstellen.
Temperatur: Im Sommer normale Zimmertemperatur, höchstens aber 21 °C. Im Winter während der Ruheperiode stehen sie besser kühl. Die Temperatur kann auf 7 °C absinken, doch dann verlieren die Pflanzen vorübergehend ihre Blätter.
Gießen: Sie stehen im Sommer gern feucht, es ist jedoch eine gute Drainage notwendig, damit sich das Wasser nicht staut. Im Winter die Erde gerade feucht halten und nur alle 2 Wochen gießen (aber nie austrocknen lassen).
Düngen: Während des Sommers alle 3 Wochen Flüssigdünger ins Gießwasser geben.
Luftfeuchtigkeit: Die Pflanzen stehen gern auf nassen Kieseln oder in einem Übertopf mit Torf. Während der Blüte nicht besprühen, sonst werden die Brakteen beschädigt.

Säubern: Staub – falls notwendig – mit einem weichen Pinsel entfernen. Kein Blattglanz verwenden.
Luft: Sie vertragen die meisten Bedingungen und sind recht tolerant, müssen jedoch vor Zugluft geschützt werden.
Erde: Lehmerde Nr. 2.
Umtopfen: Vollentwickelte Pflanzen jedes Frühjahr umtopfen, damit die verbrauchte Erde erneuert wird. Es muß für eine gute Drainage gesorgt sein.
Schnitt: Im Frühjahr einen Formschnitt durchführen. Wuchert eine Pflanze sehr, schneidet man sie auf 5 cm über der Erde zurück. Sie treibt neu aus.
Vermehrung: Im Frühjahr 8 bis 10 cm lange Kopfstecklinge nehmen, in einen Vermehrungskasten pflanzen, oder eine Plastiktüte überziehen. Temperatur 18 bis 21 °C. Als Erde nimmt man scharfen Sand mit etwas Torf.
Lebenserwartung: Sie mögen die Gesellschaft anderer Pflanzen und eignen sich gut für gemischte Schalen. Wenn diese zu schattig stehen, werden die Brakteen jedoch blaß.
Schwierigkeitsgrad: Gute Pflanzen für diejenigen, die die ersten Grundregeln der Zimmerpflanzenhaltung beherrschen. Nicht wirklich anspruchsvoll, doch um sie in erstklassigem Zustand zu halten, braucht man einige Kenntnisse.

1 Im Frühjahr umtopfen, wenn Blätter blaß sind und keine neuen kommen. Gießen.

2 In einen etwas größeren Topf kommt eine Drainageschicht und feuchte Lehmerde Nr. 2.

3 Topf so halten, daß Pflanze zwischen den Fingern und Erde unter der Handfläche liegt. Topfrand aufklopfen. Pflanze kommt mit Erde heraus.

4 Alte Erde behutsam mit Stab von den Wurzeln entfernen. Wurzeln nicht verletzen.

5 Wurzelballen auf die Erde im neuen Topf setzen.

6 Topf mit neuer Erde füllen. Wurzeln müssen bedeckt sein. Erde gut andrücken. 2 Tage nicht gießen und schattig stellen, damit Wurzeln in die neue Erde wachsen.

Kranke Pflanzen

1 *Blüten faulen und fallen ab:* Durch schlechte Lüftung und/ oder Sprühen. Statt zu sprühen, Topf auf nasse Kiesel stellen oder in Torf packen. Um die Pflanze muß Luft zirkulieren können.

2 *Blätter blaßgrün und glanzlos:* Düngen, weil Erde verbraucht ist. Auch prüfen, ob Umtopfen nötig wird.

3 *Blätter hängen und fallen ab:* Erde ausgetrocknet. Ins Wasserbad stellen. Überschuß ablaufen lassen. Dann öfter gießen.

4 *Blätter glanzlos und hängen; untere fallen ab:* Zu kalt und/ oder durchnäßt. Wärmer stellen und nicht so oft gießen.

Luftfeuchtigkeit

Topf auf einen Untersetzer mit Kieseln und Wasser stellen. Der Topfboden darf nicht im Wasser stehen.

Schnitt

Pachystachys wird im Frühjahr auf halbe Größe zurückgeschnitten, damit die Pflanze nicht wuchert.

Gießen

1 Erde mit Fingern prüfen. Ist sie locker und krümelig, braucht die Pflanze Wasser.

2 Von oben – möglichst mit Regenwasser – gießen. Nach 15 Minuten restliches Wasser aus dem Untersetzer leeren.

Kopfstecklinge

1 In einen Topf kommt eine Drainage und eine Mischung aus Torf und scharfem Sand (1:1).

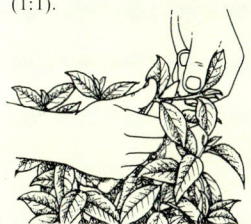

2 Einen Trieb mit mindestens 2 gesunden Blattpaaren und einem Wachstumspunkt nehmen. Unterhalb des zweiten Blattpaares abschneiden. Länge 8–10 cm.

3 Stengel direkt unter einem Blatt abschneiden.

4 Das untere Blattpaar entfernen.

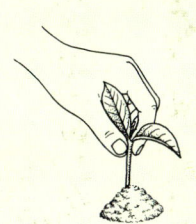

5 Schnittfläche in Bewurzelungsmittel tauchen. Überschuß abschütteln.

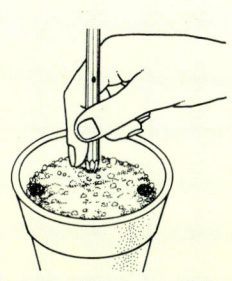

6 Am Topfrand mit einem Stift kleine Löcher in die Erde drücken.

7 Steckling einsetzen. Das Ende muß am Lochboden, die Blätter müssen gerade über der Erde sitzen.

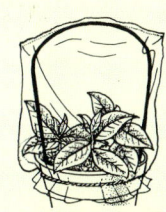

8 Gut gießen, Draht einsetzen und Plastiktüte überziehen. Täglich 5 Minuten entfernen. Erde nicht austrocknen lassen. Temperatur 18–21 °C. Tüte nach 3 Wochen abnehmen. Wachsen die Stecklinge gut, werden sie in normale Erde umgesetzt.

Passiflora caerulea

Passionsblume, Leiden-Christi-Blume

Es ist nicht ganz zutreffend *Passiflora caerulea*, die Passionsblume, den Zimmerpflanzen zuzuordnen, denn als solche ist ihre Lebenserwartung sehr begrenzt. Eigentlich sollte sie im Wintergarten, im Gewächshaus oder im Blumenzimmer stehen, wo man für die Luftfeuchtigkeit, die sie braucht, leicht sorgen kann. Sie wächst rasch und benötigt zum Ranken ein Gitter oder Rohrgeflecht. Unter den richtigen Bedingungen blüht sie leicht und kann sogar Früchte ansetzen.

Ihren Namen hat sie von Missionaren bekommen, die sie zu Beginn des 18. Jahrhunderts im tropischen Südamerika entdeckten. Sie meinten, die seltsame Blüte stelle die Kreuzigung dar. Die fünf Antheren seien die fünf Wunden, die Christus am Kreuz zugefügt worden sind, der dreiteilige Stempel zeige die drei Nägel, und das Rezeptakulum sei der Hauptbalken des Kreuzes. Der Strahlenkranz stehe für die Dornenkrone, und die jeweils fünf Kelch- und Kronblätter repräsentierten die Apostel (ohne Petrus und Judas).

Es gibt viele Arten der Passionsblume, die alle aus Südamerika stammen und zur Familie Passifloraceae gehören. *Passiflora caerulea* ist die einzige Art, die als Zimmerpflanze gehalten wird. Die Blüten sind bläulich-lila. Manchmal findet man auch rosafarbene oder rote Arten. Am besten wächst *P. caerulea* in einem Topf, auch wenn er in einem Gewächshausbeet eingegraben ist, weil so die Wurzeln beschränkt und mehr Blüten entwickelt werden. Die Blüten sind kurzlebig und halten nur etwa 24 Stunden.

Die Pflanzen werden gewöhnlich um einen Drahtbogen erzogen verkauft. Achten Sie darauf, daß sie viele Knospen haben, und nicht nur Hüllen schon verblühter Blüten zu finden sind. Kaufen Sie keine spillerigen Pflanzen mit blassem Blattwerk oder üppige Pflanzen ohne Knospen.

Größe: Die Pflanzen werden schnell 3 m hoch und 2 m breit, wenn man sie an einem Gitter erzieht.
Wachstum: Sie entwickeln jedes Jahr viele Triebe, die leicht 2 bis 2,5 m lang werden können.
Blütezeit: Während des ganzen Sommers. Die einzelnen Blüten halten höchstens 24 Stunden. Ältere Pflanzen entwickeln im Hochsommer kleine, gelbe Früchte.
Duft: Keiner.
Licht: Die Pflanzen müssen sehr hell stehen und eignen sich daher für die permanente Zimmerhaltung nicht gut. Sie sollten im Wintergarten oder einem Blumenzimmer wachsen.
Temperatur: In sonnigen, frostfreien Gegenden können sie vor einer geschützten Hauswand ins Freie gepflanzt werden. Im Haus hält man sie während des Winters bei 5 °C, damit sie ruhen können. Sie mögen warme, zu trockene Luft nicht. Im Sommer brauchen Pflanzen, die im Zimmer wachsen, eine gute Lüftung. Temperaturen über 21 °C bekommen ihnen nicht.
Gießen: Reichlich, im Sommer mindestens 1mal pro Tag. Im Winter während der Ruheperiode trockener halten und nur etwa alle 7 bis 10 Tage gießen.
Düngen: Während des Wachstums jede Woche die Hälfte der empfohlenen Menge Flüssigdünger ins Gießwasser geben.

Luftfeuchtigkeit: Es tut ihnen gut, wenn man im Sommer 2- bis 3mal pro Woche sprüht, jedoch nicht in der Sonne.
Säubern: Sprühen sollte ausreichen. Kein Blattglanz verwenden.
Luft: Sie brauchen die feuchte Luft eines Wintergartens oder Blumenzimmers, und mögen die Trockenheit im Haus nicht. Sie benötigen ferner eine gute Lüftung.
Erde: Lehmerde Nr. 3.
Umtopfen: Die Pflanzen blühen am besten, wenn man ihr Wurzelwachstum beschränkt. Die ersten 1 oder 2 Jahre im Frühjahr umtopfen, später nur noch die obere Erdschicht erneuern.
Schnitt: Lange Triebe im Frühjahr um etwa 1/3 ihrer Länge zurückschneiden.
Vermehrung: 15 cm lange Kopfstecklinge schneiden. In kleine Töpfe mit einer Mischung aus Sand und Erde (1:1) setzen, bei 21 °C halten und gut sprühen, bis sie kräftig wachsen.
Lebenserwartung: Bei richtiger Haltung können die Pflanzen viele Jahre alt werden.
Pflanzgruppen: In Hinblick auf ihre Schnellwüchsigkeit stehen sie besser allein. In einem gemischten Beet werden sie andere Pflanzen bald überwuchern.
Schwierigkeitsgrad: Wenn man einen Wintergarten oder ein Blumenzimmer zur Verfügung hat, einfach.

Obere Erdschicht erneuern

1 Die ersten 2 Jahre im Frühjahr umtopfen, dann nur noch die oberen 2,5 cm Erde erneuern. Wurzeln nicht verletzen. Zuerst gut gießen.

2 Topf mit neuer Erde füllen (feuchte Lehmerde Nr. 3).

3 Erde rundum gut andrücken. Die Wurzeln müssen bedeckt sein.

4 2 Tage schattig stellen und nicht gießen, damit Wurzeln in die neue Erde wachsen.

Schnitt

Im Frühjahr alle langen Triebe zurückschneiden und Seitentriebe auf 15 cm. Schnitte direkt über einem Blattstiel oder einer Knospe machen.

Sprühen

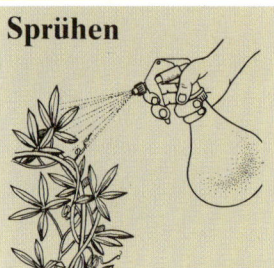

2- oder 3mal wöchentlich mit lauwarmem Wasser sprühen. Sonne nicht auf nasse Blätter kommen lassen.

1 *Blätter vertrocknen im Sommer:* Zu trocken. Öfter gießen.

2 *Pflanze entwickelt keine Blüten:* Zu wenig Licht. Heller stellen.

3 *Pflanze entwickelt keine Blüten, aber viele Blätter:* Überdüngt. Nicht düngen, bis Blüten kommen. Nicht umtopfen, Pflanzen blühen in kleinen Töpfen besser.

4 *Blätter verformt und mit grünen Insekten verklebt:* Blattläuse. Mit Pyrethrum oder systemischem Insektizid spritzen.

Erziehen

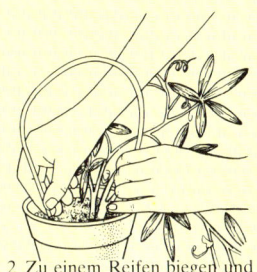

1 Einen biegsamen Stab oder Draht an einer Topfseite in die Erde stecken (Tiefe = 2/3 der Topfhöhe).

2 Zu einem Reifen biegen und gegenüber in die Erde stecken.

3 Stengel behutsam um den Reifen winden. Stengel und Blätter nicht verletzen.

4 Falls nötig, unten Schnur befestigen und fortlaufend um Stengel und Reifen winden.

5 Die Pflanze wächst weiter um den Reifen und kann als Kranz erzogen oder hin und zurück geführt werden.

Gießen

1 Erde mit Fingern prüfen. Ist sie locker und krümelig, braucht die Pflanze Wasser.

2 Von oben – möglichst mit Regenwasser – gießen. Nach 15 Minuten Überschuß aus dem Untersetzer leeren.

Kopfstecklinge

1 Im Frühjahr entwickelt die Pflanze neue Triebe, die man als Stecklinge nehmen kann. In einen kleinen Topf kommt eine Drainage und eine Mischung aus scharfem Sand und Lehmerde.

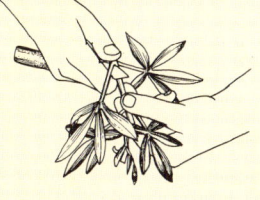

4 Das untere Blattpaar entfernen.

7 Steckling einsetzen. Das Ende muß am Lochboden, die Blätter müssen gerade über der Erde sitzen.

2 Einen Trieb mit mindestens 2 gesunden Blattpaaren und einem Wachstumspunkt nehmen. Unterhalb des zweiten Blattpaares abschneiden.

5 Schnittfläche in Bewurzelungsmittel tauchen. Überschuß abschütteln.

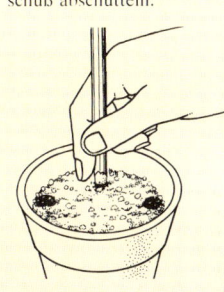

8 Gut gießen, Draht einsetzen und Plastiktüte überziehen. Täglich 5 Minuten abnehmen. Erde nicht austrocknen lassen. Temperatur 21 °C. Tüte nach 3 Wochen entfernen. Wenn Stecklinge wachsen, in normale Erde setzen.

3 Stengel direkt unter einem Blatt abschneiden.

6 Am Topfrand mit einem Stift kleine Löcher in die Erde drücken.

Pelargonium

Geranie

Oben und unten: Die schönen Blüten einiger Hybriden der Edelpelargonien.

Rechts: Was bei uns als Geranien verkauft wird, sind meist Zonalpelargonien. Es sind Mittelmeerpflanzen, die gut in voller Sonne und armen Böden stehen. Früher zog man sie nur aus Stecklingen, heute sät man sie auch aus. Das ist billig, und die Pflanzen sind meist gesünder als solche, die man im Spätfrühjahr kaufen kann. Hier ist die Hybride ›Sprinter‹ abgebildet.

Der Name *Pelargonium* sagt dem frischgebackenen Gärtner nichts, denn normalerweise werden diese Pflanzen als Geranien bezeichnet. Echte Geranien gehören zur gleichen Familie, den Geraniaceae, sind aber winterharte Freilandpflanzen, die in Gartenbeeten wachsen. Die Gattung Pelargonium umfaßt 230 Arten, und ihr Name kommt von dem griechischen Wort *pelargos*, Storch. Er bezieht sich auf die Frucht, die an einen Storchenschnabel erinnert.

Schon Mitte des 19. Jahrhunderts war die Haltung von Pelargonien weit verbreitet, und immer neue Hybriden tauchten auf und verschwanden wieder. Heute werden viele Sorten gezogen, die, wenn sie genug Licht bekommen (sie sind echte Sonnenanbeter), gute Zimmerpflanzen sind. Wir kultivieren hauptsächlich vier Gruppen, aus denen fast immer Hybriden entwickelt wurden. Zu den beliebtesten Zimmer-Varietäten gehören die Edelpelargonien. Ihre Abstammung ist nicht ganz klar, aber wahrscheinlich gehen sie auf *P. grandiflorum* zurück.

Die gewöhnliche Geranie ist die Zonalpelargonie. Vermutlich handelt es sich dabei um eine Kreuzung zwischen *P. zonale* und *P. inquinans*, und ihr Name kommt von den braunen Zonen auf den Blättern. Sie ist in vielen Farben erhältlich und seit kurzem gibt es auch gefüllte Sorten, die sich besonders für Zimmer eignen.

Hängegeranien, oder richtiger Efeupelargonien, sind für Fensterkästen und Ampeln sehr beliebt. Man kann sie jedoch ebenso an Stäben und Gittern erziehen. Ursprünglich wurden sie aus *P. peltatum* und *P. lateripes* gezüchtet.

Großer Beliebtheit erfreuen sich heute auch die duftenden Pelargonien. Sie haben unscheinbare Blüten, aber schöne, spitzenartige Blätter, die einen angenehmen Geruch verströmen.

Kaufen Sie Pelargonien mit kompaktem Wuchs und dichtstehenden Blättern. Pflanzen, die »hochbeinig« sind oder gelbe Blätter haben, sollten Sie nicht nehmen.

Größe: Durchschnittliche Pflanzen sind 45 cm groß. Größere Exemplare werden leicht »hochbeinig« und blühen seltener. Deshalb zieht man am besten immer wieder neue Pflanzen.

Wachstum: Im Durchschnitt 25 bis 30 cm pro Jahr.

Blütezeit: Den ganzen Sommer hindurch.

Duft: Die Blüten duften nicht, doch die Blätter geben einen intensiven, für Pelargonien typischen Geruch ab. Bei duftenden Pelargonien ist er besonders stark, wenn die Blätter zerdrückt werden.

Licht: Sie müssen in der Sonne stehen.

Temperatur: Im Sommer normale Zimmertemperatur, höchstens aber 24 °C. Im Winter nicht zu warm halten, 13 bis 16 °C sind das Maximum.

Gießen: Im Sommer freigiebig, 2- bis 3mal pro Woche. Im Winter werden sie fast trocken gehalten. Nur gießen, wenn die Temperatur bei 16 °C und darüber liegt.

Düngen: Im Sommer alle 14 Tage Flüssigdünger ins Gießwasser geben.

Luftfeuchtigkeit: Sprühen mögen die Pflanzen nicht, und sie können davon faulen. Trockene Luft bekommt ihnen besser.

Säubern: Staub kann mit einem Staubwedel entfernt werden. Kein Blattglanz verwenden.

Luft: Vor allem im Sommer stehen sie gern sehr luftig.

Erde: Entweder Lehmerde Nr. 1 oder eine Torferde.

Umtopfen: In zu kleinen Töpfen blühen sie besser. Aus Stecklingen gezogene Pflanzen werden 1mal umgetopft. Ab 25 cm Größe nicht mehr umtopfen.

Schnitt: Im Frühjahr zurückschneiden. Verwelkte Blüten und Blätter an den Ansatzstellen zum Stengel abknipsen.

Vermehrung: Entweder durch im Spätsommer oder zu Frühjahrsbeginn genommene Stecklinge oder durch Samen. Ein Vermehrungskasten ist nicht notwendig. Wegen der steigenden Energiekosten für die Überwinterung wird die Anzucht aus Samen bei Berufsgärtnern immer verbreiteter. Wenn man im Frühjahr bei 16 bis 18 °C in sandige Erde sät, keimen die Samen schnell.

Lebenserwartung: Sie halten lange, doch nach 2 Jahren werden sie holzig und blühen nicht mehr oder entwickeln nur kleine Blüten.

Pflanzgruppen: Als »Gäste« kann man sie in gemischte Schalen setzen, aber sie stehen besser allein, weil sie viel Licht und eine gute Luftzirkulation brauchen.

Schwierigkeitsgrad: Einfache Pflanzen, vor allem, wenn sie an Fenstern stehen.

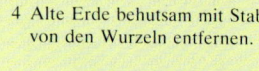

Umtopfen

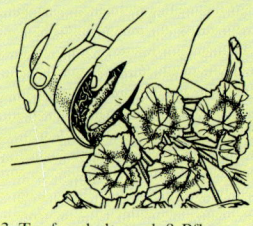

1 Im Frühjahr umtopfen, wenn das Wasser durch die Erde rinnt und sich viele Blüten, aber kaum Blätter entwickeln. Zuerst gut gießen.

2 In einen etwas größeren Topf kommt eine Drainageschicht und feuchte Lehmerde Nr. 1.

3 Topf so halten, daß Pflanze zwischen den Fingern und Erde unter der Handfläche liegt. Topfrand aufklopfen. Pflanze kommt mit Erde heraus.

4 Alte Erde behutsam mit Stab von den Wurzeln entfernen.

5 Wurzelballen auf die Erde im neuen Topf setzen.

6 Topf mit neuer Erde füllen. Wurzeln müssen bedeckt sein. Erde gut andrücken. 2 Tage nicht gießen und schattig stellen, damit Wurzeln in die neue Erde wachsen.

Kranke Pflanzen

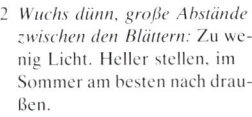

1 *Wenige Blüten, gesunde Triebe mit Blättern fehlen:* Überdüngt. Düngen einstellen. Zukünftig ärmere Erde, vor allem mit weniger Stickstoff, nehmen.

2 *Wuchs dünn, große Abstände zwischen den Blättern:* Zu wenig Licht. Heller stellen, im Sommer am besten nach draußen.

6 *Untere Blätter gelb mit braunen Flecken:* Erde zu trocken. Mehr gießen. Lüftung verbessern.

7 *Blaßgelbe Ringe auf den Blättern; Blätter verformt:* Viruserkrankung ohne Gegenmittel. Pflanze vernichten. Nicht für Stecklinge verwenden.

8 *Blätter und Stengel werden rötlich:* In der Nacht zu kalt. An einen wärmeren Platz stellen.

3 *Stengelbasen werden schwarz und faulen:* Schwarzbeinigkeit. Pilzerkrankung durch Nässe und niedrige Temperaturen verursacht. Pflanze geht meist ein.

4 *In Erdhöhe viele verformte Triebe:* Blättrige Gallen. Bakterienerkrankung ohne Gegenmittel. Pflanze vernichten. Nicht für Stecklinge verwenden.

5 *Weiße Insekten an der Pflanze:* Weiße Fliege. Mit Insektizid spritzen.

Kopfstecklinge

1 In einen Vermehrungskasten oder Topf kommt Drainage sowie Sand und Torf (1:1).

4 Das untere Blattpaar entfernen.

7 Steckling einsetzen. Das Ende muß am Boden des Lochs, die Blätter müssen gerade über der Erde sitzen.

2 Einen Trieb mit 2 gesunden Blattpaaren und einem Wachstumspunkt nehmen. Unterhalb des zweiten Blattpaares dicht am Hauptstengel abschneiden. Länge 8–10 cm.

5 Schnittfläche in Bewurzelungsmittel tauchen. Überschuß abschütteln.

8 Gut gießen, Draht einsetzen und Plastiktüte überziehen. Täglich 5 Minuten abnehmen. Erde nicht austrocknen lassen.
Tüte nach 3 Wochen entfernen. Wachsen die Stecklinge gut, in normale Erde setzen.

3 Stengel direkt unter einem Blatt abschneiden.

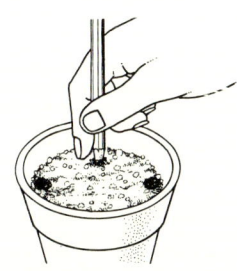

6 Am Topfrand mit einem Stift kleine Löcher in die Erde drücken.

Schnitt

Pflanzen im Frühjahr um 1/3 bis 1/2 zurückschneiden. Schnittstellen mit Schwefel bestäuben, um Pilzerkrankungen vorzubeugen.

Gießen

1 Erde mit Fingern prüfen. Ist sie locker und krümelig, braucht die Pflanze Wasser.

2 Von oben gießen. Nach 15 Minuten restliches Wasser aus dem Untersetzer leeren.

Peperomia magnoliaefolia

Pfeffergesicht, Peperomie, Elefantenkraut u.a.

Die Peperomien bilden eine kleine Gruppe von Pflanzen, die nicht größer als 20 cm werden. Es sind sehr beliebte Zimmerpflanzen, obwohl es nicht ganz einfach ist, sie über Jahre gesund zu erhalten. Ursprünglich waren es Warmhauspflanzen, die man heute aber sehr viel kühler stellt. Sie gehören zur Familie *Piperaceae* oder Pfeffergewächse, und der Name bedeutet »dem Pfeffer ähnlich«. Es sind etwa 400 Arten bekannt, die fast alle aus Zentral- und Südamerika kommen. Die Pflanzen stehen gern schattig, und in der Natur findet man sie oft an der Basis von Baumstämmen oder als Epiphyten.

Alle Zimmer-Varietäten haben charakteristisch gezeichnete, fleischige Blätter und sind leicht voneinander zu unterscheiden. *P. magnoliaefolia* ›Variegata‹, das Pfeffergesicht, hat eine sehr exakte cremefarbene Zeichnung auf grünem Grund und einen kompakten Wuchs. *P. hederifolia (griseo-argenta)* hat fahlgraue Blätter, die etwas gefurcht sind, und *P. caperata* (auch Steppdeckenpeperomia) hat dunkelgrüne Blätter mit einer welligen Struktur. Die Blätter von *P. scandens (serpens)* ›Variegata‹ sind kleiner und grünbeige. Als Kriechpflanze kann sie gut in Ampeln gesetzt werden. *P. obtusifolia* weist etwas größere Blätter als die anderen Arten auf, und sie sind fleischig, weich und sukkulentenartig. Schließlich ist da noch *P. sandersii*, oder wie sie manchmal genannt wird, *P. argyreia*, von allen wohl die schönste Pflanze, deren weiche, grüne Blätter silberne Streifen haben. Die Stengel sind rot.

Bei keiner dieser Pflanzen ist es leicht, sie über längere Zeit zu halten, aber sie sind einen Versuch wert.

Kaufen Sie buschige, kompakte Pflanzen mit einer schön gefärbten Zeichnung. Die spröden Blätter und Stengel dürfen nicht beschädigt sein, und an den Stengelbasen darf sich keine Fäule finden.

Die Blätter der meisten Peperomien sind tief gefurcht oder sukkulent. Einige Arten blühen auch.

Rechts: Peperomia magnoliaefolia ›Variegata‹.

Links: Peperomia hederifolia.

Unten links: Diese beiden Sorten werden durch Blattstecklinge, genau wie *Saintpaulia*, vermehrt.

Unten: Eine Neuheit ist *Peperomia* ›Aztec Gold‹.

Größe: Alle Arten sind klein; sie werden nicht größer als 20 cm und nicht breiter als 25 cm.

Wachstum: Als Jungpflanzen wachsen sie relativ rasch, etwa 10 bis 13 cm pro Jahr.

Blütezeit: Sommer. Die Blüten haben die Form von langen, senkrechten Ähren und sehen beinahe wie Mäuseschwänze aus. Sie sind weiß und bilden einen hübschen Kontrast zu den Blättern.

Duft: Keiner.

Licht: Sie mögen direktes Licht nicht, weil ihre Blätter dann stumpf und leblos aussehen. Dennoch stehen sie in wirklich dunklen Ecken nicht gut. In Schalen profitieren sie vom Schatten ihrer Nachbarn.

Temperatur: Im Winter am besten 15 bis 18 °C, obwohl die Temperatur auch auf 10 °C absinken kann, wenn weniger gegossen wird. Maximale Sommertemperatur 24 °C.

Gießen: Sparsam gießen, im Sommer alle 10 Tage, im Winter alle 14 bis 18 Tage. Kalkfreies Wasser verwenden. Die Pflanzen speichern in ihren Blättern Wasser und können bei zu reichlichem Gießen faulen.

Düngen: Im Sommer alle 14 Tage die Hälfte der empfohlenen Menge Flüssigdünger ins Gießwasser geben.

Luftfeuchtigkeit: Sie mögen feuchte Luft, vor allem, wenn sie wärmer stehen. Den Topf auf nasse Kiesel oder in einen Übertopf mit feuchtem Torf stellen. Die Pflanzen stehen gern in der dunstigen Luft einer vielbenutzten Küche.

Säubern: Die Blätter sind recht spröde und sollten nicht abgewischt werden. Mit lauwarmem Wasser besprühen. Kein Blattglanz verwenden.

Luft: Gegenüber den meisten Bedingungen sehr tolerant, nur im Winter vertragen sie kalte Zugluft nicht.

Erde: Lehmerde Nr. 1.

Umtopfen: Am besten im Frühjahr. Man sollte die Pflanzen in kleinen Töpfen oder flachen Schalen halten, damit sie nicht zu viele Wurzeln entwickeln.

Schnitt: Beschädigte oder von Schädlingen befallene Blätter entfernen.

Vermehrung: Im Frühjahr durch 2,5 cm lange Kopfstecklinge. Eine Mischung aus Sand und Erde verwenden, den Stengel zuvor in Bewurzelungsmittel tauchen, und den Topf mit Folie schützen (Temperatur 18 °C), bis der Steckling bewurzelt ist. Ein Vermehrungskasten kann auch benutzt werden.

Lebenserwartung: Nach 1 bis 2 Jahren beginnen die Pflanzen zu wuchern und werden häßlich. Dann zieht man besser neue Pflanzen.

Pflanzgruppen: Sie mögen die Luftfeuchtigkeit, die andere Pflanzen erzeugen und stehen zusammen mit *Hedera*, *Philodendron*, *Ficus* und *Dracaena* gut.

Schwierigkeitsgrad: Keine einfachen Pflanzen, doch mit etwas Kenntnis kann man sie einige Jahre halten.

Kopfstecklinge

P. magnoliaefolia kann im Frühjahr durch Kopfstecklinge vermehrt werden.

1 Einen Trieb mit mindestens 2 gesunden Blattpaaren und einem Wachstumspunkt nehmen. Unterhalb des zweiten Blattpaares abschneiden.

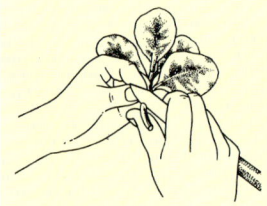

2 Stengel direkt unter einem Blatt abschneiden.

3 Das untere Blattpaar entfernen.

4 Schnittende in Bewurzelungsmittel tauchen und in einen Topf mit Sand und Lauberde (1:1) setzen. Das Ende sollte am Lochboden und die Blätter gerade über der Erde sitzen.

5 Gut gießen, Draht einsetzen und Plastiktüte überziehen. Täglich 5 Minuten entfernen. Erde nicht austrocknen lassen. Temperatur 18 °C. Tüte nach 3 Wochen abnehmen. Wenn Stecklinge gut wachsen, in normale Erde umsetzen.

Luftfeuchtigkeit

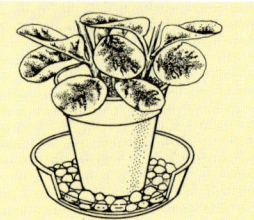

Alle Peperomien mögen feuchte Luft, vor allem bei hohen Temperaturen.

Topf in einen Untersetzer mit Kieseln und Wasser stellen. Der Topfboden darf nicht im Wasser stehen.

Kranke Pflanzen

1 *Blätter matt und blaß:* Zu viel Sonne. Aus der Sonne nehmen.

2 *Blätter fallen ab:* Zu kalt. Wärmer stellen.

3 *Stengelbasen und Teile der Blätter werden schwarz und faulen:* Überwässert. Erde trocken werden lassen, bis Pflanze sich erholt hat. Verfaulte Stengel entfernen. Mit Schwefel bestäuben. Zukünftig Erde vor dem Gießen erst austrocknen lassen.

4 *Blätter scheinen blasig:* Feststellen, ob die Pflanze im Wasser steht, und Drainage prüfen. Trocken werden lassen, dann weniger gießen.

5 *Blätter gelb, Gespinste an den Unterseiten:* Spinnmilben. Mit Derris, Malathion oder systemischem Insektizid spritzen. Luftfeuchtigkeit erhöhen.

Blattstecklinge

1 *P. caperata* und *hederifolia* können im Frühjahr durch Blattstecklinge vermehrt werden. In einen Topf kommt eine Drainage sowie Sand und Torferde (1:1).

2 Eine Pflanze mit mehreren gesunden Stengeln und Blättern nehmen und einen über der Erde abschneiden.

3 Schnittfläche in Bewurzelungsmittel tauchen. Überschuß abschütteln.

4 Am Topfrand mit einem Stift kleine Löcher in die Erde drücken.

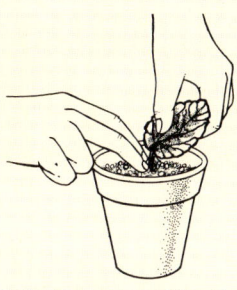

5 Steckling bis zum Blatt hineinstecken. Das Ende muß am Lochboden sein. Erde rundum andrücken. Alle Stecklinge so einsetzen.

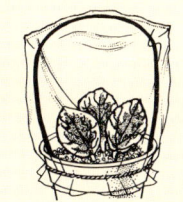

6 Gießen, Draht einsetzen und Plastiktüte überziehen. Täglich 5 Minuten entfernen, um Fäule vorzubeugen. Erde darf nicht austrocknen. Temperatur 18 °C.

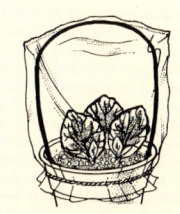

7 An den alten Blättern entwickeln sich neue Pflanzen. Wachsen sie gut, kleine Töpfe vorbereiten.

8 Die neue Pflanze vorsichtig vom alten Blattstück abnehmen. Die zarten Wurzeln nicht verletzen.

9 Eintopfen, gießen und 2 Tage schattig stellen.

Umtopfen

1 Im Frühjahr umtopfen, wenn die Pflanze kopflastig ist. Zuerst gut gießen.

2 In einen etwas größeren Topf kommt eine Drainageschicht und feuchte Lehmerde Nr. 1.

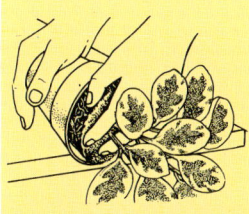

3 Topf so halten, daß Pflanze zwischen den Fingern und Erde unter der Handfläche liegt. Topfrand aufklopfen. Pflanze und Erde kommen heraus.

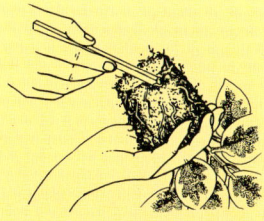

4 Alte Erde behutsam mit Stab von den Wurzeln entfernen. Wurzeln nicht verletzen.

5 Wurzelballen auf die Erde im neuen Topf setzen.

6 Topf mit neuer Erde füllen und immer wieder andrücken. Wurzeln müssen bedeckt sein. 2 Tage nicht gießen und schattig stellen, damit Wurzeln in die neue Erde wachsen.

Aufrechte Philodendren

Philodendron als Gattung ist wahrscheinlich die Pflanzengruppe, die im Haus am einfachsten zu halten ist. Sie ist falscher Behandlung und Vernachlässigung gegenüber sogar noch unempfindlicher als der Gummibaum, doch gleichzeitig vielseitiger und dekorativer. Es gibt eine große Anzahl von Varietäten, die hier in zwei Gruppen geteilt wurden: in die aufrechten und in die kletternden Typen. Auf dieser Seite sind die kleineren, aufrechten Philodendren beschrieben, doch beide Gruppen erfordern die gleiche Pflege.

Philodendren gehören zur Familie der Araceae. Man kennt etwa 120 Arten und hat heute viele Hybriden entwickelt. Ihr Name leitet sich von den griechischen Wörtern philein, lieben und dendron, Baum ab. Daher auch der deutsche Name Baumfreund. Fast alle Arten kommen aus Zentralamerika.

Philodendron bipinnatifidum ist eine hübsche, niedrig wachsende Pflanze. Die Bezeichung ›bipinnatifidum‹ kommt von dem lateinischen Wort für Feder und bezieht sich auf die fiederteiligen Blätter der Pflanze. Diese Blätter können bis zu 60 cm lang und 40 cm breit werden, aber normalerweise sind sie nur halb so groß.

Philodendron callinofolium hat einen kompakteren Wuchs mit schmalen, hellgrünen Blättern, deren Stengel aussehen, als seien sie geschwollen. *Philodendron ›Black Prince‹* ist eine äußerst attraktive Pflanze, eine neue Varietät mit sehr dunklen, gedrungenen Blättern, die einen hübschen Kontrast zu grüneren Pflanzen bilden. *Philodendron wendlandii* findet man seltener. Seine einfachen, speerförmigen Blätter werden bis zu 35 cm lang und wachsen von der Pflanzenmitte aus fast kreisförmig.

Beim Kauf eines Philodendrons sollten Sie darauf achten, daß die Blätter kräftig und unbeschädigt sind und eine satte Färbung haben. Es sollten auch neue Triebe zu sehen sein.

Links: Philodendron ›Black Prince‹ hat hübsche, schwarze Blätter.

Rechts: Von den aufrechten Philodendren ist *Philodendron bipinnatifidum* am bekanntesten. Er entwickelt Luftwurzeln, die man am besten in den Topf steckt.

Unten: Philodendron callinofolium.

Größe: Gut wachsende Pflanzen werden bis zu 1 m hoch. Großblättrige Varietäten können 1 m Durchmesser erreichen.

Wachstum: Im Frühjahr und Sommer recht schnell; sie können in einem Jahr die Anzahl ihrer Blätter verdoppeln.

Blütezeit: Die Blüten sind nicht besonders attraktiv und werden gewöhnlich nur von alten, vollentwickelten Pflanzen gebildet.

Duft: Keiner.

Licht: Am besten gedeihen sie bei guten Lichtverhältnissen (nicht in der prallen Sonne), tolerieren jedoch auch recht dunkle Standorte.

Temperatur: 12 bis 18 °C, im Sommer auch bis 24 °C, vorausgesetzt, die Luftfeuchtigkeit ist hoch.

Gießen: Regelmäßig von oben gießen. Während der Wachstumsperiode 2mal pro Woche, im Winter 1mal und weniger.

Düngen: Während des Wachstums alle 14 Tage Flüssigdünger ins Gießwasser geben.

Luftfeuchtigkeit: 2mal in der Woche mit lauwarmem Wasser übersprühen.

Säubern: Mit lauwarmem Wasser von Hand reinigen. Blattglanz höchstens alle 2 Monate verwenden.

Luft: Am besten gedeihen Philodendren zusammen mit anderen Pflanzen in Kübeln oder Behältern, wo von den Gewächsen ein eigenes Mikroklima erzeugt wird. Ungünstige Umweltbedingungen wie Abgase, Rauch und Zugluft vertragen sie gut.

Erde: Am besten ist eine gute torfhaltige Pflanzenerde, doch Lehmerde Nr. 2 ist auch geeignet.

Umtopfen: Sollte durchgeführt werden, wenn eine Pflanze kopflastig wird. Vollentwickelte Pflanzen läßt man am besten in großen Töpfen (18 cm) wachsen und erneuert lediglich jedes Jahr die obere Erdschicht.

Schnitt: Beschädigte und häßliche Blätter schneidet man heraus.

Vermehrung: Gewöhnlich aus Samen, die aus den Tropen kommen. Sie brauchen zur Keimung 24 bis 27 °C. Man kann auch grundständige Triebstecklinge nehmen, doch sind sie nicht einfach. Die beste Zeit für einen Versuch mit gerade ausgereiften Blättern ist der Frühsommer. Sie werden bei 24 °C gehalten.

Lebenserwartung: 4 bis 5 Jahre. Die Pflanzen können jedoch nach einiger Zeit im Zimmer recht unordentlich wachsen und unhandlich werden.

Pflanzgruppen: Sie gedeihen zusammen mit anderen Pflanzen wie *Fatshedera, Ficus* oder *Dieffenbachia* gut.

Schwierigkeitsgrad: Einfache Pflanzen für Anfänger.

Aus Samen ziehen

Wenn man Samen bekommt und einen Vermehrungskasten hat, kann man mehrere Pflanzen ziehen.

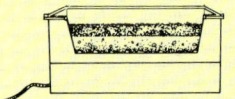

1 In einen Vermehrungskasten kommt eine Drainage und sterilisierte Aussaaterde.

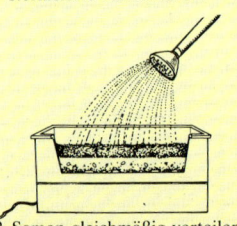

2 Samen gleichmäßig verteilen. Mit Erdschicht, nicht dicker als die Samen, bedecken. Gut gießen.

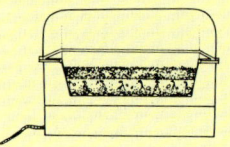

3 Haube aufsetzen. Täglich 5 Minuten abnehmen, um Fäule vorzubeugen. Erde nicht austrocknen lassen. Temperatur 24−27 °C.

4 Wenn die Samen keimen, die Haube abnehmen.

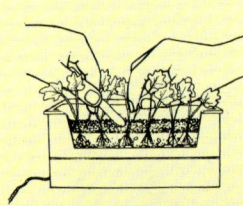

5 Sind die Sämlinge groß genug, auf 2,5 cm Abstand ausdünnen. Dabei die schwächeren Pflanzen herausziehen.

6 Gedeihen die Pflänzchen kräftig, einzeln in kleine Töpfe setzen.

1 *Blätter hängen, sonst ist die Pflanze gesund:* Zu trocken. Ins Wasserbad stellen. Überschuß ablaufen lassen.

2 *Pflanze wächst nicht mehr, Blätter sind matt:* Zu kalt. Wärmer stellen.

3 *Untere Blätter werden gelb und fallen ab:* Überwässert. Trocken werden lassen, bis Pflanze sich erholt hat. Vor allem im Winter weniger gießen.

4 *Blätter blaß, im Frühjahr kein neues Wachstum:* Erde verbraucht. Umtopfen oder regelmäßig düngen.

5 *Braune oder schwarze Ringe auf Blättern oder an Blatträndern:* Verbrannt. Im Winter prüfen, ob Blatt das Fenster berührt. In der Sonne darf auch kein Wasser darauf sein. Pflanze nicht in die Nähe von Glühbirnen stellen.

Obere Erdschicht erneuern

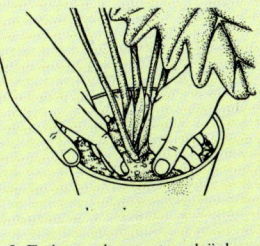

1 Ist eine Pflanze zum Umtopfen zu groß, im Frühjahr die oberen 2,5 cm Erde erneuern. Gut gießen.

2 Topf mit neuer Erde füllen (feuchte Lehmerde Nr. 2).

3 Erde rundum gut andrücken. Die Wurzeln müssen bedeckt sein. 2 Tage schattig stellen und nicht gießen, damit Wurzeln in die neue Erde wachsen.

Stützen

Große Blätter, die sich über den Topfrand neigen, müssen evtl. gestützt werden.

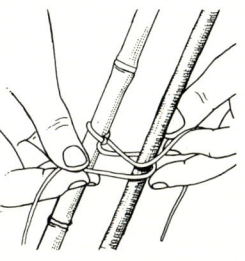

3 Schnur wie oben gezeigt um den Stiel schlingen.

Blätter säubern

Staub mit weichem Tuch oder Schwamm und lauwarmem Wasser abwischen. Blatt mit der anderen Hand stützen.

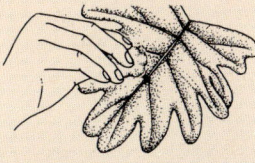

Blattglanz nicht öfter als alle 2 Monate benutzen.

Vermehrung

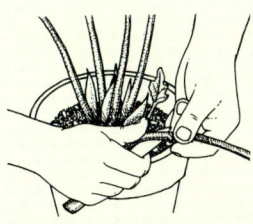
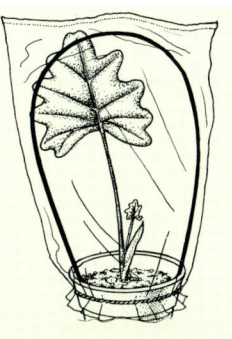

1 Neue Pflanzen lassen sich aus Trieben ziehen, die an den Blattstielen wachsen. Sie müssen einen Vegetationspunkt haben: Ein kleines, neues Blatt. Blattstiel unterhalb davon abschneiden. In einen Topf kommt Torf und Sand (1:1).

2 Schnittfläche in Bewurzelungsmittel tauchen. Überschuß abschütteln.

3 Kleines Loch in die Erde machen. Steckling einsetzen.

4 Gut gießen, Draht hineinstecken und Plastiktüte überziehen. Täglich 5 Minuten entfernen. Erde nicht austrocknen lassen. Temperatur 24 °C. Tüte nach 3 Wochen abnehmen. Wächst der Steckling gut, in normale Erde setzen.

1 Stab einige Zentimeter neben dem Stiel in die Erde schieben (Tiefe = 2/3 der Topfhöhe).

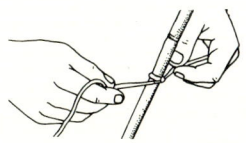

2 25 cm lange Schnur an der zum Stiel zeigenden Seite verknoten.

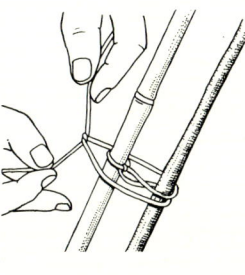

4 Am Stab einen festen Knoten machen.

Kletternde Philodendren

Die kletternden Philodendren sind zahlreicher als die aufrechten Arten und als Zimmerpflanzen populärer. Sie kommen hauptsächlich aus Zentralamerika und wachsen in ihrer Heimat sehr schnell. Im Haus blühen sie eher als die aufrechten Philodendren, und sie entwickeln die typische Blüte der Aronstabgewächse mit Spatha und Spadix, ähnlich wie der wilde Aronstab *(Arum masculatum).*

Als Kletterpflanzen brauchen sie immer Stützen, entweder dicke Bambusstäbe oder Moosstäbe. Dabei sind die letzteren besser, weil sich dort die Luftwurzeln, die viele Philodendren entwickeln, anheften können.

Der bekannteste aller Philodendren ist *P. scandens,* ein starker Wachser, der bald ein Bambus- oder Kunststoffgitter, das in seinen Topf gesteckt wurde, berankt. Er kann aber auch als Kriech- oder Hängepflanze gehalten werden und sieht in Ampeln hübsch aus.

Ferner sind verschiedene Philodendron-Hybriden sehr beliebt, zu denen *P. erubescens,* P. ›Emerald Queen‹, P. ›Red Emerald‹, *P. tuxla* und die neue Varietät P. ›Emerald Prince‹ zählen. Sie haben sehr viel größere Blätter als *P. scandens,* einige sind leuchtend grün, andere rötlich-braun. Die gewöhnlich rasch wachsenden Pflanzen eignen sich gut für Büros und Geschäftsräume. *P. pertusum* sieht wie eine Miniaturform von *Mosterosa deliciosa* aus.

Es gibt noch viele andere Philodendren, die sich fast alle für die Zimmerhaltung eignen. *P. melanochrysum (P. andreanum)* ist *P. scandens* sehr ähnlich, hat aber olivbraune, samtige Blätter. *P. ilsemanii* ist eine echte Sammlerpflanze, doch sie wächst sehr langsam. Die Blätter ähneln denen von *P. erubescens,* sind aber weißbunt. *P. elegans,* der ebenfalls langsam wächst, hat tief fiederteilige Blätter.

Kaufen Sie Philodendren mit kräftigem Wuchs und Blättern, die eine satte, tiefe Färbung haben. Unterernährte, spillerige Pflanzen wachsen nicht mehr zu schönen Exemplaren heran. Die Pflanzen brauchen gute Stützen, am besten Moosstäbe. Pflanzen, deren untere Blätter gelb sind, sollte man nicht kaufen.

Größe: Die meisten kletternden Philodendren wachsen schnell und wuchern mitunter. Man kann jedoch die Vegetationsspitzen so lenken, daß sie die Stützen hinauf und hinunter klettern. Die Stengel müssen langsam und vorsichtig umgebogen werden, indem man ein kleines Gewicht an den Teil hängt, der umgebogen werden soll. Das kann 2 bis 3 Tage dauern.

Wachstum: Die einzelnen Stengel können pro Jahr 60 bis 100 cm wachsen.

Blütezeit: Im Zimmer entwickeln sich nicht oft Blüten, im Frühjahr und Sommer ist es jedoch am wahrscheinlichsten.

Duft: Keiner.

Licht: Bei guten Lichtverhältnissen (keine pralle Sonne) gedeihen die Pflanzen besser, sie geben sich aber auch mit recht dunklen Plätzen zufrieden.

Temperatur: 12 bis 18 °C. Höchsttemperatur im Sommer 24 °C.

Gießen: Regelmäßig von oben gießen. Während der Wachstumsperiode 2mal pro Woche, im Winter 1mal oder seltener.

Düngen: Während des Wachstums alle 14 Tage Flüssigdünger ins Gießwasser geben.

Luftfeuchtigkeit: Es tut ihnen gut, wenn man sie 2mal wöchentlich mit lauwarmem Wasser übersprüht.

Säubern: Von Hand mit lauwarmem Wasser. Alle 2 Monate kann Blattglanz verwendet werden.

Luft: Sie tolerieren auch schlechte Bedingungen.

Erde: Am besten ist eine gute, torfhaltige Pflanzenerde, aber Lehmerde Nr. 2 eignet sich auch.

Umtopfen: Junge Pflanzen sollten mindestens 1mal pro Jahr umgetopft werden, bei älteren Pflanzen wird dies wegen ihrer Größe schwierig. Hier erneuert man nur die obere Erdschicht und düngt mehr.

Schnitt: Wuchert eine Pflanze oder wächst sie unordentlich, schneidet man sie oberhalb eines Blattansatzes zurück. Durch Auszwicken der Wachstumsspitzen wachsen die Pflanzen buschiger.

Vermehrung: Entweder durch Samen aus den Tropen oder, was üblicher ist, durch Stecklinge. Sie müssen einen Vegetationspunkt haben und benötigen Temperaturen von 21 bis 24 °C.

Lebenserwartung: Sie sollten mindestens 4 bis 5 Jahre halten, können jedoch nach einiger Zeit für manche Zimmer zu groß werden.

Pflanzgruppen: Philodendren kann man mit den meisten Grünpflanzen zusammensetzen, z.B. mit *Fatshedera, Ficus* und *Dieffenbachia.*

Schwierigkeitsgrad: Einfache Pflanzen für den Anfänger.

Stützen

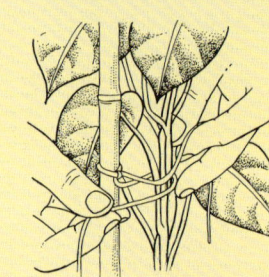

1 Stab einige Zentimeter neben dem Hauptstengel behutsam in die Erde schieben (Tiefe = 2/3 der Topfhöhe).

3 Schnur wie oben gezeigt um den Stengel schlingen.

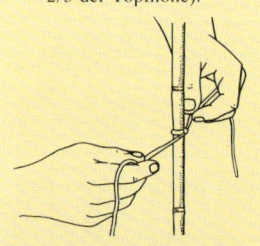
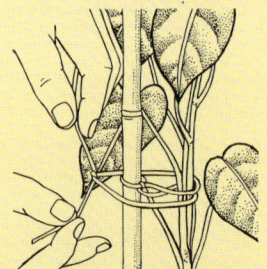

2 25 cm lange Schnur an der zum Stengel zeigenden Seite verknoten.

4 Am Stab einen festen Knoten machen. Nach oben in Abständen wiederholen.

Säubern und Sprühen

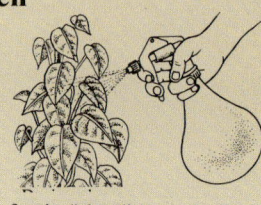

Staub mit einem weichen Tuch oder Schwamm und lauwarmem Wasser abwischen. Blatt mit der anderen Hand stützen.

2mal wöchentlich mit Zerstäuber übersprühen.

Kletternde Philodendren gehören zu den einfachsten und widerstandsfähigsten Zimmerpflanzen. Alle müssen gestützt werden.

Ganz links: Philodendron pertusum sieht *Monstera deliciosa* sehr ähnlich.

Links: Philodendron ›Emerald Queen‹.

Links: Philodendron tuxla.

Rechts: Philodendron scandens. Diese Pflanze eignet sich ausgezeichnet für Ampeln.

Kranke Pflanzen

1 *Blätter hängen, sonst ist die Pflanze gesund:* Zu trocken. Ins Wasserbad stellen. Überschuß ablaufen lassen.

2 *Pflanze wächst nicht mehr, Blätter sind blaß:* Zu kalt. Wärmer stellen.

3 *Blätter blaß, im Frühjahr kein neues Wachstum:* Erde erschöpft. Umtopfen oder regelmäßig düngen.

4 *Untere Blätter werden gelb und fallen ab:* Überwässert. Trocken werden lassen, bis Pflanze sich erholt hat. Vor allem im Winter weniger gießen.

5 *Braune oder schwarze Ringe auf Blättern und an Blatträndern:* Verbrannt. Im Winter prüfen, ob Blatt das Fenster berührt. In der Sonne darf kein Wasser darauf sein. Pflanze nicht in die Nähe von Glühbirnen stellen.

Umtopfen

1 Im Frühjahr umtopfen, wenn Wurzeln aus dem Abzugloch wachsen und Blätter blaß werden. Erst gießen und Stütze entfernen.

2 In einen Topf kommt eine Drainage und feuchte Torferde. Alten Topf ggf. reinigen.

3 Erde um den Topfrand mit einem Messer lockern.

4 Pflanzen herausnehmen. Stengel unten festhalten, oberen Teil stützen.

5 Alte Erde behutsam mit Stab von den Wurzeln entfernen. Wurzeln nicht verletzen.

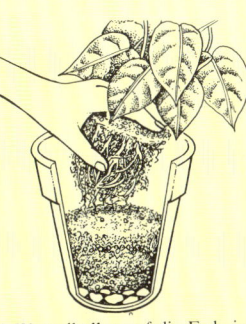

6 Wurzelballen auf die Erde im neuen Topf setzen.

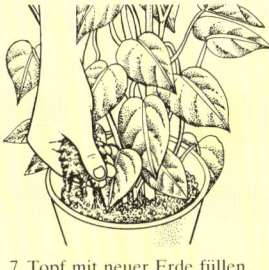

7 Topf mit neuer Erde füllen.

8 Erde rundum gut andrücken. Die Wurzeln müssen bedeckt sein.

9 Stab wieder einsetzen, Wurzeln dabei aber nicht verletzen. Pflanze wie zuvor festbinden.

10 2 Tage schattig stellen und nicht gießen, damit Wurzeln in die neue Erde wachsen.

Kopfstecklinge

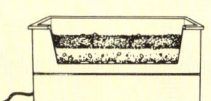

Stecklinge im Frühsommer nehmen.

1 In einen Vermehrungskasten kommt eine Drainage und eine Mischung aus scharfem Sand und Lehmerde.

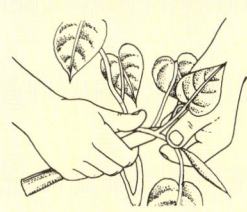

2 Einen Trieb mit mindestens 2 gesunden Blättern und einem Wachstumspunkt nehmen. Unter dem zweiten Blatt abschneiden.

3 Stengel dicht unter dem unteren Blatt abschneiden.

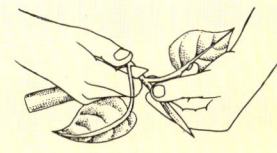

4 Das untere Blatt entfernen.

5 Mit einem Stift kleine Löcher in die Erde machen. Stengel in Bewurzelungsmittel tauchen und in die Erde setzen. Das untere Blatt sollte in Erdhöhe und das Ende am Lochboden sitzen.

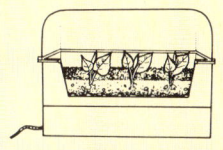

6 Gut gießen und Haube aufsetzen. Täglich 5 Minuten abnehmen. Erde nicht austrocknen lassen. Temperatur 21–24 °C.

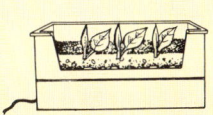

7 Haube nach 3 Wochen entfernen. Wachsen Stecklinge gut, in normale Erde setzen.

Phoenix canariensis

Dattelpalme

Phoenix ist die alte griechische Bezeichnung für die Dattelpalme. Sie gehört zur Familie der Palmae, und die Gattung umfaßt etwa zehn Arten, die aus dem tropischen Afrika und Asien kommen.

P. canariensis ist auf den Kanarischen Inseln beheimatet und wurde 1888 eingeführt. Sie kann bis zu 6 m hoch werden und hat spitze Blätter, die sehr kräftig und recht gefährlich sind. Sie steht daher in großen Räumen besser. Gut gezogen ist die Pflanze sehr hübsch und in den Sommermonaten Mittelpunkt auf einer sonnigen Terrasse oder in einem Blumenzimmer oder Wintergarten. Es besteht eine sehr große Ähnlichkeit mit *P. dactylifera*, der echten, kommerziell angebauten Dattelpalme. Diese ist noch größer, hat aber weniger Fiederblätter an den einzelnen Wedeln.

Außerdem gibt es eine Miniaturpalme, *P. roebelinii (P. loureinii)*, die buschiger wächst, weichere Wedel hat und gewöhnlich nicht größer als 1,50 m wird.

Abgesehen von der kleinen *P. roebelinii* sind diese Palmen nur im Jungstadium als Zimmerpflanzen geeignet. *P. canariensis* und *P. dacylifera* wachsen zu großen Bäumen heran und bilden im Alter Stämme. Aber sie wachsen sehr langsam, und es dauert lange, bis sie zu groß werden. Bei Zentralheizung fühlen sie sich nicht sehr wohl, denn im Winter müssen sie kühl stehen. Im Sommer brauchen sie eine gute Lüftung. In Zimmern mit Zentralheizung wachsen sie das ganze Jahr hindurch, doch ihre unteren Blätter vertrocknen. Dadurch werden sie meist geschwächt und sind anfälliger für Schädlinge wie Woll- oder Schildläuse.

Achten Sie beim Kauf einer Dattelpalme darauf, daß sich neue Wedel entwickeln, und die Form schön ist. Die unteren Blätter sollten weder braun noch trocken sein.

Dattelpalmen sind schön und leicht zu halten, wenn sie in der Winter-Ruheperiode kühl stehen.

Phoenix roebelinii (oben) ist eine dichte Pflanze, die Ausläufer entwickelt (links). Sie können abgetrennt werden.

Rechts: Phoenix canariensis.

Größe: *P. canariensis* erreicht bis zu 6 m Höhe und 3 m Durchmesser. *P. roebelinii* wird höchstens 2 m groß und 60 bis 100 cm breit.
Wachstum: Langsam, etwa 15 bis 25 cm pro Jahr.
Blütezeit: Als Zimmerpflanzen blühen Palmen nicht.
Duft: Keiner.
Licht: Junge Pflanzen dürfen nicht in der prallen Sonne stehen. Sie tolerieren recht dunkle Plätze, obwohl sie bei guten Lichtverhältnissen besser gedeihen.
Temperatur: Im Winter 10 °C. Zentralheizung tut ihnen nicht gut. Alle Arten sollten in den Sommermonaten an einem warmen Platz im Freien stehen. Ist das nicht möglich, hält man sie bei maximal 21 °C und guter Lüftung.
Gießen: Im Sommer großzügig 2- bis 3mal pro Woche, im Frühjahr und Herbst etwa 1mal pro Woche, im Winter alle 14 Tage. Lauwarmes Wasser verwenden.
Düngen: Im Sommer alle 14 Tage Flüssigdünger ins Gießwasser geben.
Luftfeuchtigkeit: Man sollte die Blätter 1mal wöchentlich besprühen, nur im Winter nicht.
Säubern: Entweder durch Übersprühen oder mit einem Staubwedel. Kein Blattglanz verwenden.

Luft: Sie vertragen die meisten unserer Umweltbedingungen, brauchen aber eine gute Lüftung.
Erde: Eine reiche Lehmerde wie Nr. 3. Torferde darf man nur für *P. roebelinii* verwenden.
Umtopfen: Jedes Frühjahr. Große Pflanzen stehen in Kübeln gut. Da Umtopfen dann kaum noch durchführbar ist, wird nur die obere Erdschicht erneuert. Palmen stehen gern in tiefen, recht schmalen Töpfen. Vorsicht beim Hantieren mit den spitzen Blättern.
Schnitt: Vertrocknete Blätter werden abgeschnitten.
Vermehrung: Im Frühjahr aus Samen. Es kann 2 Monate dauern, bis sich Sämlinge entwickeln. Eine warme, feuchte Luft (24 °C) ist lebensnotwendig. *P. dactylifera* kann aus Dattelkernen gezogen werden, *P. roebelinii* auch aus Wurzelschößlingen.
Lebenserwartung: Mindestens 8 oder 9 Jahre. Die Pflanzen wachsen, bis sie zu groß fürs Zimmer werden.
Pflanzgruppen: Diese Palmen lassen sich schlecht mit anderen Pflanzen zusammensetzen und stehen besser allein.
Schwierigkeitsgrad: Leicht zu halten.

Aus Samen ziehen

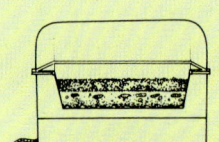

3 Haube aufsetzen. Täglich 5 Minuten abnehmen, um Fäule vorzubeugen. Erde nicht austrocknen lassen. Temperatur 24 °C.

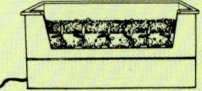

4 Wenn die Samen keimen, hell stellen und Glasscheibe entfernen.

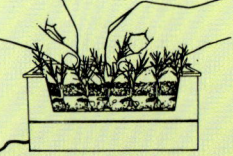

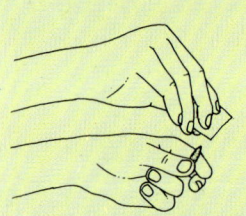

1 *Phoenix canariensis* kann im Vermehrungskasten aus Samen (Kernen) gezogen werden. Sie brauchen zum Keimen 3 Monate. Schmirgelt man die Kerne zuvor etwas ab, können sie die Feuchtigkeit besser aufnehmen. Man kann es mit frischen Dattelkernen (*P. dactylifera*) versuchen. Hat man keinen Vermehrungskasten, hält man sie unter Folie warm und feucht.

5 Sind die Sämlinge groß genug, auf 2,5 cm Abstand ausdünnen. Dabei die schwächeren Pflanzen herausziehen.

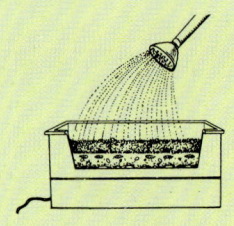

2 In einen Vermehrungskasten oder eine Saatschale kommt eine Drainageschicht und sterilisierte Aussaaterde. Gut gießen.

6 Gedeihen die Pflänzchen kräftig, einzeln in kleine Töpfe setzen.

Kranke Pflanzen

1 *Blätter braun und trocken:* Luft zu trocken oder warm. Im Winter in ein ungeheiztes Zimmer stellen, im Sommer Lüftung verbessern.

2 *Junge Blätter braun und verbrannt:* Im Sommer ist zu viel Mittagssonne auf die Blätter gekommen. Schattiger stellen und nicht in der Sonne besprühen.

3 *Pflanze wächst im Frühjahr nicht:* Erde verbraucht. Umtopfen oder wöchentlich düngen.

4 *Weiße wollige Flecken auf den Blättern:* Wolläuse. Mit Watte und Spiritus abwischen bzw. mit Malathion oder systemischem Insektizid spritzen.

5 *Blätter welken und werden braun:* Erde ist ausgetrocknet. Gut gießen und zukünftig öfter wässern.

Umtopfen

1 Im Frühjahr umtopfen, wenn das Wasser durch die Erde rinnt, und die Pflanze nicht mehr wächst. Gut gießen.

2 In einen Topf kommt eine Drainageschicht und Lehmerde Nr. 3. Den alten Topf ggf. reinigen.

3 Erde am Topfrand mit einem Messer lockern.

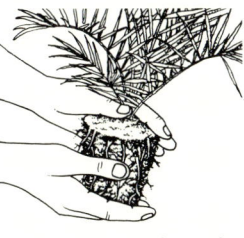

4 Pflanze herausnehmen. Stengel unten festhalten, oberen Teil stützen.

5 Alte Erde behutsam mit Stab von den Wurzeln entfernen. Wurzeln nicht verletzen.

6 Wurzelballen auf die Erde im neuen Topf setzen.

7 Topf mit neuer Erde füllen. Die Wurzeln müssen bedeckt sein.

8 Erde gut andrücken. 2 Tage nicht gießen, damit Wurzeln in die neue Erde wachsen. Schattig stellen.

Vermehrung

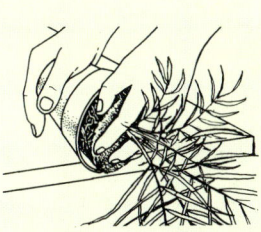
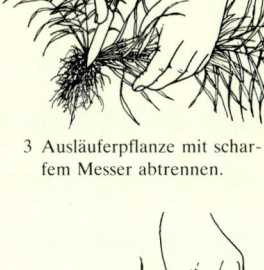

1 *P. roebelinii* entwickelt Ausläufer. Sie können abgetrennt und eingetopft werden.

3 Ausläuferpflanze mit scharfem Messer abtrennen.

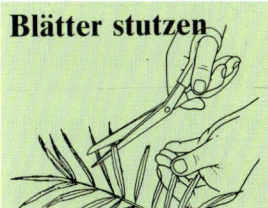

2 Pflanze aus dem Topf nehmen.

4 In Lehmerde Nr. 3 pflanzen. Wurzeln müssen bedeckt sein. Gut gießen.

Blätter stutzen

Sind die Blattspitzen braun und trocken, mit einer scharfen Schere über dem gesunden Gewebe abschneiden.

Sprühen

Wöchentlich mit feinem Zerstäuber besprühen. Sprühabstand 15 cm. Während der Ruheperiode nicht sprühen.

149

Pilea cadierei

Kanonierblume

Pilea gehört zur Familie der Brennesselgewächse oder *Urticaceae*. Es gibt etwa 200 Arten, die mit Ausnahme von Australien fast überall in den Tropen beheimatet sind. Bei guter Pflege geben sie hübsche Zimmerpflanzen ab, die man am besten jedes Jahr neu zieht, weil junge Pflanzen am schönsten und kompaktesten sind.

Die beliebteste Varietät ist *Pilea cadierei*, die bei uns Kanonierblume heißt, weil die Blütenköpfe, wenn man sie schüttelt, explodieren und eine Wolke aus Pollen freisetzen. Sie kommt aus Indochina und wurde 1950 erstmals eingeführt. Wie bei allen Pilea-Arten zwickt man am besten die Triebspitzen aus, damit der Pflanzenwuchs kompakt bleibt. Es gibt auch eine Zwergform, die als *P. cadierei* ›Nana‹ geführt wird.

P. involucrata oder *spruceana* hat eine schöne Silberzeichnung auf ihren dunklen, bronzegrünen Blättern. Diese kleine, kompakte Pflanze ist besonders für gemischte Schalen geeignet. Sie kommt aus Peru und Venezuela, wo man sie 1895 entdeckte. Eine (andere) Neueinführung ist *P. mollis* ›Moon Valley‹. Sie ist schwieriger zu halten, hat aber sehr schöne Blätter, die ein wenig an Coleus erinnern.

P. muscosa (P. microphylla) mit ihren farnartigen Blättern ist am einfachsten zu halten, aber nicht so attraktiv und oft schwer zu bekommen. Sie wurde bereits 1793 aus dem tropischen Amerika mitgebracht.

Beim Kauf von Pileen sollten Sie Pflanzen mit einer schönen, kompakten Wuchsform nehmen, die noch nicht »hochbeinig« geworden sind.

Oben: Pilea mollis ›Moon Valley‹.
Unten: Die jungen Triebe von *Pilea cadierei* sollten ausgezwickt werden, damit der Wuchs buschig ist.

Oben: Pilea muscosa entleert explosionsartig den Pollen, wenn man die gelben Blütenköpfchen berührt.

Rechts: Pilea cadierei.

Größe: Am besten sehen die Pflanzen klein aus. *P. cadierei* ist die größte Art. Sie kann 40 cm hoch und 30 cm breit werden. Andere Varietäten sind nur halb so groß.

Wachstum: Im Frühjahr genommene Stecklinge erreichen im folgenden Sommer volle Größe.

Blütezeit: Die Blüten sind recht unscheinbar und oft unter den Blättern versteckt. Sie erscheinen während des ganzen Sommers und erinnern an Nesselblüten.

Duft: Keiner.

Licht: Die Pflanzen mögen ein sonniges Fensterbrett, nicht aber pralle Mittagssonne, denn diese verursacht Flecken auf den Blättern. Vorsicht, die Blätter dürfen im Winter nicht die Fensterscheibe berühren, denn sie sind kälteempfindlich und werden dadurch schwarz.

Temperatur: Recht tolerant; im Winter kann sie auf 10 °C absinken, falls die Pflanzen jedoch weiterwachsen sollen, sind 15 °C besser. Maximale Sommertemperatur 21 °C.

Gießen: Im Sommer gut, etwa 2- oder 3mal pro Woche. Die Erde darf nicht austrocknen. Im Winter reicht wöchentliches Gießen aus.

Düngen: Während des Wachstums im Sommer alle 14 Tage Flüssigdünger ins Gießwasser geben.

Luftfeuchtigkeit: Vor allem im Sommer werden sie gern mit weichem Wasser besprüht. Nicht in der Sonne sprühen, sonst verbrennen die Blätter.

Säubern: Falls das Sprühen die Blätter nicht sauber hält, wischt man flachblättrige Varietäten mit einem feuchten Tuch ab, unebene Blätter werden mit einem weichen Pinsel abgebürstet.

Luft: Sie mögen Gasfeuer, starke Zentralheizung und Zugluft nicht, brauchen aber etwas Lüftung.

Erde: Eine Mischung aus 3 Teilen Lehmerde Nr. 2 und 1 Teil Torf.

Umtopfen: Im Frühjahr nach Ruheperiode und Schnitt.

Schnitt: Pileen werden leicht »hochbeinig« und deshalb im Frühjahr auf 8 bis 10 cm zurückgeschnitten. Es hilft, wenn man während der Wachstumsperiode alle 2 oder 3 Wochen die Triebspitzen auszwickt. Dadurch wird die Entwicklung von Seitentrieben unterstützt, und die Pflanzen bleiben dicht und buschig.

Vermehrung: Im Frühjahr werden beim Schnitt Kopfstecklinge genommen. Man taucht die Enden in Bewurzelungsmittel und pflanzt sie in Torf und Sand. Mit Glas oder Kunststoff abdecken und bei 18 °C halten. Sind die Stecklinge nach 2 bis 3 Wochen bewurzelt, pflanzt man jeweils 2 oder 3 in einen Topf.

Lebenserwartung: Obwohl die Pflanzen einige Jahre alt werden können, sehen sie bald sehr unordentlich aus. Deshalb zieht man jedes zweite Jahr neue Pflanzen heran.

Pflanzgruppen: Sie eignen sich gut für gemischte Schalen, zusammen mit *Hedera*, *Begonia*, *Chamaedorea* und anderen kleinen Zimmerpflanzen.

Schwierigkeitsgrad: Recht einfache Pflanzen.

Umtopfen

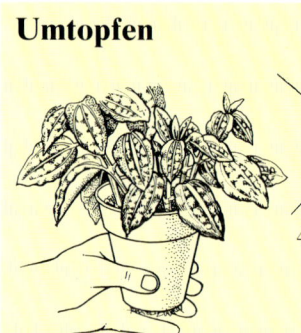

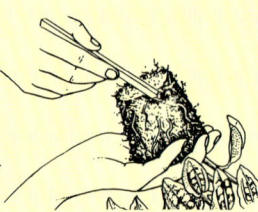

1 Im Frühjahr umtopfen, wenn Pflanze kopflastig ist, aber nicht mehr wächst, Blätter blaß sind und Wurzeln aus dem Topf kommen. Gut gießen.

2 In einen etwas größeren Topf kommt eine Drainage und Erde aus 3 Teilen Lehmerde Nr. 2 und 1 Teil Torf.

4 Alte Erde behutsam mit Stab von den Wurzeln entfernen. Wurzeln nicht verletzen.

5 Wurzelballen auf die Erde im neuen Topf setzen.

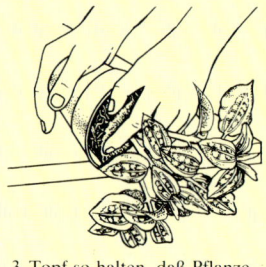

3 Topf so halten, daß Pflanze zwischen den Fingern und Erde unter der Handfläche liegt. Topfrand aufklopfen. Pflanze kommt mit Erde heraus.

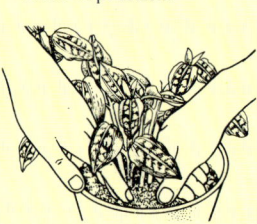

6 Topf mit neuer Erde füllen. Wurzeln müssen bedeckt sein. Erde gut andrücken. 2 Tage nicht gießen und schattig stellen, damit Wurzeln in die neue Erde wachsen.

Kranke Pflanzen

1 *Blätter werden schwarz und fallen ab, vor allem im Winter:* Zu kalt. Wärmer stellen.

2 *Blätter hängen:* Zu trocken. Öfter gießen.

3 *Blattabstand vergrößert sich, Pflanze wird »hochbeinig«:* Zu wenig Licht. Heller stellen und Triebspitzen auszwicken, damit Pflanze buschiger wächst.

4 *Blätter verformt und mit grünen Insekten verklebt:* Blattläuse. Mit Pyrethrum oder systemischem Insektizid spritzen.

Gießen

1 Erde mit Fingern prüfen. Ist sie locker und krümelig, braucht die Pflanze Wasser.
2 Von oben – möglichst mit Regenwasser – gießen. Nach 15 Minuten restliches Wasser aus dem Untersetzer leeren.

Kopfstecklinge

1 Im Frühjahr entwickelt die Pflanze neue Triebe, die als Stecklinge geeignet sind. In einen kleinen Topf kommt eine Drainage und eine Mischung aus scharfem Sand und Torf.

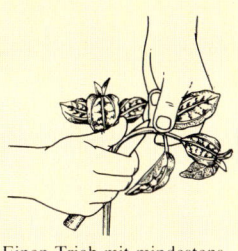

2 Einen Trieb mit mindestens 2 gesunden Blattpaaren und einem Wachstumspunkt nehmen. Unterhalb des zweiten Blattpaares dicht am Hauptstengel abschneiden. Länge 8–10 cm.

3 Stengel genau unter einem Blatt abschneiden.

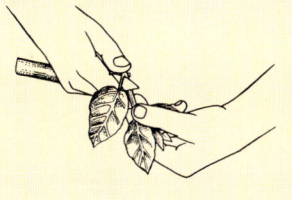

4 Das untere Blattpaar entfernen.

5 Schnittfläche in Bewurzelungsmittel tauchen. Überschuß abschütteln.

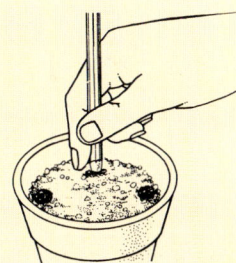

6 Am Topfrand mit einem Stift kleine Löcher in die Erde drücken.

7 Steckling einsetzen. Das Ende muß am Lochboden, die Blätter müssen gerade über der Erde sitzen.

8 Gut gießen, Drahtbogen einsetzen und Plastiktüte überziehen. Täglich 5 Minuten abnehmen. Erde darf nicht austrocknen. Temperatur 18 °C.

9 Tüte nach 3 Wochen entfernen. Wachsen die Stecklinge gut, in normale Erde setzen.

Sprühen

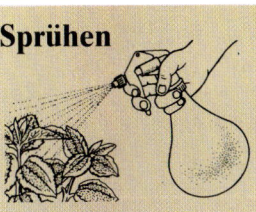

Täglich – möglichst mit Regenwasser – übersprühen. Sprühabstand 15 cm.

Säubern

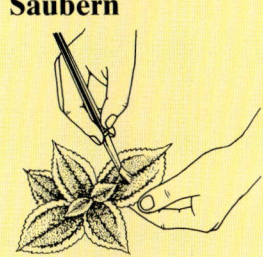

Unebene Blätter mit weichem, trockenem Pinsel säubern.

Flache Blätter mit weichem, feuchtem Tuch abwischen. Mit der anderen Hand stützen.

Schnitt

1 Pflanzen wachsen buschiger, wenn man die Triebspitzen auszwickt.

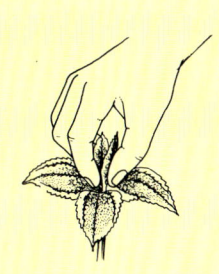

2 Spitzen mit den Fingern ausknipsen. Die Pflanze entwickelt neue Seitentriebe.

3 Wuchernde, häßliche Pflanzen brauchen einen Formschnitt. Im Frühjahr auf halbe Größe zurückschneiden.

Platycerium alcicorne

Geweihfarn, Elchgeweih

Platycerium ist wohl einer der großartigsten, schönsten und außergewöhnlichsten Farne. Sein wissenschaftlicher Name setzt sich aus den beiden griechischen Wörtern platys breit und keras, Horn zusammen. Wie der deutsche Name beschreibt auch dieser treffend die ungewöhnliche Erscheinung.

Er gehört zur Familie *Polypodiaceae*, und es sind etwa sieben Arten bekannt, die alle aus Südostasien oder Australien stammen. Nur zwei werden kultiviert, und beide sind Epiphyten. Die erste und bei weitem beliebteste ist *Platycerium alcicorne* oder *P. bifurcatum*, die in Australien beheimatet ist und 1808 erstmals nach Europa kam. Es ist die ideale Pflanze für Ampeln, ein Stück Holz oder Borke. Wie alle Platycerium-Arten hat sie sterile Mantelblätter, die aufrecht wachsen, um die Pflanze zu stützen, und sich gegenseitig überlappen. Die Geweihblätter hingegen sind lang und gerollt und entwickeln Sporen. Sie wachsen wild in alle Richtungen und machen das außergewöhnliche Erscheinungsbild der Pflanze aus. Sie ist recht anspruchslos und verträgt im Gegensatz zu anderen Epiphyten trockene Luft.

Die andere Zimmerart ist *P. grande* ›Queen Wilhelmina‹. Sie ist etwas schwieriger zu halten, braucht höhere Temperaturen und ist gewöhnlich kleiner und weniger eindrucksvoll. Bei dieser Art umschließen die Mantelblätter nach und nach den ganzen Topf und scheinen ihn schließlich verschlucken zu wollen.

Beim Kauf sollten Sie darauf achten, daß die Blätter unbeschädigt und mit einem weichen Sternhaarfilz überzogen sind. Keine Sorge, wenn die Mantelblätter zum Teil braun und papierartig sind: Das ist normal.

Wie *Nephrolepis* ist Platycerium eine ausgezeichnete Ampelpflanze. Sie verträgt trockene Luft weit besser als andere Farne und übersteht auch Zentralheizung gut.

Unten: Platycerium ›Queen Wilhelmina‹.

Rechts: Platycerium alcicorne mit fruchtbaren grünen Wedeln und den unfruchtbaren braunen Blättern, aus denen sie herauswachsen.

Vermehrung: Kindel

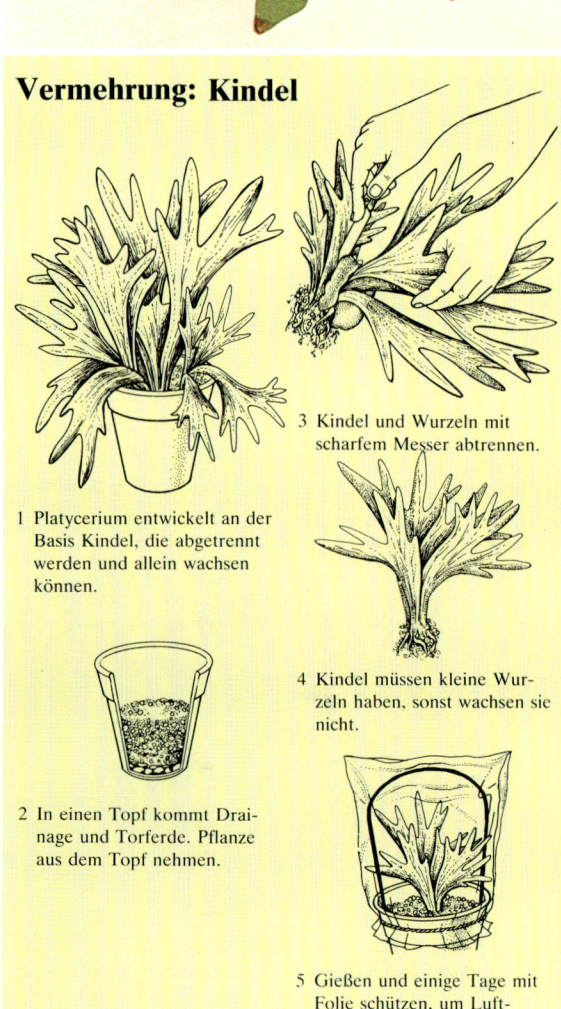

1 Platycerium entwickelt an der Basis Kindel, die abgetrennt werden und allein wachsen können.

2 In einen Topf kommt Drainage und Torferde. Pflanze aus dem Topf nehmen.

3 Kindel und Wurzeln mit scharfem Messer abtrennen.

4 Kindel müssen kleine Wurzeln haben, sonst wachsen sie nicht.

5 Gießen und einige Tage mit Folie schützen, um Luftfeuchtigkeit zu erzeugen.

Größe: Gewöhnlich ist eine einzelne Pflanze etwa 25 cm hoch und hat lange, gerollte Blätter von 50 bis 60 cm Länge.
Wachstum: Langsam, etwa 2 bis 3 Wedel pro Jahr.
Blütezeit: Farne blühen nicht.
Duft: Keiner.
Licht: Die Pflanzen bevorzugen viel Licht und Sonnenschein, tolerieren aber auch Halbschatten.
Temperatur: Im Winter mindestens 15 °C. *P. grande* steht gern etwas wärmer (18 °C). Im Sommer sollte man sie bei 18 bis 21 °C halten, höchstens aber bei 24 °C.
Gießen: Vor jedem Wässern sollte die Erde austrocknen. Im Sommer etwa alle 7 Tage, im Winter alle 10 Tage gießen. Am besten stellt man den Topf jedoch für 15 Minuten in einen Eimer mit Wasser. Bevor er an seinen Platz gestellt wird, muß das überschüssige Wasser ablaufen können.
Düngen: 1mal im Monat Flüssigdünger ins Gießwasser geben.
Luftfeuchtigkeit: Es tut den Pflanzen gut, wenn man sie 1- oder 2mal wöchentlich übersprüht.
Säubern: Die Blätter dürfen nicht abgewischt werden, denn dann würde der Sternhaarfilz entfernt, durch den die Pflanzen trockene Luft vertragen. Wasserbad und Sprühen sollten die Pflanzen sauber halten. Kein Blattglanz verwenden.

Luft: Sie vertragen die meisten Bedingungen.
Erde: In einem Topf oder einer Ampel ist Torferde am besten; für Holzstücke oder Borke werden gleiche Teile geschnittenes Sumpfmoos und Erde gemischt. Wichtig ist, daß man für eine gute Drainage sorgt.
Umtopfen: Vollentwickelte Pflanzen werden nicht umgetopft, außer man will sie aus dem Topf herausnehmen und auf Holz oder Borke setzen.
Schnitt: Nicht nötig. Alte Mantelblätter werden erst entfernt, wenn sie beinahe von selbst abfallen.
Vermehrung: Durch Sporen, aber das sollte Experten überlassen werden. Hin und wieder entwickeln die Pflanzen Kindel, die man abnehmen und eintopfen kann. Beim Abtrennen von den Mutterpflanzen sollten sie eigene Wurzeln haben.
Lebenserwartung: Sehr langlebige Pflanzen.
Pflanzgruppen: Sie stehen am besten allein.
Schwierigkeitsgrad: Einfache Pflanzen.

Kranke Pflanzen

1 *Blätter kraftlos:* Pflanze zu trocken. Ins Wasserbad stellen und in Zukunft öfter gießen.

2 *Grüne Wedel faulen und fallen ab:* Pflanze zu naß und/oder zu kalt. Weniger gießen und Temperatur anheben.

3 *Braune schuppige Insekten:* Schildläuse. Mit Watte und Spiritus abwischen. Nicht mit Insektiziden spritzen.

Welke Wedel entfernen

Alte gelbe Wedel an der Basis abschneiden. Mantelblätter erst entfernen, wenn sie beinahe von selbst abfallen.

Gießen

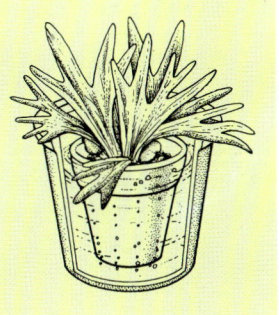

Platycerium läßt man vor dem Wässern immer erst austrocknen. Dann stellt man sie ins Wasserbad. Nach 15 Minuten überschüssiges Wasser ablaufen lassen.

Sprühen

1- bis 2mal wöchentlich sprühen, vor allem Pflanzen auf Borke und in Ampeln.

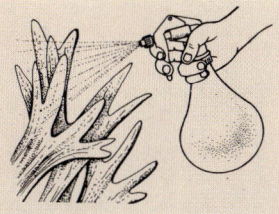

Farngärten pflanzen

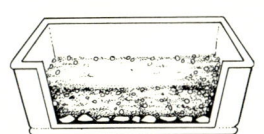

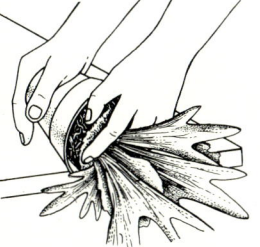

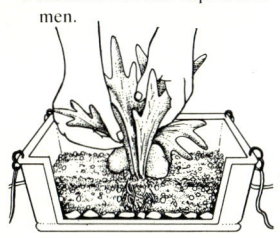

1 2 oder 3 Geweihfarne in einer großen Ampel zusammengesetzt sehen sehr hübsch aus. In den Behälter kommt eine Drainage und Torferde. Bei Behältern ohne Drainage gibt man etwas Holzkohle hinein, damit das Wasser nicht fault.

2 Pflanzen aus den Töpfen nehmen.

3 Einen Farn einsetzen und mit etwas Erde am Platz halten.

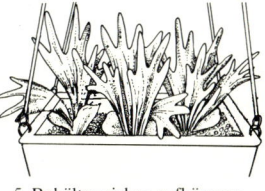

4 Die anderen Farne so pflanzen, daß die Wedel über den Behälter hängen. Platz zum Wachsen lassen. Erde auffüllen.

5 Behälter sicher aufhängen: Er ist sehr schwer.

Auf Borke befestigen

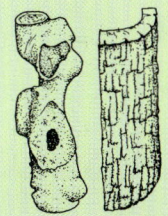

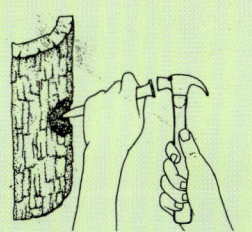

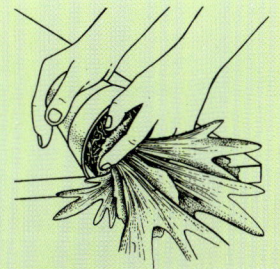

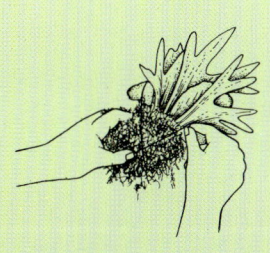

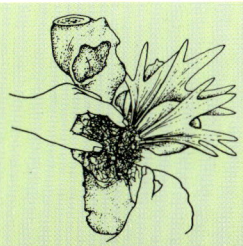

1 Ein geeignetes Stück Borke, einen Ast oder ein schönes Stück Holz aussuchen.

2 Ist keine natürliche Höhlung da, wird für die Pflanze ein flaches Loch ausgestemmt.

3 Wurzelballen der Pflanze mit Erde aus dem Topf nehmen.

4 Wurzeln in feuchtes Sphagnum packen und mit Draht umwickeln.

5 Moos und Wurzeln fest auf Borke oder Holz drücken und mit Draht befestigen. Wurzeln feucht halten und regelmäßig sprühen.

Pteris tremula

Saumfarn

Pteris bildet mit etwa 150 bekannten Arten, die in allen gemäßigten und subtropischen Zonen zu Hause sind, eine der größten Gruppen in der Familie *Polypodiaceae*. Eine Anzahl von Varietäten, die man heute als Zimmerpflanzen hält, kommt aus Australien und Neuseeland.

Obwohl sie zu den größten Farnen gehören, sind sie wohl am einfachsten zu halten und kommen mit der trockenen Luft moderner Gebäude am besten zurecht, wenngleich sie in einer feuchteren Luft besser gedeihen. Es gibt nur eine *Kardinalregel*: Die Erde darf niemals austrocknen. Die meisten Varietäten stehen gern schattig, nehmen aber auch hellere Standorte in Kauf, solange sie nicht direkt in der Sonne stehen.

Gewöhnlich werden drei Varietäten gezogen: Pteris tremula ist die größte und hat riesige Wedel, die denen des Adlerfarns ähnlich sehen. Sie sind recht spröde, und die Mittelrippen brechen leicht, wenn man sie unvorsichtig anfaßt. *P. multifida* ›Major‹ wird von Innenarchitekten favorisiert. Der Farn ist widerstandsfähig und hält reichlich viel falsche Behandlung aus und hat einen hübschen, buschigen Wuchs. *P. cretica* hat viele Varietäten, von denen einige bunt sind. Sie ist nicht ganz so robust wie *P. multifida*, doch ihre Haltung lohnt sich wirklich und man bekommt sie überall. Manche Varietäten haben kammartige Wedel, und sie wurden von den Floristen ursprünglich als Schnittblattwerk kultiviert. Sie sind unter dem Sammelnamen *P. cretica* ›Wimsettii‹ gekannt. Eine andere Art, *P. ensiformis*, ist weißbunt. Am häufigsten ist *P. ensiformis* ›Victoriae‹ anzutreffen.

Beim Kauf der Farne sollten Sie darauf achten, daß das Blattwerk kräftig und gesund ist, keine Stengel umgeknickt sind, und sich in der Pflanzenmitte keine braunen, abgestorbenen Blätter befinden.

Die meisten dieser Farne sind widerstandsfähig und vertragen trockene Luft.

Rechts: Pteris tremula, die größte Art, die man im Haus hält.

Links: Pteris multifida ›Major‹ ist kleiner und buschiger als *Pteris cretica*, unten.

Gießen

1 Erde mit den Fingern prüfen. Ist sie locker und krümelig, braucht die Pflanze Wasser.

2 Von oben – möglichst mit Regenwasser – gießen. Nach 15 Minuten Überschuß aus dem Untersetzer leeren.

Luftfeuchtigkeit

Pteris braucht das ganze Jahr viel Luftfeuchtigkeit.
Topf auf einen Untersetzer mit Kieseln und Wasser stellen. Der Topfboden darf nicht im Wasser stehen.

oder

Topf in einen Behälter mit feuchtem Torf setzen.

Größe: In 12-cm-Töpfen erreichen die Pflanzen, je nach Sorte, 40 cm Höhe und 25 cm Durchmesser. *P. tremula* wird 40 bis 50 cm hoch, obwohl sie auch bis zu 2 m heranwachsen kann.

Wachstum: In einer Wachstumsperiode verdoppeln die Pflanzen ihre Größe.

Blütezeit: Farne blühen nicht.

Duft: Keiner.

Licht: In voller Sonne verbrennen die Wedel schnell. Schattig stellen.

Temperatur: Im Winter mindestens 10 bis 13 °C, im Sommer normale Zimmertemperatur. Bei Temperaturen über 21 °C muß die Luftfeuchtigkeit hoch sein.

Gießen: Sie müssen immer gut gewässert werden, d.h. im Sommer bei Wärme bis zu 1mal täglich. Im Winter wird 2- bis 3mal in der Woche gegossen. Die Erde darf zu keiner Jahreszeit austrocknen. Kalkfreies Wasser ist besser.

Düngen: Im Sommer alle 2, im Winter alle 4 Wochen die Hälfte der empfohlenen Menge Flüssigdünger ins Gießwasser geben.

Luftfeuchtigkeit: Die Pflanzen brauchen das ganze Jahr über eine hohe Luftfeuchtigkeit. Täglich mit lauwarmem Wasser besprühen und den Topf auf nasse Kiesel und in einen Übertopf mit Torf stellen.

Säubern: Das Sprühen sollte ausreichen. Kein Blattglanz verwenden.

Luft: Sie sind den meisten Bedingungen gegenüber tolerant, doch bei warmer, trockener Luft können sie eingehen.

Erde: Am besten ist Torferde.

Umtopfen: Jedes Frühjahr.

Schnitt: Vertrocknete Wedel werden entfernt. Falls eine Pflanze austrocknet, schneidet man alle Wedel ab und besprüht die Stoppeln mit Wasser. Bald entwickeln sich neue Wedel.

Vermehrung: Züchter säen die sich im Herbst entwickelnden Sporen aus. Große Pflanzen können im Frühjahr beim Umtopfen leicht in mehrere kleine geteilt werden. Aussaat erfolgt am besten im März bei 13 °C. Im Zimmer säen sich die Pflanzen oft selber aus, so daß manchmal in gemischten Schalen und Töpfen anderer Pflanzen auf einmal kleine Farne wachsen.

Lebenserwartung: Mit Pflege halten sie viele Jahre.

Pflanzgruppen: Die meisten Farne eignen sich für gemischte Schalen, die nicht in voller Sonne stehen. Sie profitieren von der Luftfeuchtigkeit, die engstehende Pflanzen erzeugen.

Schwierigkeitsgrad: Im allgemeinen einfach, wenn man sie ausreichend gießt.

Kranke Pflanzen

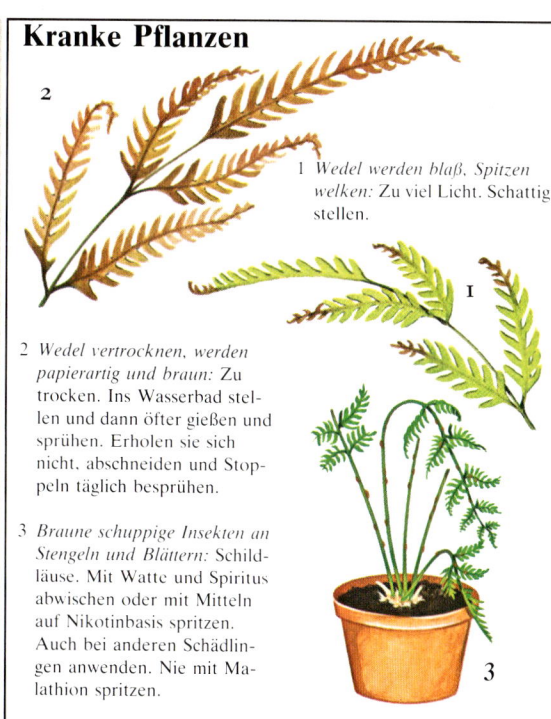

1 *Wedel werden blaß, Spitzen welken:* Zu viel Licht. Schattig stellen.

2 *Wedel vertrocknen, werden papierartig und braun:* Zu trocken. Ins Wasserbad stellen und dann öfter gießen und sprühen. Erholen sie sich nicht, abschneiden und Stoppeln täglich besprühen.

3 *Braune schuppige Insekten an Stengeln und Blättern:* Schildläuse. Mit Watte und Spiritus abwischen oder mit Mitteln auf Nikotinbasis spritzen. Auch bei anderen Schädlingen anwenden. Nie mit Malathion spritzen.

Farngärten pflanzen

1 Pflanzen gut gießen. In einen Behälter kommt eine Drainage und feuchte Torferde. Sind keine Abzugslöcher da, etwas Holzkohle und Sphagnum hinzufügen.

2 Pflanzen aus den Töpfen nehmen, Erde von den Wurzeln entfernen.

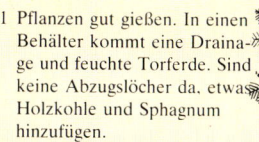

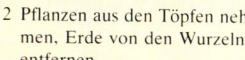

4 Die Wurzeln mit Erde bedecken.

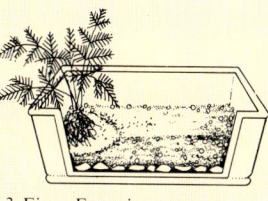

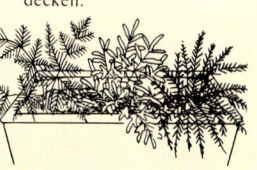

3 Einen Farn einsetzen.

5 Weitere Pflanzen einsetzen. Platz zum Wachsen lassen. 2 Tage schattig stellen und nicht gießen.

Umtopfen

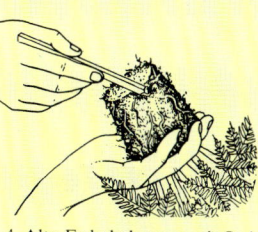

4 Alte Erde behutsam mit Stab von den Wurzeln entfernen. Wurzeln nicht verletzen.

1 Im Frühjahr umtopfen, wenn Pflanze kopflastig ist und nicht mehr wächst. Zuerst gut gießen.

2 In einen etwas größeren Topf kommt eine Drainage und feuchte Torferde.

5 Wurzelballen auf die Erde im neuen Topf setzen.

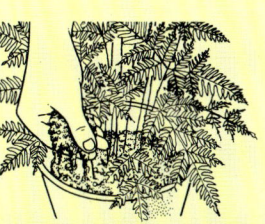

3 Topf so halten, daß Pflanze zwischen den Fingern und Erde unter der Handfläche liegt. Topfrand aufklopfen. Pflanze kommt mit Erde heraus.

6 Topf mit neuer Erde füllen. Alle Wurzeln müssen bedeckt sein. Erde nicht zu fest andrücken. 2 Tage nicht gießen, damit Wurzeln in die neue Erde wachsen. Schattig stellen.

Sprühen

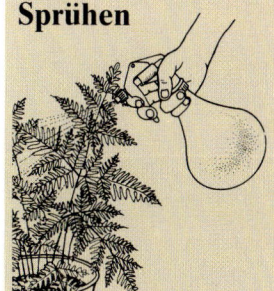

Täglich – möglichst mit Regenwasser – übersprühen. Sprühabstand 15 cm. Lauwarmes Wasser verwenden.

Schnitt

Beschädigte und braune Wedel möglichst dicht an der Erde abschneiden.

Wurzelteilung

Große alte Pflanzen zu Frühjahrsbeginn teilen.

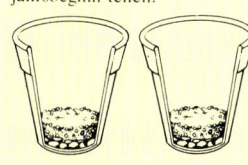

1 In 2 Töpfe kommt eine Drainage und Erde.

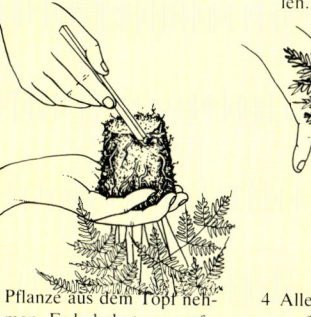

2 Pflanze aus dem Topf nehmen. Erde behutsam entfernen.

3 Wurzeln und Stengel vorsichtig auseinanderziehen. Sehr große Pflanzen 5–6mal teilen.

4 Alle Teile wie gewohnt eintopfen.

Rhoicissus rhomboidea (Cissus rhomboidea)

Klimme, Königwein, Prachtklimme

Dieses Mitglied der Familie Weinrebengewächse ist eine schöne kletternde Zimmerpflanze. Der Name bedeutet im Griechischen Granatapfel-Efeu. Die Pflanze kommt aus Natal in Südafrika und ist erst 1947 als Zimmerpflanze eingeführt worden. Dann hat sie jedoch ihren Siegeszug angetreten, und heute gehört sie neben Efeu, Gummibaum und Fensterblatt zu den meistgekauften Zimmerpflanzen. Sie ist mit der Gattung *Cissus* verwandt.

Rhoicissus gedeiht fast überall gut, vor allem an Plätzen mit indirektem Licht. Sie klettert rasch und ist daher ein schöner Raumteiler. Ihre Blätter sind dunkelgrün, gezähnt, etwa 5 cm lang, gestielt, dreizählig angeordnet und im Jungstadium oft bronzefarben. Im Sommer muß man die Pflanzen gut gießen, im Winter dagegen trocken halten. Wie die meisten Kletterpflanzen eignen auch sie sich für Ampeln gut, vor allem, wenn man die jungen Triebe ausknipst, denn dann bilden sie um die Ampeln herum ein dichtes Blattwerk. Man sollte für Ampeln immer junge Pflanzen verwenden. Ältere Pflanzen verholzen und brechen leicht ab und sehen oft spillerig aus. Auch an Gittern oder Bambusdreifüßen erzogen kommt *Rhoicissus* gut zur Geltung.

Die Varietät *Rhoicissus rhomboidea* wird am häufigsten gehalten, doch seit kurzem ist eine neue Varietät, *R. rhomboidea* ›Ellen Danica‹ auf dem Markt, die längere, stärker geteilte Blätter hat und wirklich hübsch aussieht. Sie ist etwas heikler, vor allem, wenn sie im Winter naß steht.

Manchmal findet man auch *R. capensis*. Sie kommt ebenfalls aus Südafrika, und ihre Blätter ähneln dem echten Wein. Sie muß etwas kühler und feuchter stehen als *R. rhomboidea*, wird aber sonst genauso behandelt.

Beim Kauf ist auf eine große Zahl neuer Triebe zu achten. Die Blätter sollten nicht kraftlos oder brüchig sein.

Stützen

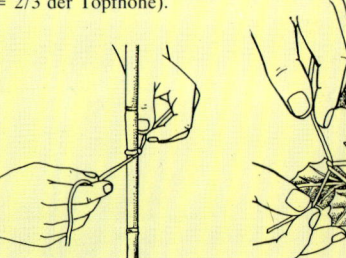

1 Stab einige Zentimeter neben dem Hauptstengel behutsam in die Erde schieben (Tiefe = 2/3 der Topfhöhe).

2 Eine 25 cm lange Schnur an der zum Stengel zeigenden Seite verknoten.

3 Schnur wie oben gezeigt um den Stengel schlingen.

4 Am Stab einen festen Knoten machen. Nach oben in Abständen wiederholen.

Auszwicken

Triebspitzen sollten bei jungen Pflanzen ausgezwickt werden, damit diese buschig wachsen.

Größe: Die Pflanzen werden 3 bis 3,5 m groß.

Wachstum: 60 bis 100 cm pro Jahr.

Blütezeit: Im Haus blühen sie normalerweise nicht.

Duft: Keiner.

Licht: Sie stehen nicht gern in der prallen Sonne und bevorzugen einen Platz an Nord- oder Ostfenstern.

Temperatur: Im Winter für 13 bis 15 °C sorgen, im Sommer brauchen sie normale Zimmertemperatur (15 bis 21 °C). Mehr als 24 °C mögen sie nicht.

Gießen: Im Sommer 2mal pro Woche, doch immer zuerst die Erde prüfen. Durch Überwässern können die Pflanzen selbst im Sommer faulen und das Laub abwerfen. Auch im Winter die Erde prüfen; etwa alle 14 Tage gießen.

Düngen: Während des Sommers gibt man etwa alle 2 Wochen Flüssigdünger ins Gießwasser.

Luftfeuchtigkeit: Im Sommer sollte man 1mal wöchentlich sprühen. Den Topf auf nasse Kiesel stellen.

Säubern: Die Pflanzen jede Woche mit Regenwasser übersprühen. Blattglanzspray darf nicht öfter als alle 2 Monate verwendet werden.

Luft: Den meisten Umweltbedingungen gegenüber tolerant.

Erde: Lehmerde Nr. 2.

Umtopfen: Je nach Wachstum 1- oder 2mal pro Jahr, bis die Pflanzen die gewünschte Größe haben. Danach hält man sie durch Düngen und Erneuern der oberen Erdschicht bei Kräften.

Schnitt: In der Wachstumsperiode ab und zu die Haupttriebe auszwicken, damit die Pflanzen buschig und dicht bleiben. Wuchernde Pflanzen werden auf 25 cm zurückgeschnitten und treiben neu aus.

Vermehrung: Junge Triebe mit einem Vegetationspunkt und 2 Blättern verwenden. Sie werden im Frühjahr oder Frühsommer in eine Mischung aus gleichen Teilen Erde und scharfem Sand gesetzt.

Lebenserwartung: Mindestens 5 bis 6 Jahre, doch alte Pflanzen können ganz plötzlich eingehen.

Schwierigkeitsgrad: Verhältnismäßig unkomplizierte und anspruchslose Pflanzen.

1 *Blätter glanzlos, hängen und fallen ab:* Überwässert. Trocken werden lassen, bis Pflanze sich erholt hat. Seltener gießen. Prüfen, ob Temperatur hoch genug ist.

2 *Blätter rollen sich, vertrocknen, werden papierartig und fallen dann ab:* Bei wenigen, unteren Blättern normal. Entfernen. Andernfalls ist die Erde ausgetrocknet oder die Luft zu warm und trocken. Gießen und Luftfeuchtigkeit erhöhen.

3 *Junge Blätter verkümmert, alle Blätter blaß:* Umtopfen oder Düngen nötig.

4 *Blätter gelb, Gespinste an den Unterseiten:* Spinnmilben. Mit Derris, Malathion oder systemischem Insektizid spritzen.

5 *Junge Blätter verformt und mit grünen Insekten verklebt:* Blattläuse. Mit Pyrethrum oder systemischem Insektizid spritzen.

Kopfstecklinge

1 Im Frühjahr entwickelt die Pflanze neue Triebe, die als Kopfstecklinge geeignet sind. In einen kleinen Topf kommt eine Drainage und eine Mischung aus scharfem Sand und Lehmerde.

4 Das unterste Blatt entfernen.

7 Steckling einsetzen. Das Ende muß am Lochboden, das untere Blatt gerade über der Erde sitzen.

2 Einen Trieb mit mindestens 2 gesunden Blättern und einem Wachstumspunkt nehmen. Unter einem Blattstiel abschneiden.

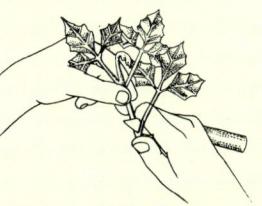

5 Schnittfläche in Bewurzelungsmittel tauchen. Überschuß abschütteln.

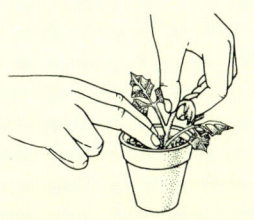

8 Gießen, Draht einsetzen und Plastiktüte überziehen. Täglich 5 Minuten abnehmen. Erde nicht austrocknen lassen. Temperatur 18 °C.

3 Stengel genau unterhalb von einem Blatt abschneiden.

6 Am Topfrand mit einem Stift kleine Löcher in die Erde drücken.

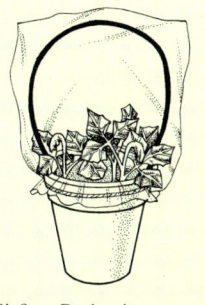

9 Tüte nach 3 Wochen entfernen. Wachsen Stecklinge gut, in normale Erde setzen.

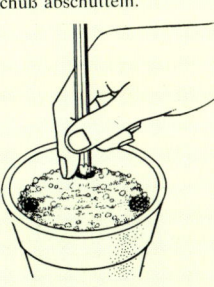

Umtopfen

1 Im Frühjahr umtopfen, wenn Blätter blaß oder gelb sind und die Pflanze nicht gut wächst. Gut gießen. In einen Topf kommt eine Drainageschicht und feuchte Lehmerde Nr. 2.

4 Auf einen Tisch legen und alte Erde mit einem Stab entfernen. Wurzeln nicht verletzen.

2 Erde am Topfrand mit einem Messer lockern.

5 Wurzelballen auf die Erde im neuen Topf setzen.

3 Pflanze herausnehmen. Stengelbasis festhalten und den oberen Teil stützen.

6 Topf mit neuer Erde füllen und immer wieder andrücken. Wurzeln müssen bedeckt sein. 2 Tage nicht gießen und schattig stellen, damit Wurzeln in die neue Erde wachsen.

Saintpaulia ionantha

Usambaraveilchen

Saintpaulia gehört zur Familie *Gesneriaceae* und ist eng mit der Gloxinie verwandt. Sie wurde nach Baron Walter von Saint-Paul Hilaire benannt, der sie Ende des 19. Jahrhunderts in der Gebirgslandschaft Usambara in Ostafrika entdeckte. Wie viele andere Pflanzen wurde sie erstmals in Amerika erfolgreich kultiviert. Heute zählt sie zu den beliebtesten Blütenpflanzen für das Haus und ist während des ganzen Jahres im Handel.

Die ursprüngliche Art ist die tiefblaue *Saintpaulia ionantha*, aber die Züchter haben sich um die Entwicklung von Varietäten bemüht, die in vielen verschiedenen Farben blühen und ihre Blüten nicht abwerfen. Sie sind als Rhapsodie-Züchtungen bekannt und geschützt. Ihre kommerzielle Kultivierung wird streng überwacht. Das dunkelblaue Usambaraveilchen ist immer noch der Favorit, doch gibt es heute auch rote, weiße, rosafarbene und violette Varietäten, von denen manche gefüllte Blüten haben. Viele entwickeln ihre zarten Blüten das ganze Jahr hindurch. Man erhält mehr und größere Blüten, wenn man den Pflanzen bei 12 bis 15 °C eine sechswöchige Ruhezeit gönnt, in der man sie trockener hält. Sie kann zu jeder Jahreszeit eingelegt werden.

Kaufen Sie Pflanzen mit zahlreichen Blüten. Sie dürfen keine Fäulestellen haben, und die Blätter müssen dunkelgrün und glänzend sein. Pflanzen mit fleckigen, verformten Blättern kommen wahrscheinlich aus einem viruserkrankten Bestand. Erwarten Sie nicht, daß weiße Blüten weiß bleiben: Sie beginnen sich vermutlich an den Rändern wieder zu färben. Kaufen Sie die Pflanzen im Winter, müssen sie für den Nachhauseweg gut eingepackt werden, denn sie sind sehr kälteempfindlich.

Saintpaulia ionantha, das Usambaraveilchen, bekommt man heute in vielen Farben und Blütenformen. Die weiße Varietät (oben) ist selten, doch andere Farben gibt es mit gefüllten (unten links) und ungefüllten Blüten (unten rechts).

Rechts: Die ursprüngliche Art von *Saintpaulia* ist tiefblau. Die Blätter dieses Exemplars sind gesund und unbeschädigt.

Größe: Meist sind die Pflanzen 10 cm hoch und 12 bis 15 cm breit. Setzt man mehrere Pflanzen in einen 15-cm-Topf, erscheinen sie wie eine große Pflanze mit der Größe eines Eßtellers und zahllosen Blüten.
Wachstum: Recht schnell. Im Frühsommer genommene Stecklinge blühen im Herbst.
Blütezeit: Über das ganze Jahr, im Sommer jedoch stärker.
Duft: Keiner.
Licht: Hell stellen, z. B. auf ein Fensterbrett. Außer im Winter vor Sonne schützen.
Temperatur: Im Winter mindestens 12 °C, doch bei konstant 15 °C gedeihen sie besser.
Gießen: Man gießt das Wasser in den Untersetzer, damit die Pflanzen nicht naß werden. Überschüssiges Wasser wird ausgeleert. Während des ganzen Jahres wässert man 2mal pro Woche, doch die Erde darf nicht durchtränkt werden. Wenn Wasser auf die Blätter kommt, werden sie schimmelig, und in der Sonne verbrennen sie.
Düngen: Im Sommer alle 3 bis 4 Wochen Flüssigdünger ins Gießwasser geben.
Luftfeuchtigkeit: Sie brauchen eine hohe Luftfeuchtigkeit, dürfen aber nie besprüht werden. Den Topf auf nasse Kiesel oder einen Übertopf mit feuchtem Torf stellen.
Säubern: Mit einem trockenen, weichen Pinsel, aber nie mit Wasser oder Blattglanz reinigen.
Luft: In feuchten Küchen und Badezimmern stehen sie gut. Gas und Zugluft mögen sie nicht.

Erde: Am besten wachsen sie in Torferde.
Umtopfen: Wenn die Blätter kleiner werden und dichter stehen wird umgetopft (etwa jedes zweite Jahr). Die Pflanzen blühen in kleinen Töpfen besser, deshalb sollten die neuen nur eine Nummer größer sein. Da sie flach wurzeln, nimmt man besser Schalen.
Schnitt: Nicht nötig. Man entfernt jedoch beschädigte, abgebrochene Blätter, wenn sie braun werden, sowie verwelkte und verfärbte Blüten.
Vermehrung: Durch Blattstecklinge in Wasser oder Erde. Man nimmt sie im späten Frühjahr und hält sie bei 21 °C. Sie haben alle charakteristischen Eigenschaften der Mutterpflanze und kommen nach 6 Monaten zur Blüte. Aussaat ist im Frühjahr möglich, doch die Sämlinge haben eine sehr unterschiedliche Qualität. Zum Keimen sind 18 bis 21 °C notwendig.
Lebenserwartung: Obwohl die Pflanzen fast unbegrenzt halten, zieht man für einen gesunden, blühenden Bestand besser alle 12 bis 18 Monate neue Pflanzen heran.
Pflanzgruppen: Usambaraveilchen gedeihen mit allen kleinen Pflanzen zusammen gut, doch am schönsten sieht es aus, wenn man viele Usambaraveilchen in eine Schale setzt.
Schwierigkeitsgrad: Nicht anspruchsvoll, doch sie brauchen die richtige Pflege.

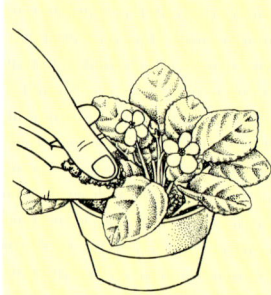

Gießen

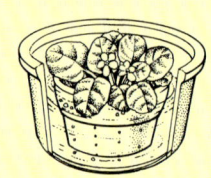

1 Erde prüfen. Ist sie locker und krümelig, wässern.

2 Topf in einen Behälter stellen und diesen bis zum Topfrand mit Wasser füllen. Nach 15 Minuten herausnehmen und überschüssiges Wasser ablaufen lassen. Auf die Blätter darf kein Wasser kommen.

Luftfeuchtigkeit

Saintpaulia braucht feuchte Luft, darf aber nicht besprüht werden. Topf auf einen Untersetzer mit Kieseln und Wasser stellen. Der Topfboden darf nicht im Wasser stehen.

Blätter säubern

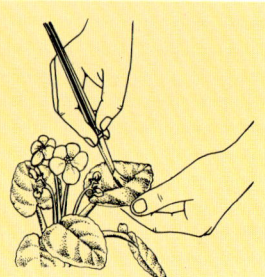

Blätter behutsam mit einem weichen, trockenen Pinsel abbürsten. Nie Wasser oder Blattglanz verwenden.

Kranke Pflanzen

1

2 *3*

1 *Blätter und Blüten faulen:* Zu naß, oder es wurde von oben gegossen. Austrocknen lassen und dann seltener – und immer von unten – wässern.

2 *Blätter werden blaß:* Durch fehlende Düngung oder zu viel Sonne. Düngen oder schattiger stellen.

3 *Blätter rollen sich oder sehen welk und trocken aus:* Wässern.

4 *Blätter klein und engstehend:* Umtopfen nötig.

5 *Pflanze gesund und kräftig, aber ohne Blüten:* Etwas Superphosphat ins Wasser geben. Oft bei Pflanzen notwendig, die 1 Jahr alt sind.

4

5

6

6 *Blüten vereinzelt und aufgeschossen:* Kommt nach einer üppigen Blüte oft vor. Alle Knospen und Blütenstiele entfernen und gut düngen.

Umtopfen

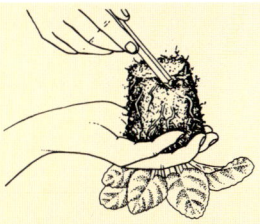

4 Alte Erde behutsam mit Stab von den Wurzeln entfernen. Wurzeln nicht verletzen.

1 Jedes zweite Frühjahr umtopfen, wenn Blätter dicht stehen und neue klein und blaß sind. Gut gießen.

2 In einen etwas größeren Topf kommt eine Drainage und feuchte Torferde.

5 Wurzelballen auf die Erde im neuen Topf setzen.

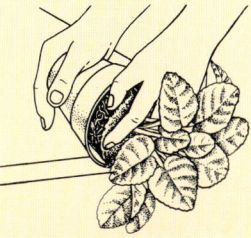

3 Topf so halten, daß Pflanze zwischen den Fingern und Erde unter der Handfläche liegt. Topfrand aufklopfen. Pflanze kommt mit Erde heraus.

6 Topf mit neuer Erde füllen. Wurzeln müssen bedeckt sein. Erde gut andrücken. 2 Tage nicht gießen und schattig stellen, damit Wurzeln in die neue Erde wachsen.

Blattstecklinge

1 In einen Behälter kommt eine Drainage, eine Schicht Erde und 2,5 cm scharfer Sand.

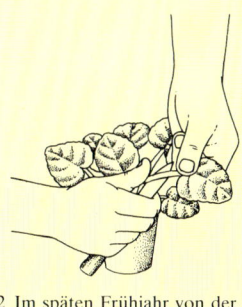

2 Im späten Frühjahr von der Pflanze ein Blatt mit Stiel abschneiden. Schnitt dicht an der Erde machen, damit der Stiel recht lang ist.

3 Schnittfläche in Bewurzelungsmittel tauchen. Überschuß abschütteln.

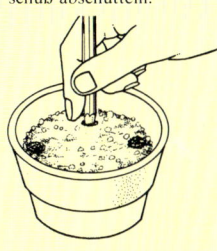

4 Am Topfrand mit einem Stift kleine Löcher in die Erde drücken.

5 Steckling bis zum Blatt hineinsetzen. Ende muß am Lochboden sein. Sand andrücken. Alle Stecklinge so einsetzen.

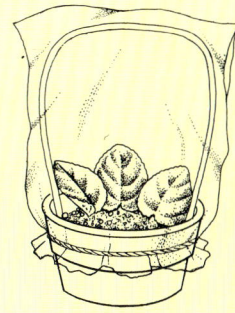

6 Gut gießen, Draht in die Erde stecken und Tüte überziehen. Täglich 5 Minuten abnehmen. Erde nicht austrocknen lassen. Temperatur 21 °C. An den Blattbasen entwickeln sich neue Pflanzen. Kleine Töpfe vorbereiten.

7 Wachsen die Pflänzchen gut, von den alten Blättern abnehmen. Die zarten Wurzeln nicht beschädigen.

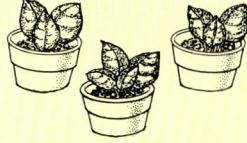

8 Einpflanzen. Gießen und 2 Tage schattig stellen.

Sansevieria trifasciata

Bogenhanf, Schwiegermutterzunge

Sansevieria gehört zur Familie der Agavengewächse und wird liebevoll auch als Schwiegermutterzunge bezeichnet. Sie ist nach Raimondo di Sangro, einem Fürsten von Sanseviero, der im 18. Jahrhundert lebte, benannt und kommt aus Westafrika. Seit mehreren Jahrhunderten wird sie als Schmuckpflanze kultiviert. Es sind über 50 Arten bekannt, doch als Zimmerpflanzen werden nur fünf oder sechs kommerziell gezogen.

Sansevieria sind gute Zimmerpflanzen, die unter fast allen Bedingungen gedeihen, vorausgesetzt, man gießt sie nicht zu viel. Am bekanntesten ist *S. trifasciata* ›Variegata‹, manchmal auch als ›Laurentii‹ geführt. Sie hat an den Rändern der großen, schwertähnlichen Blätter gelbe Streifen. Bei gut gezogenen Pflanzen erreichen die Blätter 1 m Länge. Die grüne Varietät ist zwar weniger beeindruckend, doch sie hat ihren eigenen Charme. Seit kurzem gibt es *S. futura* mit runderen, doch immer noch spitzen Blättern, die weniger empfindlich für zuviel Nässe zu sein scheint. Schließlich sind da noch die beiden Varietäten *S. hahnii* und *S. hahnii* ›Variegata‹ mit flachen Blattrosetten, die denen von Aloe ähnlich sind.

Sansevieria haben große, gelbe Blütenstände mit winzigen, sternförmigen Blüten. Sie wachsen neben den Blättern aus der Erde.

Obwohl die Pflanzen in Erde nicht gern naß stehen, eignen sie sich gut für Hydrokultur.

Beim Kauf sollten Sie darauf achten, daß die Blätter keine abgestorbenen Stellen haben, und die Blattränder unbeschädigt sind. Prüfen Sie, ob die Pflanzen gut bewurzelt sind. Sie werden leicht kopflastig und können umfallen und beschädigt werden, wenn sie nicht ein kräftiges Wurzelsystem in der Erde verankert.

Größe: Die einzelnen Blätter werden bis zu 1 m hoch. Die normale Pflanzengröße liegt aber zwischen 30 und 45 cm mit jeweils 5 bis 12 Blättern.
Wachstum: Eine durchschnittliche Pflanze entwickelt pro Jahr 2 oder 3 neue Blätter.
Blütezeit: Die Blüten können jederzeit kommen, im Sommer ist es aber wahrscheinlicher. Der Blütenstiel ist meist halb so hoch wie die Blätter und hat winzige sternartige Blüten. Nach der Blüte wird er abgeschnitten.
Duft: Die Blüten duften stark.
Licht: Die Pflanzen gedeihen in voller Sonne am besten, tolerieren jedoch auch recht dunkle Plätze.
Temperatur: Kann im Winter bis auf 10 °C absinken, doch die Pflanzen wachsen nur bei 16 °C und mehr weiter. Im Sommer brauchen sie normale Zimmertemperatur, höchstens aber 24 °C.
Gießen: Nicht überwässern. Zu viel Wasser bringt sie um. Im Sommer etwa alle 7 bis 10 Tage, im Winter alle 3 Wochen gießen.
Düngen: Im Sommer gibt man alle 3 Wochen Flüssigdünger ins Gießwasser.
Luftfeuchtigkeit: Sie mögen trockene Luft.
Säubern: Staubige Blätter werden mit einem feuchten Tuch abgewischt. Kein Blattglanz verwenden.
Luft: Sie tolerieren fast alle Bedingungen, doch man sollte sie nicht gerade auf ein Kaminsims oder neben ein Gasfeuer stellen.
Erde: Am besten Lehmerde Nr. 2. Man muß sicherstellen, daß die Drainage gut ist, und die Pflanzen fest in ihrem Topf stehen, weil sie leicht kopflastig werden und umfallen.

Umtopfen: Nicht öfter als alle 2 Jahre, denn sie gedeihen in kleinen Töpfen besser.
Schnitt: Nur erkrankte und beschädigte Blätter entfernen.
Vermehrung: Um die Färbung zu erhalten, werden bunte Sorten im Frühjahr geteilt. Neue Pflanzen kann man im Sommer aus Blattstecklingen ziehen. Blätter werden in 8 cm große Stücke geschnitten. Diese läßt man abtrocknen und setzt sie dann in scharfen Sand. Bei 21 °C bewurzeln sie sich nach etwa 1 Monat, aber es entwickeln sich nur grüne Pflanzen.
Lebenserwartung: Sehr hoch, wenn man nicht zu viel gießt.
Pflanzgruppen: Weil sie so wenig Wasser brauchen, kann man die Pflanzen schlecht in gemischte Schalen setzen. Ihre Blattform und ihre Färbung bilden jedoch einen hübschen Kontrast zu anderen Pflanzen, und es ist durchaus möglich, sie in Schalen oder große Behälter einzubeziehen. Man läßt die Pflanzen in ihrem Topf und setzt sie in einen Behälter mit trockenem Sand. Diesen doppelten Topf versenkt man in der Erde der Schale. So sind die Pflanzen vor der Feuchtigkeit ihrer Umgebung geschützt und können bei Bedarf einzeln gegossen werden.
Schwierigkeitsgrad: Einfache Pflanzen, wenn man sie nicht zu viel gießt.

Umtopfen

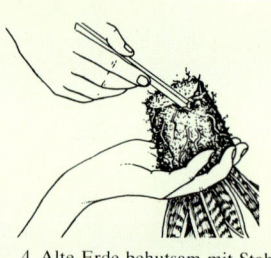

1 Jedes zweite Frühjahr umtopfen, wenn Wurzelschößlinge kräftig wachsen und Wurzeln aus dem Topf kommen. Zuerst gut gießen.

2 In einen etwas größeren Topf kommt eine Drainage und feuchte Lehmerde Nr. 2.

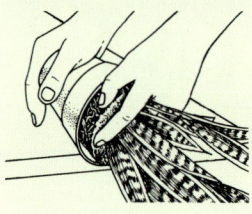

3 Topf so halten, daß Pflanze zwischen den Fingern und Erde unter der Handfläche liegt. Topfrand aufklopfen. Pflanze kommt mit Erde heraus.

4 Alte Erde behutsam mit Stab von den Wurzeln entfernen. Wurzeln nicht verletzen.

5 Wurzelballen auf die Erde im neuen Topf setzen.

6 Topf mit neuer Erde füllen. Wurzeln müssen bedeckt sein. Erde gut andrücken. 2 Tage nicht gießen und schattig stellen, damit Wurzeln in die neue Erde wachsen.

Kranke Pflanzen

1 *Blattbasen faulen:* Zu naß, vor allem im Winter. Gießen reduzieren und kein Wasser am Wurzelhals stehen lassen.

2 *Blattränder beschädigt:* Pflanze ist zu schwer und deshalb umgefallen. In einen Übertopf setzen. Blätter können Kälteschäden haben, wenn sie an einem Fenster lehnen. Weiter vom Fenster entfernen.

3 *Blätter haben braune Flecken:* Überwässert. Erde nicht vollkommen austrocknen lassen, aber weniger gießen.

4 *Blätter blaß:* Zu wenig Licht. Heller stellen.

5 *Weiße wollige Flecken auf den Blättern:* Wolläuse. Mit Watte und Spiritus abwischen bzw. mit Malathion oder systemischem Insektizid spritzen.

Blattstecklinge

1 In einen Vermehrungskasten oder eine Saatschale kommt eine Drainage, Erde und 2,5 cm scharfer Sand.

2 Ein gesundes Blatt an der Basis abschneiden.

3 Auf eine harte Fläche legen und in 2,5 cm breite Stücke schneiden. An der Schnittkante, die am Blatt unten war, kleinen Schlitz schneiden.

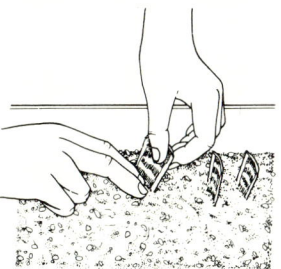

4 Jedes Stück halb in den Sand stecken. Der Teil, der der Blattbasis am nächsten war, muß im Sand sein.

5 Gut gießen und abdecken. Abdeckung täglich 5 Minuten entfernen, um Fäule vorzubeugen. Erde nicht austrocknen lassen. Temperatur 21 °C. Bald entwickeln sich neue Blätter und Wurzeln.

6 Wenn neue Pflanzen 2 oder 3 Blätter haben, aus der Erde nehmen und behutsam vom alten Blatt abmachen. Eintopfen.

Säubern

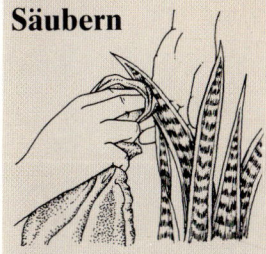

Staub mit einem weichen Tuch oder Schwamm und lauwarmem Wasser abwischen. Blatt mit der anderen Hand stützen. Kein Blattglanz verwenden.

Wurzelteilung

S. laurentii verliert bei Vermehrung durch Blätter die Blattzeichnung. Man kann jedoch im Frühjahr Wurzelschößlinge abtrennen.

1 In 2 Töpfe kommt eine Drainage und Erde.

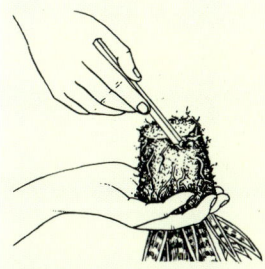

2 Pflanze aus dem Topf nehmen. Alte Erde behutsam entfernen.

Gießen

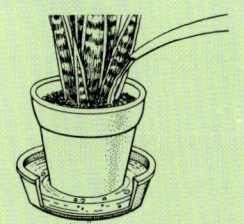

Sansevieria darf nicht überwässert werden, weil sie sonst an der Basis fault. Warten, bis Erde trocken ist. Nach 15 Minuten Überschuß ausgießen.

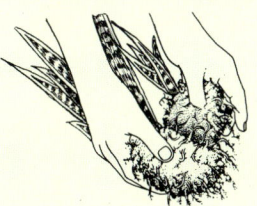

3 Wurzeln und Stengel vorsichtig auseinanderziehen.

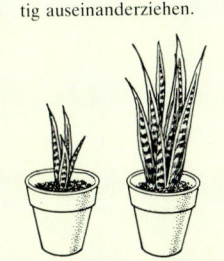

4 Beide Teile wie gewohnt eintopfen.

Schalen bepflanzen

1 Sansevieria kann in gemischten Schalen stehen, muß aber durch einen Behälter isoliert werden, weil sie weniger Wasser als andere Pflanzen braucht.

2 Topf in einen Behälter mit trockenem Sand setzen.

3 Beide zusammen in der Schale versenken. Topfrand unter der Erde verstecken.

4 So ist die Pflanze isoliert, und kann getrennt gewässert werden.

Saxifraga sarmentosa

Judenbart, Hängesteinbrech

Die Gattung *Saxifraga* verbindet man zunächst immer mit Alpen- und Steingärten, aber es gibt auch eine Art, die sich als hübsche, anspruchslose Zimmerpflanze halten läßt und *Saxifraga stolonifera* oder noch häufiger *S. sarmentosa* heißt. Bei uns nennt man sie Judenbart oder Hängesteinbrech. Die Pflanze bildet – so wie eine Erdbeere, die zur gleichen Familie gehört – zahlreiche Ausläufer mit Jungpflanzen. *Saxifraga sarmentosa* stammt aus China und wurde 1815 eingeführt. Sie ist bedingt winterhart und übersteht niedrige Temperaturen bis 7 °C recht gut.

Wenn sie in den Sommermonaten viele Ausläufer mit Jungpflanzen entwickelt, ist sie ausgesprochen hübsch anzusehen. Diese kommen besonders gut zur Geltung, wenn die Pflanze in einer Blumenampel wächst. Die runden Blätter sind reizvoll gezeichnet und in einer Rosette angeordnet. Sie blüht üppig, und ihre weißen Blüten ähneln denen der Garten-Saxifraga ›London pride‹. Die Pflanze ist ein exzellenter Bodendecker und eignet sich in großen Behältern ausgezeichnet zum Ausfüllen kahler Flecken.

Eine andere sehr reizvoll gescheckte Sorte wird als *S. stolonifera* ›Tricolor‹ geführt. Ihre Blätter sind Grün, Weiß und Rosa. Diese Varietät ist etwas heikler. Sie benötigt eine höhere Wintertemperatur von 10 °C und bildet nicht so viele Ausläufer. Im Handel ist diese Sorte seltener zu finden.

Beim Kauf von *Saxifraga* sollte man darauf achten, daß die Blattrosetten schön geformt sind und beginnen, Ausläufer und Jungpflanzen zu bilden.

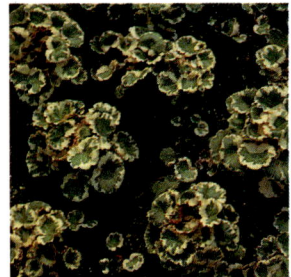

Links: Die Blätter von *Saxifraga stolonifera* ›Tricolor‹ sind leicht rosa gefärbt.

Rechts: Saxifraga sarmentosa paßt gut in Korb- oder Macraméampeln. Diese Pflanze beginnt gerade, Jungpflanzen zu bilden.

Unten: Die zierlichen Blüten von *Saxifraga sarmentosa*.

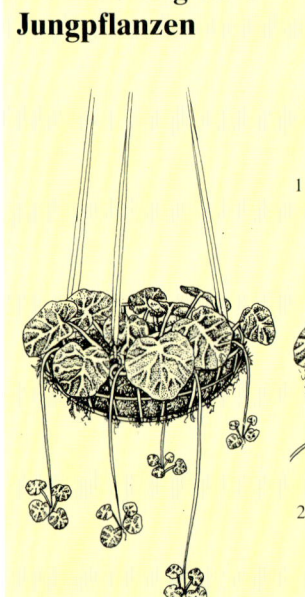

Vermehrung durch Jungpflanzen

1 In einen kleinen Topf kommt eine Mischung aus 1 Teil Sand und 1 Teil Lehmerde Nr. 2.

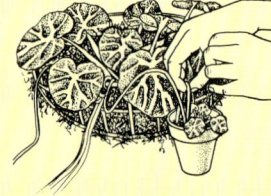

2 Topf neben die Mutterpflanze stellen und Jungpflanze in die Topfmitte setzen. Erde andrücken, reichlich gießen und feucht halten.

Saxifraga sarmentosa entwickelt kleine Jungpflanzen an Ausläufern, das sind lange Triebe, die am Boden kriechen oder bei Ampelpflanzen reizvoll herabhängen. Die Jungpflanzen am Ende der Ausläufer bilden kleine Wurzeln. Sind diese in eigener Erde angewachsen, kann man sie von der Mutterpflanze trennen.

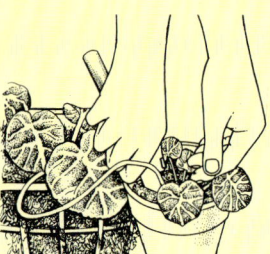

3 Wächst die Pflanze, wird sie abgetrennt.

Größe: Durchmesser der Blattrosetten etwa 10 bis 12 cm. Wünscht man größere Pflanzen, setzt man mehrere Rosetten in einen Topf.

Wachstum: Bereits in einer Wachstumsperiode blühen Jungpflanzen.

Blütezeit: Die spitzenartigen, kleinen, weißen Blüten mit einem gelben Mittelpunkt erscheinen gewöhnlich im Juni.

Duft: Keiner.

Licht: Sie stehen gerne auf der Fensterbank, müssen im Sommer aber vor der Mittagssonne geschützt werden.

Temperatur: Sie mögen es kühl und sind für stark zentralgeheizte Räume ungeeignet. Im Winter können die Temperaturen bis auf 7 °C fallen, im Sommer sind 13 bis 16 °C ideal. Temperaturen über 18 °C vertragen sie nicht gut.

Gießen: Bei guter Drainage wird im Sommer mindestens 3mal pro Woche gegossen. Im Winter prüft man die Erde – sie soll zwischen dem Gießen austrocknen. Wahrscheinlich reicht es, 1mal pro Woche zu gießen.

Düngen: Im Sommer 1mal im Monat die Hälfte der empfohlenen Menge Flüssigdünger ins Gießwasser geben.

Luftfeuchtigkeit: Sie ist nicht so wichtig wie bei den meisten anderen Zimmerpflanzen, doch ist im Sommer gelegentliches Sprühen von Vorteil.

Säubern: Das Sprühen reicht aus. Die Blätter sind leicht behaart, deshalb kein Blattglanz verwenden.

Luft: Die Pflanzen sind unempfindlich, mögen aber keine warme, trockene Luft. Sie schätzen eine gute Belüftung.

Erde: Lehmerde Nr. 2.

Umtopfen: Jedes Frühjahr umtopfen.

Schnitt: Außer zum Entfernen welker Blätter nicht nötig.

Vermehrung: Im Frühjahr Jungpflanzen von Ausläufern eintopfen. Dazu genügt Zimmertemperatur.

Lebenserwartung: Junge Pflanzen sehen hübscher aus und wachsen besser als alte Pflanzen, die mit der Zeit kraftlos und häßlich werden. Am besten zieht man alle 2 Jahre neue Pflanzen und wirft die alten weg.

Pflanzgruppen: Man kann sie einzeln als Ampelpflanzen halten, sie aber auch vor andere größere Pflanzen in eine Schale setzen.

Schwierigkeitsgrad: Eine anspruchslose Pflanze für jeden Anfänger, vorausgesetzt, die Zimmertemperaturen sind im Winter nicht zu hoch.

Kranke Pflanzen

1 *Blätter verformt und mit grünen Insekten verklebt:* Blattläuse. Die Pflanze ist sehr anfällig. Monatlich mit Pyrethrum oder systemischem Insektizid spritzen.

2 *Unansehnliche, abgestorbene Blätter an der Basis der Rosette:* Pflanze wird alt. Neue Pflanzen ziehen und alte wegwerfen.

3 *Pflanze bildet keine Ausläufer:* Düngen. Wurzeln prüfen und ggf. umtopfen.

4 *Pflanze aufgeschossen und Rosette nicht kompakt:* Zu warm. Kühler und luftiger stellen.

Säubern

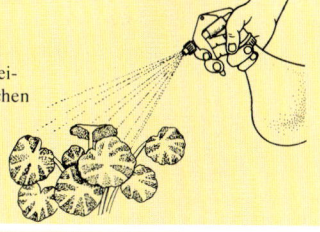

Damit die Blätter sauber bleiben, im Sommer alle 2 Wochen absprühen.

Kein Blattglanz verwenden.

Umtopfen

1 Im Frühjahr umtopfen, wenn alte Blätter unansehnlich sind, keine neuen erscheinen und Wurzeln unten aus dem Topf wachsen. Gut gießen.

2 In einen etwas größeren Topf kommt eine Drainageschicht und feuchte Lehmerde Nr. 2.

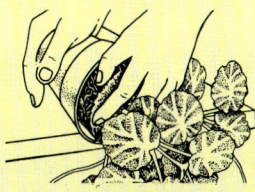

3 Topf so halten, daß Pflanze zwischen den Fingern und Erde unter der Handfläche liegt. Topfrand aufklopfen. Pflanze kommt mit Erde heraus.

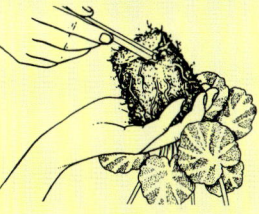

4 Alte Erde behutsam mit Stab von den Wurzeln entfernen. Wurzeln nicht verletzen.

5 Wurzelballen auf die Erde im neuen Topf setzen.

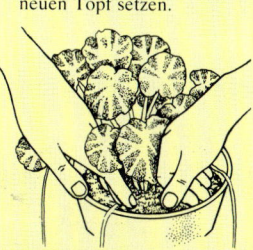

6 Topf mit neuer Erde füllen. Wurzeln müssen bedeckt sein. Erde gut andrücken. 2 Tage nicht gießen und schattig stellen, damit Wurzeln in die neue Erde wachsen.

Gießen

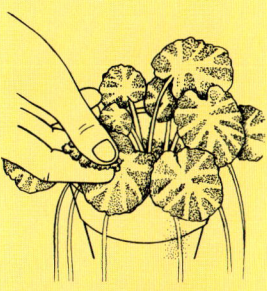

1 Erde mit den Fingern prüfen. Ist sie locker und krümelig, braucht die Pflanze Wasser.

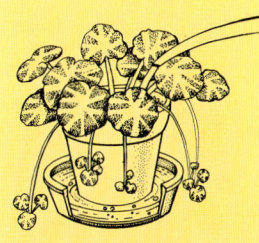

2 Von oben – möglichst mit Regenwasser – gießen. Nach 15 Minuten restliches Wasser aus dem Untersetzer leeren. Im Winter Erde vor dem Gießen austrocknen lassen. Ampelpflanzen beim Gießen nicht vergessen.

Blumenampel

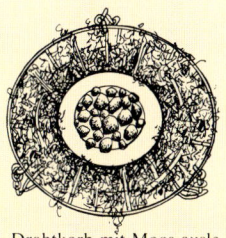

1 Drahtkorb mit Moos auslegen. Um Geruch vorzubeugen, Teller mit Holzkohle hineinstellen.

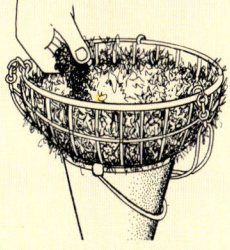

2 Korb auf einen Eimer stellen und feuchte Erde einfüllen.

3 Pflanzen so an den Rand setzen, daß die Ausläufer herabhängen.

4 Mit Erde auffüllen und um die Wurzeln herum andrücken.

5 Reichlich gießen und sicher aufhängen. Pflanzen, die in Drahtkörben im Freien hängen, trocknen leicht aus. Wird direkt in Keramik- oder andere massive Ampeln gepflanzt, muß sich im Topfboden stets ein Drainageloch befinden.

Schefflera actinophylla

Strahlenaralie, Schefflere

Diese in Australien und Neuseeland beheimatete Pflanze findet erst seit kurzem Freunde unter den Berufsgärtnern. Sie eignet sich hervorragend zur Zimmerkultur und verträgt auch wenig Licht und etwas Kälte. Wird sie jedoch unter guten Bedingungen gezogen, entwickelt sie sich schon bald zu einer bemerkenswerten Schmuckpflanze von stattlicher Größe. Sie kann 2 bis 4 m hoch und 1,2 bis 1,4 m breit werden. Den deutschen Namen Strahlenaralie verdankt sie der Anordnung ihrer Blätter. Sie gehört zur Familie der Araliengewächse *(Araliaceae)* und wurde nach J.C.Scheffler, einem Botaniker aus Danzig benannt.

Schefflera actinophylla ist die am häufigsten kultivierte Art. Bei jungen Pflanzen stimmt das Größenverhältnis von Blättern und Stengeln nicht, doch haben sie erst einmal eine Größe von 60 cm erreicht, sind auch die Proportionen ausgewogen. Blätter von Jungpflanzen setzen sich aus nur 3 Teilblättchen zusammen, erst ältere Exemplare bilden Blätter, die in 5 Einzelflächen geteilt sind. Kürzlich ist eine kleinere Art, *Schefflera arboricola*, auf den Markt gekommen. Sie hat 2 Varietäten, *S. arboricola* ›Hong Kong‹ und *S. arboricola* ›Geisha Girl‹. Mit ihren dicht nebeneinander sitzenden Blättern, die an aufrechten Stengeln wachsen, sind sich beide sehr ähnlich. Sowohl *S. actinophylla* als auch *S. arboricola* gedeihen gut in Hydrokultur.

Beim Kauf achtet man auf gesunde, grüne Blätter. Sie sollten wie auf Hochglanz poliertes, grünes Leder aussehen. Wollen Sie eine *S. actinophylla* kaufen, suchen Sie eine gut gewachsene Pflanze heraus.

Schefflera ist eine Pflanze, de auch eine schattige Ecke nichts ausmacht. *S. arboricola* bildet Blätter aus 9 Teilflächen (links). Sie wächst hoch und schmal. Oft setzt man 3 Pflanzen in einen Topf (unten), um sie buschiger aussehen zu lassen.

Rechts: Eine junge *Schefflera actinophylla.*

Größe: *S. actinophylla* ist eine große Pflanze, die bis zu 250 cm hoch und 120 bis 140 cm breit wird. *S. arboricola* wächst bis 120 cm in die Höhe und etwa 60 cm in die Breite.
Wachstum: Beide gedeihen gut und wachsen leicht 30 cm oder mehr in einer Wachstumsperiode.
Blütezeit: Beide haben kleine, grüne Blüten, die sich bei Topfpflanzen aber nur selten entwickeln.
Duft: Keiner.
Licht: Wie die meisten Pflanzen mögen sie einen hellen Platz, im Sommer aber keine volle Sonne. Oft passen sie ihre Ansprüche jedoch auch einer schattigen Ecke an.
Temperatur: Sie mögen eine mäßige Wintertemperatur, die nicht unter 12 °C sinken und über 18 °C steigen sollte. Im Sommer werden sie im Haus bei normaler Zimmertemperatur gehalten oder ins Freie gestellt. Maximale Sommertemperatur 21 °C.
Gießen: Man muß sie reichlich gießen; im Sommer wahrscheinlich 2- bis 3mal, im Winter 1mal pro Woche.
Düngen: Im Sommer alle 14 Tage die Hälfte der empfohlenen Menge Flüssigdünger ins Gießwasser geben.
Luftfeuchtigkeit: Übersprühen mit Regenwasser 2- bis 3mal pro Woche tut ihnen gut.
Säubern: Reicht das Sprühen zum Sauberhalten der Blätter nicht aus, wischt man sie mit einem feuchten Tuch ab. Blattglanz nicht öfter als alle 2 Monate benutzen.

Luft: Sie vertragen Zugluft und Qualm, sollten aber immer genügend Frischluft haben.
Erde: Lehmerde Nr. 2.
Umtopfen: Nicht öfter als alle 2 Jahre. Am besten immer nur die obere Erdschicht erneuern. Bei großen Pflanzen wird dies jedes Frühjahr nötig sein.
Schnitt: *S. actinophylla* ist eine einstämmige Pflanze, muß also nicht geschnitten werden. *S. arboricola* sollte man nur stutzen, wenn sie zu groß und unhandlich wird. Schneidet man dann die Spitzen zurück, verzweigt sich die Pflanze.
Vermehrung: Normalerweise durch Samen bei 21 bis 24 °C. Für Hydrokultur kann man Stecklinge im Wasser wurzeln lassen.
Lebenserwartung: Bei entsprechender Pflege können die Pflanzen sehr alt werden.
Pflanzgruppen: Kleine Pflanzen lassen sich gut mit den meisten anderen Grünpflanzen zusammensetzen. Große Exemplare stehen am besten allein. *S. actinophylla* wächst breit und braucht deshalb viel Platz.
Schwierigkeitsgrad: Eine hübsche, unkomplizierte Pflanze, der man beim Wachsen zugucken kann.

Umtopfen

1 Ruhende Knollen zu Frühjahrsbeginn umtopfen, wenn sie zu treiben beginnen. Jungpflanzen 2- oder 3mal in einer Wachstumsperiode umtopfen; immer dann, wenn die Wurzeln den Topf ausfüllen. Vorher reichlich gießen.

4 Alte Erde behutsam mit Stab von den Wurzeln entfernen. Wurzeln nicht verletzen.

2 In einen Topf kommt eine Drainageschicht und feuchte Torferde.

5 Wurzelballen auf die Erde im neuen Topf setzen.

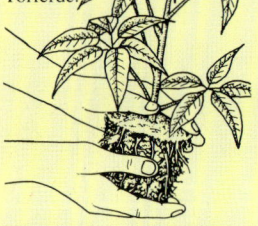

3 Topf so halten, daß Pflanze zwischen den Fingern und Erde unter der Handfläche liegt. Topfrand aufklopfen. Pflanze kommt mit Erde heraus.

6 Topf mit neuer Erde füllen. Der obere Teil der Knollen sollte mit der Erdoberfläche abschließen. 2 Tage nicht gießen und schattig stellen, damit Wurzeln in die neue Erde wachsen.

Aus Samen ziehen

Beide Pflanzen können im Vermehrungskasten aus Samen gezogen werden.

1 In einen Vermehrungskasten kommt sterilisierte Aussaaterde.

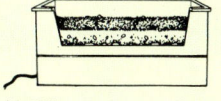

2 Samen gleichmäßig verteilen. Mit Erdschicht (nicht dicker als die Samen selbst) bedecken. Gut gießen.

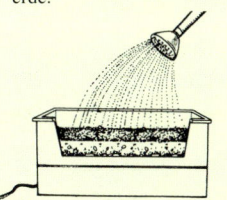

3 Haube aufsetzen und täglich 5 Minuten abnehmen, um Fäule vorzubeugen. Erde nicht austrocknen lassen. Temperatur 21 bis 24 °C.

4 Wenn die Samen keimen, hell stellen und Haube entfernen.

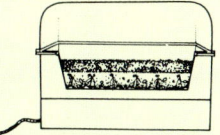

5 Sind die Sämlinge groß genug, auf 2,5 cm Abstand ausdünnen. Dabei schwächere Pflanzen herausziehen.

6 Gedeihen die Pflänzchen kräftig, einzeln in kleine Töpfe setzen.

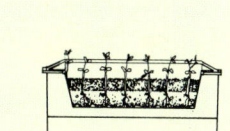

Sprühen

Blätter 2- oder 3mal die Woche mit Regenwasser besprühen.

Säubern

Blätter mit weichem Tuch oder Schwamm und lauwarmem Wasser abwischen. Blätter mit der anderen Hand stützen.

Blattglanz nicht öfter als alle 2 Monate verwenden.

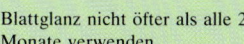

Kranke Pflanzen

1 Braune, schuppige Insekten auf Stengeln, Blattstielen und Blattunterseiten: Schildläuse. Mit Watte und Spiritus abwischen oder mit systemischem Insektizid spritzen.

2 Weiße, wollige Flecken auf den Blättern: Wolläuse. Mit Watte und Spiritus abwischen bzw. mit Malathion oder systemischem Insektizid spritzen.

3 Pflanze schießt, zwischen den Blättern sind große Abstände: Zu warm. Kühler und heller stellen.

4 Blätter werden blaßgrün bis gelb: Düngung nötig.

5 Gelbe Blätter mit Gespinsten an den Unterseiten: Spinnmilben. Mit Malathion, systemischem Insektizid oder Derris spritzen. Luftfeuchtigkeit erhöhen.

6 Blätter haben nur wenige Teilblättchen: Nicht voll entwickelte Blätter, die man an jungen Pflanzen findet.

7 Blätter verformt und mit grünen Insekten verklebt: Blattläuse. Mit Pyrethrum oder systemischem Insektizid spritzen.

Stützen

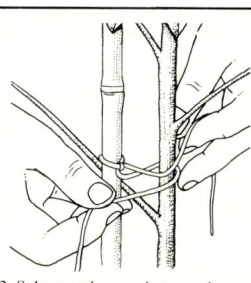

1 Stab einige Zentimeter neben dem Hauptstengel behutsam in die Erde schieben (Tiefe = 2/3 der Topfhöhe).

3 Schnur wie gezeigt um den Stengel schlingen.

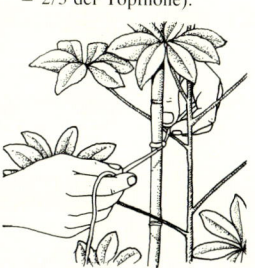

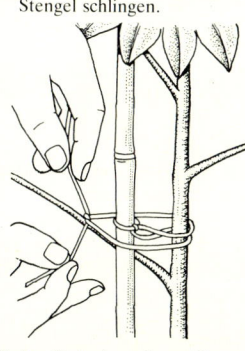

2 25 cm lange Schnur an der zum Stengel zeigenden Seite verknoten.

4 Am Stab einen festen Knoten machen. Nach oben in Abständen wiederholen.

Scindapsus aureus

Efeutute

Scindapsus gehört zur Familie der Aronstabgewächse *(Araceae)*. Sein wissenschaftlicher Name leitet sich von einer griechischen Bezeichnung für eine efeuähnliche Pflanze ab, und auch der deutsche Name Efeutute drückt die Ähnlichkeit mit dem Efeu aus. Man findet etwa 20 Arten dieser Kletterpflanze, deren Luftwurzeln sich schnell an jede Stütze heften. Die Pflanzen sehen auch den kleinblättrigen Philodendren sehr ähnlich und sind tatsächlich mit ihnen verwandt.

Die Varietät *Scindapsus aureus* von den Salomon-Inseln wird am liebsten als Zimmerpflanze gezogen. Die herzförmigen Blätter können bei vollentwickelten Pflanzen mehr als doppelt so groß sein wie bei Jungpflanzen. Diese blaßgrünen Blätter haben eine schöne gelbe Streifenzeichnung. Zu viel Nässe verursacht braune Flecken auf den Blättern, doch gedeihen die Pflanzen gut in Hydrokultur.

Es ist noch eine andere Varietät auf dem Markt, *S. aureus* ›Marble Queen‹. Ihre fast reinweißen Blätter sind Grün gezeichnet. Sie wächst bedeutend langsamer als *S. aureus* und stellt höhere Anforderungen in bezug auf Temperatur und Pflege. Wie alle Kletterpflanzen können beide Varietäten auch als Kriech- oder Hängegewächse gezogen werden und sehen deshalb hübsch in Blumenampeln aus.

Achten Sie beim Kauf von *Scindapsus* darauf, daß die Blätter schön gefleckt sind und relativ dicht beieinander stehen. Botanisch korrekt gehört *S. aureus* heute zur Gattung *Rhaphidophora*. Manche Gärtner führen sie unter diesem Namen oder unter Pothos.

Umtopfen

Größe: Die Pflanzen werden meist in 12- bis 18-cm-Töpfen verkauft, haben eine Länge von 60 bis 120 cm und wachsen an einem Stab. Später erreichen die Kletterpflanzen eine Länge von wenigstens 450 cm.
Wachstum: Im Haus wächst jeder Haupttrieb zwischen 30 und 40 cm pro Jahr.
Blütezeit: Im Haus blühen die Pflanzen nicht.
Duft: Keiner.
Licht: Sie vertragen Halbschatten, doch durch viel Licht (keine Mittagssonne) wird die Blattfärbung intensiver.
Temperatur: Im Winter sind mindestens 13 °C nötig, im Sommer 18 bis 21 °C. Maximale Sommertemperatur 24 °C.
Gießen: Die Pflanzen stehen nicht gerne naß. Im Sommer alle 4 bis 5 Tage, im Winter alle 7 bis 8 Tage gießen. Erde prüfen – sie soll zwischen dem Gießen austrocknen.
Düngen: 1mal im Monat kommt die Hälfte der angegebenen Menge Flüssigdünger ins Gießwasser.
Luftfeuchtigkeit: Blätter im Sommer 2- bis 3mal pro Woche mit lauwarmem Wasser besprühen, im Winter alle 14 Tage mit einem feuchten Tuch abwischen.
Säubern: Durch Abwischen der Blätter hält man die Pflanze sauber und erhöht gleichzeitig die Luftfeuchtigkeit. Die Pflanzen vertragen kein Blattglanz.

Luft: Sie mögen keine Zugluft. Durch Gas oder Ölheizung können Immissionsschäden auftreten.
Erde: Lehmerde Nr. 2.
Umtopfen: Scindapsus wollen nicht zu oft umgetopft werden. Deshalb kommen sie höchstens alle 2 Jahre in einen neuen Topf. Auf gute Drainage achten.
Schnitt: Werden die Pflanzen zu groß, können sie im Frühjahr zurückgeschnitten werden. Sollen sie buschig wachsen, schneidet man im April oder Mai die Haupttriebe um die Hälfte zurück.
Vermehrung: Kopfstecklinge läßt man im Frühjahr in Wasser oder Erde Wurzeln ziehen. Dazu ist eine Temperatur von 18 bis 21 °C nötig.
Lebenserwartung: Bei etwas Pflege hält sich die Pflanze viele Jahre.
Pflanzgruppen: Bei guter Drainage kann Scindapsus mit anderen Grünpflanzen in Tröge oder Kübel gesetzt werden. Natürlich braucht er eine Stütze.
Schwierigkeitsgrad: Eine recht unkomplizierte Pflanze, die üppig wächst, vorausgesetzt, man hat etwas Erfahrung.

1 Nicht öfter als jedes zweite Frühjahr umtopfen. Neue Erde ist nötig, wenn Wurzeln unten aus dem Topf kommen und die Pflanze nur wenig wächst. Reichlich gießen.

2 In einen etwas größeren Topf kommt eine Drainageschicht und feuchte Lehmerde Nr. 2.

4 Alte Erde behutsam mit Stab von den Wurzeln entfernen. Wurzeln nicht verletzen.

5 Wurzelballen auf die Erde im neuen Topf setzen.

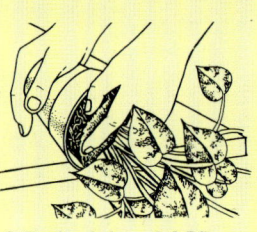

3 Topf so halten, daß Pflanze zwischen den Fingern und Erde unter der Handfläche liegt. Topfrand aufklopfen. Pflanze kommt mit Erde heraus.

6 Topf mit neuer Erde füllen. Wurzeln müssen bedeckt sein. Erde gut andrücken. 2 Tage nicht gießen und schattig stellen, damit Wurzeln in die neue Erde wachsen.

Scindapsus sieht fast so aus wie Efeu, ist jedoch anspruchsvoller als dieser und braucht mehr Wärme, mehr Licht und weniger Wasser.

Links: Die Blätter von *Scindapsus* sind herzförmig und werden bei älteren Pflanzen sehr groß.

Links: Scindapsus aureus ›Marble Queen‹ ist stark gescheckt. Manche Blätter können rein weiß sein.

Rechts: Scindapsus aureus. Hier sind mehrere Stecklinge an einen Moosstab erzogen. Man kann Pflanzen auch in Blumenampeln ziehen. Die Triebe können dann so lang werden, daß sie bis zum Boden reichen.

Kranke Pflanzen

1 *Blasse Blätter:* Zu viel Sonne. Halbschattig stellen.

2 *Braune Flecken und schwarze Ränder an den Blättern:* Zu kalt und/oder zu naß. Wärmer stellen und weniger gießen.

3 *Blätter werden grün:* Zu wenig Licht. Heller stellen.

4 *Gelbe Blätter mit Gespinsten an den Unterseiten:* Spinnmilben. Mit Malathion, systemischem Insektizid oder Derris spritzen. Luftfeuchtigkeit erhöhen.

Schnitt

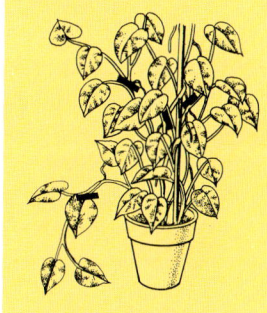

›Hochbeinige‹ Pflanzen im Frühjahr zurückschneiden.

Gießen

Scindapsus darf nie zu naß stehen. Stets Erde prüfen: Sie soll zwischen dem Gießen austrocknen. Nach 15 Minuten überschüssiges Wasser aus dem Untersetzer leeren.

Kopfstecklinge

Stecklinge im Frühjahr schneiden. Damit sie genug Luftfeuchtigkeit haben, am besten in Vermehrungskasten setzen. Hat man keinen solchen Kasten, kommt eine Plastiktüte über einen Topf.

1 In einen Vermehrungskasten oder Topf kommt Drainage und eine Mischung aus scharfem Sand und Lehmerde.

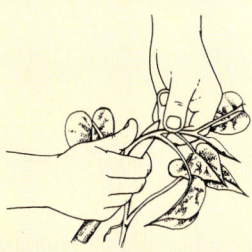

2 Einen Trieb mit mindestens 2 gesunden Blättern und einem Wachstumspunkt abschneiden.

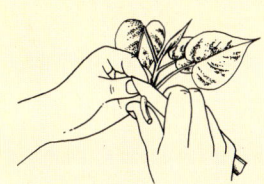

3 Stengel direkt unterhalb eines Blattes abschneiden.

4 Unteres Blatt entfernen.

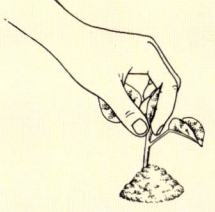

5 Schnittfläche in Bewurzelungsmittel tauchen. Überschuß abschütteln.

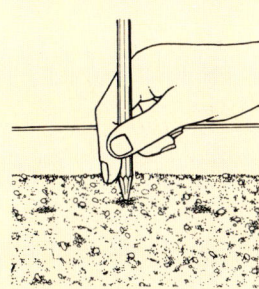

6 Mit Stab oder Stift kleine Löcher in die Erde stechen.

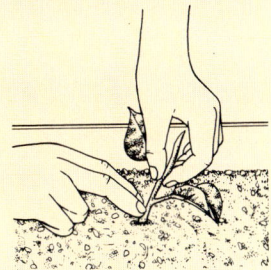

7 Stecklinge in Löcher setzen. Stengel müssen unten die Erde berühren, untere Blätter in Höhe der Erdoberfläche stehen.

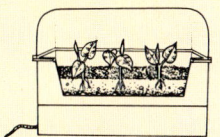

8 Reichlich gießen und abdecken. Haube täglich 5 Minuten abnehmen. Erde nicht austrocknen lassen. Temperatur 18 bis 21 °C.

9 Nach 21 Tagen Haube abnehmen. Wachsen die Stecklinge gut, in normale Erde setzen.

Moosstäbe einsetzen

1 In einen Topf kommt eine Drainage und eine Schicht feuchte Erde.

4 Pflanze neben dem Moosstab in den Topf setzen.

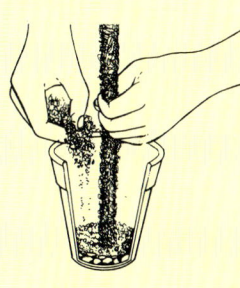

2 Moosstab einsetzen und mit etwas Erde an seinem Platz halten.

5 Pflanze in Abständen mit Bast oder Schnur an den Moosstab binden.

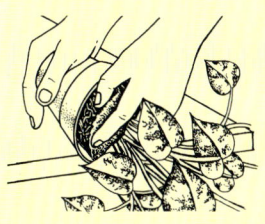

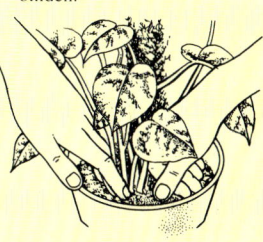

3 Pflanze aus dem Topf nehmen.

6 Topf mit neuer Erde füllen. Wurzeln müssen bedeckt sein. Gut andrücken.

Sinningia speciosa

Gloxinie

Jedem ist diese Pflanze unter ihrem gebräuchlichen Namen Gloxinie bekannt, ihre botanische Bezeichnung hingegen lautet *Sinningia speciosa hybrida*. Sie stammt aus Brasilien und gehört zur Familie der Gesneriengewächse, die etwa 20 Arten umfaßt.

Den Namen Gloxinie erhielt sie zu Ehren von Benjamin Peter Gloxin, einem französischen Botaniker, der gegen Ende des 18. Jahrhunderts lebte. Der Gattungsname ehrt Wilhelm Sinning, einen Bonner Universitätsgärtner aus der Mitte des 19. Jahrhunderts. Er beschäftigte sich mit der Züchtung und Selektion der Pflanze, und wir verdanken ihm eine der schönsten, im Sommer blühenden, Zimmerpflanzen.

Die ursprüngliche Pflanze hat herabhängende, purpurne Blüten, die in ihrer Form den Blüten des Fingerhutes ähneln. Moderne Hybriden haben aufrechte, glockenförmige Blüten, die an kurzen Stielen sitzen und leuchtend Rot, Rosa, Violett oder Weiß sind. Einige Varietäten bilden Blüten mit gekräuselten, weißen Rändern. Die Blätter sind groß, flach und samtig.

Gloxinien können im Frühjahr aus Samen oder Knollen gezogen werden. Kauft man eine blühende Pflanze, achtet man darauf, daß sie noch viele Knospen hat. Die Blätter sollen tiefgrün und nicht beschädigt sein. Blasse Pflanzen sind nicht ausreichend gedüngt worden. Achten Sie darauf, daß die Pflanze keine Fäulestellen hat. Beim Transport muß man besonders vorsichtig sein, denn die zarten, fleischigen Blätter brechen leicht.

Gloxinien sollten viele Blüten entwickeln. Wenn sich die ersten öffnen, soll das Herz der Pflanze noch voller Knospen sein *(links)*.

Rechts: Eine gesunde Gloxinie hat dunkelgrüne Blätter.

Unten: Die Blüten und Blätter fühlen sich samtig an. Blüten nicht mit Wasser besprühen.

Größe: In der Blüte gewöhnlich 30 cm hoch und etwa 40 cm im Durchmesser.

Wachstum: Früh im Jahr gesäte Pflanzen blühen noch im folgenden Sommer. Pflanzen aus Knollen brauchen 5 Monate bis sie blühen.

Blütezeit: Erfolgt die Aussaat oder das Einpflanzen von Knollen in Abständen, kann man von Mai bis September blühende Pflanzen haben. Sie bilden meist alle ihre Blüten auf einmal.

Duft: Keiner.

Licht: Sie brauchen einen hellen Platz, müssen aber im Sommer vor der Mittagssonne geschützt werden.

Temperatur: Im Sommer Zimmertemperatur, 15 bis 21 °C. Im Winter hält man die ruhenden Knollen trocken und frostfrei. Damit sie im Frühjahr zu wachsen beginnen, benötigen sie eine Temperatur von 21 °C. Maximale Sommertemperatur 24 °C.

Gießen: Reichlich gießen. Im Sommer 2- bis 3mal pro Woche. Im Herbst, wenn die Blätter welken und die Ruhezeit der Pflanzen beginnt, nach und nach weniger gießen. Dann Pflanze einziehen lassen, indem sie völlig trocken bleibt.

Düngen: Während der Blüte kommt 1mal pro Woche Flüssigdünger ins Gießwasser.

Luftfeuchtigkeit: Junge Pflanzen schätzen eine leichte lauwarme Dusche am frühen Morgen. Das Besprühen der Blüten vermeiden. Topf in feuchten Torf stellen.

Säubern: Das Sprühen reicht aus. Niemals Blattglanz verwenden.

Luft: Zugluft vermeiden.

Erde: Torferde.

Umtopfen: Jungpflanzen aus Samen oder Stecklingen sollten während der Wachstumsperiode 2- oder 3mal umgetopft werden. Alte Knollen 1mal im Februar/März, wenn das Wachstum beginnt, umtopfen. Der obere Teil der Knolle sollte mit der Erdoberfläche abschließen.

Schnitt: Nicht nötig, außer zum Entfernen beschädigter Blätter oder welker Blüten.

Vermehrung: Aus Samen, die zeitig im Frühjahr bei 21 °C in die Erde kommen. Darauf achten, daß die Jungpflanzen nicht durch zu viel Wasser oder schlechte Belüftung faulen. Von Knollen, die bereits im zeitigen Frühjahr getrieben haben, können 5 bis 7 cm lange Kopfstecklinge genommen werden. Knollen kann man auch in Stücke mit jeweils einem Auge teilen. Blattstecklinge werden im Sommer genommen, wenn die Blätter vollentwickelt sind. Alle Stecklinge wurzeln bei 21 °C.

Lebenserwartung: Knollen treiben Jahr für Jahr neu, man sollte sie aber nicht länger als 2 bis 3 Jahre behalten, da alte Pflanzen leicht an Kraft verlieren.

Pflanzgruppen: Am besten zieht man sie einzeln.

Schwierigkeitsgrad: Bei etwas Pflege und Aufmerksamkeit sind Gloxinien – zumindest für eine Saison – recht unkompliziert.

Umtopfen

1 Jedes zweite Frühjahr umtopfen, wenn Wurzeln unten aus dem Topf wachsen, Blätter blaß sind und die Pflanze nicht wächst. In einen etwas größeren Topf kommt eine Drainage und feuchte Lehmerde Nr. 2. Pflanze gut gießen.

2 Erde mit einem Messer vom Topfrand lösen.

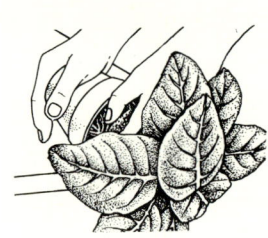

3 Pflanze herausnehmen, dabei Wurzelballen festhalten und oberen Teil stützen.

4 Pflanze auf einen Tisch legen und alte Erde mit Stab von den Wurzeln entfernen. Wurzeln nicht verletzen.

5 Wurzelballen auf die Erde im neuen Topf setzen.

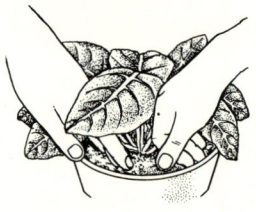

6 Topf mit neuer Erde füllen. Wurzeln müssen bedeckt sein. Erde gut andrücken. 2 Tage nicht gießen und schattig stellen, damit Wurzeln in die neue Erde wachsen.

Kranke Pflanzen

1 *Blätter blaßgrün:* Düngen.

2 *Braune Ringe auf den Blättern:* Viruserkrankung. Bekämpfung nicht möglich. Pflanze vernichten.

3 *Blätter verformt und mit grünen Insekten verklebt:* Blattläuse. Mit Pyrethrum oder systemischem Insektizid spritzen.

4 *Blätter rollen sich:* Zu viel Sonne. Halbschattig stellen.

5 *Stiele oder Knospen faulen:* Zu kalt und Wasser ist auf die Pflanze gekommen. Wärmer stellen und darauf achten, daß nach dem Gießen oder Sprühen kein Wasser auf Blättern und Knospen bleibt.

6 *Fleckige Blüten:* Durch Wasser verursacht. Blüten nicht besprühen.

Teilung

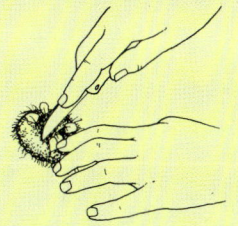
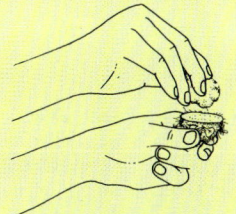

1 Knollen können im Frühjahr geteilt werden, wenn sie treiben. In 2 Töpfe kommt Drainage, Erde und 2,5 cm scharfer Sand.

2 Pflanze aus dem Topf nehmen.

3 Behutsam alte Erde entfernen.

4 Knolle auf eine harte Fläche legen und mit einem Messer zweiteilen. Jedes Teil muß einen Trieb haben.

5 Schnittflächen mit Schwefel einpudern, um Pilzerkrankungen vorzubeugen.

6 Hälften einzeln eintopfen, so daß die Oberseiten mit der Erdoberfläche abschließen.

Blattstecklinge

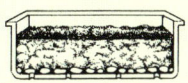
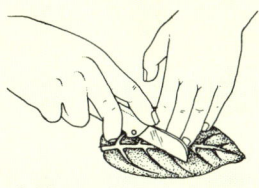

5 Reichlich gießen und bei 21 °C halten. Mit Glas oder Plastik abdecken. Erde nicht austrocknen lassen. An den Einschnitten entwickeln sich neue Pflanzen.

1 In eine Saatschale oder einen flachen Topf kommt Drainage, Erde und 1 cm scharfer Sand. Isolierten Draht in 2,5 cm lange Stücke schneiden.

3 Blatt umdrehen und auf harte Fläche legen. Dicke Blattadern einschneiden.

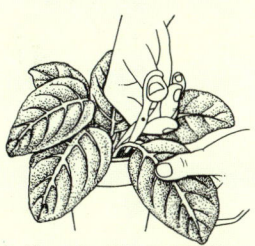
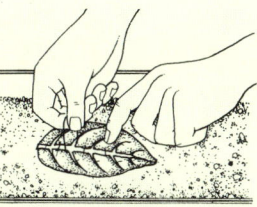

6 Neue Pflanzen mit zwei oder drei Blättern behutsam vom alten Blatt entfernen und einzeln in kleine Töpfe setzen.

2 Gesundes Blatt unten abschneiden und Stiel entfernen.

4 Blatt vorsichtig mit der Unterseite auf den Sand legen. An mehreren Stellen so mit Draht befestigen, daß die Adern den Sand berühren.

Luftfeuchtigkeit

Sinningia braucht eine hohe Luftfeuchtigkeit.

Täglich mit lauwarmem Wasser besprühen. Blüten nicht besprühen.

Topf in einen Untersetzer mit Wasser und Kieseln stellen. Der Topfboden darf nicht im Wasser stehen.

oder

Topf in einen Behälter mit feuchtem Torf stellen.

Solanum capsicastrum

Korallenkirsche

Innerhalb der Familie der Nachtschattengewächse *(Solanaceae)* bildet Solanum eine große Gattung mit etwa 1500 Arten. Sie sind in tropischen und gemäßigten Klimazonen beheimatet. Das bekannteste Mitglied dieser Familie ist die Speisekartoffel, *Solanum tuberosum.*

Nur zwei Mitglieder der Familie werden als Zimmerpflanzen kultiviert, *Capsicum* (S. 52) und *Solanum capsicastrum,* allgemein als Korallenkirsche bekannt. Diese wurde im 17. Jahrhundert aus Brasilien eingeführt. Heute ist sie eine beliebte Zimmerpflanze, die gewöhnlich in der Weihnachtszeit, wenn sie Früchte trägt, in den Handel kommt. Im Haus hält sie sich recht gut, braucht jedoch eine hohe Luftfeuchtigkeit und muß deshalb regelmäßig besprüht werden. Wie Capsicum kann man sie im Herbst in Blumenkästen setzen. Und ist der Winter nicht zu streng, hält sie bis gegen Weihnachten.

Hybridenzüchter haben die ursprüngliche Pflanze im Laufe der Zeit enorm verbessert. So gibt es heute Varietäten, die kompakter wachsen, mehr Früchte tragen und diese nicht mehr so leicht abwerfen.

Die Beeren sollte man nicht essen. Zwar sind sie nicht tödlich giftig, verursachen aber besonders bei kleinen Kindern zeitweilige Magenbeschwerden.

Kaufen Sie Pflanzen mit schönen grünen Blättern und Beeren, die sich gerade Gelb und Orange färben.

Korallenkirschen bilden Früchte, die sich erst grün, dann gelb und orange färben. Kaufen Sie stets Pflanzen mit tiefgrünen Blättern.

Unten: Die Beeren halten viele Wochen. Beeren nicht essen, sie sind giftig.

Rechts: Eine *Solanum capsicastrum* mit vielen Beeren.

Größe: Gewöhnlich werden Pflanzen zwischen 30 und 40 cm Höhe verkauft, die kleineren in 9-cm-Töpfen, die größeren in 13-cm-Töpfen. Behält man die Pflanzen 2 Jahre, werden sie etwas größer.

Wachstum: Aus Samen gezogen, wachsen sie in einer Saison bis zu 40 cm.

Blütezeit: Im Juni und Juli. Die typischen orangefarbenen Beeren zeigen sich ab Oktober.

Duft: Die Blüten duften nicht, die Blätter aber haben einen stechenden Geruch.

Licht: Sollen sie im Haus lange halten, brauchen sie viel Licht.

Temperatur: Im Winter mögen sie es nicht zu warm, 13 °C sind ideal. Im Sommer stellt man sie am besten nach draußen. Im Haus sollte es nicht wärmer als 18 °C sein.

Gießen: Während der Wachstumsperiode wird ausgiebig – jeden zweiten Tag – gegossen. Im Winter nicht austrocknen lassen, also etwa 2- bis 3mal pro Woche gießen. Will man sie ein zweites Jahr behalten, hält man die Pflanze während der Ruhezeit trocken und gießt nach dem Schnitt nur etwa alle 2 Wochen.

Düngen: Im Sommer, wenn die Pflanze wächst, alle 14 Tage Flüssigdünger ins Gießwasser geben.

Luftfeuchtigkeit: Sie lieben feuchte Luft und sollten deshalb, wenn sie im Haus stehen, täglich mit weichem Wasser besprüht werden.

Säubern: Das Sprühen reicht aus. Kein Blattglanz verwenden.

Luft: Sie sind nicht sehr anspruchsvoll, vorausgesetzt, die Luft ist nicht zu trocken und die Belüftung gut.

Erde: Lehmerde Nr. 2.

Umtopfen: Das Umtopfen von Pflanzen, die man aus Samen zieht, ist davon abhängig wie schnell sie wachsen – wahrscheinlich muß 2mal umgetopft werden. Behält man die Pflanze ein weiteres Jahr, ist es ratsam, im Frühjahr, wenn sie geschnitten wird, umzutopfen.

Schnitt: Nur nötig, wenn man die Pflanze ein zweites Jahr behalten will. Dann im April/Mai um die Hälfte zurückschneiden und bis zur Sommermitte nach draußen stellen. Im September am besten Triebspitzen ohne Blüten auszwicken. So wird der Wuchs begrenzt, und die Pflanze wächst kompakt.

Vermehrung: Samen keimen gut im März bei etwa 16 °C.

Lebenserwartung: Gewöhnlich behandelt man sie wie einjährige Pflanzen, wirft sie also nach einer Saison weg. Hat man genügend Platz, ist es nicht schwierig, sie auch ein zweites Jahr zu halten. Danach werden sie ziemlich holzig und tragen nur noch selten Blüten und Früchte.

Pflanzgruppen: Normalerweise werden sie als Einzelpflanzen gehalten, die man aber auch vorübergehend zu anderen Grünpflanzen in Schalen oder Kübel setzen kann.

Schwierigkeitsgrad: Bei genügend Licht und Luftfeuchtigkeit sind sie recht unkompliziert.

Umtopfen

1 Aus Samen gezogene Pflanzen im Sommer immer dann umtopfen, wenn die Wurzeln den Topf ausfüllen, ältere Pflanzen im Frühjahr nach dem Schnitt. Reichlich gießen.

2 In einen etwas größeren Topf kommt eine Drainageschicht und feuchte Lehmerde Nr. 2.

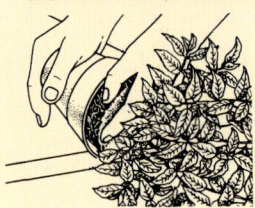

3 Topf so halten, daß Pflanze zwischen den Fingern und Erde unter der Handfläche liegt. Topfrand aufklopfen. Pflanze kommt mit Erde heraus.

4 Alte Erde behutsam mit Stab von den Wurzeln entfernen. Wurzeln nicht verletzen.

5 Wurzelballen auf die Erde im neuen Topf setzen.

6 Topf mit neuer Erde füllen. Wurzeln müssen bedeckt sein. Erde gut andrücken. 2 Tage nicht gießen und schattig stellen, damit Wurzeln in die neue Erde wachsen.

Kranke Pflanzen

1 *Blätter kraftlos, Beeren fallen ab:* Zu trocken. Topf sofort ins Wasserbad setzen, dann Wasser ablaufen lassen.

2 *Wuchs schwächlich, Blätter in großen Abständen:* Zu wenig Licht. Heller stellen.

3 *Junge Triebe mit grauem Pilzrasen überzogen:* Grauschimmel. Lüftung verbessern und wärmer stellen. Mit systemischem Fungizid spritzen.

4 *Blätter blaß, untere gelb mit braunen Flecken:* Magnesiummangel. Regelmäßig magnesiumhaltigen Flüssigdünger, z.B. Tomatendünger ins Gießwasser geben.

5 *Blätter blaß:* Pflanze braucht Nahrung. Umtopfen oder wöchentlich düngen.

6 *Gelbe Blätter mit Gespinsten an den Unterseiten:* Spinnmilben. Mit Derris oder systemischem Insektizid spritzen. Luftfeuchtigkeit erhöhen.

7 *Pflanze verkümmert, gelbe ovale Ringe auf den Blättern:* Viruserkrankung. Pflanze vernichten.

8 *Pflanze blüht, setzt aber keine Früchte an:* In Zukunft die geöffneten Blüten mit warmem Wasser besprühen.

Aus Samen ziehen

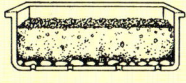

1 Solanum kann im Frühjahr aus Samen gezogen werden. In eine Saatschale kommt Drainage und Aussaaterde.

4 Wenn die Samen keimen, hell stellen und Glasscheibe entfernen.

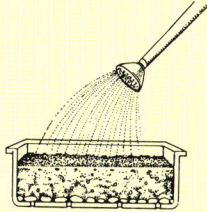

2 Samen gleichmäßig verteilen. Mit Erdschicht (nicht dicker als die Samen selbst) bedecken. Gut gießen.

5 Sind die Sämlinge groß genug, auf 2,5 cm Abstand ausdünnen. Dabei schwächere Pflanzen herausziehen.

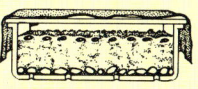

3 Glasscheibe auflegen und dunkel stellen oder mit dünklem Tuch abdecken. Glas täglich umdrehen. Erde nicht austrocknen lassen. Warm halten (16 °C).

6 Gedeihen die Pflänzchen kräftig, einzeln in kleine Töpfe setzen.

Buschig erziehen

Damit Pflanzen buschig bleiben. Triebspitzen auszwicken.

Schnitt

Behält man die Pflanze ein zweites Jahr, im späten Frühjahr um die Hälfte zurückschneiden.

Sprühen

Im Haus, und damit sich Beeren bilden, in der Blüte täglich mit weichem, lauwarmem Wasser besprühen.

Gießen

1 Erde mit den Fingern prüfen. Ist sie locker und krümelig, braucht die Pflanze Wasser.

2 Von oben – möglichst mit Regenwasser – gießen. Nach 15 Minuten restliches Wasser aus dem Untersetzer leeren.

Sparmannia africana

Zimmerlinde

Die Zimmerlinde gehört zu den besonders schönen Hausgewächsen, und man sollte ihr noch mehr Beachtung schenken. In Teilen Europas – speziell in Deutschland – ist sie recht beliebt, doch findet man sie in anderen Ländern nur selten.

Sie ist ein Mitglied der Familie der Lindengewächse oder Tiliaceoe. Die etwa 4 Arten sind in Südafrika beheimatet und wachsen dort zu stattlichen Bäumen von ungefähr 4 m Höhe heran. Ihren Namen erhielt die Pflanze nach dem Schweden Dr. Ardens Sparmann, der von 1748 bis 1787 lebte und Kapitän Cook auf dessen zweiter Reise begleitete. Bei uns heißt sie Zimmerlinde. Gewöhnlich wird als Zimmerpflanze nur die Varietät *Sparmannia africana* gezogen.

Die Pflanze wächst sogar im Haus rasch, verlangt aber viel Licht. Die Blätter, die in ihrer Form denen der Linde ähneln, sind mit weichen Haaren bedeckt und deshalb nicht ganz einfach sauber zu halten. Besonders staubige Pflanzen stellt man im Sommer – bei leichtem Regen – einfach ins Freie. Offenbar mögen sie das sehr gerne. Hat die Pflanze erst einmal eine Höhe von 1 m oder mehr erreicht, bildet sie – in Trugdolden angeordnete – weiße Blüten. Ihre gelb bis rotbraun gefärbten Staubblätter spreizen sich schon bei der geringsten Berührung oder leichtem Wind nach außen. Große Pflanzen wachsen buschig und werden am besten einzeln gehalten, weil sie um sich herum eine gute Luftzirkulation brauchen.

Beim Kauf im Frühjahr oder Frühsommer wählt man eine Pflanze mit intensiv lindgrün gefärbten Blättern; auch untere Blätter dürfen nicht gelb sein. Achten Sie auf abgebrochene Zweige. Junge Triebe sind sehr zart und können deshalb beim Transport von der Gärtnerei zum Laden leicht brechen.

Sparmannia gehört zur Familie der Lindengewächse. Ihre Blätter *(links)* ähneln denen der Linde, sind jedoch behaart und fühlen sich weich an.

Rechts: S. africana sieht besonders hübsch aus, wenn Sonnenstrahlen auf ihren Blättern spielen.

Unten: Stehen Pflanzen hell genug, blühen sie.

Größe: Stehen Zimmerlinden im Gewächshaus- oder Wintergartenbeet, können sie leicht 4 m oder höher werden. Durch einen Schnitt kann man sie unter Kontrolle halten und im Blumentopf oder -kübel auf 2 m begrenzen.
Wachstum: Sie wachsen besonders schnell; in einem Jahr ohne Mühe 45 bis 60 cm.
Blütezeit: Mai und Juni. Blüten bilden sich nur an vollentwickelten Pflanzen von mindestens 1 m.
Duft: Die Blüten haben einen schwachen, aber für Linden typischen Geruch.
Licht: Damit ihre Blätter nicht gelb werden, braucht die Pflanze viel Licht. Pralle Sonne möglichst vermeiden, die zarten Blätter könnten sonst verbrennen.
Temperatur: Im Winter überstehen sie relativ niedrige Temperaturen (mindestens 7 °C) recht gut. Sie müssen dann trocken gehalten und nur etwa alle 10 Tage gegossen werden. Im Sommer sollte die Temperatur 21 °C nicht übersteigen.
Gießen: Im Sommer wird reichlich – wenigstens alle 2 Tage – gegossen. Im Winter – je nach Temperatur – weniger. Bei normaler Zimmertemperatur sollte 1mal pro Woche genügen.
Düngen: Im Sommer dem Gießwasser alle 2 Wochen Flüssigdünger zugeben.
Luftfeuchtigkeit: Im Sommer sollte man sie 2- bis 3mal pro Woche besprühen.
Säubern: Da die Blätter behaart sind und junge Stengel leicht abbrechen, ist das Säubern schwierig. Staub kann man vorsichtig

mit einem Staubwedel oder einem weichen Pinsel entfernen. Im Sommer werden die Pflanzen bei leichtem Regen nach draußen gestellt. Kein Blattglanz verwenden.
Luft: Sie sind ziemlich anspruchslos, mögen aber keine Zugluft. Im Sommer schätzen sie eine gute Belüftung.
Erde: Reiche Erde, z.B. Lehmerde Nr. 3.
Umtopfen: Im ersten Jahr muß man wahrscheinlich 2- oder 3mal umtopfen. Danach sollte 1mal im Frühjahr genügen. In zu kleinen Töpfen beginnen auch jüngere Pflanzen zu blühen.
Schnitt: Um die Pflanzen in Form zu halten, im Frühjahr zurückschneiden. »Hochbeinige« Pflanzen können nach der Blüte stark gestutzt werden.
Vermehrung: Im Frühjahr wurzeln Kopfstecklinge mühelos in Torf und Sand. Bewurzelungsmittel verwenden und Temperatur auf 16 °C halten. Stecklinge ziehen auch im Wasser Wurzeln.
Lebenserwartung: Mit etwas Pflege kann man sich viele Jahre an Zimmerlinden erfreuen.
Pflanzgruppen: Ihre lindgrünen Blätter passen besonders gut zu den dunkleren Blättern von *Ficus* und *Philodendron.* In diesem Fall ist natürlich ein großer Pflanzbehälter erforderlich. Große Pflanzen hält man am besten einzeln.
Schwierigkeitsgrad: Eine recht unkomplizierte Pflanze. Etwas Kenntnis und Erfahrung lassen sie jedoch noch besser gedeihen.

Säubern

Blätter behutsam mit weichem Pinsel reinigen. Kein Wasser oder Blattglanz verwenden.

Im Sommer Pflanze bei leichtem Regen nach draußen stellen.

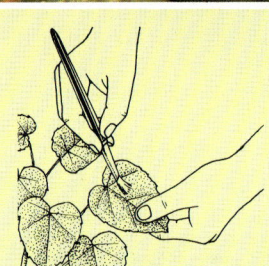

Schnitt

Im Frühjahr Pflanze auf handhabbare Größe zurückschneiden. Dazu mit Gartenschere direkt über einem Blatt oder Seitentrieb schräg schneiden.

Sprühen

Im Sommer 2- oder 3mal die Woche besprühen.

Kranke Pflanzen

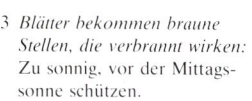

1 *Blätter fallen ab:* Erde zu trocken. Ins Wasserbad setzen. Stets feucht halten.

2 *Pflanze schießt, Blätter werden gelb:* Zu dunkel. Möglichst hell, nicht aber in die Sonne stellen.

3 *Blätter bekommen braune Stellen, die verbrannt wirken:* Zu sonnig, vor der Mittagssonne schützen.

4 *Weiße, wollige Flecken auf den Blättern:* Wolläuse. Mit Watte und Spiritus abwischen oder mit systemischem Insektizid spritzen.

Umtopfen

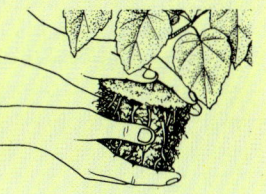

4 Pflanze herausnehmen, dabei Wurzelballen festhalten und oberen Teil stützen.

1 Im Frühjahr umtopfen, wenn Pflanze nicht wächst und Blätter leicht gelb werden. Gut gießen.

5 Pflanze auf einen Tisch legen und alte Erde mit Stab von den Wurzeln entfernen. Wurzeln nicht verletzen.

2 In einen etwas größeren Topf kommt Drainage und feuchte Lehmerde Nr. 3. Soll Pflanze wieder in den alten Topf, diesen gründlich auswaschen.

6 Wurzelballen auf die Erde im neuen Topf setzen.

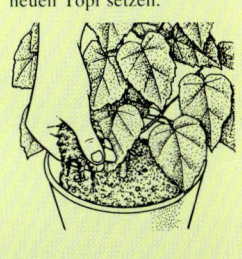

3 Erde mit einem Messer vom Topfrand lösen.

7 Topf mit neuer Erde füllen. Wurzeln müssen bedeckt sein. Erde gut andrücken. 2 Tage nicht gießen und schattig stellen, damit Wurzeln in die neue Erde wachsen.

Kopfstecklinge

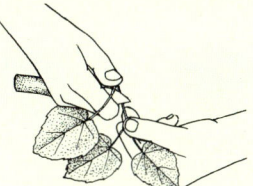

1 Stecklinge im Frühjahr schneiden. Sie wurzeln in Erde oder Wasser. In einen Topf kommt Drainage sowie Torf und Sand (1:1).

4 Unteres Blatt entfernen.

7 Bis zur Basis des unteren Blattes in das Loch stecken. Stengel muß Erde berühren.

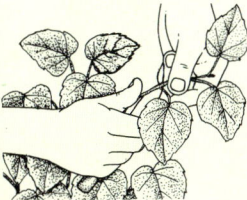
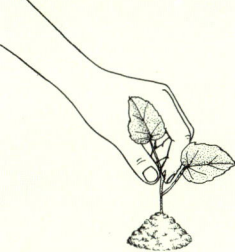
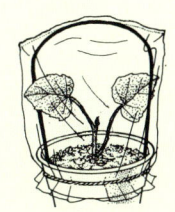

2 Einen Trieb mit mindestens 2 gesunden Blättern und einem Wachstumspunkt nehmen.

5 Schnittfläche in Bewurzelungsmittel tauchen. Überschuß abschütteln.

8 Gut gießen und abdecken. Plastiktüte mit Draht stützen. Haube täglich 5 Minuten abnehmen. Erde nicht trocken werden lassen. Temperatur 16 °C.

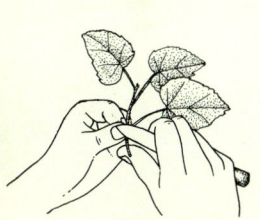
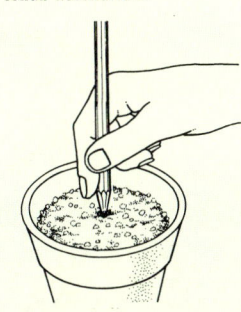

3 Stengel direkt unterhalb eines Blattes abschneiden.

6 In die Topfmitte ein kleines Loch stechen.

9 Nach 21 Tagen Haube abnehmen. Wachsen die Stecklinge gut, in normale Erde setzen.

Spathiphyllum wallisii

Blattfahne

Spathiphyllum gehört zu den wenigen Zimmerpflanzen, die wunderschöne Blätter haben und während des Sommers noch zusätzlich mit reizvollen Blüten aufwarten können. Die Pflanzen gehören zur Familie der Aronstabgewächse. Die etwa 27 Arten findet man hauptsächlich im tropischen Amerika, jedoch mindestens eine Art ist in Malaysia beheimatet. Der Name bezieht sich auf die Blütenscheide (Spatha), die zunächst wie ein Blatt aussieht. Als Hausgewächse sind sie meist recht einfach zu halten, wachsen und blühen zufriedenstellend. Auch in Hydrokultur gedeihen die Pflanzen gut.

Spathiphyllum wallisii aus Kolumbien wird von allen Arten am liebsten gezogen. Ihre leuchtendgrünen, lanzenförmigen Blätter neigen sich von der Pflanzenmitte aus anmutig nach allen Seiten. Die Blüten sind weiß und wachsen an langen Stielen. Mit ihrer segelförmigen Spatha und einem Blütenkolben in der Mitte, ähneln sie den Blüten von *Anthurium*. Die Blüten halten lange und färben sich grün bevor sie welken. Es gibt eine größere Hybride, *S.* ›Mauna Loa‹, die fast 1 m hoch werden kann.

Spathiphyllum ist mit *Anthurium* verwandt, läßt sich jedoch viel einfacher halten. Wie bei *Anthurium* kann man die Blüten, die eine lange Lebensdauer haben, in die Vase stellen. In einem Gewächshaus kann man sie gut unter die Stellagen setzen, wo sie willig blühen.

Beim Kauf sollten Pflanzen entweder eine Blüte oder Knospe und glänzende, grüne Blätter haben.

Spathiphyllum mag es naß und warm. Wird sie so gehalten, sollte sie fast ununterbrochen blühen. Die Blüten *(links)* bestehen aus einer breiten Spatha und einer Spadix in der Mitte.

Rechts: Spathiphyllum wallisii.

Unten: Spathiphyllum ›Mauna Loa‹, eine große Hybride.

Größe: *S. wallisii* wird etwa 30 cm hoch, kann aber einen Durchmesser bis zu 1 m erreichen. *S.* ›Mauna Loa‹ hat größere Blätter und Blüten und kann bis zu 1 m hoch werden.

Wachstum: In einer Wachstumsperiode verdoppeln die Pflanzen ihre Größe.

Blütezeit: Im Sommer bilden sie fortlaufend Blüten aus. Je größer die Pflanzen, desto mehr Blüten entwickeln sich. Bei hoher Luftfeuchtigkeit zeigen sich mitunter sogar im Winter Blüten.

Duft: Keiner.

Licht: Im Winter sollen sie so hell wie möglich stehen. Im Sommer brauchen sie Halbschatten und wollen keinesfalls pralle Sonne *S.* ›Mauna Loa‹ benötigt mehr Licht als *S. wallisii*.

Temperatur: Sie bevorzugen Wintertemperaturen von 16 bis 18 °C, überstehen aber auch kürzere Perioden bei 13 °C. Sommertemperatur mindestens 18 bis 21 °C, bei ausreichender Luftfeuchtigkeit maximal 27 °C.

Gießen: Für reichliches Wässern sind sie jederzeit dankbar. Im Sommer 2- oder 3mal, im Winter 1mal pro Woche gießen. Die Pflanzen gedeihen sehr gut in Hydrokultur.

Düngen: Wenn sie im Sommer wachsen und blühen, gibt man dem Gießwasser alle 2 Wochen Flüssigdünger zu.

Luftfeuchtigkeit: Hohe Luftfeuchtigkeit während des ganzen Jahres ist von Vorteil. Pflanzen besprühen, Topf auf nasse Kiesel stellen oder in einen Behälter mit feuchtem Torf setzen.

Säubern: Wischt man die Blätter mit einem feuchten Tuch ab, bleiben sie schön und glänzend. Kein Blattglanz verwenden.

Luft: Vor Zugluft schützen. Gas kann Immissionsschäden verursachen.

Erde: Sie brauchen reiche Erde, z.B. eine Mischung aus 4 Teilen Lehmerde Nr. 3 und 1 Teil Torf.

Umtopfen: Am besten jedes Frühjahr. Auf gute Drainage achten.

Schnitt: Außer zum Entfernen welker Blüten und Blätter eigentlich nicht nötig.

Vermehrung: Bei hoher Luftfeuchtigkeit und etwa 21 °C können sie in einem Vermehrungskasten aus Samen gezogen werden. Einfacher vermehrt man sie im Frühjahr durch Wurzelteilung. Die abgetrennten Teile müssen so lange warm (21 °C) und schattig stehen, bis sie zu wachsen beginnen.

Lebenserwartung: Man kann die Pflanzen lange haben. Damit sie jedoch immer kräftig wachsen, am besten alle 3 oder 4 Jahre teilen.

Pflanzgruppen: Man kann sie mit allen Grünpflanzen zusammensetzen, und sie sind für die erhöhte Luftfeuchtigkeit, die durch solche Mischpflanzungen entsteht, dankbar.

Schwierigkeitsgrad: Eine unkomplizierte Pflanze für alle mit Grundkenntnissen.

Umtopfen

1 Im Frühjahr umtopfen, wenn die Pflanze aus dem Topf wächst und Wurzeln oben und unten aus dem Topf kommen. Gut gießen.

2 In einen etwas größeren Topf kommt eine Drainageschicht und feuchte Erde aus 4 Teilen Lehmerde Nr. 3 und 1 Teil Torf.

4 Alte Erde behutsam mit Stab von den Wurzeln entfernen. Wurzeln nicht verletzen.

5 Wurzelballen auf die Erde im neuen Topf setzen.

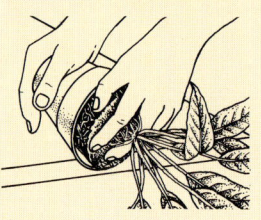

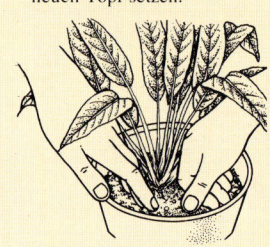

3 Topf so halten, daß Pflanze zwischen den Fingern und Erde unter der Handfläche liegt. Topfrand aufklopfen. Pflanze kommt mit Erde heraus.

6 Topf mit neuer Erde füllen. Wurzeln müssen bedeckt sein. Erde gut andrücken. 2 Tage nicht gießen und schattig stellen, damit Wurzeln in die neue Erde wachsen.

1 *Blätter hängen:* Erde ist ausgetrocknet. Ins Wasserbad stellen. Stets feucht halten.

2 *Keine Blüten:* Düngen. Wurzeln prüfen und ggf. umtopfen. Luftfeuchtigkeit erhöhen. Große Pflanzen müssen u.U. geteilt werden.

3 *Blätter leicht gelb:* Zu hell. Halbschattig stellen.

4 *Blätter gelblich, Gespinste an Unterseiten:* Spinnmilben. Spritzen mit Malathion, Derris oder systemischem Insektizid. Luftfeuchtigkeit erhöhen.

5 *Blätter verformt und mit grünen Insekten verklebt:* Blattläuse. Mit Pyrethrum oder systemischem Insektizid spritzen.

Wurzelteilung

Große Pflanzen im Frühjahr teilen.

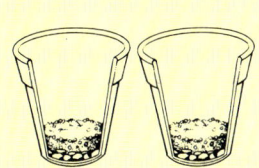

1 In 2 Töpfe kommen Drainage und Erde.

3 Wurzeln und Stengel vorsichtig auseinanderziehen.

2 Pflanze aus dem Topf nehmen und behutsam Erde entfernen.

4 Beide Teile wie üblich neu eintopfen.

Luftfeuchtigkeit

Drei Möglichkeiten, die für Spathiphyllum erforderliche Luftfeuchtigkeit zu erreichen

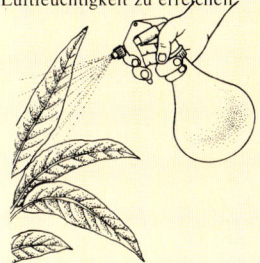

Täglich mit Zerstäuber und möglichst Regenwasser besprühen. Sprühabstand 15 cm.

Topf in einen Behälter mit feuchtem Torf stellen.

oder
Topf in einen Untersetzer mit Wasser und Kieseln stellen. Der Topfboden darf nicht im Wasser stehen.

Blütenstiele entfernen

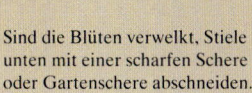

Sind die Blüten verwelkt, Stiele unten mit einer scharfen Schere oder Gartenschere abschneiden.

Welke Blätter entfernen

Ist das Blatt vertrocknet, mit einer scharfen Schere am Stengelansatz abschneiden.

Säubern

Blätter mit weichem Tuch oder Schwamm und lauwarmem Wasser abwischen. Blätter mit der anderen Hand stützen. Kein Blattglanz verwenden.

Gießen

Erde mit den Fingern prüfen. Ist sie locker und krümelig, braucht die Pflanze Wasser. Von oben – möglichst mit Regenwasser – gießen. Nach 15 Minuten restliches Wasser aus dem Untersetzer leeren.

Stephanotis floribunda

Kranzschlinge

Der Name *Stephanotis* leitet sich von dem griechischen Wort stephanos, Kranz ab und bezieht sich vermutlich auf die Anordnung der Blüten. Die Pflanzen gehören zur Familie der Seidenpflanzengewächse *(Asclepiadaceae)*. Von diesen immergrünen Kletterpflanzen sind etwa 15 Arten bekannt, die aus Madagaskar, Peru, Malaysia und dem südlichen China kommen. Nur eine Sorte wird bei uns als Zimmerpflanze gezogen, *Stephanotis floribunda*, die man 1839 aus Madagaskar mitbrachte.

Schon weil sie viel Licht braucht, ist es keine leichte Aufgabe, sie im Haus zu halten. Besser steht Stephanotis auf alle Fälle im Wintergarten oder Gewächshaus. Dort kommt sie am besten zur Geltung, wenn sie ranken kann, und ihre hübschen, weißen Blüten dann reizvoll herabhängen. Trotzdem kann man sie auch recht erfolgreich im Blumentopf ziehen, entweder an einem Stab oder um einen Drahtreifen. Und stellt man sie dann noch so ans Fenster, daß sie genügend Licht bekommt, wird sie willig blühen.

Das Besondere an Stephanotis sind ihre stark duftenden, wachsartigen Blüten, die man im Sommer häufig in Brautsträuße bindet. Ohne ihre Blüten sieht die Pflanze nur recht gewöhnlich aus.

Achten Sie beim Kauf auf gesunde, grüne Blätter. Auch sollte die Pflanze 2 oder 3 Blütentrauben haben, bei denen sich gerade 1 oder 2 Blüten öffnen. Vermeiden Sie Pflanzen, die Knospen abgeworfen haben.

Stephanotis floribunda ist eine stark duftende Kletterpflanze, die am besten im Wintergarten gedeiht.

Rechts: Stephanotis kann an Stäbe oder um Reifen erzogen werden. Pflanzt man sie anschließend in einen Wintergarten, können die Triebe schon 1 m lang sein.

Unten: Die Blüten sind wachsartig und erscheinen in Trauben an den Stengeln.

Erziehen

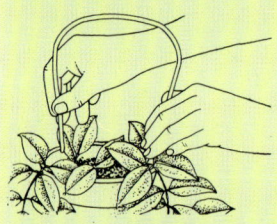

1 Einen biegsamen Stab oder Draht an einer Topfseite in die Erde stecken (Tiefe = 2/3 der Topfhöhe).

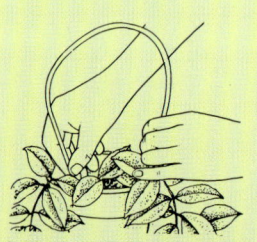

2 Zu einem Reifen biegen und gegenüber in die Erde stekken.

3 Stengel behutsam um den Reifen winden. Stengel und Blätter nicht verletzen.

4 Falls nötig, unten eine Schnur befestigen und fortlaufend um Stengel und Reifen winden.

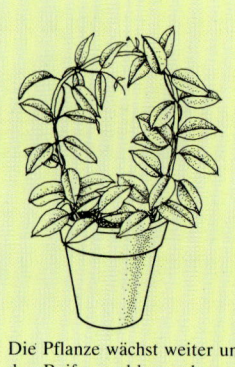

5 Die Pflanze wächst weiter um den Reifen und kann als Kranz erzogen oder hin und zurück geführt werden.

Größe: Im Blumentopf bleibt die Pflanze kompakt, wenn man sie an einem Stab oder Drahtreifen erzieht. Einzelne Triebe können über 6 m lang werden.

Wachstum: Triebe wachsen in einer Saison ohne weiteres 60 cm.

Blütezeit: Den ganzen Sommer hindurch, gewöhnlich mit einer Hauptblütezeit im Mai und Juni. Als Topfpflanze braucht sie einen festen Standort, da sie sonst ihre Knospen abwirft.

Duft: Der wunderbare Duft ähnelt dem der Lilie.

Licht: Sie muß viel Licht bekommen und steht am besten im Wintergarten oder Gewächshaus. Andernfalls ans Fenster stellen und im Sommer vor praller Mittagssonne schützen.

Temperatur: Im Sommer sind mindestens 15 °C erforderlich, 18 °C sind ideal. Im Winter etwas kühler (13 °C) halten. Maximale Sommertemperatur 24 °C.

Gießen: Im Sommer wird 2- oder 3mal, im Winter 1mal pro Woche gegossen. Möglichst kalkfreies, lauwarmes Wasser nehmen.

Düngen: Im Frühjahr und Sommer, wenn die Pflanze wächst und blüht, alle 14 Tage die Hälfte der empfohlenen Menge Flüssigdünger ins Gießwasser geben.

Luftfeuchtigkeit: Im Sommer täglich die Blätter – nicht die Blüten – mit kalkfreiem, lauwarmem Wasser besprühen. Für konstante Luftfeuchtigkeit sorgen, dazu Topf auf nasse Kiesel stellen.

Säubern: Das Sprühen sollte ausreichen, doch die Blätter können auch mit einem feuchten Tuch abgewischt werden. Kein Blattglanz verwenden.

Luft: Die Pflanze schätzt eine gute Belüftung, will aber keine Zugluft. Gas kann Immissionsschäden hervorrufen.

Erde: Lehmerde Nr. 2.

Umtopfen: Junge Pflanzen in den ersten 2 Jahren etwa 2mal pro Jahr umtopfen, danach jedes Frühjahr. Ist eine Pflanze groß und unhandlich geworden, erneuert man einfach die obere Erdschicht im Topf oder Kübel.

Schnitt: Alle Triebe, die wuchern oder Blätter verlieren, am besten im Frühjahr zurückschneiden. Dann kann man auch Seitentriebe auf 8 cm stutzen. Schwache Triebe ausschneiden.

Vermehrung: Im Frühjahr nimmt man Kopfstecklinge von Seitentrieben des Vorjahres und setzt sie bei 21 °C in einen Vermehrungskasten oder einen Topf mit Plastikhaube. Es kann 6 Wochen dauern, bis sie Wurzeln ziehen.

Lebenserwartung: Bei entsprechender Pflege kann man sich viele Jahre an ihr erfreuen.

Pflanzgruppen: Da sie sehr viel Licht braucht und kräftig klettert, läßt man sie am besten einzeln wachsen.

Schwierigkeitsgrad: Nicht für Anfänger geeignet.

Kranke Pflanzen

1 *Junge Blätter werden gelb:* Chlorose durch kalkhaltiges Wasser. Einmal mit Eisenshelat gießen, dann nur noch kalkfreies Wasser verwenden.

2 *Knospen welken:* Zu trocken. Häufiger gießen.

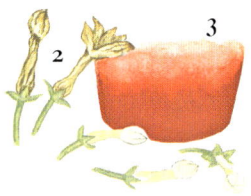

3 *Knospen fallen ab:* Durch Umstellen oder Drehen des Topfes verursacht.

4 *Blätter werden gelb:* Zu dunkel. Heller stellen.

Stephanotis ist anfällig für Insektenbefall.

5 *Braune, schuppige Insekten an Stengeln und unter Blättern:* Schildläuse.

6 *Blätter gelblich, Gespinste an den Unterseiten:* Spinnmilben.

7 *Weiße, wollige Stellen an Stengeln und Blättern:* Wolläuse. Vorbeugend jeden Monat mit Malathion spritzen. Schild- und Wolläuse kann man auch mit Spiritus und Watte abwischen. Pflanzen, die bei 13 °C Winterruhe halten sind weniger anfällig.

Kopfstecklinge

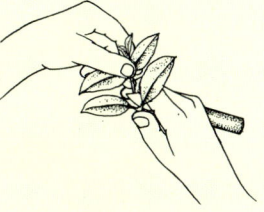

4 Unteres Blattpaar entfernen.

7 Steckling so einsetzen, daß Stengel unten die Erde berührt und die Blätter mit der Erdoberfläche abschließen.

1 Stecklinge im Frühjahr von vorjährigen Trieben schneiden. In einen Topf oder Vermehrungskasten kommt Drainage sowie Torf und Sand (1:1).

2 Einen Trieb mit mindestens 2 gesunden Blattpaaren und einem Wachstumspunkt nehmen. Unterhalb des zweiten Blattpaares abschneiden, Länge 8 bis 10 cm.

5 Schnittfläche in Bewurzelungsmittel tauchen. Überschuß abschütteln.

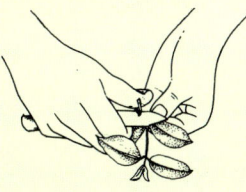

3 Stengel direkt unterhalb eines Blattes abschneiden.

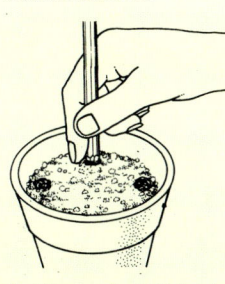

6 Am Topfrand mit Stab oder Stift kleine Löcher in die Erde stechen.

8 Gut gießen und abdecken. Plastiktüte mit Draht stützen. Haube täglich 5 Minuten abnehmen. Erde nicht trocken werden lassen. Temperatur 21 °C. Haube nach 21 Tagen abnehmen. Wachsen die Stecklinge gut, in normale Erde setzen.

Umtopfen

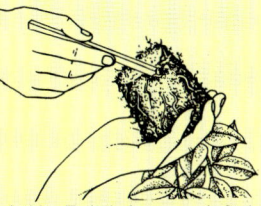

4 Alte Erde behutsam mit Stab von den Wurzeln entfernen. Wurzeln nicht verletzen.

5 Wurzelballen auf die Erde im neuen Topf setzen.

1 Im Frühjahr umtopfen, wenn Wurzeln unten aus dem Topf wachsen und Pflanze nicht wächst. Gut gießen, Reifen oder Stab entfernen.

2 In einen etwas größeren Topf kommt eine Drainageschicht und feuchte Lehmerde Nr. 2.

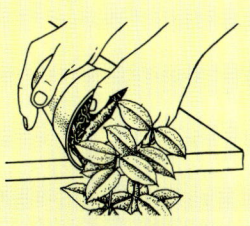

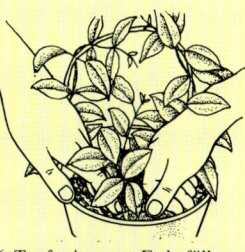

6 Topf mit neuer Erde füllen. Wurzeln müssen bedeckt sein. Erde gut andrücken. Reifen einsetzen. 2 Tage nicht gießen und schattig stellen, damit Wurzeln in die neue Erde wachsen.

3 Topf so halten, daß Pflanze zwischen den Fingern und Erde unter der Handfläche liegt. Topfrand aufklopfen. Pflanze kommt mit Erde heraus.

177

Streptocarpus

Drehfrucht

Noch vor einigen Jahren sah man *Streptocarpus* ausschließlich mit kleinen, zarten, malvenfarbenen Blüten. Erst in letzter Zeit beachten Züchter diese reizende, aber bislang vernachlässigte Pflanze, und so kommen heute eine Reihe von Pflanzen auf den Markt, die große, hübsche, pastellfarbene Blüten haben. Man bemüht sich auch, widerstandsfähigere Blätter zu züchten, da die breiten, riemenförmigen Blätter von *Streptocarpus* – besonders auf dem Transport vom Züchter zum Kunden – leicht brechen.

Streptocarpus gehört zur Familie *Gesneriaceae* und umfaßt ungefähr 80 Arten, die im tropischen und südlichen Afrika, in Madagaskar, Burma und Thailand beheimatet sind. Die moderne Hybride *Streptocarpus*, die bei uns als Zimmerpflanze erhältlich ist, stammt aus Südafrika. Die meisten Arten wurden bereits in der zweiten Hälfte des 19. Jahrhunderts importiert, einige entdeckte man jedoch erst 1940.

Blüten erscheinen während des ganzen Spätfrühjahrs und Frühsommers. Nach 2 bis 3 Jahren sehen die Pflanzen recht kraftlos und zerrupft aus, lassen sich aber ohne Mühe aus Samen und Blattstecklingen vermehren, so daß man alte Pflanzen zu gegebener Zeit durch neue ersetzen sollte.

Streptocarpus-Hybriden sind nahe Verwandte der Usambaraveilchen und Gloxinien. Am verbreitetsten ist die malvenfarbenen, obwohl man manchmal auch rosafarbene bekommt.

Zu den kürzlich gezüchteten Hybriden gehören die ›Wiesmoor Hybriden‹ *(unten)*. Rechts: *Streptocarpus* ›Meissen's White‹.

Größe: Die Blätter sind 15 bis 20 cm lang – mitunter auch länger – und gewöhnlich in Rosetten gestellt. Blütenstiele wachsen aus dem Zentrum der Rosette bis 20 cm hoch.

Wachstum: Sämlinge oder bewurzelte Stecklinge blühen in einer Wachstumsperiode.

Blütezeit: Im Spätfrühjahr und Frühsommer entwickeln die Pflanzen immer wieder neue Blütenstände.

Duft: Keiner. Bestäubende Insekten werden durch die Farbe der Blüten angezogen.

Licht: Zum Gedeihen brauchen sie viel Licht. Nord- oder Ostfenster sind der beste Platz. Im Sommer sollte man sie vor der Mittagssonne schützen.

Temperatur: Mindestens 15 °C im Winter sind ideal. Liegt die Temperatur darunter, legen die Pflanzen eine Ruheperiode ein und müssen dann trockner gehalten werden. Ideale Sommertemperatur 18 bis 21 °C, maximale Temperatur 24 °C.

Gießen: Im Sommer 2- oder 3mal pro Woche gießen. Die Pflanzen dürfen nie im Wasser stehen, da sie sonst faulen. Im Winter wird 1mal, liegt die Temperatur unter 15 °C, sogar weniger gegossen. Möglichst weiches, lauwarmes Wasser verwenden.

Düngen: Sie brauchen wenig Dünger, deshalb genügt 1mal im Monat die Hälfte der angegebenen Menge Flüssigdünger im Gießwasser.

Luftfeuchtigkeit: Sie mögen hohe Luftfeuchtigkeit, vorausgesetzt, die Drainage ist gut. Eine konstante Luftfeuchtigkeit erreicht man am besten, wenn der Topf auf nassen Kieseln oder in einem Behälter mit feuchtem Torf steht.

Säubern: Da die Blätter sehr zerbrechlich sind, ist das Säubern schwierig. Am besten benutzt man einen Staubwedel oder einen weichen Pinsel. Kein Blattglanz verwenden.

Luft: Sie mögen viel frische Luft, wollen aber nicht im Zug stehen. Gas und Tabak können Immissionsschäden verursachen.

Erde: Torferde eignet sich der guten Drainage wegen am besten.

Umtopfen: Man sollte jedes Frühjahr umtopfen, auch wenn man sie im selben Topf belassen will.

Schnitt: Angeknickte, eingerissene oder kranke Blätter und Blütenstiele (sobald die Blüten abgefallen sind) entfernen.

Vermehrung: Man kann bei 18 °C durch Aussaat vermehren. Im Sommer lassen sich auch gute Jungpflanzen aus Blattstecklingen ziehen. Dazu zerschneidet man ein Blatt entlang der Hauptader, bestäubt die Schnittfläche mit Bewurzelungsmittel und bringt sie in scharfen Sand. Mit Glas oder Plastikhaube abdecken und auf 15 °C halten. Die neuen Pflänzchen erscheinen nach etwa 4 Wochen an der Schnittfläche.

Lebenserwartung: Man kann Pflanzen mehrere Jahre behalten. Nach 2 oder 3 Jahren sehen sie jedoch etwas kraftlos aus. Dann sollte man vermehren und alte durch junge Pflanzen ersetzen.

Pflanzgruppen: Sie können mit anderen Gewächsen in Schalen gesetzt werden, sehen aber am besten als Einzelpflanzen aus oder zusammen mit andersfarbigen *Streptocarpus*.

Schwierigkeitsgrad: Wenn man im Winter richtig gießt, eine recht unkomplizierte Pflanze.

Umtopfen

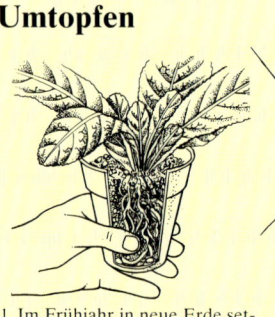

1 Im Frühjahr in neue Erde setzen, wenn neue Blätter noch klein sind. Man kann den alten Topf wieder nehmen. Gut gießen.

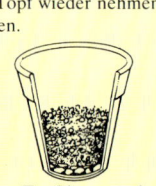

2 In den Topf kommt eine Drainageschicht und feuchte Torferde.

3 Topf so halten, daß Pflanze zwischen den Fingern und Erde unter der Handfläche liegt. Topfrand aufklopfen. Pflanze kommt mit Erde heraus.

4 Alte Erde behutsam mit Stab von den Wurzeln entfernen. Wurzeln nicht verletzen.

5 Wurzelballen auf die neue Erde im Topf setzen.

6 Topf mit neuer Erde füllen. Wurzeln müssen bedeckt sein. Erde gut andrücken. 2 Tage nicht gießen und schattig stellen, damit Wurzeln in die neue Erde wachsen.

Kranke Pflanzen

1 *Blätter faulen im Winter:* Zu kalt und naß. Wärmer stellen und weniger gießen. Pflanze mit Schwefel bestäuben.

2 *Blätter färben sich braun:* Zu trocken. Öfter gießen.

3 *Grüne, klebende Insekten an den Blütenstielen:* Blattläuse. Mit systemischem Insektizid oder Pyrethrum spritzen.

Blattstecklinge

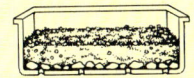

1 In einen Vermehrungskasten oder eine Saatschale kommt Drainage, Erde und 2,5 cm scharfer Sand.

2 Gesundes Blatt am Blattansatz abschneiden.

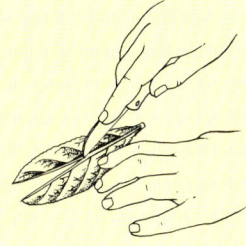

3 Blatt umdrehen, auf harte Fläche legen und entlang der Mittelader durchschneiden.

4 Schnittfläche in Bewurzelungsmittel tauchen. Überschuß abschütteln.

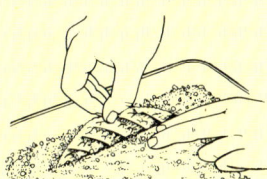

5 Schnittfläche in eine flache Furche im Sand setzen. Sand rundum andrücken.

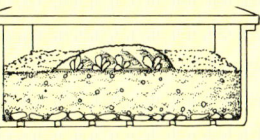

6 Mit Glas oder Plastik abdecken. Warm halten (15 °C). Erde nicht austrocknen lassen. Neue Pflänzchen erscheinen an der Schnittfläche.

7 Neue Pflanzen mit 2 oder 3 Blättern vorsichtig vom alten Blatt entfernen und einzeln in kleine Töpfe setzen.

Aus Samen ziehen

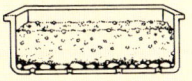

1 In einen Vermehrungskasten oder eine Saatschale kommt Drainage und sterilisierte Aussaaterde.

2 Samen gleichmäßig verteilen. Mit Erdschicht bedecken (nicht dicker als die Samen selbst). Gut gießen.

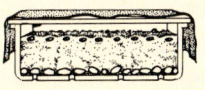

3 Glasscheibe auflegen und dunkel stellen oder mit dunklem Tuch abdecken. Glas täglich umdrehen. Erde nicht austrocknen lassen. Warm halten (18 °C).

4 Wenn die Samen keimen, hell stellen und Glasscheibe entfernen.

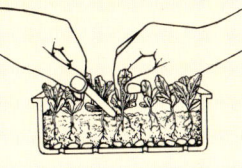

5 Sind die Sämlinge groß genug, auf 2,5 cm Abstand ausdünnen. Dabei schwächere Pflanzen herausziehen.

6 Gedeihen die Pflänzchen gut, einzeln in kleine Töpfe setzen.

Luftfeuchtigkeit

Topf in einen Untersetzer mit Wasser und Kieseln stellen. Der Topfboden darf nicht im Wasser stehen.

Säubern

Blätter behutsam mit weichem Pinsel reinigen. Kein Wasser oder Blattglanz verwenden.

Welke Blüten und Blätter entfernen

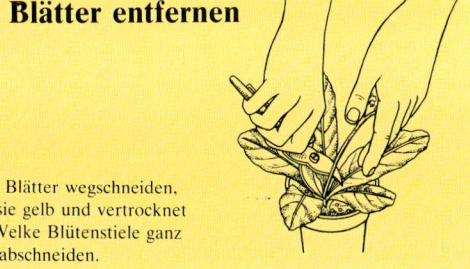

Welke Blätter wegschneiden, wenn sie gelb und vertrocknet sind. Welke Blütenstiele ganz unten abschneiden.

Syngonium vellozianum

Purpurtute, Fußblatt

Sicher haben Sie in diesem Buch schon selbst bemerkt, daß wir den Aronstabgewächsen *(Araceae)* eine beachtliche Zahl interessanter Zimmerpflanzen verdanken. Und auch *Syngonium* gehört mit ungefähr 14 Arten, die im tropischen Zentral- und Südamerika beheimatet sind, zu dieser Familie.

Syngonium-Arten sind nahe Verwandte der Philodendren. In bezug auf Pflege sind sie vielleicht etwas anspruchsvoller, müssen aber dennoch ähnlich behandelt werden. Als ursprüngliche Kletterpflanzen gedeihen sie am besten, wenn sie an Moos- oder Bambusstäben ranken können. Es gibt einige gescheckte Varietäten, doch die schlichtgrünen Sorten wachsen besser und schneller.

Gewöhnlich werden 2 Arten kultiviert. *Syngonium podophyllum* ist wahrscheinlich die kompaktere von beiden. Im Laden bekommt man meist ihre gescheckten Formen *S. podophyllum* ›Albolineatum‹ und ›Emerald Green‹. Die zweite Art, *S. vellozianum* ist ebenfalls eine Kletterpflanze, hat jedoch noch schönere, glänzendere Blätter als die übrigen Varietäten. Alle gedeihen gut in Hydrokultur, brauchen aber dann stets genügend Dünger im Wasser, da die Blätter sonst schnell vergehen.

Suchen Sie beim Kauf eine Pflanze mit kräftig gefärbtem, gesundem Blattwerk aus. Pflanzen mit blassen Blättern sind beim Züchter höchstwahrscheinlich nicht ausreichend gedüngt worden. Achten Sie darauf, daß die pflanze sicher an ihrer Stütze befestigt und ihr Topf nicht zu klein ist. Syngonium-Arten wachsen so rasch, daß man sie oft direkt nach dem Kauf umtopfen muß. Mitunter werden sie auch unter der Bezeichnung *Nephytis* geführt.

Größe: Gewöhnlich werden sie in 12 oder 15 cm großen Töpfen verkauft. In größeren Behältern wachsen sie bis 150 cm hoch und sind dann eigentlich zu groß fürs Haus, es sei denn, man hat genügend Platz für einen großen Behälter.

Wachstum: Die Pflanzen treiben pro Jahr etwa 30 cm oder 6 bis 7 neue Blätter.

Blütezeit: Hält man sie in Blumentöpfen, blühen sie nicht.

Duft: Keiner.

Licht: Sie mögen einen verhältnismäßig hellen Platz, im Sommer aber keine pralle Sonne. Varietäten mit dunklen Blättern vertragen mehr Schatten.

Temperatur: Zum Überleben brauchen sie im Winter mindestens 15 °C. Sommertemperatur 18 bis 21 °C – höchstens 24 °C.

Gießen: Im Sommer reichlich (2- oder 3mal pro Woche) gießen. Im Winter trockener halten und 1mal pro Woche oder – je nach Temperatur – noch weniger gießen. Dazu Erde prüfen. Möglichst lauwarmes Wasser verwenden.

Düngen: Während der Wachstumsperiode im Sommer gibt man alle 21 Tage die Hälfte der empfohlenen Menge Flüssigdünger ins Gießwasser.

Luftfeuchtigkeit: Die Pflanzen benötigen feuchte Luft. Man stellt den Topf deshalb immer auf nasse Kiesel oder in einen Behälter mit feuchtem Torf. Pflanzen im Sommer möglichst jeden Tag besprühen.

Säubern: Meist reicht das Sprühen aus, sonst Blätter behutsam mit einem feuchten Tuch abwischen. Kein Blattglanz verwenden.

Luft: Sie sind recht anspruchslos, mögen aber wie viele Pflanzen keine trockene Luft und im Winter keine kalte Zugluft.

Erde: Die beste Mischung besteht aus 3 Teilen Lehmerde Nr. 2 und 1 Teil Torf.

Umtopfen: Normalerweise muß jedes Frühjahr umgetopft werden; wachsen sie besonders schnell, 2mal im Jahr.

Schnitt: Wuchern Pflanzen zu sehr, kann man sie getrost – am besten im Frühjahr – auf 15 bis 25 cm zurückschneiden. Schon bald darauf zeigen sich neue Triebe.

Vermehrung: Durch Stecklinge aus 13 bis 15 cm langen Triebspitzen. Schnittflächen mit Bewurzelungsmittel bestäuben und bei 18 °C und entsprechender Luftfeuchtigkeit in einen Vermehrungskasten oder Topf mit Plastikhaube setzen.

Lebenserwartung: Bei etwas Pflege halten sie mehrere Jahre.

Pflanzgruppen: Sie passen z. B. gut zu Philodendren, Aralien und Efeu und sind bei solchen Mischpflanzungen für die erhöhte Luftfeuchtigkeit dankbar.

Schwierigkeitsgrad: Verhältnismäßig einfach. Bei etwas Erfahrung mit unkomplizierten Pflanzen, ist die Haltung am erfolgversprechendsten.

Umtopfen

1 Im Frühjahr umtopfen, wenn Pflanze zu groß für ihren Topf wirkt und Wurzeln aus dem Drainageloch wachsen. Vorher reichlich gießen.

2 In einen etwas größeren Topf kommt eine Drainageschicht und feuchte Erde aus 3 Teilen Lehmerde Nr. 2 und 1 Teil Torf.

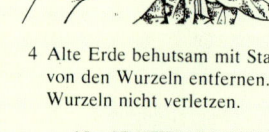

4 Alte Erde behutsam mit Stab von den Wurzeln entfernen. Wurzeln nicht verletzen.

5 Wurzelballen auf die Erde im neuen Topf setzen.

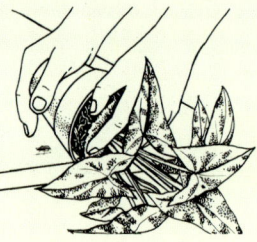

3 Topf so halten, daß Pflanze zwischen den Fingern und Erde unter der Handfläche liegt. Topfrand aufklopfen. Pflanze kommt mit Erde heraus.

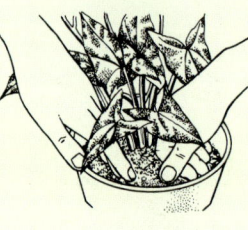

6 Topf mit neuer Erde füllen. Wurzeln müssen bedeckt sein. Erde gut andrücken. 2 Tage nicht gießen und schattig stellen, damit Wurzeln in die neue Erde wachsen.

Syngonium-Pflanzen klettern
kräftig.

Links: Die charakteristische
Form ihrer Blätter.

Unten links: Syngonium podophyllum ›Emerald Green‹.

Rechts: Syngonium braucht eine
Stütze und muß regelmäßig
umgetopft werden.

Unten: Syngonium podophyllum
›Albolineatum‹.

Kranke Pflanzen

1 *Stengel lang und dünn, große
Abstände zwischen den Blättern:* Zu dunkel. Heller stellen.

2 *Blasse Blätter:* Düngen. Wurzeln prüfen, ggf. umtopfen.

3 *Blätter fahlgelb, Gespinste an
Unterseiten:* Spinnmilben.
Pflanze sehr anfällig. Jeden
Monat mit Malathionmittel
oder Derris spritzen. Für hohe
Luftfeuchtigkeit sorgen.

Luftfeuchtigkeit

Syngonium braucht stets eine
hohe Luftfeuchtigkeit. Pflanzen
deshalb täglich besprühen.

Topf in einen Untersetzer mit
Wasser und Kieseln stellen. Der
Topfboden darf nicht im Wasser
stehen.

Gießen

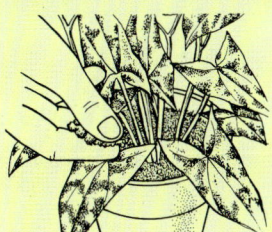

1 Erde mit den Fingern prüfen.
Ist sie locker und krümelig,
braucht die Pflanze Wasser.
Lauwarmes Wasser verwen-
den.

2 Von oben – möglichst mit
Regenwasser – gießen. Nach
15 Minuten restliches Wasser
aus dem Untersetzer leeren.

Moosstäbe einsetzen

1 In einen neuen Topf kommt
Drainage, feuchter Torf und
Lehmerde.

2 Moosstab einsetzen und mit
etwas Erde an seinem Platz
halten.

3 Pflanze neben dem Moosstab
in den Topf setzen.

4 Topf mit neuer Erde füllen.
Gut andrücken.

5 Pflanze in Abständen mit Bast
oder Schnur an den Moosstab
binden.

Kopfstecklinge

1 Im Frühjahr 13 bis 15 cm lange Stecklinge schneiden. In
einen Vermehrungskasten
oder Topf kommt Drainage
sowie Torf und Sand (1:1).

2 Einen Trieb mit mindestens
2 gesunden Blättern und einem Wachstumspunkt neh-
men. Dicht am Hauptstengel
unterhalb des zweiten Blattes
abschneiden.

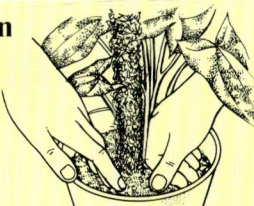

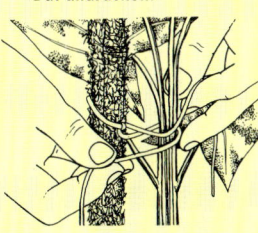

3 Stengel direkt unterhalb eines
Blattes abschneiden.

4 Unteres Blatt entfernen.

5 Schnittfläche in Bewurzelungsmittel tauchen. Überschuß abschütteln.

6 Am Topfrand mit Stift oder
Stab kleine Löcher in die Erde
stechen.

7 Steckling bis zum Blattansatz
in das Loch stecken, Stengel
muß unten Erde berühren.

8 Gut gießen und abdecken.
Plastiktüte mit Draht stützen.
Haube täglich 5 Minuten abnehmen. Erde nicht aus-
trocknen lassen. Temperatur
18 °C.

9 Haube nach 21 Tagen abnehmen. Wachsen die Steck-
linge gut, in normale Erde setzen.

Tradescantia fluminensis

Tradeskantie, Wasserranke

Tradescantia gehört zu den Pflanzen, mit denen jeder Anfänger beginnt, denn ihre Haltung ist einfach und erfolgversprechend. Sie ist nach John Tradescant, dem Hofgärtner Charles I. von England, benannt. Tradescantia gehört zur Familie der *Commelinaceae* und umfaßt etwa 100 Arten, die aus Nord- und Südamerika stammen. Einige davon sind Gartengewächse, die kriechenden und rankenden Sorten jedoch gehören in jede Zimmerpflanzen-Kollektion. Bei uns sind sie unter dem Namen Tradeskantie oder Wasserranke bekannt. Die rasch wachsenden, unverwüstlichen Pflanzen ersetzt man am besten jedes Jahr durch Jungpflanzen, die aus Stecklingen gezogen werden, da sie sonst ›hochbeinig‹ werden und zerrupft aussehen. Tradeskantien sind vorzügliche Ampelpflanzen.

Die bekannteste Zimmerart ist *Tradescantia fluminensis* ›Variegata‹, die in verschiedenen Formen – alle mit gelben, silberfarbenen oder grauen Streifen auf grünem Grund – kultiviert wird. Die Blätter einiger Varietäten sind leicht rosa gefärbt und deshalb besonders hübsch. Manchmal erscheinen an Pflanzen einfarbig grüne Blätter. Man sollte diese sofort entfernen, da sich sonst die ganze Pflanze grün färbt.

T. blossfeldiana, eine niedrigere Art, hat leicht behaarte, malvenfarbige Blätter. Sie ist empfindlicher und wächst langsamer. Für alle, die Pflanzen mit silberfarbenen Blättern mögen, gibt es die behaarte Art *T. sillamontana*, die aufrechte, weiche Stengel und im Sommer karminrote Blüten hat.

Wegen der geringen botanischen Unterschiede rechnet man *Zebrina pendula* auch oft zu den Tradeskantien. Auch Zebrina bildet Blüten, die aber klein und unscheinbar sind. Sie braucht etwas höhere Temperaturen.

Beim Kauf sollte man darauf achten, daß die Pflanze kompakt wächst und viele gescheckte Blätter hat. Pflanzen mit kranken, fauligen oder einfarbig grünen Blättern vermeiden.

Zebrina pendula (oben und oben rechts) ist eine nahe Verwandte von *Tradescantia*. In vollem Licht färbt sich diese Pflanze purpurrot.

Rechts: Tradescantia blossfeldiana ›Variegata‹.

Unten: Tradescantia fluminensis ›Quicksilver‹.

Größe: Sie werden gewöhnlich in 8-cm-Töpfen gezogen und bilden dann bis zu 30 cm lange Triebe. Man kann sie auch in Ampeln pflanzen.

Wachstum: In einer Saison wachsen sie leicht 25 bis 30 cm.

Blütezeit: Im Sommer entwickeln sich kleine Blüten. Dies ist gewöhnlich auch ein Zeichen dafür, daß sie umgetopft oder durch bewurzelte Stecklinge ersetzt werden müssen.

Duft: Keiner.

Licht: Sie vertragen zwar verhältnismäßig wenig Licht, werden dann aber leicht ›hochbeinig‹. Auch gescheckte Formen hält man am besten bei gutem Licht.

Temperatur: Im Winter reichen mindestens 10 °C, *Zebrina pendula* braucht wenigstens 13 °C. Im Sommer hält man sie bei normaler Zimmertemperatur oder im Freien. Maximale Temperatur 18 °C.

Gießen: Sie mögen viel Wasser, gehen aber bei wenig auch nicht ein. Im Sommer 2mal, im Winter 1mal pro Woche gießen.

Düngen: Im Sommer alle 14 Tage Flüssigdünger ins Gießwasser geben.

Luftfeuchtigkeit: Sie stehen gerne auf nassen Kieseln, obwohl es für sie nicht lebensnotwendig ist.

Säubern: Ab und zu mit lauwarmem Wasser besprühen. Kein Blattglanz verwenden.

Luft: Sie vertragen fast alle Bedingungen.

Erde: Lehmerde Nr. 2.

Umtopfen: Pflanzt man 4 oder 5 bewurzelte Stecklinge in 8-cm-Töpfe und möchte keine große Schmuckpflanze ziehen, braucht nicht mehr umgetopft zu werden. Alte, wuchernde Pflanzen sollte man besser durch Stecklinge ersetzen, denn sie verlieren meist am unteren Teil der Stengel ihre Blätter.

Schnitt: Wird die Pflanze ›hochbeinig‹, schneidet man sie 2,5 cm über dem Topfrand ab und läßt sie neu treiben. Junge Triebe kann man als Stecklinge nehmen.

Vermehrung: Alte Pflanzen jedes Frühjahr vermehren und anschließend wegwerfen. Dazu 8 cm lange Kopfstecklinge bei Zimmertemperatur in einer Mischung aus Sand und Blumenerde oder im Wasser wurzeln lassen. Haben sich Wurzeln gebildet, 4 oder 5 Stecklinge in einen Topf setzen.

Lebenserwartung: Ein oder höchstens zwei Jahre. Danach Bestand erneuern.

Pflanzgruppen: Tradeskantien kann man gut in Schalen oder kleine Kübel pflanzen. Dort gedeihen sie neben allen Pflanzen – einschließlich Kakteen.

Schwierigkeitsgrad: Unkomplizierte Pflanze für Anfänger. Mit ihr kann die Stecklingsvermehrung geübt werden.

Umtopfen

 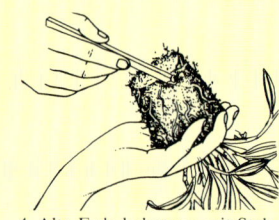

1 Will man die Pflanze ein zweites Jahr behalten, wird im Frühjahr umgetopft. Junge Pflanzen umtopfen, wenn die Wurzeln den Topf ausfüllen.

2 In einen etwas größeren Topf kommt eine Drainageschicht und feuchte Lehmerde Nr. 2. Pflanze gut gießen.

4 Alte Erde behutsam mit Stab von den Wurzeln entfernen. Wurzeln nicht verletzen.

5 Wurzelballen auf die Erde im neuen Topf setzen.

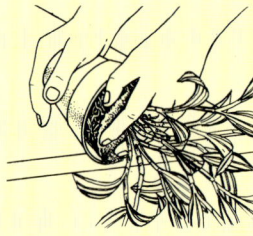 

3 Topf so halten, daß Pflanze zwischen den Fingern und Erde unter der Handfläche liegt. Topfrand aufklopfen. Pflanze kommt mit Erde heraus.

6 Topf mit neuer Erde füllen. Wurzeln müssen bedeckt sein. Erde gut andrücken. 2 Tage nicht gießen und schattig stellen, damit Wurzeln in die neue Erde wachsen.

1 *Stengel lang und dünn, große Abstände zwischen den Blättern:* Zu dunkel. Heller stellen.

2 *Stengel unten kahl:* Pflanze ist alt. Triebe als Stecklinge nehmen und alte Pflanze wegwerfen.

3 *Pflanze bekommt grüne Triebe:* Überdüngt und zu dunkel. Heller stellen, nicht düngen und grüne Blätter auszwicken.

4 *Blätter färben sich braun:* Zu trocken. Öfter gießen.

5 *Blattspitzen werden braun:* Zu viel Sonne. Aus der Sonne nehmen.

6 *Blätter verformt und mit grünen Insekten verklebt:* Blattläuse. Mit Pyrethrum oder systemischem Insektizid spritzen.

Vermehrung in Wasser

Behält man die Pflanze ein zweites Jahr, wird sie zurückgeschnitten, damit sich kräftige junge Triebe entwickeln, die man als Stecklinge nimmt.

1 Holzkohlenstückchen in ein flaches Gefäß legen. Dieses zu 2/3 mit Wasser füllen.

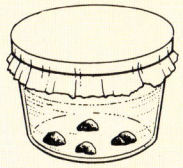

2 Folie darüberlegen und mit einem Gummi oder einer Schnur befestigen.

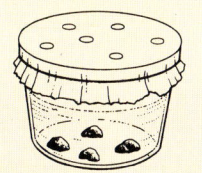

3 Mit einem Stift oder Stab kleine Löcher stechen.

4 Von der Pflanze einen etwa 8 cm langen Trieb abschneiden.

5 Die Stengel der Triebe durch die Folie ins Wasser stecken. Warm halten (16 °C).

6 Bilden sich Wurzeln, die Triebe aus dem Wasser nehmen und in kleine Töpfe pflanzen. Dabei die zarten Wurzeln nicht verletzen.

Buschig erziehen

Damit Stecklinge buschig wachsen, Triebspitzen auszwicken.

Schnitt

Grüne Blätter an gescheckten Pflanzen abschneiden. Aus alten Stengeln, die unten Blätter verlieren, Stecklinge schneiden.

Gießen

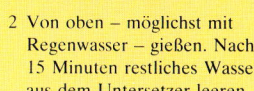

1 Erde mit den Fingern prüfen. Ist sie locker und krümelig, braucht die Pflanze Wasser.

2 Von oben – möglichst mit Regenwasser – gießen. Nach 15 Minuten restliches Wasser aus dem Untersetzer leeren.

Luftfeuchtigkeit und Säubern

Ampelpflanzen trocknen leicht aus. Deshalb regelmäßig gießen und Topf in feuchten Torf stellen.

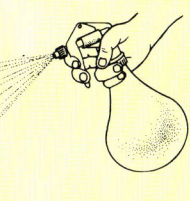

Blätter bleiben sauber, wenn man sie mit einem Zerstäuber und lauwarmem Wasser besprüht. Sprühabstand 15 cm.

Kein Blattglanz verwenden.

Vriesea splendens

Flammendes Schwert

Vriesea ist das letzte Ananasgewächs in diesem Buch und auf ihre Art großartig und beeindruckend. Die Gattung wurde nach einem holländischen Botaniker des 19. Jahrhunderts, W. H. de Vries benannt und ist im tropischen Zentral- und Südamerika beheimatet. Man kennt mehrere hundert Arten.

Fast alle Vriesea-Arten entwickeln die für Bromelien typischen Blattzisternen, die stets mit sauberem Wasser gefüllt sein müssen. Aus diesen Zisternen wächst die Blüte – bei *V. splendens* ist sie leuchtend rot. Die Blütenstände setzen sich aus Brakteen zusammen, die wie Dachziegel übereinander stehen. Oft heben diese sich ein kleines bißchen und lassen kleine, gelbe Blüten durch, die fast die Form einer Hummerschere haben. Die Blütenstände geben der Vriesea auch den deutschen Namen Flammendes Schwert. Die abgerundeten Blätter sind fest und dunkelgrün und dunkelbraun gebändert. Viele Arten werden hauptsächlich der Blätter wegen kultiviert, andere jedoch haben interessante Brakteen, die sich mitunter wie ein Kandelaber verzweigen. In ihrer natürlichen Umgebung öffnen gelbblühende Varietäten ihre Blüten bei Tag, weißblühende bei Nacht.

Wie bei den meisten Bromelien stirbt die Mutterpflanze zwar nach der Blüte ab, erneuert sich aber durch 2 oder 3 winzige Kindel, die man zu neuen Pflanzen heranziehen kann. Beim Kauf sucht man am besten eine Pflanze aus, bei der die Blüte eben aus der Zisterne kommt und noch nicht ihre volle Farbe hat. Kaufen Sie keine Pflanzen, die schon blühen, sie würden nicht lange halten.

Vrieseen sind Bromelien mit reizvoll gestreiften oder marmorierten Blättern. Einige blühen.

Links: Vriesea fenestralis wird wegen der Blätter kultiviert, entwickelt jedoch auch hübsche Blüten.

Rechts: Die am häufigsten anzutreffende Varietät, *Vriesea splendens.*

Unten: Vriesea fosteriana.

Größe: Blattrosetten sind bis zu 30 cm hoch und 45 cm im Durchmesser. Blütenstiele können bis 50 cm lang werden. Je größer die Rosetten, desto höher werden die Blüten.
Wachstum: Pflanzen aus Kindeln blühen nach 1 bis 2 Jahren.
Blütezeit: Gewöhnlich im Sommer. Je nach Aussaat oder Einpflanzen der Kindel, können sie jedoch auch zu jeder anderen Jahreszeit blühen.
Duft: Keiner.
Licht: Stehen die Pflanzen im vollen Licht, färben sich Blätter und Blüten besonders intensiv; trotzdem möglichst vor praller Mittagssonne schützen.
Temperatur: Im Winter 18 bis 21 °C. Im Sommer normale Zimmertemperatur, höchstens aber 27 °C.
Gießen: Erde immer feucht halten, also vermutlich im Sommer 3mal, im Winter 1- oder 2mal pro Woche gießen. Zisternen sollen mit Wasser gefüllt sein, außer beim Erscheinen der Blüte, die im Wasser faulen kann. Ist die Temperatur im Winter niedriger als angegeben, wird nicht mehr in die Zisterne gegossen. Nur lauwarmes, kalkfreies Wasser verwenden.
Düngen: Wenn Blätter und/oder Blüten wachsen, gibt man alle 14 Tage die Hälfte der empfohlenen Menge Flüssigdünger ins Gießwasser.
Luftfeuchtigkeit: Die Pflanzen sind für feuchte Luft dankbar, werden also entweder auf nasse Kiesel oder in einen Topf mit feuchtem Torf gestellt.
Säubern: Dazu Blätter alle 14 Tage mit einem feuchten Tuch abwischen. Kein Blattglanz verwenden.

Luft: Sie sind ziemlich anspruchslos, mögen aber keine Wärme von Gas- oder Kohleheizungen.
Erde: Am besten Torferde, denn die Pflanzen mögen lockere, durchlässige Erde. Auf gute Drainage achten.
Umtopfen: Kindel müssen bis zur Blüte 2mal umgetopft werden.
Schnitt: Nicht nötig, außer zum Entfernen brauner Blattspitzen, die durch Trockenheit entstanden sind. Nach der Blüte Blütenstand entfernen.
Vermehrung: Aus Samen möglich, doch eigentlich nur etwas für den Fachmann, da Aussaat unter sterilen Laborbedingungen erfolgen muß. Am einfachsten lassen sich Jungpflanzen aus Kindeln ziehen. Diese bilden sich, wenn die Mutterpflanzen geblüht haben und langsam absterben. Dann Kindel mit Wurzeln vorsichtig abtrennen, in kleine Töpfe setzen und für mindestens 3 Wochen bei 24 °C feucht und warm stellen. Kindel am besten im Frühjahr oder Sommer nehmen; nicht bevor sie halb so groß wie die Mutterpflanzen sind.
Lebenserwartung: Als Bromelien haben sie einen bestimmten Lebenszyklus. Vom Abtrennen der Kindel bis zur Blüte und Ausbildung neuer Kindel, die wieder eingetopft werden können, dauert es zwischen 2 und 2 1/2 Jahre. Pflanzen aus Samen können 10 bis 15 Jahre brauchen bis sie blühen.
Pflanzgruppen: Man kann sie mit allen Grünpflanzen zusammensetzen, und sie sind bei solchen Mischpflanzungen für die erhöhte Luftfeuchtigkeit dankbar.
Schwierigkeitsgrad: Wie die meisten Bromelien sind sie nicht besonders schwierig.

Gießen

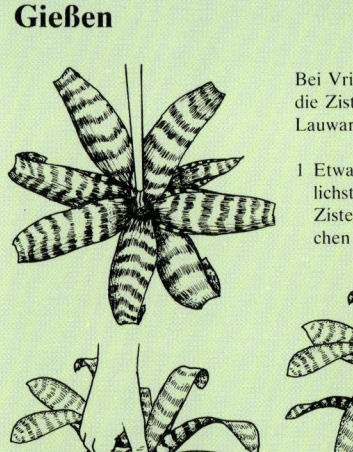

Bei Vriesea muß die Erde und die Zisterne gegossen werden. Lauwarmes Wasser verwenden.

1 Etwa 2,5 cm Wasser – möglichst Regenwasser – in die Zisterne gießen. Alle 3 Wochen ausleeren und erneuern.

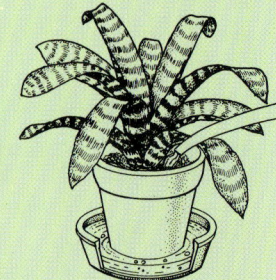

2 Erde mit den Fingern prüfen. Ist sie locker und krümelig, braucht die Pflanze Wasser.

3 Von oben – möglichst mit Regenwasser – gießen. Nach 15 Minuten restliches Wasser aus dem Untersetzer leeren.

Blütenstiele entfernen

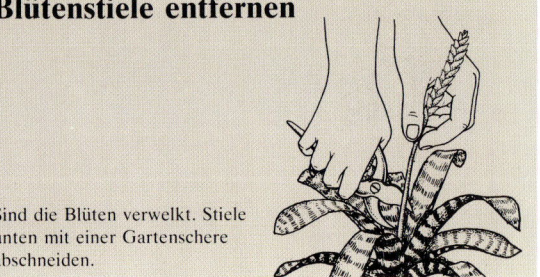

Sind die Blüten verwelkt. Stiele unten mit einer Gartenschere abschneiden.

1 *Blattspitzen sind braun, trokken und schrumpelig:* Zu trokken. Öfter gießen und jeden Tag besprühen.

2 *Verblaßte Blätter, Gespinste an Unterseiten:* Spinnmilben. Mit systemischem Insektizid, Derris oder Malathion spritzen. Luftfeuchtigkeit erhöhen.

3 *Pflanze geht nach der Blüte ein:* Das ist normal. Neue Pflanzen aus Kindeln ziehen.

4 *Blüte entwickelt sich, fault aber:* Zu kalt und zu viel Wasser in der Zisterne. Meist nicht mehr zu retten. Zisterne leeren und Pflanze wärmer stellen, falls sie sich erholt.

Umtopfen

1 Kauft man blühende Pflanzen, muß nicht mehr umgetopft werden. Solche, die man aus Kindeln zieht, umtopfen, wenn sie zu groß für ihre Töpfe wirken. Vorher gut gießen.

4 Alte Erde behutsam mit Stab von den Wurzeln entfernen. Wurzeln nicht verletzen.

2 In einen etwas größeren Topf kommt Drainage und feuchte Torferde. Auf gute Drainage achten.

5 Wurzelballen auf die Erde im neuen Topf setzen.

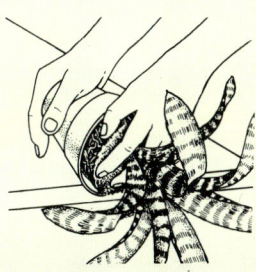 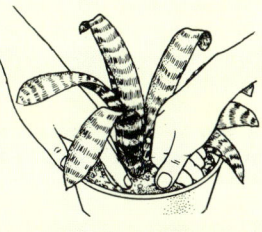

3 Topf so halten, daß Pflanze zwischen den Fingern und Erde unter der Handfläche liegt. Topfrand aufklopfen. Pflanze kommt mit Erde heraus.

6 Topf mit neuer Erde füllen. Wurzeln müssen bedeckt sein. Erde gut andrücken. 2 Tage nicht gießen und schattig stellen, damit Wurzeln in die neue Erde wachsen.

Bromelien auf Borke befestigen

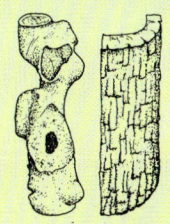

1 Ein geeignetes Stück Borke, einen Ast oder ein schönes Stück Holz aussuchen.

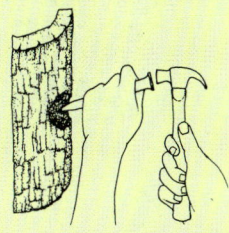

2 Ist keine natürliche Höhlung da, wird für die Pflanze ein flaches Loch ausgestemmt.

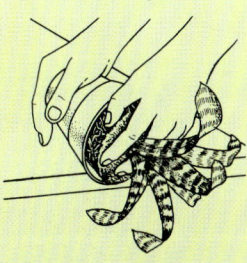

3 Wurzelballen der Pflanze mit Erde aus dem Topf nehmen.

4 Wurzeln in feuchtes Sphagnum packen und mit isoliertem Draht umwickeln.

5 Sphagnum und Wurzeln fest auf Holz oder Borke drücken und mit Draht befestigen.

6 Borke so aufhängen oder aufrecht stellen, daß die Pflanze nach oben wächst. Wurzelballen wässern und Zisterne gefüllt halten. Regelmäßig besprühen.

Kindel

1 Obwohl Mutterpflanze langsam abstirbt, weiter halten, bis Kindel halbe Größe der alten Pflanze erreicht haben.

2 Mit scharfem Messer Kindel und Wurzeln von Mutterpflanze abtrennen.

3 Kindel müssen eigene kleine Wurzeln haben, da sie sonst nicht wachsen.

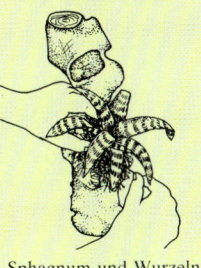   

4 Kindel in neue Töpfe setzen. Erde gut andrücken. Reichlich gießen und warm halten (24 °C).

Yucca, Palmlilie

Man kennt zwischen 30 und 40 Yucca-Arten, die wild in Südamerika wachsen. Viele davon sind bei gemäßigtem Klima auch bei uns fürs Freiland geeignet, manche überstehen sogar starken Frost. Im Freien bilden sie wunderschöne Blüten, die von einer ganz bestimmten Falter-Art bestäubt werden müssen. Da diese Insekten nur in der natürlichen Heimat der Pflanzen vorkommen, entwickeln Kulturpflanzen keine Samen.

Nur wenige Arten sind für die Kultur im Haus geeignet, und selbst diese stehen besser in einer Loggia, einem Wintergarten oder Gewächshaus und nicht in der trockenen Luft eines zentralgeheizten Zimmers. In den letzten Jahren wird *Yucca elephantipes*, manchmal auch als *Y. guatemalensis* bezeichnet, immer beliebter. Zu ihrer Anzucht pflanzt man, von den Westindischen Inseln importierte, ausgereifte Stammstücke in Warmhäuser. Unten an den Stücken entwickeln sich dann Wurzeln, oben – manchmal sogar an mehreren Stellen – Blattrosetten. Mit ihren aufrechten, kahlen, braunen Stämmen und den grünen Blattschöpfen geben sie reizvolle, ungewöhnliche Pflanzen ab, die sich auch gut in Hydrokultur halten lassen. Obwohl die Blätter spitz und fest sind, kann man sie unbesorgt anfassen. Das ist nicht so bei *Y. aloifolia*. Diese Pflanze ist viel größer und ihre Blätter sind geradezu gemein, denn die Spitzen sind außergewöhnlich scharf und man kann sich ernsthaft an ihnen verletzen.

Beim Kauf einer Yucca achtet man auf gut entwickelte Blattschöpfe und kauft keine Pflanze bei der sie sich gerade erst zeigen. Sind Blätter schwarz gefärbt, wurde die Pflanze auf dem Transport durch unsachgemäßes Festbinden verletzt. Stämme von *Y. elephantipes* müssen ausreichend bewurzelt sein, damit sie die Pflanze sicher im Topf halten.

Yuccas sind einfach zu halten, vorausgesetzt, sie stehen im Winter kühl.

Unten: Yucca aloifolia ist bedingt winterhart und überlebt im Freien an einem geschützten Platz.

Rechts: Die wunderschönen cremefarbenen Blüten von *Yucca aloifolia*. Mit etwas Glück blüht sie jedes zweite Jahr.

Außen rechts: Yucca elephantipes zieht man aus Stammstücken vollentwickelter Pflanzen. Die Stücke werden eingetopft und treiben bei hohen Temperaturen.

Umtopfen

1 Junge Pflanzen im Frühjahr umtopfen, wenn sie zu groß für ihre Töpfe wirken und Wurzeln Töpfe ausfüllen. Gut gießen.

2 In einen etwas größeren Topf kommt eine Drainageschicht und feuchte Lehmerde Nr. 2.

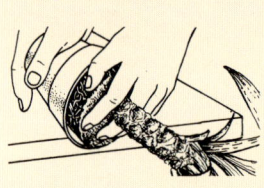

3 Topf so halten, daß Pflanze zwischen den Fingern und Erde unter der Handfläche liegt. Topfrand aufklopfen. Pflanze kommt mit Erde heraus. Bei *Y. aloifolia* aufpassen, die Blätter sind sehr spitz.

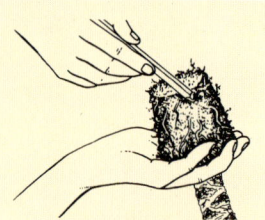

4 Alte Erde behutsam mit Stab von den Wurzeln entfernen. Wurzeln nicht verletzen.

5 Wurzelballen auf die Erde im neuen Topf setzen.

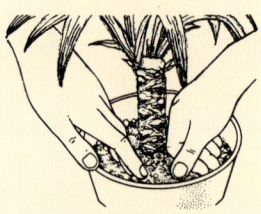

6 Topf mit neuer Erde füllen. Wurzeln müssen bedeckt sein. Erde gut andrücken. 2 Tage nicht gießen und schattig stellen, damit Wurzeln in die neue Erde wachsen.

Größe: *Y. elephantipes* ist eine relativ kleine Pflanze, mit Blattrosetten bis zu 25 cm im Durchmesser. Ihre Höhe hängt von der Länge des Stammes ab, reicht also von 15 bis 120 cm. *Y. aloifolia* hat meist einen Durchmesser von 60 bis 120 cm. Höhe 60 bis 300 cm.
Wachstum: Sie wachsen jährlich etwa 15 bis 30 cm. Bei *Y. elephantipes* vergrößern sich nur die Blattschöpfe, nicht die Stämme.
Blütezeit: Gewöhnlich blühen sie nur im Gewächshausbeet. Ihre langen Blütenrispen sind typisch für alle Yuccas.
Duft: Keiner.
Licht: Yuccas brauchen viel Licht. Im Sommer stehen sie gerne im Freien und eignen sich gut für sonnige Terrassen.
Temperatur: Im Winter sollte es nicht zu warm sein, möglichst zwischen 7 und 12 °C. Im Sommer eignet sich normale Zimmertemperatur oder jedes sonnige Fleckchen im Freien.
Gießen: Im Sommer wird 2- oder 3mal pro Woche reichlich gegossen, im Winter etwa alle 10 Tage.
Düngen: In den Sommermonaten gibt man jede Woche die Hälfte der empfohlenen Menge Flüssigdünger ins Gießwasser.
Luftfeuchtigkeit: Besonders wenn die Pflanzen im Haus stehen, sollte man sie 1mal in der Woche absprühen.

Säubern: Blätter können mit einem feuchten Tuch abgewischt werden. Speziell bei *Y. aloifolia* aufpassen, daß man sich an den spitzen Blättern nicht verletzt. Kein Blattglanz verwenden.
Luft: Besonders im Winter mögen die Pflanzen keine trockene, warme Luft und sind deshalb am besten im Gewächshaus aufgehoben.
Erde: Lehmerde Nr. 2.
Umtopfen: Junge Pflanzen werden etwa 1mal pro Jahr umgetopft. Nach 3 oder 4 Jahren erneuert man nur noch die obere Erdschicht.
Schnitt: Nicht nötig. Man muß nur untere welke Blätter entfernen.
Vermehrung: Am besten im Frühjahr durch Teilung des Wurzelstocks, Kindel oder Einpflanzen von Stammstücken in ein Vermehrungsbeet. Stammstücke treiben nur bei hohen Temperaturen (27 °C).
Lebenserwartung: Bei viel frischer Luft und einem nicht zu warmen Platz im Winter, gedeihen sie viele Jahre.
Pflanzgruppen: Die Stämme von *Y. elephantipes* passen gut in Mischpflanzungen in Kübeln oder Trögen. *Y. aloifolia* wächst am besten alleine.
Schwierigkeitsgrad: Stehen sie hell, sind es verhältnismäßig unkomplizierte Pflanzen.

Kranke Pflanzen

2 *Grauer Schimmel auf den Blättern:* Botrytis. Befallene Teile mit Schwefel bestäuben. Für bessere Lüftung sorgen.

3 *Braune, schuppige Insekten auf Stengeln und Blattunterseiten:* Schildläuse. Mit Watte und Spiritus abwischen oder mit systemischem Insektizid spritzen.

1 *Blätter werden gelb, untere meist zuerst:* Zu wenig Licht. Verfärbte Blätter abschneiden. Pflanze heller stellen.

Sprühen

Im Sommer 1mal die Woche mit Zerstäuber besprühen. Sprühabstand 15 cm.

Gießen

1 Erde mit den Fingern prüfen. Ist sie locker und krümelig, braucht die Pflanze Wasser. Bei den spitzen Blättern von *Y. aloifolia* aufpassen, daß man sich nicht verletzt.

2 Von oben – möglichst mit Regenwasser – gießen. Nach 15 Minuten restliches Wasser aus dem Untersetzer leeren.

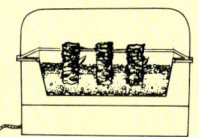

Obere Erdschicht erneuern

1 Ist die Pflanze 3 oder 4 Jahre alt, im Frühjahr die oberen 2.5 cm Erde erneuern. Zuvor reichlich gießen.

2 Topf mit neuer Erde füllen.

3 Erde rundum gut andrücken. Die Wurzeln müssen bedeckt sein. 2 Tage nicht gießen und schattig stellen, damit Wurzeln in die neue Erde wachsen.

Säubern

Blätter mit weichem Tuch oder Schwamm und lauwarmem Wasser abwischen. Blätter mit der anderen Hand stützen. Kein Blattglanz verwenden. Bei den spitzen Blättern von *Y. aloifolia* aufpassen, daß man sich nicht verletzt.

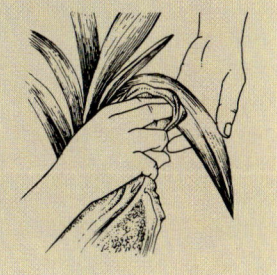

Stammstücke

1 *Y. elephantipes* kann aus Stammstücken gezogen werden. Diese kann man kaufen oder von Pflanzen absägen. Zur Anzucht ist ein Vermehrungskasten nötig.

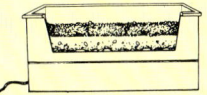

2 In einen Vermehrungskasten kommt Sand und Torf (1:1).

3 Pflanze aus dem Topf nehmen.

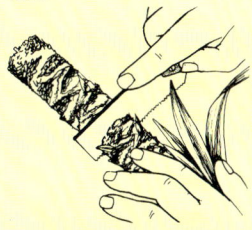

4 Den Stamm auf eine harte Fläche legen und in mindestens 10 cm lange Abschnitte sägen.

5 Die unteren Schnittflächen in Bewurzelungsmittel tauchen. Überschuß abschütteln.

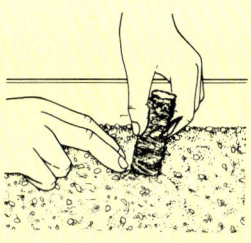

6 Die Abschnitte so in die Erde stecken, daß sie ohne Stütze aufrecht stehen. Nicht zu tief setzen.

7 Haube auf Vermehrungskasten setzen. Sind die Stammstücke zu lang, wird der Kasten mit einer großen Plastiktüte, die man mit Draht stützt, bedeckt. Um Fäule vorzubeugen, Haube täglich 5 Minuten abnehmen. Erde nicht austrocknen lassen. Warm halten (27 °C).

8 Haube nach 21 Tagen abnehmen. Gedeihen die Pflänzchen gut, in normale Töpfe setzen.

Kakteen und Sukkulenten

Kakteen und Sukkulenten erfordern eigentlich ein eigenes Buch, und so können die Informationen an dieser Stelle auch nur recht allgemein sein. Allen, die mehr über diese Pflanzen wissen möchten, raten wir zu spezialisierter Literatur.

Die meisten Sorten sind ideale Zimmerpflanzen, denn sie mögen die trockene, warme Luft, die für so viele zentralgeheizte Wohnungen typisch ist. Im Sommer sollte man sie wie normale Zimmerpflanzen behandeln und bei guter Drainage reichlich gießen.

Im Winter hingegen sollten sie kühl und trocken stehen und eine Ruheperiode einlegen, denn nur dann bilden sie später ihre beachtlichen Blüten aus.

Alle Kakteen sind Sukkulenten, aber nicht alle Sukkulenten sind Kakteen. Botanisch besteht der Unterschied darin, daß nur Kakteen Areolen besitzen. Dies sind kleine, filzige oder wollige Haarpolster, aus denen Stacheln (bot. korrekt, Dornen) wachsen. Kakteen und Sukkulenten gehören hauptsächlich den beiden Familien *Cactaceae* und *Crassulaceae* an; einige ordnet man auch den *Liliaceae* und *Amaryllidaceae* zu. Von den wichtigen Kakteen-Gattungen wachsen die *Cereus*-Arten hoch und aufrecht und wahrscheinlich sind die *Mammillaria*-Arten die beliebtesten unter den runden, stachligen Formen. Zu den *Echinocactus*-Arten gehören einige der schönsten Kugelkakteen. Die stachligen Opuntias kennt jeder aus Wildwest-Filmen; heute benutzt man diese Gattung oft als Wurzelstock, auf den man andere Arten pfropft. *Zygocactus*, der Weihnachtskaktus, hat im Dezember viele, relativ langlebige Blüten, die meist rosa sind. Noch viele andere Gattungen sind im Handel, darunter auch *Aloe* und *Agave*. Viele davon blühen, gewöhnlich aber nur kurz und gedeihen überraschenderweise gut in Hydrokultur.

Sukkulenten haben fleischige Blätter, die manchmal mit einem sehr reizvollen grauen ›Flaum‹ bedeckt sind. Viele Arten werden angeboten, speziell von den Gattungen *Crassula*, *Euphorbia*, *Echeveria* und *Lithops*, von denen viele blühen. Die Gattung *Euphorbia* umfaßt noch zahlreiche andere Zimmerpflanzen, wie Weihnachtsstern und Kroton. Zu den beliebtesten Sukkulenten-Arten gehört auch *Euphorbia milii*, früher *splendens*.

Beim Kauf von Kakteen sollte man darauf achten, daß die Pflanzen fest in den Töpfen sitzen, sonst können die Wurzeln beschädigt sein. Die Pflanzen dürfen keine beschädigten oder faulen Stellen haben. Bei Sukkulenten achtet man darauf, daß Blätter nicht ein- oder abgerissen sind.

Links: Crassula argentea wächst verzweigt und buschig und wird bis zu 1 m hoch.

Unten: Echeverien sind Sukkulenten, die Blattrosetten bilden und oft stattliche Blütenstände entwickeln.

Größe: Auch im Haus variiert die Größe von der einer Murmel bis zu einer Höhe von 2 m.
Wachstum: Die meisten wachsen sehr langsam und werden jedes Jahr nur ein kleines bißchen größer.
Blütezeit: Im Frühjahr und Sommer. Die Blüten welken meist schon nach einem Tag.
Duft: Keiner.
Licht: Sie brauchen viel Licht und gedeihen gut in voller Sonne auf einer Fensterbank.
Gießen: Im Sommer wird regelmäßig 2- oder 3mal pro Woche, im Winter 1mal im Monat gegossen.
Düngen: Im Sommer etwa alle 14 Tage. Der spezielle Kakteen-Dünger kommt ins Gießwasser oder wird auf die Blätter gesprüht.
Luftfeuchtigkeit: Sie mögen trockne, warme Luft. Damit sie aber sauber bleiben, im Sommer jeden Monat besprühen.
Säubern: Reicht das Sprühen nicht, kann man eine weiche Bürste nehmen. Pflanzen nicht anfassen.

Luft: Anspruchslos.
Erde: Eine Mischung aus 2 Teilen Lehmerde Nr. 1 und 1 Teil Sand.
Umtopfen: Nicht öfter als unbedingt nötig, am besten alle 3 oder 4 Jahre. Stets dicke Schutzhandschuhe tragen, denn die Stacheln oder Haare können schmerzhaft und gefährlich sein.
Schnitt: Alle kranken Teile abschneiden und die Wunden mit Schwefel bestäuben.
Vermehrung: Durch Samen, Stecklinge, Teilung oder Jungpflanzen, die manchmal einfach von der Mutterpflanze herunterfallen. Die Methode hängt von der Sorte ab.
Lebenserwartung: Werden die Pflanzen im Winter nicht überwässert, leben sie praktisch ewig.
Pflanzgruppen: Die meisten kann man zu Miniaturgärten zusammenpflanzen.
Schwierigkeitsgrad: Unkompliziert, auch für Anfänger.

Blattstecklinge

Die meisten Kakteen werden im Frühjahr bei 21 °C durch Aussaat vermehrt. Sobald Jungpflanzen groß genug sind, werden sie einzeln eingetopft. Viele Sukkulenten, wie z.B. Crassula cooperi, können durch Blattstecklinge vermehrt werden.

1 In einen Topf kommt eine Drainageschicht und Anzuchterde, sowie 1 cm scharfer Sand.

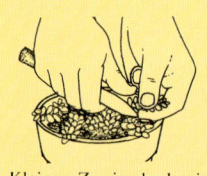

2 Kleinen Zweig abschneiden und Blättchen abbrechen.

3 Blättchen mit Bruchstelle nach unten behutsam in den Sand stecken.

4 Erde gießen. Topf nicht abdecken und nicht in die pralle Sonne stellen. Normale Raumtemperatur reicht aus. Neue Pflänzchen bilden sich an der Blattbasis.

Jungpflanzen

Einige Sukkulenten, wie z.B. Bryophyllum entwickeln junge Pflanzen an den Blatträndern. Diese wurzeln und wachsen zu neuen Pflanzen heran.

1 In einen Topf kommt eine Drainageschicht und Anzuchterde, sowie 1 cm scharfer Sand.

2 Reife Jungpflanzen haben winzige Wurzeln. Diese behutsam von der Mutterpflanze abtrennen.

3 Pflänzchen in den Sand setzen. Gießen und bei normaler Raumtemperatur schattig stellen. Sie entwickeln sich zu voller Größe.

Oben: Echinocactus submammulosus hat kräftige Stacheln und blüht gelegentlich.

Oben: Zygocactus truncatus blüht zu Weihnachten und eignet sich gut für Blumenampeln.

Links: Euphorbia milii hat Dornen und karminrote Brakteen. Die Pflanze stammt aus Madagaskar.

Rechts: Mammillaria zeilmanniana kommt aus Mexiko. Nach der Blüte bilden sich manchmal Früchte.

Kranke Pflanzen

1 *Pflanzen werden schwarz und faulen an der Basis:* Zu naß. Meist nicht mehr zu retten. Falls andere Pflanzenteile faulen, diese ausschneiden und mit Schwefel bestäuben.

2 *Pflanze schrumpelt und wird weich:* Zu trocken. Gut wässern und in Zukunft öfter gießen.

3 *Blühende Arten kommen nicht zur Blüte:* Pflanzen standen im Winter zu warm.

4 *Kakteen wachsen langsam und Sukkulenten recken sich zum Licht:* Zu dunkel. An ein sonniges Fenster stellen.

5 *Pflanzen haben weiße, wollige Flecken:* Wolläuse. Mit Malathion spritzen.

6 *Pflanzen verfärben sich, welken und gehen ein:* Wurzelläuse. Wurzeln in Malathionbrühe tauchen (gleiche Konzentration wie bei Spritzmitteln).

Kopfstecklinge

Sukkulenten, wie z.B. *Crassula argentea* kann man durch Stecklinge vermehren.

1 Im Frühjahr kommt in einen kleinen Topf Drainage und Erde aus 1 Teil Lehmerde Nr. 1 und 1 Teil scharfen Sand.

4 Unteres Blattpaar entfernen.

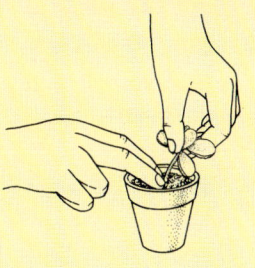

7 Steckling so hineinsetzen, daß Stengel unten die Erde berührt. Gießen und bei normaler Raumtemperatur schattig stellen.

8 Da Sukkulenten viel Wasser speichern, sollte man sie zum Wurzeln nicht abdecken; sie können sonst faulen. Faulen sie sogar ohne Abdeckung, nimmt man neue Stecklinge und läßt diese vor dem Pflanzen 3 Tage abtrocknen.

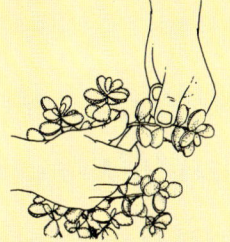

2 Einen Trieb mit mindestens 2 gesunden Blattpaaren und einem Wachstumspunkt nehmen. Trieb unterhalb eines Blattpaares abschneiden.

5 Schnittfläche in Bewurzelungsmittel tauchen. Überschuß abschütteln.

3 Stengel direkt unterhalb eines Blattes abschneiden.

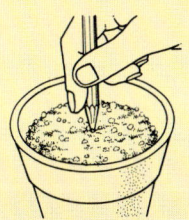

6 In die Mitte des Topfes ein kleines Loch stechen.

9 Bewurzelte Jungpflanzen brauchen erst umgetopft zu werden, wenn Wurzeln die kleinen Töpfe ausfüllen.

Teilung

Kakteen, wie z.B. *Mammillaria zeilmanniana* kann man teilen, wenn sich mehrere Triebe gebildet haben.

1 In einen Topf kommt Drainage, Anzuchterde und 1 cm scharfer Sand.

4 Teilstücke eintopfen. Mit Stift oder Stab Erde rundum andrücken.

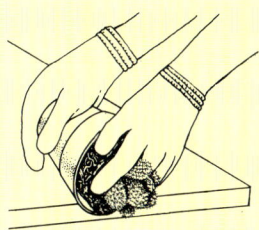

2 Handschuhe tragen. Topf umdrehen und aufklopfen. Wurzelballen kommt aus dem Topf.

3 Pflanze in Stücke schneiden, mit je einem unbeschädigten Trieb und Wurzeln.

Kakteenstacheln können schmerzhaft sein und Entzündungen verursachen. Deshalb stets Handschuhe tragen. Große Stacheln kann man so herausziehen, kleine Stacheln oder feine Härchen müssen in sehr heißem Seifenwasser aus der Haut gewaschen werden.

Blumenzwiebeln im Frühjahr und Sommer

Blumenzwiebeln kann man so in Töpfe pflanzen, daß sie ganz normal blühen oder aber – meist im Winter – ›treiben‹, so daß sie früher zur Blüte kommen. Das Treiben von Zwiebeln ist sehr beliebt, denn es gibt kaum einen hübscheren Anblick als eine Schale mit blühenden Hyazinthen zu Weihnachten oder das helle Gelb eines Topfes mit Osterglocken an einem trüben Januartag. Geht man es richtig an, kann man in den kalten Wintermonaten immer wieder neue Blumen haben.

Die Treiberei von Zwiebeln ist nicht schwierig, wenn einige einfache Regeln befolgt werden. Zum einen nimmt man nur Zwiebeln bester Qualität. Ausschußware und Zwiebeln, die man im Garten ausgräbt, blühen nie. Zum anderen sollte man nicht versuchen, Zwiebeln 2 Jahre hintereinander zu treiben. Die meisten im Frühjahr blühenden Zwiebeln müssen erst einige Wochen dunkel und kalt stehen, damit sie ein gutes Wurzelsystem bekommen. Dazu stellt man sie in einen gut gelüfteten Keller oder eine frostfreie Garage oder gräbt den Topf im Freien an einer geschützten Stelle ein und deckt ihn mit Sand oder Asche ab. Schummeln lohnt nicht, denn holt man Zwiebeln zu bald ins Warme, können sie welken oder keine Knospen bilden.

Ebenso wichtig für eine erfolgreiche Treiberei ist gute Drainage. Pflanzt man in Schalen ohne Drainageloch, muß man darauf achten, daß sich unten im Topf genügend Drainagematerial – wie Sphagnummoos oder Tonscherben – befindet und etwas Holzkohle, damit das Wasser nicht fault. Nehmen Sie stets Weißtorf oder eine Mischung aus 2 Teilen Einheitserde und 1 Teil Torf. Töpfe nicht zu hoch mit Erde anfüllen; Platz zum Gießen lassen.

Beim Gießen darauf achten, daß kein Wasser an Blätter oder Blüten kommt, sie könnten sonst faulen. Deshalb auch nicht besprühen. Die Erde darf nie austrocknen; wahrscheinlich muß man etwa 1mal pro Woche gießen. Auch im Freien eingegrabene Gefäße dürfen nicht austrocknen, ggf. gießen. Hat man Zwiebeln in eine Schale ohne Drainageloch gepflanzt, kann man sie nach dem Gießen schräg halten und das überschüssige Wasser ablaufen lassen.

Die folgende Liste von Frühjahrszwiebeln ist keineswegs vollständig – Sie können ihr Glück auch mit vielen anderen versuchen. Allen sollte man jedoch zum Wurzeln im Dunkeln viel Zeit lassen und sie erst dann im Warmen zur Blüte treiben. Alle Zwiebeln müssen langsam an höhere Temperaturen und volles Licht gewöhnt werden. Anfangs kann man sie mit Papier vor zu viel Licht schützen. Pflanzen in der Blütezeit möglichst kühl stellen – die Blüten halten dann besonders lang. Denken Sie daran, auch in freier Natur blühen sie, wenn es noch recht kühl ist.

Sind die Pflanzen abgeblüht, an einem kühlen Ort abtrocknen lassen und im Frühjahr in den Garten pflanzen. Es kann dann 1 Jahr oder auch länger dauern, bevor sie wieder blühen.

Hyazinthen

Hyazinthen sind die beliebtesten Zwiebeln für Blumentöpfe. Pflanzt man sie in zeitlichen Abständen, hat man von Weihnachten bis in den Frühling hinein

blühende Pflanzen. Für eine frühe Blüte, im August präparierte Zwiebeln kaufen. Solche Zwiebeln wurden speziell behandelt (erst warm, dann kalt) und sind anschließend davon überzeugt, daß der Sommer und ein Teil des Winters bereits vorbei ist, und sie nun rasch blühen sollten. Für die nächste Pflanzung nimmt man normale, große Zwiebeln, deren Spitzen nach dem Einpflanzen gerade über die Erdoberfläche gukken sollten. Mindestens 2 Monate im Dunkeln stehen lassen, dann nach und nach an mehr Licht und Wärme gewöhnen. Versehen Sie Töpfe mit dem Pflanzdatum, damit Sie wissen, wann mit der Treiberei begonnen werden kann.

Narzissen

Narzissen blühen nicht ganz so früh wie Hyazinthen, erfordern aber die gleiche Behandlung. Damit Sie später viele Blüten in einem Topf haben, Zwiebeln in 2 Lagen pflanzen. Dazu erste Lage auf den Topfboden setzen, mit etwas Erde bedecken und zweite Lage so darüber pflanzen, daß die Spitzen eben über den Topfrand gucken.

Sorten wie ›Carlton‹, ›Golden Harvest‹, ›Geranium‹ und ›Cragford‹ eignen sich gut für die Treiberei.

Tulpen

Tulpen sollte man länger im Dunkeln stehen lassen. Sie werden von September bis Oktober eingepflanzt und nicht vor Januar ins Warme geholt. Nehmen Sie niedrige Sorten, denn Tulpen werden im Zimmer leicht ›hochbeinig‹ und stehen dann nicht mehr aufrecht. Frühblühende, gefüllte Sorten wie ›Peach Blossom‹ und ›Orange Nassau‹ haben sich gut bewährt und duften angenehm.

Krokus und Iris reticulata

Beide wachsen gut in Töpfen. Pflanzt man sie im November, blühen sie im Januar und Februar. Gräbt man Töpfe im Freien ein, sollte man sie mit Drahtgeflecht vor Mäusen schützen, die die jungen Triebe überaus schmackhaft finden. Damit Sie viele Blüten erhalten, stets viele Zwiebeln in einen Topf packen. Nach der Blüte so bald wie möglich in den Garten pflanzen. Nach 1 Jahr haben sich die Zwiebeln erholt und blühen dann zu normaler Zeit im Freien.

Schneeglöckchen

Schneeglöckchen lassen sich nicht gut treiben. Will man sie dennoch im Zimmer haben, kann man sie im Januar aus dem Garten holen, in einen Topf setzen, sie im Haus an einem kühlen Platz zur Blüte kommen lassen und anschließend wieder in den Garten pflanzen.

Es gibt einige andere Zwiebeln, die sich im Topf ziehen lassen, aber zur normalen Zeit blühen müssen und deshalb für die Treiberei ungeeignet sind. Man pflanzt sie in Töpfe mit guter Drainage und Lehmerde. Nicht alle müssen kühl und dunkel stehen bevor man sie ins Zimmer oder Gewächshaus holt, aber alle brauchen drinnen viel Licht. Das Gießen ist temperaturabhängig: Erde während der Wachstumsperiode nie austrocknen lassen.

Hyazinthe ›Edelweiß‹

Narzisse ›Carlton‹

Krokus, gestreifte Sorte

Tulpe ›Compostella‹

Anemone de Caen

Lilium auratum

Kranke Pflanzen

1 *Hyazinthen: Blüten kurz und Blätter nur 5 bis 8 cm lang:* Pflanzen haben kein ausreichendes Wurzelsystem bilden können, weil sie zu früh ins Warme geholt worden sind. Keine Rettung möglich.

3 *Narzissen, Tulpen und Krokus: Knospen erscheinen, werden aber braun:* Knospen sind ›blind‹, da Pflanzen zu irgendeinem Zeitpunkt einmal ausgetrocknet ist. Keine Rettung möglich.

5 *Alle Zwiebeln: Grauer Schimmelrasen an den Trieben:* Grauschimmel. Durch schlechte Belüftung verursacht. Mit Schwefel bestäuben und für bessere Lüftung sorgen.

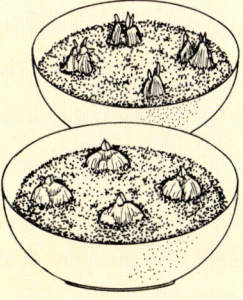

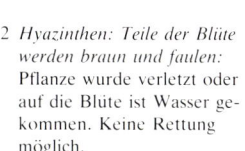

2 *Hyazinthen: Teile der Blüte werden braun und faulen:* Pflanze wurde verletzt oder auf die Blüte ist Wasser gekommen. Keine Rettung möglich.

4 *Krokus, Narzissen, Iris und Schneeglöckchen: Blätter schießen hoch auf, es bilden sich keine Blüten:* Pflanze wurde bei zu hoher Temperatur zu schnell getrieben. Keine Rettung.

6 *Alle Zwiebeln: Blattspitzen werden gelb:* Zu naß. Abtrocknen lassen und in Zukunft weniger gießen.

7 *Alle Zwiebeln: Knospen faulen:* Durch Besprühen verursacht. Blüten und Knospen nie besprühen.

Das Treiben von Frühjahrszwiebeln

1 Weißtorf einweichen. Überschüssiges Wasser ausdrücken.

2 Auf den Boden einer Schale kommt Sphagnum und Holzkohle, darauf eine Schicht Weißtorf.

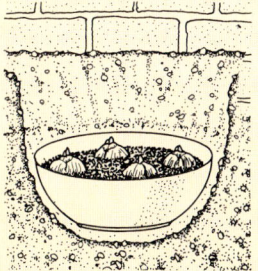

3 Hyazinthen und Narzissen so pflanzen, daß die Spitzen der Zwiebeln aus der Erde gukken; alle anderen sollten ganz in der Erde stecken (Pflanztiefe = halbe Höhe der Zwiebeln).

4 Schale an einen kühlen, gut belüfteten, dunklen Platz (Keller oder Garage) stellen. Die Zwiebeln müssen frostfrei stehen, Temperaturen sollten aber 4 °C nicht übersteigen.

oder

5 Schale im Garten einsenken. Dazu am Fuß einer Mauer ein Loch graben, Schale hineinstellen und mit wenigstens 15 cm Sand oder Asche abdecken, um die Zwiebeln vor Frost zu schützen.

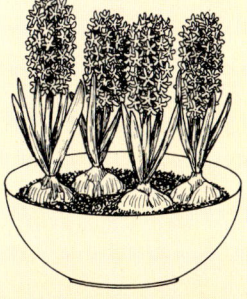

6 Ins Haus bringen, wenn die Zwiebeln schon gut getrieben haben. Einige Tage mit Zeitung abdecken (Haube oben offen lassen), damit sich die Pflanzen langsam ans Licht gewöhnen können.

7 Beginnt die Blüte, nach und nach wärmer stellen.

8 Nach der Blüte, Blütenstände entfernen, Pflanzen an einem kühlen Ort abtrocknen lassen und dann in den Garten setzen. Zwiebeln können nicht 2 Jahre hintereinander getrieben werden.

Amaryllis oder Hippeastrum

Kauft und pflanzt man sie im Herbst oder Winter, blühen sie im Frühjahr oder Frühsommer. Noch bevor die riemenförmigen Blätter erscheinen, wachsen weiße, rosa oder leuchtend rote Blüten an der Spitze eines dicken, fleischigen Stengels. Die Zwiebeln sind groß und werden gewöhnlich einzeln gezogen. Wenn die Pflanze blüht und später ihre Blätter entwickelt, düngt man alle 14 Tage. Welke Blüten entfernen, Stengel abtrocknen lassen. Haben sich die Blätter entwickelt, soll die Pflanze einziehen und im Spätsommer an einem kühlen Platz eine dreimonatige Ruhepause einlegen können. Umgetopft wird alle 3 Jahre. Nicht ins Freie pflanzen.

Lilien

Die meisten können in Töpfe gepflanzt und wie *Hippeastrum* behandelt werden, *Lilium longiflorum* (Osterlilie), *Lilium auratum* und Mid-Century-Hybriden wie ›Destiny‹ und ›Enchantment‹ gedeihen in Lehmerde das ganze Jahr. Pflanzt man im Herbst, sollen sie, bevor sie ins Haus kommen, einige Zeit kühl stehen. Alle Lilien müssen gestützt werden. Nach der Blüte können sie ins Freie. Vorher Pflanzen an einem kühlen Ort abtrocknen lassen.

Anemonen

Pflanzt man Anemonen im Oktober in Töpfe, blühen sie im Frühjahr. Bis die Knospen erscheinen, bleiben sie am besten im Freien. Nach der Blüte an einem kühlen Ort abtrocknen lassen und anschließend wieder in den Garten pflanzen.

Krankheiten und Schädlinge

Blumenzwiebeln können von Viruserkrankungen befallen werden, deren Symptome sich an Blüten, Blättern und Stengeln zeigen. Narzissen, Hyazinthen, Iris und Schneeglöckchen bekommen dann verformte Blätter, die gelb gesprenkelt oder gestreift sind. Tulpen können braune Flecken oder Streifen auf Stengeln und Blättern und Blüten mit unnatürlichen Strichen oder Streifen haben. Bei Viruserkrankungen gibt es keine Rettung. Die Zwiebeln müssen vernichtet werden. Tulpen, Hyazinthen und Narzissen werden mitunter auch von Älchen an Wurzeln und Stengeln befallen, was mißgebildete Stengel und Blätter zur Folge hat. Auch hier ist keine Rettung möglich. Pflanzen vernichten. Die häufigsten Schädlinge sind Blattläuse, die Blätter verformen und ihre Spitzen mit klebrigem Sekret überziehen. Sicherste *Bekämpfung:* Bestäuben mit *Pyrethrum.*

Einjährige Blumen

Einjährige Pflanzen entwickeln sich in einem Jahr aus Samen, blühen, bilden Samen und sterben dann. Zweijährige Pflanzen durchlaufen den gleichen Zyklus, benötigen dazu jedoch 2 Jahre.

Im Sommer sind einjährige Pflanzen im Garten gern gesehen und auch im Haus erfreut man sich an ihren Blüten. Meist kann man sie preiswert ziehen oder kaufen, muß sie aber nach einer Saison wegwerfen. Fast alle brauchen zum Wachsen und Blühen niedrige Temperaturen.

Um die aufgeführten Sorten aus Samen zu ziehen, brauchen Sie ein Gewächshaus und einige Geräte zur Vermehrung. Pflanzen ziehen kann großen Spaß machen. Mit etwas Geduld und Zeit läßt sich eine ganze Palette blühender Exemplare nach und nach ins Haus stellen.

Man kann auch Pflanzen vom Gärtner kaufen, wenn sie gerade anfangen zu blühen. Stets auf gesunde, saubere Blätter achten. Blüten sollten eben ihre Farbe zeigen und nicht zu weit entwickelt sein. Aufpassen, daß sich keine Schädlinge – besonders Blattläuse – an den Pflanzen befinden. Die einzelnen Sorten sind in der Reihenfolge aufgelistet, in der sie auch blühen und in den Handel kommen.

Primulus, Primel

Die folgenden 4 Primel-Arten sind eigentlich ausdauernde Pflanzen, werden im Zimmer aber wie einjährige behandelt. *P.acaulis (vulgaris)*, heute in vielen Farben erhältlich, ist eine Hybride der Schaftlosen Schlüsselblume. *P.malacoides* entwickelt Blüten in zarten Farben, die in Trauben an Stielen über den Blättern sitzen. *P.obconica*, die widerstandsfähigste von allen, bildet größere Blütentrauben – ebenfalls in zarten Farben. *P.sinensis* ist eine kleine, kompakte Pflanze mit reizvollen, behaarten Blättern. Sie ist noch zarter als die übrigen Primeln.

Bei allen Sorten erfolgt die Aussaat bei niedrigen Temperaturen, von Februar bis Juni; sie blühen dann im folgenden Frühjahr. Sind die Sämlinge groß genug, werden sie in kleine Töpfe gesetzt. Umtopfen, so oft es nötig ist, das letzte Mal vor der Blüte im Frühherbst. Pflanzen immer feucht halten. Das Gießen hängt von der Temperatur ab: Die Erde darf nie austrocknen. Zum Keimen und Wachsen sind Temperaturen von 10 bis 13 °C nötig. Wenn Knospen erscheinen, kommt alle 14 Tage Flüssigdünger ins Gießwasser. Nicht in die Sonne und recht kühl stellen.

Cinerarie, Aschenblume

Cinerarien blühen im Frühjahr und sind von der Mitte der Primel-Saison bis ins späte Frühjahr erhältlich. Ihr lateinischer Name ist *Senecio cruentus*. Sie erfordern ein bißchen mehr Pflege als Primeln, wollen aber ebenfalls kühl stehen. Bei zu viel Sonne rollen sich die großen, hübschen Blätter zusammen und fallen ab. Ideal ist ein schattiges Gewächshaus oder Nordfenster.

Aussaat erfolgt im Juli und August. Das Saatgut ist fein und soll nicht mit Erde bedeckt werden. Saatschale mit Glas oder Plastikhaube abdecken. Erde regelmäßig besprühen und Abdeckung abnehmen, sobald die Sämlinge erscheinen. Sind sie dann im Sep-

tember oder Oktober groß genug, einzeln eintopfen und im Gewächshaus bei nicht mehr als 7 bis 10 °C weiterziehen. Erscheinen im Frühjahr Knospen, kann die Temperatur auf 13 °C erhöht werden. Vor Mittagssonne schützen.

Calceolaria, Pantoffelblume

Pantoffelblumen kann man kurz nachdem Aschenblumen in den Handel kommen kaufen. Für die Anzucht die gleichen Regeln befolgen. Pantoffelblumen vertragen jedoch etwas mehr Sonne. Um Mehltau vorzubeugen, im Winter trocken halten.

Schizanthus, Spaltblume

Schizanthus ist von den hier erwähnten einjährigen Blumen die unbekannteste und verdient, daß ihr die Gärtner noch mehr Aufmerksamkeit schenken. Sie entwickelt im späten Frühjahr und Frühsommer viele mehrfarbige Blüten, die klein und orchideenartig sind. Spaltblumen sind etwas höher, als die schon beschriebenen Pflanzen, und werden bis zu 60 cm hoch. Die Wachstumsbedingungen sind sehr ähnlich.

Celosia, Hahnenkamm

Celosia-Pflanzen erhält man im Frühsommer. Sie sind kompakt und haben goldfarbige oder rote Blüten, die wie Staubwedel aussehen.

Die Aussaat erfolgt im zeitigen Frühjahr bei 16 bis 18 °C. Bis zur Blüte muß die Pflanze nur 1mal umgetopft werden. Stets feucht halten, luftig und hell stellen.

Oben: Primula obconica.

Unten: Primula malacoides.

Oben: Celosia ›Golden Feather‹. Die Blütenstände können rot, orange oder gelb sein.

Oben rechts: Cineraria grandiflora. Cinerarien kann man im Frühjahr in vielen Farben kaufen.

Rechts: Chrysanthemen sind das ganze Jahr hindurch im Handel. Beim Kauf Pflanzen aussuchen, bei denen sich die Knospen gerade einfärben.

Aus Samen ziehen

1 In einen Vermehrungskasten oder eine Saatschale kommt Drainage und sterilisierte Aussaaterde. Samen gleichmäßig verteilen. Mit Erdschicht (nicht dicker als die Samen selbst) bedecken. Gut gießen.

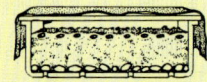

2 Glasscheibe auflegen und dunkel stellen oder mit dunklem Tuch abdecken. Glas täglich umdrehen. Erde nicht austrocknen lassen. Die einzelnen einjährigen Pflanzen benötigen unterschiedliche Temperaturen; Anweisungen auf der Samenpackung befolgen.

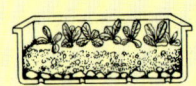

3 Wenn die Samen keimen, hell stellen und Glasscheibe entfernen.

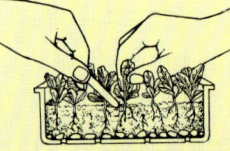

4 Sind die Sämlinge groß genug, auf 2,5 cm Abstand ausdünnen. Dabei schwächere Pflanzen herausziehen.

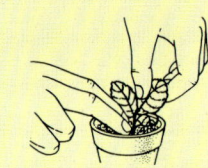

5 Gedeihen die Pflänzchen kräftig, einzeln in kleine Töpfe setzen.

Kranke Pflanzen

1 *Alle Arten: Krone und Wurzeln werden schwarz und faulen, Pflanze geht ein:* Durch zu viel Nässe verursacht. Gewöhnlich keine Rettung.

2 *Pflanze kraftlos, Erde trocken:* Zu trocken. Sofort wässern, anschließend Wasser ablaufen lassen.

3 *Primeln und Chrysanthemen insbesondere: Graue, samtige, faulige Stellen an Blättern:* Grauschimmel, verursacht durch zu kalte, feuchte Luft. Wärmer stellen, für bessere Lüftung sorgen und mit systemischem Fungizid spritzen.

4 *Cinerarien und Chrysanthemen insbesondere: Weißer, mehlartiger Belag auf Blättern:* Mehltau. Lüftung verbessern, Pflanzen nicht austrocknen lassen und mit systemischem Fungizid spritzen.

5 *Primeln, Calceolarien, Schizanthus, Celosia: Untere Blätter werden lang und gelb:* Zu warm. Kühler und luftiger stellen.

Links: Die ungewöhnlichen Blüten von *Calceolaria.*

Unten: *Schizanthus* hat schöne orchideenähnliche Blüten.

Chrysanthemum, Wucherblume

Chrysanthemen, die gewöhnlich als Topfpflanzen verkauft werden, sind zwar nicht einjährig, werden aber im Zimmer so behandelt; sind sie verblüht, wirft man sie weg. Mit künstlichem Licht ziehen Gärtner sie das ganze Jahr. Damit die Pflanzen kompakt wachsen, behandelt man sie mit wachstumshemmenden Mitteln. Behält man sie länger und setzt sie in den Garten, verlieren sie den dichten Wuchs. Zweifellos sind Chrysanthemen die meistverkauften blühenden Pflanzen, denn man erhält gute Ware für sein Geld.

Kaufen Sie nur Pflanzen mit gesunden, sauberen Blättern und keine, bei denen die unteren gelb oder welk sind. Alle Blüten oder Knospen sollten etwa in gleicher Höhe sein. Suchen Sie Pflanzen heraus, bei denen sich die Knospen färben und einige Blüten geöffnet sind. Darauf sollte man besonders im späten Winter und Frühjahr achten, denn dann öffnen sich mitunter feste Knospen nicht. Stellen Sie die Pflanzen an einen luftigen Platz. Töpfe dürfen nicht im Wasser stehen. Speziell bei Zentralheizung tut ihnen gelegentliches Sprühen gut. Welke Blüten entfernen sobald sie ihre Farbe verlieren. Die Pflanzen blühen bedeutend länger, wenn sie kühl stehen. Als gefüllte Sorte wird z.B. ›Princess Anne‹, als ungefüllte ›Bonnie Lea‹ gezogen.

Krankheiten und Schädlinge

Alle erwähnten Pflanzen können Viruserkrankungen bekommen, die das Wachstum hemmen und den Blütenansatz verhindern. Blätter werden dann gelb gesprenkelt, Blattadern braun. Befallene Pflanzen vernichten. Primeln, Aschenblumen und Chrysanthemen können mit Rostpilz infiziert sein. An Blattunterseiten erscheinen orange Pusteln, die sich erst braun, dann schwarz färben. Mit systemischem Fungizid spritzen.

Einjährige Pflanzen können von mehreren Schädlingen befallen werden. Blattläuse verformen und überziehen junge Blätter mit klebrigem Sekret. Mit Pyrethrum oder systemischem Insektizid spritzen. Minierfliegen verursachen auf Blättern von Aschenblumen und Chrysanthemen weiße Gänge. Diese Blätter entfernen. Beide Pflanzen können auch von Thrips (kleine graue Insekten) befallen werden. Blüten und Blätter haben dann silberfarbene Flecken. Mit Malathion oder systemischem Insektizid spritzen. Für die Weiße Fliege sind Chrysanthemen und Pantoffelblumen anfällig. Diese Insekten sitzen an Blattunterseiten und fliegen weg, wenn man die Pflanzen berührt. Mit Derris spritzen. Chrysanthemen bekommen leicht Spinnmilben, was man an gelben Blättern und Gespinsten an den Unterseiten erkennen kann. Mit Derris oder systemischem Insektizid spritzen; um erneutem Befall vorzubeugen, Luftfeuchtigkeit erhöhen. Im Gewächshaus können Schnecken die unteren Blätter von Chrysanthemen und Pantoffelblumen anfressen. Schneckenkorn auslegen. Bei allen einjährigen Pflanzen können sich – besonders nach Befall von Blattläusen oder Weißen Fliegen – schwarze, rußige Ablagerungen auf den Blättern bilden. Schädlinge vernichten, Rußtau abwischen und Pflanzen mit systemischem Fungizid spritzen.

Glossar

Anthere (Staubbeutel) der obere Teil des Staubblattes, der den Pollen enthält.

Art Bestimmte Pflanzen- oder Tiergruppe, die sich gegenseitig befruchten kann; Unterabteilung der Gattung. Arten vermehren sich aus Samen sortenecht.

Ausdauernde Pflanzen Haben im Gegensatz zu ein- oder zweijährigen eine unbestimmte Lebenserwartung.

Ausläufer Ober- oder auch unterirdische Triebe, die sich ausbreiten und an den Spitzen meist neue Pflanzen bilden.

Bedingt winterhart Pflanzen, die frostempfindlich sind und deshalb nicht im Freien überwintern können.

Befruchtung Der Entwicklungsprozeß den die Samenanlage im Fruchtknoten der Blüte nach der Bestäubung durchläuft.

Bestäubung Übertragung von Pollenkörnern auf die Narbe einer Blüte.

Brakteen (Hoch-Tragblätter) Blätter, die nahe dem Kelch einer Blüte wachsen, häufig wie Blütenblätter aussehen und manchmal intensiv gefärbt sind.

Bromelien Zu den Ananasgewächsen oder Bromeliaceae zählende Pflanzen. Viele davon sind Epiphyten.

Epiphyten (Aufsitzerpflanzen) Sie wachsen auf anderen Pflanzen, meistens auf Bäumen, sind jedoch keine Parasiten, sondern gewinnen Nährstoffe aus der Luft und verrottendem Pflanzenmaterial.

Familie Pflanzen- oder Tiergruppe, die in Gattungen unterteilt wird. Die Familie Liliaceae schließt z.B. die Gattungen Chlorophytum, Muscari und Scilla ein.

Farn Eine große blütenlose Pflanzengruppe mit den unterschiedlichsten Erscheinungsformen. Farne haben Wedel (Blätter), die oft groß und gefiedert sind, einen Stengel (häufig ein Rhizom) und Wurzeln. Sie vermehren sich durch Sporen, die gewöhnlich an der Unterseite der Wedel sitzen.

Gattung Unterabteilung einer Pflanzen- oder Tierfamilie, die ihrerseits in verwandte Arten unterteilt ist.

Griffel Der Stiel, der bei einer weiblichen Blüte die Narbe mit dem Fruchtknoten verbindet.

Hybride Pflanze, die durch Kreuzung zweier Arten entsteht.

Kindel Eine junge Pflanze, die aus dem Wurzelstock der Mutterpflanze wächst.

Knolle Verdickter unterirdischer Stengel- oder Wurzelteil, z.B. eine Kartoffel.

Mikroklima Klimaverhältnisse in einem sehr kleinen Bereich – etwa einem Flaschengarten –, die sich von denen der Umgebung unterscheiden.

Narbe Der obere Teil des weiblichen Organs einer Blüte.

Nebenkrone Trompeten- oder becherartiger Blütenteil, wie bei der Gattung Narcissus.

Palme Pflanze der Familie Palmae. Palmen haben meistens unverzweigte Stämme mit großen Wedeln, die an der Spitze in Büscheln wachsen. Manchmal bilden sie einen seilähnlichen Stamm mit vereinzelten Blättern und kräftigen Stacheln.

Rhizom Ein meist waagrecht wachsender Erdsproß, der gewöhnlich zum Teil mit Erde bedeckt ist und aus dem oben Knospen und unten Wurzeln wachsen. Er speichert Nahrung und ist daher verdickt.

Spadix Ein fleischiger Blütenkolben (Sonderfall der Ähre), der männliche und weibliche Blüten trägt.

Spatha Braktee oder Blütenscheide, die Blütenkolben umhüllt.
Spadix und Spatha findet man bei Aronstabgewächsen.

Sporen Winzige Einzeller durch die sich Farne, Pilze und Moose vermehren. Sie haben die gleiche Funktion wie Samen.

Stamen Männliches Organ einer Blüte.

Stellagen Spezielle Inneneinrichtung von Gewächshäusern, in denen die Pflanzen stehen.

Steril Charakteristische Eigenschaft einer Pflanze, die keine Samen entwickeln kann.

Stolon Kriechender Stengel, der sich bewurzelt und an seinen (Trieb)knospen Jungpflanzen entwickelt.

Sukkulenten Pflanzen, einschließlich Kakteen, die in der Lage sind, lange Trockenperioden zu überstehen, da sie Wasser speichern können.

Systemisch Charakteristische Eigenschaft jener Pestizide, die durch den Stoffwechsel der Pflanze in ihren Organismus aufgenommen werden und deshalb langfristig saugende Schadinsekten bekämpfen.

Umfallkrankheit Pilzerkrankung, die durch zu reichliches Gießen verursacht wird.

Varietät (Sorte) Eine Pflanze, die sich geringfügig von Pflanzen der gleichen Art unterscheidet, vielleicht nur durch die Farbe. Der Unterschied kann natürlich oder gezüchtet sein. Varietäten lassen sich nicht immer sortenecht aus Samen vermehren.

Vermehrung Generative (Samen) oder vegetative (Stecklinge, Kindel, usw.) Vervielfältigung von Pflanzen.

Winterhart Pflanzen, die im Freien überwintern können.

Wurzelhals Übergang von der Wurzel zum Sproß.

Zweijährig Pflanze, die für ihre Entwicklung zwei volle Wachstumsperioden beansprucht. Sie blüht im zweiten Jahr.

Zwiebel Unterirdischer Sproß, der von schuppigen Blättern umhüllt ist. Aus ihm wachsen Stengel und Blätter, wie z.B. bei Küchenzwiebeln und Narzissen.

Zwiebelknolle Ein verdickter unterirdischer Stengel- oder Wurzelteil mit einer Knospe an einem Ende, wie z.B. beim Krokus.

Register